理律法律叢書

理律
聲請釋憲全覽

理律法律事務所　著

人權篇（一）

三民書局

財團法人理律文教基金會
LEE AND LI FOUNDATION

國家圖書館出版品預行編目資料

理律聲請釋憲全覽:人權篇(一) / 理律法律事務所著.
－－初版一刷.－－臺北市；三民，2004
　冊；　公分－－(理律法律叢書)

ISBN 957－14－3643－7　(平裝)

1.憲法－中國－解釋

581.24　　　　　　　　　　　　92008908

網路書店位址　http：// www. sanmin. com. tw

© 　理律聲請釋憲全覽
　　　——人權篇(一)

著作人　理律法律事務所
發行人　劉振強
發行所　三民書局股份有限公司
　　　　地址／臺北市復興北路386號
　　　　電話／(02)25006600
　　　　郵撥／0009998－5
印刷所　三民書局股份有限公司
門市部　復北店／臺北市復興北路386號
　　　　重南店／臺北市重慶南路一段61號
初版一刷　2004年1月
　編　號　S 585080
　基本定價　捌元肆角
行政院新聞局登記證局版臺業字第○二○○號

ISBN　957－14－3643－7　(平裝)

理律法律叢書序

　　一九九九年夏，理律法律事務所捐助成立財團法人理律文教基金會。理律法律事務所獻身於公益，已有時年；基金會的成立，將理律的社會服務深入更多的角落。

　　理律法律事務所創立於一九六〇年間，在數十年提供專業服務的過程中，深感提倡法治觀念於社會的重要性。法治觀念若未根植，不僅守法精神難以落實，立法闕漏、乃致執法失當，均在所難免。凡此種種，對從事法律工作者而言，或許僅增加了業務負擔；然而就社會而言，法律制度非但未盡定分止爭之功能，恐反成為公義的障礙，對於社會的影響，豈可斗量。

　　有鑑於此，本基金會乃以提倡及宣導法治為宗旨，舉辦或贊助法治議題之座談與研討，設置獎助學金，贊助法律人才之養成，並出版相關之叢書或刊物，以為提倡及宣導法治的要道。

　　多年來，法學論著及刊物，可謂汗牛充棟，吾國學術界與實務界就此所投注之心力，功不唐捐。惟社會之演進瞬息萬變，法律服務之新興領域，有如雨後春筍，為免實際案例遽增，徒生應對維艱梗概之憾，胥賴學術界與實務界本諸學理或經驗，攜手共赴。基於此一認識，本基金會忖將理律法律事務所同仁提供法律服務所得之實務經驗，以及在法律院所擔任教席、講授法律課程，參與法律政策的研究所得，集腋成裘。此外，理律舉辦或贊助專題研討會的成果，由與會賢達共同編纂之書冊（例如前曾與政治大學傳播學院

定期共同舉辦「傳播與法律」系列研討會，出版一系列傳播法律知識之書籍，先後約有十年)，亦循適當規劃列入「理律法律叢書」。

　　理律法律叢書將理律同仁之實務經驗，佐以相關法律之最新理論與國際立法趨勢，提供予有意修習相關課題之讀者作為參考，並藉此拋磚引玉，邀請法律界先進賜教。深盼假以時日，本基金會之努力對於法治之提昇可有所助益。

　　　　　　　　　　　財團法人理律文教基金會董事長

　　　　　　　　　　　　　　　　　　　　謹識

　　　　　　　　　　　　　　　　二〇〇二年九月

序

　　人權，是凡為圓顱方趾之民，皆所具備、並應受到他人（特別是公權力）尊重的基本需要的總稱。在邁入二十一世紀的地球村裡，人權已是一種普世的價值，跨越種族、性別、國家……的界限或藩籬。對臺灣而言，卻似乎仍是需要陳水扁總統在就職演說中力加提倡的新觀念。事實上，人權早在半世紀之前，即已載入中華民國的憲法，以當代憲法的標準來說，我國憲法中保障人權的規定，不僅並未陳舊褪時，還有許多獨到領先之處。可是，保障人權的國家實踐，一向極有繼續向上為長足提昇的空間，實也不容諱言。如何透過司法的程序，在具體的案例中兌現人權，則是檢驗人權保障效果極其重要的指標。

　　本書所收錄的，乃是理律法律事務所同仁在過去十餘年之中，在憲法終局解釋的程序裡的人權案件工作實績。本來，保障人權並不只是司法院大法官的責任，更該是每一位參與司法工作的法律人的終極關懷與義務。律師的使命之一就是保障人權，在實際的辦案過程中，依據憲法、引用憲法以冀法院矜恤當事人的基本人權，也就是理律同仁的基本功課。理律同仁從事保障人權的工作，當然並不僅以聲請大法官解釋為限。不過，司法院大法官的解釋，極具憲政重要性，也高度影響憲政發展。歷年來理律處理的人權案件，頗多進入司法院大法官的殿堂之中尋求救濟者，所涵蓋的人權議題豐富，從生命權、人身自由、良心自由、信仰自由、言論、新聞

自由、性別平等到財產自由、法律保留原則等等，不僅均對於個案當事人的權益關係重大，也多具有超越個案是非的重要性。這些案件，常常引起學界、實務界廣泛的討論與重視，也都成為憲政法治發展進程中，頗具開拓意義的篇章。

司法院逐年將大法官的解釋彙集成冊，已成常例，而總統府公報、司法院公報、司法院的網站乃至民間的各種出版品，亦均隨時、即時刊載大法官的解釋，頗為方便。然而此等出版品，未必能夠盡現每號憲法解釋的全貌。現行的憲法解釋實務，大法官採取抽象解釋，從而抽身脫離了司法審判，但就人民聲請釋憲的案例而言，每一號憲法解釋的背後，都必然存在著一個經過法院審判的案件。每一個個案牽涉的憲法問題，亦多不只有單一的爭點而已。大法官的解釋，有時在諸多的爭點中，弱水三千，取其一瓢而飲之；僅僅閱讀憲法解釋，往往即有不能窺見全豹的遺憾。坊間現有資料的呈現，對於憲法解釋的深入解讀，有時甚至不免霧裡看花的顧慮。這就構成了出版本書的動機。本書中整理、編排理律法律事務所承辦案件的釋憲資料，而且對於每個個案後續的相關法制發展，加以記敘。另外，並檢索這些案件的相關研究或論述，依時序羅列，同時也對每項解釋，提供簡要的評述。凡此都該有助於每項解釋背後實例更完整的呈現，也可有助於未來各界從事更深入的個案研究。

檢視本書所收錄的案件，絕大部分都屬於義務性的公益案件，當然不敢說這是理律對於社會的貢獻或回饋，卻是我們曾經努力過的足跡。本書希望傳遞一個重要的理念：每一號人權解釋，都不應視作文字或概念的堆砌，而是活生生的「人」在訴求他們自身應該受到公權力尊重的基本需要。在這些案件中，我們代理當事人爭取基本的人性尊嚴，雖然付出高度心力，但很遺憾，本書中多數案件的當事人都未能在憲法解釋的階段，順利得到救濟。有時我們提

出的釋憲觀點，並未博得大法官的贊許或共鳴；本書中釋字第四九〇、四九五兩號解釋，即為其例，此與大法官素來偏重抽象解釋，並不從事審判，也就不以救濟個案當事人的權利為己任，多少有些關係。本書中收錄的第一個案件，釋字第二四二號解釋，是大法官肯在解釋理由書中指示個案司法救濟途徑、絕無僅有的例子，此後的釋字第二六三號、二九〇號解釋，大法官雖然並不同意系爭法律規定的內容，但都未真正提供個案當事人的權利救濟。釋字第三九二號解釋，大法官認定當時的刑事訴訟法規定違憲，但又給予修法的猶豫期間，實際上封阻了個案當事人尋求平反的機會，也是一種典型的遺憾。這些案件，雖然日後相關法制的發展，都與聲請釋憲時的主張若合符節，但對於有理而不能得直的當事人，我們的心情，沉重而遺憾。從某個意義上說，他們都是為人作嫁，犧牲自己的權益換取了憲政與法治的進步發展。我們要以這本書，向他們深致敬意。

憲法，是法治的靈魂、人權保障的泉源，辦理憲法人權保障的案件，具有高度的理想色彩，而不易顯現確切的經濟價值。歷來任職理律的同仁之中，長期懷抱憲政理想，不計毀譽，念茲在茲者，不乏其人。其中如李念祖，理律的憲法案件，幾乎無役不與，還有楊皓清、葉慶元、朱百強等專精公法研究的年輕律師朋友們，也都是滿懷熱情，經常參與相關的案件。我們也要謝謝所有曾在這些案件中貢獻心力的同事們，包括李家慶、王仲、范鮫、林瑤、楊悅霖、蘇宜君、翁祖立、郭銘禮、詹依純等等，不論他們現在是否仍在理律服務，我們都很感念他們辦理相關案件的努力。此外，還有姚立明、姜皇池兩位教授，他們分別在釋字第二四二號解釋、三九二號解釋中貢獻了智慧與卓見，這兩個案件的成功，他們功不可沒。本書的出版，我們也要特別感謝李念祖與劉定基兩位蒐集、草撰、整

理、編輯文稿、資料的諸多辛勞與貢獻，還有三民書局股份有限公司劉振強董事長與理律文教基金會李永芬執行長的費心策畫，沒有他們的參與，本書也不能有現在的面貌。

這本書，是理律文教基金會整理理律法律事務所實務心得一系列出版的先發嘗試，由於篇幅所限，這本書只能容納六號人權解釋，本書付梓之前，國際金融法律評論（ International Financial Law Review, IFLR ）將理律法律事務所評為公元二千年臺灣地區最佳法律事務所，理律法律事務所並因辦理之釋字第四九〇號及第四九九號解釋兩案，獲選為亞洲地區辦理公益案件最佳事務所。我們也正在整理理律法律事務所辦理有關權力分立制度的憲法解釋案件，預備另行出版，釋字第四九九號解釋也會包括在內。辦理憲法案件，得到國際間這樣的肯定，我們深感榮幸。持續辦理人權保障案件，是理律的志業之一，希望我國的人權保障，在一本又一本的實錄之中，能夠真正進入符合人性需要的境界。

徐小波

李光燾　　謹識

陳長文

理律聲請釋憲全覽——人權篇（一）

目　次

釋字第二九〇號解釋

釋字第三九二號解釋

釋字第四九〇號解釋

釋字第四九五號解釋

釋字第二四二號解釋

一、本案事實與背景

　　本件解釋之聲請人鄧元貞前曾於民國二十九年與陳鸞香女士於福建省締結婚姻，惟因國家分裂，兩岸中斷接觸，鄧氏隻身來臺後遂於民國四十九年三月二十四日與本案另一聲請人——吳秀琴女士在臺灣另依法定程序結婚，婚後並育有三子兩孫，至聲請解釋之日止，鄧、吳二人結褵已近三十載。

　　及至兩岸恢復接觸，鄧氏原配陳女士發現鄧氏在臺另有配偶，遂依據舊民法第九百九十二條之規定（編者註：該條規定為：「結婚違反第九百八十五條之規定者，利害關係人，得向法院請求撤銷之。但在前婚姻關係消滅後，不得請求撤銷。」）向臺中地方法院聲請撤銷鄧、吳間之後婚。臺中地院審理後認為鄧氏與陳氏間既具有婚姻關係，依據舊民法第九百九十二條之規定，原配陳氏所請當有所本，從而判決撤銷鄧氏與吳氏之後婚（臺中地院七十五年度家訴字第六二號判決）；高等法院臺中分院（七十六年度家上字第四二號判決）、最高法院（七十六年度臺上字第二六〇七號判決；七十七年度臺再字第一〇四號判決）亦均以同一理由維持原判，並駁回鄧氏與吳氏之上訴及再審聲請。鄧元貞先生及吳秀琴女士，即分別向司法院大法官聲請釋憲。

二、聲請書及補充理由書

㈠鄧元貞聲請書

受文者：司法院

聲請人：鄧元貞

代理人：李念祖　律師

　　　　姚立明

聲請解釋目的：

　　請求解釋最高法院七十六年度臺上字第二六〇七號及七十七年度臺再字第一〇四號民事確定判決適用民法第九百八十五條所為之解釋，及所依據之舊民法第九百九十二條適用於聲請人之撤銷婚姻案件，牴觸憲法。

聲請理由：

壹、關於程序部分

　　一、根據司法院大法官會議法第四條第一項第二款之規定，人民於其憲法上所保障之權利，遭受不法侵害，經依法定程序提起訴訟，對於確定終局裁判所適用之法律或命令，發生有牴觸憲法之疑義者，得聲請解釋憲法。

　　二、聲請人與吳秀琴之婚姻經最高法院民事確定判決撤銷，其憲法所保障之婚姻自由權（憲法第二十二條）因而遭受不法侵害。

　　三、所謂「所適用法律與命令」，係除法律命令之文字外，亦包含判例（大法官會議釋字第一五三、一五四號解釋參照）以及有關法律命令之解釋。蓋法令文字，非經解釋程序，不足以知其內容。經完備解釋後之法令，固然有牴觸憲法者；然而因解釋方法缺漏致適用法律違憲者，亦有之。前

者為狹義之「法令違憲」，後者則為「法令因解釋不完備而違憲」，兩者皆屬於「法令牴觸憲法」之範疇，當無疑義，大法官會議釋字第二三三號解釋顯然同此意旨。上揭最高法院判決解釋民法第九百八十五條之規定有不完備之情形，應認為得為聲請解釋之對象。（至若大法官會議果然認為最高法院應為而未為特定之合憲解釋者，大法官會議既為最終之釋憲機關，為求有效保障人權，避免人民依違於不同之司法機關而莫知所從，亦不宜拒絕受理釋憲案件而命聲請人再向最高法院另行尋求救濟。）

　　四、法院組織法第二十五條規定最高法院審理案件之法律見解，非經變更判例會議決定，不得變更，可見立法者以為最高法院於個案中之法律見解對於後來之案例應有拘束力，否則何庸立法訂立變更程序？大法官會議釋字第一五四號解釋理由書即以法院組織法該條規定為依據，認為判例應有拘束力，故為得受憲法解釋之對象。應說明者，法院組織法該一法條並未規定判決須經採選後始能構成具有拘束力之判例，亦未區別判決與判決先例（或判決先例與判例）係意義不同之用語，蓋該條言判例者，顯係判決先例之簡稱，而「先例」二字，亦顯係法條上下文為顯示時間先後而設者，故所謂判決先例，應係泛指最高法院之一切判決，始屬正解；惟查司法院變更判例會議規則第二條規定卻強以判決經採為判例者始有法院組織法第二十五條之適用，致實務上判決與判例形成兩事；然其規定採擇判決為判例，事關最高法院判決之拘束力之範圍，涉及司法與立法權限分際之根本問題，不但並無立法授權，不符中央法規標準法第五條第四款之規定，且該一規則對於如何採擇判決為判例，竟無具體之標準與原則，無異司法行政機關自我容許任意取擇判決引為判例（目前實務作法且以採擇判決「要旨」做為判例），質諸五權衡平節制之原理，尤不妥適。要言之，從法院組織法第二十五條之規定，不能得出「判決先例以經採擇之『判例』為限」之結論，而應解為最高法院之判決與見解，概應對後來之案例有拘束力，此點實為立法者制定法院組織法第二十五條所決定，不容司法行政單位任意解釋縮限。法院組織法第二十五條係於民國二十一年所制定（民國二十一年立法院公報第四十三期頁九），立法者當時果有授權司法行政機

關決定何為判例之始意，當已載明法條文字，實不容司法行政機關於二十年後，即民國四十一年間，率意自為法規命令縮限解釋，實則變更判例會議規則既為司法行政機關所為之法規命令，依大法官會議釋字第二一六號解釋意旨，大法官會議本必需要受其拘束。準此，最高法院對於法律之解釋或形成法律見解，既經法院組織法肯定其具有法律上拘束力，依釋字第一五四號解釋意旨，應屬司法院大法官會議法第四條第一項第二款得受憲法解釋之標的。上揭最高法院判決關於民法第九百八十五條之見解有牴觸憲法之疑義，自可聲請為憲法解釋。

五、司法判決是否屬於得受憲法解釋之對象，從司法保障人權之機能言，對於果然違憲之司法判決，大法官會議依據憲法，既享有解釋憲法之職權，實無不予解釋之理由；立法院可否合憲地以立法方式加以限制，不能無疑，是故大法官會議實有從寬解釋大法官會議法之必要。若必謂從司法院大法官會議法第四條第一項第二款之規定嚴格解釋之結果，大法官會議僅能宣告抽象之一般規範違憲，不能宣告具體之個別規範（如司法判決）違憲，豈非以大法官會議係專為一般規範之適憲性問題而設，則將如何能以大法官會議為行使形成具體規範之司法權之機關，構成司法之一環？司法與立法豈非將毫無功能性之區別？此為不應將司法判決排除於司法院大法官會議法第四條第一項第二款規定之外之主要理由。

六、司法院大法官會議法第四條規定人民聲請解釋憲法，以主張確定判決所適用之法令有牴觸憲法之疑義者為要件，本案中最高法院依據舊民法第九百九十二條規定做成判決，核其適用法律規定，容未違背舊民法立法意旨，然舊民法該條規定適用本案之結果，顯然違反憲法保護婚姻權與家庭關係之規定，故亦援司法院大法官會議法第四條第一項第二款之規定聲請解釋該條規定，在本案之情形，不能合憲地拘束法院。

七、聲請人業經依法定程序提起民事訴訟受最高法院終局判決在案。

貳、關於實體部分

一、爭議之事實經過

本案發生之經過，吳秀琴女士於七十七年十二月十九日呈監察院之陳情書（附件一）及所附之「我的呼籲與申訴」（附件二）敘述甚詳，茲述大要如下：聲請人與吳秀琴女士於民國四十九年三月二十四日依法定程序結婚，並經戶籍登記在案，迄今將近三十年（此為歷審判決所確認之事實），育有三子兩孫，吳氏已然為人祖母。因有陳鶯香者，於民國七十五年以其與聲請人曾於民國二十九年於福建省締結婚姻為由，訴請臺中地方法院依舊民法第九百九十二條之規定，撤銷聲請人與吳氏之婚姻，臺中地院於民國七十六年二月十日為原告勝訴之判決（附件三），聲請人上訴二審、三審，均遭駁回（附件四、五），復於民國七十七年提起再審之訴，亦經最高法院駁回（附件六）。至是聲請人之婚姻受法院撤銷已告確定。

二、有關機關處理本案之主要文件及其說明

聲請人檢呈法院判決共計四件（其說明自詳）：

1. 臺灣臺中地方法院七十五年度家訴字第六二號民事判決。
2. 臺灣高等法院臺中分院七十六年度家上字第四二號民事判決。
3. 最高法院七十六年度臺上字第二六〇七號民事判決。
4. 最高法院七十七年度臺再字第一〇四號民事判決。

三、爭議之性質以及聲請人對本案所持之立場與見解

1. 婚姻自由為憲法第二十二條所保障之民權

「凡人民之其他自由及權利，不妨害社會秩序公共利益者，均受憲法之保障」，此乃憲法第二十二條明文規定。婚姻自由與由婚姻而構建之家庭關係、人倫秩序均係現代文明社會結構之基石，其不妨害社會秩序公共利益，固無疑義。世界民主法治先進國家亦多將婚姻自由明訂於憲法條文之

中（如西德基本法第六條Ⅰ項）。我國憲法學界通說亦均肯定婚姻自由包含於憲法第二十二條所謂「其他權利」之中（林紀東《中華民國憲法逐條釋義（第一冊）》第三三一頁）。

2.民法第九百八十五條第一項之解釋違反憲法第二十二條及第七條

民法第九百八十五條規定：「有配偶者，不得重婚。一人不得同時與二人以上結婚。」此乃基於公益及私益，對婚姻自由所為之限制。傳統上，婚姻自由權之主要功能，在於對抗國家法律不當之侵害。「一夫一妻」固然為民法基本公益及私益對婚姻自由所為之限制，然而其解釋，仍不得超越憲法第二十三條所定「非維持社會秩序，增進公共利益所必要，不得以法律限制」之界限。換言之，民法親屬編之規定，從消極面而言，係限制人民遵守「一夫一妻」制度，但從積極面而言，尚應保障人民仍擁有「娶一妻」「嫁一夫」之機會，是則民法九百八十五條第一項「有配偶者不得重婚」之解釋，即不能侵害人民追求擁有實質婚姻生活以及養育子女之權利。且擁有婚姻「生活」之自由，不能僅從法定形式意義了解，蓋人之所以為萬物之靈而能發揮其整體能力，全在於人與人之結合，結合既為人類天然本性，故自古至今，人類皆因結合而經營公私生活。而「實質婚姻」又為人與人結合之根本，故法定「婚姻」之形式意義，係為表彰保障實質婚姻生活而定，非可全然取代「終生共同生活為其目的之一男一女的結合關係」之婚姻實質意義（陳棋炎《民法親屬》第三十四頁）。兩者互為表裡，但法定形式條件，仍不得超越，甚而破壞婚姻之實質意義。

然本案最高法院解釋民法第九百八十五條，僅從婚姻形式意義考量，並未參考該條文之憲法法源——實質婚姻自由權。因為聲請人與陳鸞香之婚姻，從法定形式意義而言，固受法院認定為有效；從實質意義上卻無有憲法保障之婚姻關係。因我國處於長期分裂狀態，兩岸之阻隔非個人人力所能挽回，既無實質婚姻關係，又限制其「不得重婚」，則無異剝奪其擁有實質婚姻生活之憲法權利。

最高法院認為，聲請人與其原配之婚姻既未解除，故法律上，仍為「有配偶」之人，乃有九百八十五條之適用。其實，夫妻之一方生死不明已逾

三年，依民法第一〇五二條第九款之規定，他方固得據以請求離婚，但若僅因戰事交通隔阻，或限於國家法令，一時無從探悉其行止，則與所謂「生死不明」之情形不同，即不得據以請求離婚，此乃最高法院判例所認定（四十三臺上字五三八號、二十四院字一三三八號、三十一院字二三七五號）。另中共竊據大陸後，政府禁止在臺軍民與大陸親友通信，以致對於陷身大陸親屬，固然常發生下落不明情形，但若僅因無法交流通信，仍難謂為失蹤，而與「生死不明」之情形有殊，自不得對之聲請死亡宣告，也為法院一致之見解（參考新竹地院六十年一月研討會意見）。聲請人於民國五十三年得知其原配尚在人間，配偶生死既已分明，他方離婚權也當然消滅（二十二上字一一一六號）。且聲請人也無法以其原配「未履行同居之義務」解除其婚姻，蓋無「惡意遺棄他方在繼續狀態下」之事實之故也。

基於以上民法親屬篇有關規定及其判例解釋，又基於國家政策，聲請人事實上無法解除其與原配形式上之婚姻關係。既無實質婚姻關係存在，又無從解除形式婚姻關係，若再將民法第九八五條作形式意義解釋，則結果為強制聲請人不得享有實質婚姻生活或擁有子女，此與憲法「婚姻自由」之精神，顯為不合。

此外，從平等權的角度觀之（憲法第七條），民法若僅允許在臺無實質婚姻生活之婚姻予以解除，使其有機會再享有婚姻，卻不准解除配偶在大陸也無實質婚姻生活之婚姻，又不准其在臺另婚，顯然也與憲法保護「人人享有平等之婚姻權」理念不符。

或謂，民法九百八十五條若依以上擴張解釋，聲請人即可再婚，豈非准許一夫二妻，與民法精神亦有不合？其實，一夫二妻之禁止，亦應從實質面解釋，聲請人形式上固然同時擁有兩個婚姻關係，然而其仍只得享有單一之實質婚姻關係，此乃憲法所保障之基本權利。

總之，聲請人同時具備兩個形式婚姻關係，乃基於政治現實所造成不得不然之結果。其無法享有或解除與原配之實質婚姻關係，亦與個人意志無關（戴東雄〈二十八年的老公怎麼沒了？從鄧元貞重婚撤銷案談起〉載《法學叢刊》第一三三期頁二五以下同此結論）。最高法院未能據此作有利

於聲請人之解釋，顯然違反「法律應求合憲解釋」之法理。

本案最高法院之判決，並未就民法九百八十五條第一項為適當合憲之闡釋，即引之為撤銷聲請人在臺婚姻之依據。其解釋與見解牴觸憲法第二十二條、第七條，故依法聲請解釋。

3.舊民法九百九十二條適用於本案違憲

本案所適用之舊民法九百九十二條之規定，對於重婚關係中之後婚姻，係採取撤銷主義，即係有條件地容認後婚姻合法，而為一夫一妻制度開設例外。然而，舊民法規定婚姻得撤銷之事由，凡九種之多，其中僅有重婚之撤銷未設固定之除斥期間，其他八種得撤銷婚姻事由，如詐欺脅迫婚、不能人道婚、精神錯亂婚、甚或監護關係婚等，均設有短期除斥期間，逾越除斥期間，撤銷權人即不得再行撤銷原本具有瑕疵之婚姻，業已構建之家庭關係與人倫秩序乃得趨於穩定。可是，舊民法規定重婚之得受撤銷，卻無除斥期間之認定，其結果，使得重婚之撤銷在舊民法中屬於一種可以無限行使之權利，後婚姻及其所建立之家庭關係及人倫秩序，因此均長期陷於不穩定之狀態。以致聲請人之婚姻雖然歷經二十九年，仍不能避免受撤銷之結局。

立法者為維繫一夫一妻制度，對於重婚採取立法設限，本有其正當之理由，惟對於後婚姻究應以之為自始無效或嗣後得撤銷，雖係立法裁量之範圍，但立法者一旦採取得撤銷主義之立法，是否可以不設除斥期間而任由當事人無限期地撤銷已經合法締結之後婚姻，從憲法保障婚姻權與家庭倫理關係之角度言，即大可商榷斟酌。

捨舊民法其他八種得撤銷婚姻之事由均設有短期除斥期間不論，單從民法為求財產權秩序之穩定亦設有十五年之一般請求權之消滅時效而言，相較之下，可知舊民法對於因後婚姻所得而建立之家庭人倫秩序之保障之規定，實尚不如對於財產債務人之法律保障。茲者舊民法既已肯認後婚可以合法構建，亦即容認民間可有建立第二次的家庭關係及人倫秩序之餘地，則此第二次的家庭關係與人倫秩序一旦建立，自應同受憲法保障，立法者尚不能予與予奪，任意以違憲之方式侵害後婚配之婚姻權。是故舊民法第

九百九十二條容認撤銷權人可以不問久暫隨時以訴訟撤銷後婚，準乎憲法第二十三條採取比例原則以防止立法恣意限制人權之規定言，立法者賦予未設除斥期間之婚姻撤銷權而適用於個案時，即可生逾越憲法所規定之立法裁量界限之問題。

　　質言之，憲法第二十三條規定基本人權受到立法限制，應屬憲法所容認之例外情形，限制人權之立法，自應受嚴格之憲法檢證，而以具有正當理由之必要方法為限。按憲法該條所謂「必要」者，係屬「比例原則」之揭櫫，而應符合三項要件：即⑴目的應具有正當性，⑵限制之手段與其目的應具有關連性，⑶應以最少限制之手段為之（參考大法官會議釋字第一七九號鄭玉波大法官不同意見書）；蓋憲法第二十三條所設之四種正當目的（即防止妨礙他人自由、避免緊急危難、維持社會秩序及增進公共利益），其範圍至為廣泛，不藉比例原則解釋「必要」二字加以控制，憲法第二十三條之規定勢將形同具文，而憲法保障人權之目的，亦必完全落空。

　　本案所涉及舊民法第九百九十二條之規定，採取得撤銷主義以控制重婚，立法者自應預見後婚姻之合法締結及構建家庭關係與人倫秩序，是立法者復允許後婚姻得受撤銷，自屬對於後婚姻配偶之婚姻及其家庭關係之一種立法限制；其限制之目的，無非在阻卻後婚姻之締結，以保護前婚姻之配偶，惟此一限制目的，立法者縱加設除斥期間，亦同可達成。易言之，設有除斥期間之得撤銷制度，對於後婚姻之締結，仍具有阻卻效用，但其對於立法者原已容認之後婚姻配偶之婚姻權與其家庭關係、人倫秩序之限制，較之未設除斥期間之得撤銷制度，顯然侵害較少；亦即未設除斥期間之得撤銷制度，較之設有除斥期間之得撤銷制度，立法功能相同，而對婚姻權及家庭倫理關係之限制則較苛刻，是以並非限制最小之立法手段，不符合憲法第二十三條之要求。

　　舊民法第九百九十二條適用於本案，其違反憲法第二十三條比例原則之情形，尤其明顯。按聲請人於與吳秀琴女士結婚二十九年之後，遽受陳鶯香以訴訟方式撤銷婚姻，使業已合法締結之婚姻與所構建之家庭關係與人倫秩序均遭破壞，而該一法條於本案中所維護者，為數十年隔海分居、

名實不符之前婚姻所僅存之形式關係下殘留之婚姻排他性而已，是該法適用本案之結果，不啻為求矜全名義上婚姻關係之排他性，竟不惜犧牲祖孫三代之人倫秩序，焉得謂為憲法保障婚姻權及家庭倫理關係之「必要」限制？遍觀民法之規定，未有設定除斥期間達二十九年者，故可推知立法者若就撤銷重婚設有除斥期間者，聲請人歷經二十九年之婚姻，必不至受到撤銷，祖孫三代之人倫秩序，即可因一定時間之經過而趨穩定確保，而舊民法此一不設除斥期間之得撤銷制度，竟使後婚姻之家庭人倫秩序因重婚瑕疵而遭受撤銷之法律風險，歷經二十九年而仍然降臨，又豈能符合憲法應保障已合法取得之婚姻權與家庭關係之本意？故該一條文，縱非在所有之案件均將產生違憲之效果，惟在聲請人案件或與聲請人類似情形之案件（其類似情形案件之數量恐不在少數）中適用，所周全者小，而所毀壞者大，其不能符合憲法應保障婚姻權與家庭倫理關係之要求，應屬無疑。

聲請人茲並依據司法院大法官會議法第十二條之規定，請求　大院大法官會議同意聲請人暨代理人到會說明，俾維憲法保障之合法權益。

此　　致

司法院

聲請人：鄧元貞

代理人：李念祖　律師

姚立明

中華民國七十八年四月十三日

㈡鄧元貞補充理由書

受　文　者：司法院

聲　請　人：鄧元貞

代　理　人：李念祖　律師

姚立明

複代理人：范　鮫　律師

聲請解釋事項：

一、修正前民法第九九二條（於本案情形）違憲；

二、司法院變更判例會議規則第二條第二項違憲；

三、司法院大法官會議法第四條第一項第二款違憲；

四、最高法院七十六年度臺上字第二六○七及七十七年度臺再字第一○四號民事確定判決違憲；

五、司法院大法官會議法第十三條第一項及司法院組織法第六條第一項違憲；

八、最高法院七十六年度臺上字第二六○七號及七十七年度臺再字第一○四號民事確定判決撤銷。

補充理由：

一、司法院大法官會議法第四條規定大法官會議受理人民聲請憲法解釋，以聲請法令違憲為限。按法令之違反憲法，可有絕對違憲與相對違憲兩種情形：

1.絕對違憲係指法令不論適用於何種案件亦不論具體個案事實，均違反憲法之謂。釋字一六六號解釋違警罰法之由警察機關裁決拘留罰役之規定，須迅改由法院為之，應為適例。

2.相對違憲則係指法令規定僅於部分案件情形違反憲法者謂之，本案即為相對違憲之顯例。按聲請人與吳秀琴女士結婚二十九年，方因修正前民法第九九二條之規定而受婚姻撤銷；惟該條文如適用於其他撤銷婚姻之案件，苟無逾越合理期間之情形，即未必違憲。（至修正前民法第九九二條究應設立何種除斥期間始為合憲，實非本案之爭點，亦無於本案中加以認定之必要。蓋依民法之規定觀察，立法者設定除斥期間，必不至長達二十九年，聲請人之婚姻即無於二十九年後仍受撤銷之問題。）準此修正前民法第九九二條乃係相對違憲，聲請人請求者，為大法官會議宣告該一規定在本案不能合憲地拘束法院，亦即聲請人係在請求為立法違憲之解釋。

又本案聲請人僅在請求大法官會議解釋聲請人之後婚亦應受憲法之保障，大法官會議倘如聲請人之請求解釋，其結果則係延續立法者原已肯認一夫一妻具有例外之情形，即重新肯認聲請人之先後婚姻應均合法；聲請人之請求，僅請求排除聲請人前婚姻所具有之排他效力，並不當然發生否定聲請人前婚姻之效果。同時本案聲請人主張修正前民法第九九二條未設除斥期間以致違憲，係以立法者既已為立法裁量，為一夫一妻制開設例外，即不能無視於第二次婚姻所構建之家庭人倫秩序亦與第一次婚姻無異，同應受憲法保障。至若立法者依立法裁量而以第二次婚姻為自始無效而非得撤銷者，則第二次家庭人倫秩序本已無從合法構建，並不發生合法構建後是否仍應受憲法保障之問題。併此敘明，以杜疑義。

二、系爭最高法院兩項判決就民法第九百八十五條第一項之解釋，違反憲法第二十二條及第七條之規定，聲請人已於前呈聲請書中詳細說明，惟大法官會議得否認定司法判決違憲，不僅繫於憲法釋憲權之本質問題，亦涉及司法院大法官會議法第四條第一項第二款之解釋問題，此中該一法條應採擴張解釋以能包含司法判決之理由，聲請人已於前呈聲請書敘明，亦即大法官會議原已肯認「判例」為可受憲法解釋之對象，而司法院變更判例會議規則第二條第二項則強將「判例」與「判決」加以區別，該項規定違背憲法第一百七十二條命令不得牴觸憲法與法律之規定（其理由詳見前呈聲請書）。

三、若大法官會議解釋司法院大法官會議法第四條第一項第二款之文字用語，不能包括判決在內者，則司法院大法官會議法第四條第一項第二款之規定即不能合乎憲法規定司法權為審判權之意旨，蓋對於果然違憲之司法判決，大法官會議依據憲法，既享有解釋憲法之職權，實無不予解釋之理由；立法院不能以立法方式加以限制，以削弱釋憲功能，否則大法官會議僅能宣告抽象的一般規範違憲，不能宣告具體的個別規範（如司法判決）違憲，豈非以大法官會議係專為一般規範之適憲性問題而設？大法官若不行使形成具體規範之司法審判權，將如何構成司法之一環？憲法將大法官列入司法體系，豈非誤謬？況就貫徹憲法保障人權及訴訟權之立場而

言，若將憲法救濟局限於立法違憲，遇司法違憲則無救濟可言，憲法設計之釋憲制度，豈非顧此失彼，掛一漏萬？是若大法官會議法第四條第一項第二款解釋上不能包括司法判決者，即為立法所加諸於司法釋憲權及憲法保障之人民訴訟權之不當限制，不能認為合憲。

四、歷年來人民聲請釋憲案，甚多懸延多年未決者，其原因在於依大法官會議法第一三條第一項及司法院組織法第六條第一項規定，議決釋憲案須有大法官總額四分之三出席，暨出席人四分之三同意，方得通過。此一規定，不能符合憲法之規定，主要理由可分為兩類：

甲、證諸憲法規定司法與立法分立之基本精神，本項規定不符合憲法本旨：

㈠司法釋憲制度，本為平抑立法權之基本憲法設計。亦即由憲法自設守護神以確保憲法之最高性，藉以使得剛性憲法不受立法權侵凌。茲者立法竟設立特別多數刻意抵消司法釋憲之功能，自不符憲法本意。林紀東先生曾謂「此項規定的結果，加強少數否決權的力量，使解釋憲法案件，往往可能因人數不足之故，不能作成決議與釋憲功能之發揮，實大有妨礙。且審查違憲立法，使牴觸憲法之法律無效，為釋憲功能之一，亦即具有防阻立法機關濫用權力之作用，今以立法機關通過之法律，對釋憲機關解釋憲法，作如此嚴格之限制，使之不能適當發揮釋憲制度之功能，是否合於憲法之精神，自甚可疑。」（林氏著《中華民國憲法逐條釋義（第三冊）》修訂初版，第八十一頁）

㈡或謂立法設立特別多數之理由在於憲法解釋關係重大，應求慎重，若無特別多數之限制，恐於憲政之穩定性不利。然觀之舉世憲政經驗豐富之國家如美、德、義、奧等，其司法審查制度，例以普通多數決為原則以行使違憲審查之功能。其中美國最高法院僅有大法官九人，以五人通過之憲法解釋不可勝數。其制且以主審意見與協同意見共同計算為多數意見，可謂係普通多數決制度之再放寬。而美國最高法院之釋憲功能，舉世奉為典型，可見保障憲法之方式，不在以特別多數限制釋憲，而應在積極促進釋憲之發揮功能。

㈢重大憲法解釋案件多易引起各種不同之看法。分歧之意見本有賴大法官之智慧與灼見憑以定奪於一。惟愈有爭議性之案件，愈難取得特別多數。其結果愈將形成多數受制於少數之情形，勢將形成政治上之角力愈形激烈之結果，不僅可使司法之信望受挫，憲政之穩定性亦將因此受到進一步的威脅與傷害，此所以證明特別多數之規定實與憲政之穩定性不利。

㈣立法所設之雙重四分之三之特別多數甚且高於憲法第一七四條第一款就修憲人數所定之決議比例。按釋憲乃在不離憲法文義之範圍賦予憲法新的生命與內容，使其能配合社會之變遷。如釋憲之可決人數要求竟高過於修憲所需，不啻使釋憲難於修憲，應非憲法規定司法釋憲以糾正違憲立法之本意。

乙、此特別多數之限制，亦有背憲法第十六條保障訴訟權之本旨：

按訴訟權係人民權利遭遇不法侵害時，擁有尋求司法救濟 (Offenstehen des Rechtswegs) 的憲法保障。簡單區分，它包含三項具體要求：⑴訴訟管道的開放 (Zugang zum Gericht)、⑵訴訟程序的完整及正當 (Verfahren des Gerichts)、⑶訴訟獲致具體結論 (Entscheidung durch das Gericht)。

大法官會議法第十三條有關可決人數限制規定與前述⑵⑶兩項要求有所牴觸，分述理由如下：

㈠違反訴訟程序的完整及正當：所謂訴訟程序的正當與完整，除了指立法者應設立客觀可資依據的訴訟程序法規定之外，亦要求立法者不得任意設立阻礙訴訟程序順利進行的障礙 (Unangemessenen Verfahrenrechtlichen Hindernisse)。司法院大法官會議法，就解釋憲法之議決人數，特與提高，與統一解釋法令不同，其用意或在昭鄭重，惟所定之出席人數及議決人數，兩者合計，較諸憲法第一百七十四條國民大會修改憲法的要求尤高，顯然為人民要求司法救濟的不當障礙。

㈡訴訟應儘可能迅速獲致結論，使涉訴當事人法律上的權益關係明朗化，此乃司法救濟之根本目的。故若訴訟程序要求過嚴，致使審理機關不能作成決議，案件懸而不決，則無異司法救濟之拒絕 (Rechtsschutzverweigerung)，法律關係長期處於未定狀態，亦有礙「法律安定」之要求，西諺有

謂「遲來的正義，即非正義」亦表彰同一理念。大法官會議法第十三條有關決議之限制，歷年來已造成許多案件長期不決的狀態，如何更有效保障人權以進一步伸揚憲法精神，實有賴全體大法官之智慧有以決之。

此外，以國外之法例作比較，例如西德憲法法院規定，除四種判決，其餘決議均以簡單多數行之（該法第十五條參照），而例外的四種判決均為對人（自然人或法人），而非對事（例如法律違憲）而發者：其一為人權失效判決 (Grundrechtsverwirkung)，其二為違憲政黨判決 (Verfassungswidrige Partei)，其三為彈劾總統 (Prasidentenanklage)，其四為彈劾法官 (Richteranklage)，這四種判決係憲法法院唯一針對個人（自然人或法人）所作的判決，其決議要求比其他判決略為提高（三分之二要求），完全係基於保障個人權利而來。換言之，係為有利於個人權利保障，提高不利於個人判決的決議人數，本質上仍是保障人權。與訴訟權的保障非但沒有違背，反而相輔相成。可知，任何提高決議人數之限制，除非係以保障人權為目的，其他均為「不當之阻礙」應為憲法所不允，提高對違憲審查之可決標準，非但不足以保障人權為目的，而且事實上妨礙人民尋求權利的救濟，故與憲法精神有所不合。

綜之，憲法第八二條雖授權立法院制定法律規定司法院之組織，然若立法不當限制大法官會議解釋之功能，即屬逾越憲法上立法與司法應有之分際，而大法官身為憲法守護神，自應斷然依聲請人之聲請宣告該等規定違憲，以求保障人權，若謂大法官會議無權不受大法官會議法第四條第一項第二款規定審查大法官會議法之合憲性者，則倘立法規定憲法釋憲須全數大法官無異議通過，甚或逕行規定大法官會議不得釋憲者，大法官會議亦將受其拘束乎？可見大法官會議依憲法規定審查司法院大法官會議法第四條第一項第二款及第十三條第一項是否合憲，實無庸受同法第四條第一項第二款之拘束，蓋該法之合憲性，本為第四條適用之先決問題，若再以第四條之規定做為審查第四條及第十三條規定合憲性之前提，非僅於法理邏輯有違，抑且形成人權保障受該等條文限制之害殊深，但人民卻無法有效依第四條規定聲請解釋該條違憲之結果，亦與有權利即有救濟之法理不

符。

五、聲請人出生於民國十一年七月十五日(附件七,聲請人戶籍謄本),現年六十八歲,年事已高,縱大法官會議認可聲請人之聲請,聲請人依釋字第一八五號解釋,猶須聲請再審,始能完成救濟程序。聲請人惟恐依此等程序過於迂迴曲折,故並請求大法官會議就本案做成具體解釋,逕以修正前民法第九九二條於本案情形違憲、且最高法院對民法第九八五條之解釋違憲為由,直接撤銷最高法院七十六年度臺上字第二六○七號及七十七年度臺再字第一○四號民事判決,俾免聲請人仍需聲請再審救濟之程序。按憲法既將大法官規定於第七章司法一章中,憲法第七十七條並規定「司法院為國家最高司法機關,掌理民事、刑事、行政訴訟之審判」。可知司法乃以審判為中心功能的國家權力(審判乃是就特定案件形成具體規範之過程)。此乃司法與立法於功能上所以可加區別之處。大法官既為司法之一環,自不能擅辭為具體解釋之司法任務。尤其在人民因憲法所保障之權利受不法侵害而聲請釋憲之情形,大法官會議本諸保障人權之使命,尤不能拘泥於只為抽象解釋之功能,而自我設限,致使人民必須反覆於大法官會議與各級法院之間,備受正義遲延之苦。或謂吾國司法制度設為三級三審,大法官會議不宜自任為第四審云云,惟查憲法第七十九條既畀大法官以終局之釋憲權,則就憲法解釋而言,大法官會議縱然果真構成第四審,亦屬憲法上不能擅辭之使命,何況雖有大法官釋字第九號解釋默示各級法院應有違憲審查權存在,當前各級法院並無行使違憲審查權之實例,大法官會議事實上為憲法案件之初審機關,實無第四審之顧慮。

六、末查報載行政院大陸工作會報於五月一日通過臺灣地區與大陸地區人民關係暫行條例草案第一三條規定:「夫妻因一方在臺灣地區,一方在大陸地區,不能同居,而一方於中華民國七十四年六月四日以前重婚者,利害關係人不得聲請撤銷;其於七十四年六月五日以後七十六年十一月一日以前重婚者,該後婚視為有效。在本條例實施前,後婚經判決撤銷或無效確定者,其婚姻關係不受影響,前項情形,如夫妻雙方均重婚者,於後重婚者重婚之日起,原婚姻關係視為消滅。」或有謂若立法院通過此案,則

聲請人之權利受侵害，法律上即有救濟途徑，惟基於下述理由，聲請人請求大法官會議逕為本案解釋，不以本案缺乏權利保護必要為由駁回本案：

㈠憲法第八十條規定司法有審判之義務，於大法官亦應有其適用，大法官會議不能等待立法救濟，拒絕司法救濟。

㈡行政院草案尚在研議階段，是否為立法院通過，猶未可知，不能因此即謂本案無受憲法解釋之必要。

㈢立法救濟與司法救濟（即釋憲救濟）可以並行無礙，並無以立法救濟阻釋憲救濟之理由。

㈣該一立法草案以溯及既往之方式施以救濟，是否合乎正當立法規範之限制，非無疑義。

㈤該一立法草案以抽象立法之方式謀具體個案之救濟，是否可以成為再審之理由，因乏前例，非無疑義；行政機關可否無視於既定之終局裁判，逕予回復聲請人被撤銷之後婚，亦在未定之天。

㈥該一立法草案以抽象方式以聲請人後婚之回復，可引起原案中原告另行以既定終局裁判未經合法方式撤銷為由爭執該法是否合憲，聲請人之後婚恐又將陷於效力不定之狀態，大法官會議為終局之釋憲者，逕於本案解釋聲請人後婚應受憲法保障，始為最為直接、明快之救濟方式。

七、聲請人並依據司法院大法官會議法第十二條之規定。請求大院大法官會議同意聲請人暨代理人、複代理人到會說明，俾維護憲法保障之合法權益。

　　此　致

司法院

聲　請　人：鄧元貞

代　理　人：李念祖　律師

　　　　　　姚立明

複代理人：范　鮫　律師

(三)吳秀琴聲請書

受文者: 司法院
聲請人: 吳秀琴
代理人: 理律法律事務所
　　　　李念祖　律師

聲請事項:

　　為聲請人受最高法院七十七年度臺再字第一〇四號及七十六年度臺上字第二六〇七號等民事確定判決,其適用民國七十四年修正前民法第九百九十二條規定之結果,侵害聲請人受憲法保障之婚姻權及家庭倫理關係,茲依司法院大法官會議法第四條第一項第二款規定聲請大法官會議解釋該條法律規定適用於聲請人之撤銷婚姻案件,牴觸憲法。

說　明:

一、聲請釋憲之理由及所引用之憲法條文

　　緣最高法院七十七年度臺再字第一〇四號民事確定判決,維持最高法院七十六年度臺上字第二六〇七號民事確定判決,援引民國七十四年修正前之民法(以下簡稱「舊民法」)第九百九十二條之規定,撤銷聲請人與鄧元貞先生於民國四十九年三月二十四日合法締結之婚姻在案。按婚姻權以及由婚姻所構建之家庭倫理關係,是構成社會人倫秩序之基礎,故係憲法所應保障之基本價值,應為現代憲政國家所肯認(註一)。我國憲法雖未明文確認婚姻權或家庭倫理關係,但於第一百五十六條規定國家應保護母性(及兒童)、第十條規定人民有居住之自由、第十四條規定人民有結社自由、第十五條規定人民之生存權應予保障,合而觀之,洵足為肯認婚姻權及家庭倫理關係應受憲法保障之共同根據,憲法第二十二條復規定「人民之其他自由及權利,不妨害社會秩序、公共利益者,均受憲法保障」,尤可見不

能以憲法未見明文即謂婚姻權或家庭倫理關係不受憲法保障。婚姻權與家庭倫理關係既為憲法保障之人權項目，任何限制婚姻權與家庭倫理關係之立法，即應受憲法第二十三條之拘束。本案最高法院依據舊民法之規定撤銷聲請人之婚姻，侵害聲請人之婚姻權與家庭倫理關係之維持，聲請人別無法律上之救濟途徑，故依法聲請　大院大法官會議解釋前引判決所援引之舊民法規定，於本案中拘束法院而使聲請人之婚姻受撤銷，與憲法保障婚姻權及家庭倫理關係之規定牴觸。

二、疑義之性質與經過及聲請人之立場與見解

本案發生之經過，聲請人於七十七年十二月十九日呈監察院之陳情書（附件一）及所附之「我的呼籲與申訴」（附件二）敘述甚詳，茲述大要如下：聲請人與鄧元貞先生於民國四十九年三月二十四日依法定程序結婚，並經戶籍登記在案，迄今將近三十年（此為歷審判決所確認之事實），育有三子兩孫，已然為人祖母。因有陳鸞香者，於民國七十五年以其與鄧元貞先生曾於民國二十九年於福建省締結婚姻為由，訴請臺中地方法院依舊民法第九百九十二條之規定，撤銷聲請人與鄧氏之婚姻，臺中地院於民國七十六年二月十日為原告勝訴之判決（附件三），聲請人上訴二審、三審，均遭駁回（附件四、五），復於民國七十七年提起再審之訴，亦經最高法院駁回（附件六）。至是聲請人之婚姻受法院撤銷已告確定。

司法院大法官會議法第四條規定人民聲請解釋憲法，以主張確定判決所適用之法令有牴觸憲法之疑義者為要件，本案中最高法院依據舊民法第九百九十二條規定做成判決，核其適用法律規定，容未違背舊民法立法意旨，然舊民法該條規定適用於本案之結果，顯然違反憲法保護婚姻權與家庭倫理關係之規定，故援司法院大法官會議法第四條第一項第二款之規定聲請解釋該條規定，在本案之情形，不能合憲地拘束法院。

本案所適用之舊民法第九百九十二條之規定，對於重婚關係中之後婚姻，係採取得撤銷主義，即係有條件地容認後婚姻合法，而為一夫一妻制度開設例外。然而，舊民法規定婚姻得受撤銷之事由，凡九種之多，其中

僅有重婚之撤銷未設固定之除斥期間，其他八種得撤銷婚姻事由，如詐欺脅迫婚、不能人道婚、精神錯亂婚、甚或監護關係婚等，均設有短期除斥期間（註二），逾越除斥期間，撤銷權人即不得再行撤銷原本具有瑕疵之婚姻，業已構建之家庭關係與人倫秩序乃得趨於穩定。可是，舊民法規定重婚之得受撤銷，卻無除斥期間之認定，其結果，使得重婚之撤銷在舊民法中屬於一種可以無限期行使之權利，後婚姻及其所建立之家庭關係及人倫秩序，因此均長期陷於不穩定之狀態。以致聲請人之婚姻雖然歷經二十九年，仍不能避免受撤銷之結局。

立法者為維繫一夫一妻制度，對於重婚採取立法設限，本有其正當之理由，惟對於後婚姻究應以之為自始無效或嗣後得撤銷，雖係立法裁量之範圍，但立法者一旦採取得撤銷主義之立法，是否可以不設除斥期間而任由當事人無限期地撤銷已經合法締結之後婚姻，從憲法保障婚姻權與家庭倫理關係之角度，即大可商榷斟酌。

捨舊民法其他八種得撤銷婚姻之事由均設有短期除斥期間不論，單從民法為求財產權秩序之穩定亦設有十五年之一般請求權之消滅時效而言，相較之下，可知舊民法對於因後婚姻所得而建立之家庭人倫秩序之保障之規定，實尚不如對於財產債務人之法律保障。茲者舊民法既已肯認後婚可以合法構建，亦即容認民間可有建立第二次的家庭關係及人倫秩序之餘地，則此第二次的家庭關係與人倫秩序一旦建立，自應同受憲法保障，立法者尚不能予奪予奪，任意以違憲之方式侵害後婚配偶之婚姻權。是故舊民法第九百九十二條容認撤銷權人可以不問久暫隨時以訴訟撤銷後婚，準乎憲法第二十三條採取比例原則以防止立法恣意限制人權之規定言，立法者賦予未設除斥期間之婚姻撤銷權而適用於個案時，即可生逾越憲法所規定之立法裁量界限之問題。

質言之，憲法第二十三條規定基本人權受到立法限制，應屬憲法所容認之例外情形（註三），限制人權之立法，自應受嚴格之憲法檢證，而以具有正當理由之必要方法為限。按憲法該條所謂「必要」者，依論者通說（註四），係屬「比例原則」之揭櫫，而應符合三項要件：即(1)目的應具有正當

性，⑵限制之手段與其目的應具有關連性，⑶應以最少限制之手段為之；蓋憲法第二十三條所設之四種正當目的（即防止妨礙他人自由、避免緊急危難、維持社會秩序及增進公共利益），其範圍至為廣泛，不藉比例原則解釋「必要」二字加以控制，憲法第二十三條之規定勢將形同具文，而憲法保障人權之目的，亦必完全落空（註五）。

　　本案所涉及舊民法第九百九十二條之規定，採取得撤銷主義以控制重婚，立法者自應預見後婚配偶可因後婚姻之合法締結而構建後婚之家庭關係與人倫秩序，是立法者復允許後婚姻得受撤銷，自屬對於後婚姻配偶之婚姻及其家庭關係之一種立法限制；其限制之目的，無非在阻卻後婚姻之締結，以保護前婚姻之配偶，惟此　限制目的，立法者縱加設除斥期間，亦同可達成。易言之，設有除斥期間之得撤銷制度，對於後婚姻之締結，仍具有阻卻效用，但其對於立法者原已容認之後婚姻配偶之婚姻權與其家庭關係、人倫秩序之限制，較之未設除斥期間之得撤銷制度，顯然侵害較少；亦即未設除斥期間之得撤銷制度，較之設有除斥期間之得撤銷制度，立法功能相同，而對婚姻權及家庭倫理關係之限制則較苛刻，是以並非限制最小之立法手段，不符合憲法第二十三條之要求。

　　舊民法第九百九十二條適用於本案，其違反憲法第二十三條比例原則之情形，尤其明顯。按聲請人於與鄧元貞先生締結婚姻之際，鄧氏未以已婚相告，聲請人亦無從查證其舊居大陸之情，卻竟於結婚二十九年之後，遽受陳鸞香以訴訟方式撤銷婚姻，使業已合法締結之婚姻與所構建之家庭關係與人倫秩序均遭破壞，而該一法條於本案中所維護者，為數十年隔海分居、名實不符之前婚姻所僅存之形式關係下殘留之婚姻排他性而已，是該法適用本案之結果，不啻為求矜全名義上婚姻關係之排他性，竟不惜犧牲祖孫三代之人倫秩序（剝奪聲請人之繼承期待權，猶其餘事），焉得謂為憲法保障婚姻權及家庭倫理關係之「必要」限制？遍觀民法之規定，未有設定除斥期間達二十九年者，故可推知立法者若就撤銷重婚設有除斥期間者，聲請人歷經二十九年之婚姻，必不至受到撤銷，祖孫三代之人倫秩序，即可因一定時間之經過而趨穩定確保，而舊民法此一不設除斥期間之得撤

銷制度，竟使後婚姻關係中善意配偶之婚姻及家庭人倫秩序因重婚瑕疵而遭受撤銷之法律風險，歷經二十九年而仍然降臨，又豈能符合憲法應保障已合法取得之婚姻權與家庭關係之本意？故該一條文，縱非在所有之案件均將產生違憲之效果，惟在聲請人案件或與聲請人類似情形之案件（其類似情形案件之數量恐不在少數）中適用，所周全者小，而所毀壞者大，其不能符合憲法應保障婚姻權與家庭倫理關係之要求，應屬無疑。

三、有關機關處理本案之主要文件及其理由

聲請人檢呈法院判決共計四件（其說明自詳）：

1.臺灣臺中地方法院七十五年度家訴字第六二號民事判決。

2.臺灣高等法院臺中分院七十六年度家上字第四二號民事判決。

3.最高法院七十六年度臺上字第二六○七號民事判決。

4.最高法院七十七年度臺再字第一○四號民事判決。

四、聲請解釋憲法之目的

因聲請人之婚姻受舊民法第九百九十二條違憲適用之結果而遭法院撤銷，故特依法聲請　大院大法官會議解釋聲請人所引據之憲法有關規定，宣告舊民法第九百九十二條適用於聲請人之婚姻撤銷案件，係屬違憲，俾賜聲請人憑而依據大法官會議釋字第一百八十五號解釋依法聲請再審之機會，以能撤銷原判決，回復聲請人與鄧元貞先生之合法婚姻關係。

聲請人茲並依據司法院大法官會議法第十二條之規定，請求　大院大法官會議同意聲請人暨代理人到會說明，俾維憲法保障之合法權益。

註一：林紀東《中華民國憲法逐條釋義（第一冊）》（六十四年）三二九頁以下參照。

另以美國為例，婚姻權或家庭倫理關係之保障並未見諸憲法明文規定，美國最高法院則於近二十年來，一再運用實質的正當法律程序 (substantial due process)（如 Moore v. East Cleveland 431 U.S. 494 (1977)），隱私權 (right of privacy)（如 Zablocki v. Redhail 434 U.S. 374 (1987)）、餘蔭保障 (penumbra)（如 Griswold

v. Connecticut 381 U.S. 479 (1965))、非列舉權 (unenumerated right)（如 Griswold v. Connecticut, 381 U.S. 479 (1965))、以及平等權（如 Loving v. Virginia, 388 U.S. 1 (1967)）種種理論加以肯認保障。

註二：　其除斥期間為六個月至三年不等，舊民法第九百八十九條至九百九十一條、第九百九十三條至第九百九十六條參照。

註三：　林紀東《中華民國憲法逐條釋義（第一冊）》（六十四年）三四一至三四三頁參照。

註四：　廖義男《企業與經濟法》（六十九年）一五三頁至一五五頁、朱武獻《公法專題研究㈠》（七十五年）三五至三六頁及四五〇頁、葉俊榮〈論比例原則與行政裁量〉載《憲政時代》│　卷二期七九頁、姚立明〈行政行為、人權保障請從憲法出發〉載《律師法律雜誌》十七期五八至六〇頁、大法官會議釋字第一七九號解釋鄭玉波大法官不同意見書參照。

註五：　薩孟武《中國憲法新論》（六十三年）一二三至一二四頁參照。

　此　　致
司法院

　　　　　　　　　　　　　　　聲請人：吳秀琴
　　　　　　　　　　　　　　　代理人：理律法律事務所
　　　　　　　　　　　　　　　　　　　李念祖　律師
　　　　　　　　　　　　　　中華民國七十八年四月七日

三、釋字第二四二號解釋摘要（12：2通過）

　　本件解釋「多數意見」認為舊民法第九百九十二條之規定雖係為維持一夫一妻婚姻制度之社會秩序所必要，與憲法並無牴觸，但在特殊情形下，若適用該規定對後婚當事人及其親屬的家庭生活、人倫關係有所妨礙者，即應不予適用，否則即屬侵害後婚當事人之自由權利。本件解釋即如此寫道：

「（舊民法第九百九十二條之規定）乃維持一夫一妻婚姻制度之社會秩序所必要，與憲法並無牴觸。惟國家遭遇重大變故，在夫妻隔離，相聚無期之情況下所發生之重婚事件，與一般重婚事件究有不同，對於此種有長期實際共同生活事實之後婚姻關係，仍得適用上開第九百九十二條之規定予以撤銷，嚴重影響其家庭生活及人倫關係，反足妨害社會秩序，就此而言，自與憲法第二十二條保障人民自由及權利之規定有所牴觸。……至此情形，聲請人得依本院釋字第一七七號及第一八五號解釋意旨，提起再審之訴，併予說明。」

針對本號解釋之多數意見，共有兩位大法官提出不同意見書。劉鐵錚大法官認為舊民法第九百九十二條對重婚撤銷權，未設合理除斥期間，任令利害關係人可無限期地行使權利之規定，牴觸憲法第二十二條所保障之婚姻自由權以及由婚姻所建構之家庭倫理關係，形成苛酷之制裁，亦與憲法第二十三條之比例原則有違，該規定應為無效；陳瑞堂大法官則直指多數意見對舊民法第九百九十二條之態度不明，將使本件解釋之效力如何發生爭議。此外陳大法官對本件聲請案是否符合大法官會議法（編者註：該法現已改為「大法官審理案件法」）之要件及本號解釋是否有逾越大法官解釋之權限，侵害普通法院在個案上對法規適用表示見解之權亦提出質疑。

四、評　釋

關於本案值得注意之處，可分程序及實體兩部分加以說明：

㈠就本案之程序部分而言

在有關本案的諸多程序問題方面，首先應加以注意者乃係本案為大法官「第一次」針對「具體個案」及「法院判決所表示之見解」作成解釋，同時本案也是大法官解釋至今為止，「唯一」一件於解釋中明確指示當事人（聲請人）救濟途徑的案件（本案解釋理由書最末一句：「至此情形，聲請

人得依本院釋字第一七七號及第一八五號解釋意旨，提起再審之訴，併予說明」參照）。

　　誠然，本件解釋作成之後，大法官仍零星的針對具體個案作成解釋（例如：釋字第三六二號解釋，認定民法第九百八十八條第二款不能適用於系爭案件；釋字第四一○號解釋，舊民法第一千零十七條不能適用於修正前已發生現仍存在之聯合財產；釋字第四三四號解釋，針對免職公務員得否請求退還已付之養老保險費作成解釋），但相關解釋，不論在結論或救濟途徑的指示上，均愈顯保守，除不再明確指示當事人救濟之途徑外，部分解釋甚至僅要求有關機關對關係法條「檢討修正」，導致個案當事人之權益無法獲得充分保障。

　　上述之演變過程，實涉及我國釋憲制度功能之根本問題。本件解釋公布之後，不但普通審判系統之法官有所反彈，學界對於大法官是否逾越司法院大法官審理案件法之規定，形成實質上「第四審」的質疑亦此起彼落，此或為導致大法官日後針對個案解釋轉趨保守之原因。

　　然則，我國釋憲制度過份強調「抽象解釋」，脫離案件事實之結果，實易生「個案正義」無法滿足的缺憾。尤其，為顧及法律安定或立法自由形成空間，犧牲本屬司法正道的「個案救濟」功能，對於權利已然遭到不法侵害，且費盡心力尋求救濟的釋憲聲請人而言，則更顯不公。

　　因此，如何在抽象解釋制度外，建立合乎司法本質的「個案救濟途徑」，實值得吾人加以思考（例如是否引進德國「憲法訴願」之制度）。惟立即可行之道，誠如司法院院長翁岳生在擔任大法官時所提出之釋字第四五五號解釋協同意見書所言，僅能期盼立法院儘速通過「司法院大法官審理案件法修正案」，使據以聲請解釋之案件，其受不利確定終局裁判之聲請人，得以該解釋為理由，依法定程序請求救濟，不再受解釋中所定期間之影響（司法院大法官審理案件法修正草案第二十三條第三項），方能對「為權利而奮鬥」的聲請人，提供基本的人權保障。

㈡就本案之實體部分而言

　　釋字第二四二號解釋在實體上亦有多處值得注意之處。首先本案兩位聲請人（即鄧元貞先生及吳秀琴女士）在實體法上之主張並非完全一致，就吳女士之部分而言，其尚提出「信賴保護」之主張（蓋鄧元貞先生與吳女士結婚前並未告知吳女士其在大陸另有配偶，就實際而言吳女士對於鄧氏之單身身分，亦無從查考，因此吳女士對於婚姻之合法有效成立，當具有合理之信賴）。然，若果如前所述，大法官應跳脫個案事實，單純進行抽象解釋，則大法官將如何結合不同聲請人因事實相異而提出之不同聲請主張？由此，亦證明大法官之解釋，無法與個案事實絕對劃清界線。

　　其次，本案另一值得討論的問題當為「是否應區別『法律違憲』及『法律適用違憲』，從而賦予法官針對後一情形獨立判斷之權利」？如同陳瑞堂大法官在本案不同意見書中所提出之質疑：「……本件解釋文認為『仍得適用上開規定予以撤銷』為違憲，如係以解釋創設適用法令審查制（as applied scrutiny），則殊有值得商榷之處。蓋適用法令違憲為附帶違憲審查制下之解釋方法，為具體審查而具有個別效力。……我國大法官會議之違憲法規審查權則限於既成法令（包括判例）之抽象審查，解釋之效力為一般拘束力，而法律架構又未設具體審查等所需言詞辯論、證據調查等程序之規定以為個案救濟之基礎，則如何判斷個案適用法律是否違憲？兩制顯有基本上之差異，自不宜於解釋中遽加採用」，陳大法官似反對大法官針對「法律適用違憲」之問題行使違憲審查權。準此，若進一步推敲釋字第三七一號解釋所言「法律違憲」及「法官不得認定法律為違憲而拒絕適用」之意義，則亦不能排除將「法律適用違憲」之問題，從釋字第三七一號解釋中獨立出來之可能性。換言之，釋字第三七一號解釋之範圍可能並不包括「法律適用違憲」之情形，從而法官仍得以法律適用在具體個案違憲為由，認為該法律非為系爭案件中應適用之法律，而另行適用其他法律。若果採取此一解釋之方式，則對於當事人權利之「迅速保障」，紓解大法官積案之情形，應有一定之幫助。惟，關於此一問題之最終解答，恐仍有賴大法官本身作

進一步之確認。

最後，本案乃首開適用憲法第二十二條「概括人權保障條款」宣告系爭判決（法律）違憲之例。

在本號解釋之解釋文及理由書中大法官均謂：「……對於此種有長期實際共同生活事實之後婚姻關係，仍得適用上開第九百九十二條之規定予以撤銷，嚴重影響其家庭生活及人倫關係，反足妨害社會秩序，就此而言，**自與憲法第二十二條保障人民自由及權利之規定有所牴觸**。」雖然在本案中多數意見大法官並未明言究竟係何項自由權利經由憲法第二十二條之適用而獲得承認（但劉鐵錚大法官在其不同意見書中則明確指出：「……婚姻權及家庭倫理關係也應在憲法第二十二條人民其他自由及權利所保障之範圍中。」），但從該解釋解釋文、解釋理由書之敘述，聲請人所提聲請書之主張觀之，本件多數意見所言之自由權利，當屬「婚姻自由」及由是而生之親屬、家庭關係無疑。

透過對於本號解釋解釋文、理由書及不同意見書的對照觀察，吾人可以肯定憲法第二十二條在本件解釋中導入了「婚姻自由」、「親屬關係」等兩項自由權利（其後釋字第三六二號解釋於解釋理由書中亦明確指出：「惟適婚之人無配偶者，本有結婚之自由，他人亦有與之相婚之自由。此種自由，依憲法第二十二條規定，應受保障」）。但是究竟憲法第二十二條的內涵為何？亦即，要成為憲法第二十二條所保障之自由權利，需具備如何之條件？憲法第二十二條之指導原則為何？在本件解釋中仍不甚清晰！

對於上述問題，或可從我國釋憲實務上，另一件有關憲法第二十二條之解釋，即釋字第三九九號解釋，得到答案。在該號解釋之解釋理由書中，大法官認為：「**姓名權為人格權之一種，人之姓名為其人格之表現，故如何命名為人民之自由，應為憲法第二十二條所保障**……內政部六十五年四月十九日臺內戶字第六八二二六六號函釋『姓名不雅，不能以讀音會意擴大解釋』，與上開意旨不符，有違憲法保障人格權之本旨，應不予援用」。在該件解釋中，大法官似認為憲法第二十二條之基本內涵乃在於所謂「人格權」，故其乃以姓名權係人格權之一種，姓名為人格之表現為由，認定系爭

函令違反憲法保障人格權之本旨。

所謂「人格權」，乃作為「人」所應具有之一切基本權利之謂。透過釋字第三九九號解釋之說明，日後在解釋、適用憲法第二十二條時，人格權或人格自由、甚至人格（性）尊嚴當可作為判準之一。

綜上，雖然釋字第二四二號解釋在建立憲法第二十二條之理論體系上未盡全功，但其仍首開大法官適用憲法第二十二條之先河，正式確立家庭、婚姻人倫秩序之建立及維持為憲法保障之基本人權；同時本號解釋對因兩岸分隔所生婚姻糾紛提供了明確的憲法指引，並於民國八十一年兩岸人民關係條例採為立法規範之正式內容，挽救了所有類似婚姻、家庭關係免於解消，其意義當不言可喻。

需附帶一言者，作為本件聲請解釋案件的代理人，本所實感無奈。本案所涉及之三位當事人雖同為時代悲劇下的無辜受害人，然其中又以原配陳鶯香之情況最為令人同情。蓋在吾人大聲疾呼保障後婚配偶間之家庭人倫關係時，其並無任何過咎之前婚及因此建立之人倫關係又處於何種境地？

惟一段已經分隔數十年之感情，前婚配偶即使能夠成功撤銷後婚，又復如何？採取此一激烈的法律手段又能換回些什麼？或許本案真正的界線還是在於那份實際存在於配偶間的感情吧！

五、本案之後續發展

(一)釋字第二四二號解釋後鄧元貞案之發展

釋字第二四二號解釋公布後，鄧元貞先生及吳秀琴女士即依據釋字第一八八號解釋（編者註，該號解釋之要旨為：引起歧見之該案件，如經確定終局裁判，而其適用法令所表示之見解，經本院解釋為違背法令之本旨時，是項解釋自得據為再審或非常上訴之理由），以釋字第二四二號解釋之見解為基礎，針對最高法院七十六年度臺上字第二六○七號確定判決提起再審之訴。

最高法院審理後作成七十八年度臺再字第一一一號判決，認為鄧元貞案是在國家遭遇變故、夫妻隔離，相聚無期之情形下所發生之重婚事件，參照釋字第二四二號解釋之意旨，鄧氏原配陳女士訴請撤銷鄧元貞與吳秀琴間之婚姻即不應允許。前訴訟程序歷審依民法第九百九十二條之規定，認為本案係「一般重婚案件」，而為鄧元貞與吳秀琴敗訴之判決，其所適用之法規，即屬錯誤。

最高法院最後將鄧元貞案原先之歷審判決均予廢棄，並駁回鄧元貞原配陳女士在先前訴訟程序所提起之撤銷婚姻之訴。鄧元貞與吳秀琴之婚姻關係因釋字第二四二號解釋之故，得以繼續維持。

㈡關於兩岸重婚問題的立法

臺灣地區與大陸地區人民關係條例（民國八十一年七月三十一日公布）第六十四條：

「夫妻因一方在臺灣地區，一方在大陸地區，不能同居，而一方於民國七十四年六月四日以前重婚者，利害關係人不得聲請撤銷；其於七十四年六月五日以後七十六年十一月一日以前重婚者，該後婚視為有效。

前項情形，如夫妻雙方均重婚者，於後婚者重婚之日起，原婚姻關係消滅。」

六、本案參考資料（依發表、出版先後編排）

1. 王志文，〈重婚判決於事無補〉，《中國時報》二版，民國七十七年十二月十一日。
2. 〈不合時宜的判決──評最高法院撤銷鄧元貞重婚案〉，《民眾日報》社論二版，民國七十七年十二月十四日。
3. 蘇永欽，〈法內情：怎樣才能維繫？──從兩岸婚姻關係說起〉，《聯合報》二版，民國七十七年十二月二十二日。
4. 戴東雄，〈大娘？二娘！我該怎麼辦？!──從鄧元貞重婚撤銷案談起〉，

《中央日報》三版，民國七十七年十二月二十八日。

5.戴東雄，〈二十八年的老公怎麼沒了？——從鄧元貞重婚撤銷案談起〉，《法學叢刊》，第三十四卷第一期，頁二五至三五，民國七十八年一月。

6.蘇永欽，〈法內情：怎樣才能維繫？——從兩岸婚姻官司說起〉，《現代法律》，第七十七期，頁二六至二七，民國七十八年一月五日。

7.蘇永欽，〈法內情怎樣才能維繫〉，《律師通訊》，第一一二期，頁一六至一八，民國七十八年一月十五日。

8.章景岳，〈撤銷鄧元貞與吳秀琴婚姻案之震撼〉，《律師通訊》，第一一二期，頁一三至一六，民國七十八年一月十五日。

9.姚立明，〈從憲法看鄧元貞案〉，《律師法律》，第十六期，頁六〇至六一，民國七十八年二月。

10.王志文，〈重婚判決於事無補〉，《現代法律》，第七十八期，頁二四至二五，民國七十八年二月五日。

11.劉錦隆，〈隔海婚姻官司新探——解開鄧元貞案的疑團〉，《生活》，第四十九期，頁九至一四，民國七十八年二月十日。

12.詹森林，〈海峽兩岸雙重婚姻之抗爭——最高法院判決撤銷在臺之重婚於方法論上之檢討〉，《萬國法律》，第四十四期，頁一四至二四，民國七十八年四月一日。

13.李念祖，〈發動憲法救濟如何？——由鄧元貞案檢視我國司法與立法之關係〉，《律師法律》，第十八期，頁一四至一五，民國七十八年四月。

14.秋毫，〈我對鄧元貞案的看法〉，《律師法律》，第十八期，頁一四至一五，民國七十八年四月。

15.〈通情達變釋憲功德無量（釋字二四二號解釋）〉，《青年日報》八版，民國七十八年六月二十四。

16.蘇永欽，〈釋字第二四二號解釋之後〉，《現代法律》，第八十三期，頁一二，民國七十八年七月五日。

17.劉得寬，〈海峽兩岸重婚問題妥善解決之策——從鄧元貞重婚撤銷案談起〉，《軍法專刊》，第三十五卷第九期，頁一九至二七，民國七十八年

九月。

18. 徐秋萍,〈司法院大法官會議第二四二號解釋 —— 有關鄧元貞重婚問題之釋示〉,《萬國法律》,第四十七期,頁二九至三三,民國七十八年十月一日。

19. 陳新民,〈釋憲權、人權保障與分權原則 —— 兼及司法院大法官會議釋字第二四二號的檢討〉,收於氏著《憲法基本權利之基本理論》,頁一三至三六,民國七十九年。

20. Nigel N.T. Li C. Fan, An Uncommon Case of Bigamy; An Uncommon Constitutional Interpretation, 4 Journal of Chinese Law n.1, spring 1990. 收於氏著《司法者的憲法》,頁　二二至　五八,民國八十九年。

七、釋字第二四二號解釋文及解釋理由書

解釋日期: 民國七十八年六月二十三日

資料來源:《司法院大法官會議解釋續編㈣》,頁一六五

解 釋 文

　　中華民國七十四年六月三日修正公布前之民法親屬編,其第九百八十五條規定:「有配偶者,不得重婚」; 第九百九十二條規定:「結婚違反第九百八十五條之規定者,利害關係人得向法院請求撤銷之。但在前婚姻關係消滅後,不得請求撤銷」,乃維持一夫一妻婚姻制度之社會秩序所必要,與憲法並無牴觸。惟國家遭遇重大變故,在夫妻隔離,相聚無期之情況下所發生之重婚事件,與一般重婚事件究有不同,對於此種有長期實際共同生活事實之後婚姻關係,仍得適用上開第九百九十二條之規定予以撤銷,嚴重影響其家庭生活及人倫關係,反足妨害社會秩序,就此而言,自與憲法第二十二條保障人民自由及權利之規定有所牴觸。

理 由 書

　　中華民國七十四年六月三日修正公布前之民法親屬編，其第九百八十五條規定：「有配偶者，不得重婚」，旨在建立一夫一妻之善良婚姻制度，其就違反該項規定之重婚，於第九百九十二條規定：「結婚違反第九百八十五條之規定者，利害關係人得向法院請求撤銷之。但在前婚姻關係消滅後，不得請求撤銷」，以資限制。此項規定，並不設除斥期間，乃在使撤銷權人隨時得行使其撤銷權，為維持一夫一妻婚姻制度之社會秩序所必要，與憲法並無牴觸。惟修正公布前民法親屬編未如修正公布後之第九百八十八條規定重婚為無效，則重婚未經撤銷者，後婚姻仍屬有效，而國家遭遇重大變故，在夫妻隔離，相聚無期，甚或音訊全無，生死莫卜之情況下所發生之重婚事件，有不得已之因素存在，與一般重婚事件究有不同，對於此種有長期實際共同生活事實之後婚姻關係，仍得適用上開第九百九十二條之規定予以撤銷，其結果將致人民不得享有正常婚姻生活，嚴重影響後婚姻當事人及其親屬之家庭生活及人倫關係，反足以妨害社會秩序，就此而言，自與憲法第二十二條保障人民自由及權利之規定，有所牴觸。至此情形，聲請人得依本院釋字第一七七號及第一八五號解釋意旨，提起再審之訴，併予說明。

不同意見書一　　　　　　　　　　　　　大法官　劉鐵錚

　　中華民國七十四年六月三日修正公布前之民法親屬編，其第九百九十二條對重婚撤銷權，未設合理除斥期間，任令利害關係人可無限期地行使權利之規定，牴觸憲法第二十二條及第二十三條，依同法第一百七十一條應為無效。

　　一夫一妻之婚姻政策，為維持男女平等、家庭和睦之理想制度，不容吾人置疑，而世界上大多數國家均採之，也為不爭之事實。惟我國民法親屬編於民國七十四年修正前，關於重婚，其第九百九十二條僅規定：「結婚違反第九百八十五條之規定者，利害關係人得向法院請求撤銷之。」而未如

該編修正後之第九百八十八條規定為無效。依民法第九百九十二條，其重婚撤銷權係委諸利害關係人，而非代表國家之檢察官，其權利之行使，為「得」撤銷而非「應」撤銷，顯見撤銷權人如不行使其權利，重婚存在自為普遍之事實，法律上概予以容認，因此乃法律不採重婚為絕對無效之可能結果也。

　　立法者既已為立法裁量，為一夫一妻制開設例外，重婚在未撤銷前為合法，則在憲法的層面上，法律便不能完全無視於第二次婚姻所建構之家庭人倫秩序。在此前提認識下，進一步討論舊民法第九百九十二條，未設合理除斥期間，任令利害關係人可無限期的行使重婚撤銷權之規定，是否牴觸憲法，方有意義。

　　重婚之情形，本來多種多樣，無論重婚者係恣意為之，或係得利害關係人之同意、原宥，或因一造不知，或為傳宗接代之目的，或因與原配偶長期隔離，相聚無期，音訊全無之情形，可說不一而足。雖此均不影響撤銷權之行使，惟問題在於後婚姻如已經過一長時期之合法存在狀態，例如十年或數十年，則在此情形下，法律是否可忽視此長期實際共同生活事實之後婚姻關係，對撤銷權不設合理除斥期間以限制之，而任令利害關係人得隨時嚴重影響後婚配偶之家庭生活，破壞久已建立之人倫社會秩序？論者或認為重婚之撤銷，不設除斥期間，正所以貫徹一夫一妻制。惟如前述，修正前民法，並未採絕對一夫一妻制，此由該第九百九十二條對重婚採「得」撤銷之規定，即可知之，否則現行民法第九百八十八條何必畫蛇添足改採絕對一夫一妻制，而規定重婚為無效，並犧牲重婚子女之婚生性；或曰撤銷雖不設期限，但法律對重婚者及其子女，已盡保護之能事。殊不知重婚經撤銷者，不但後婚配偶繼承權消滅，更何況身分之喪失、家庭之拆散、精神之痛苦，豈能斤斤於若干保護耳！
茲進一步申述舊民法第九百九十二條未設合理除斥期間之規定，於法律本身及憲法上未盡妥洽之處：

　　一、身分行為之瑕疵，因顧慮身分之安定性，撤銷權之行使，皆有一定期限，如逾越該期限時即不得撤銷，以免破壞長期存在之現存秩序，而

無補於公益。此觀民法第九百八十九條至第九百九十一條、第九百九十三條至第九百九十六條之規定自明。另民法為求財產權秩序之穩定，也設有十五年之一般請求權消滅時效之規定，相較之下，豈非舊民法對於因後婚姻所建立之家庭人倫秩序之保障，反不如對財產債務人之保障？而重婚依刑法規定為犯罪行為，但其追訴權仍因十年不行使而消滅（刑法第八十條、第二百三十七條參照），相較之下，豈非舊民法對於後婚姻所建立之家庭人倫秩序之制裁，反嚴苛於國家對侵害社會法益之刑事犯之懲處？該第九百九十二條規定不合理之處，實彰彰明甚。重婚不論其理由為何，也不必問其為平常時期或非常時期，倘已有長期實際夫妻生活之事實，則為維持身分行為所建立之人倫秩序，規定撤銷權人應於合理期間內行使其權利，否則不予保護，毋寧是更合乎法之正義性及目的性之要求。

二、人民有免受嚴苛、異常制裁之自由權利，此在法治先進國家，為其憲法所明文保障，例如美國聯邦憲法於西元一七九一年增訂之人權典章第八條，即明文規定不得對人民處以嚴苛、異常之制裁（……nor cruel and unusual punishments inflicted.）。我國憲法第二十二條係關於人民基本權利保障之補充規定，即除同法第七條至第十八條及第二十一條所為例示外，另設本條規定，概括保障人民一切應受保障之自由權利。且不妨害社會秩序與公共利益，自亦在該條保障之列。重婚在舊民法相對無效主義下，後婚姻當事人雖已經過長期不安、恐懼、折磨歲月後，縱已子孫滿堂，家庭幸福，如猶不能免於日夜生活於婚姻被撤銷之陰影中，此對其本人及子孫心靈之創傷、精神之威脅，豈可以筆墨形容！此種法律制裁，非嚴苛、異常者何！能不牴觸憲法所保障人民有免受嚴苛、異常制裁之自由權利乎！

三、婚姻以及由婚姻所建構之家庭倫理關係，是構成社會人倫秩序之基礎，也是民族發展之礎石。憲法第一百五十六條特別強調國家應保護「母性」，即係本此意旨。故婚姻權及家庭倫理關係也應在憲法第二十二條人民其他自由及權利所保障之範疇中。舊民法既已肯認後婚可以合法建立，亦即容認人民可以建立第二次的家庭關係與人倫秩序，則其一旦建立，自應同受憲法保障，立法者不能予與予奪，任意以違憲方式侵害後婚配偶之婚

姻權。是故舊民法第九百九十二條容許撤銷權人可以不問久暫，隨時得以訴訟撤銷後婚姻之規定，既為限制人民自由權利之規定，其必須接受憲法第二十三條之考驗，殆為當然。按憲法第二十三條限制人民自由權利之規定，必須符合公共利益之目的、須以法律限制、及必要原則等三項要件。其中必要原則，係指法律為達特定目的所採限制之手段，必須合理、適當，不可含混、武斷，申言之，所採之手段固必須能達成目的，然必擇其對人民損害最輕，負擔最低，且不致造成超過達成目的所需要之範圍，始足當之。以此標準檢驗舊民法第九百九十二條，吾人可以發現舊民法係採取得撤銷主義以控制重婚，立法者自應預見後婚姻配偶可因後婚姻之合法締結而構建後婚姻之家庭關係與人倫秩序，撤銷權規定之目的，無非在阻卻後婚姻之締結，以保護前婚姻之配偶，惟此一限制目的，立法者縱加設除斥期間，對於後婚姻之締結，仍可具有阻卻效用，但其對於立法者原已容認之後婚姻配偶之婚姻權與其家庭關係、人倫秩序之破壞，較之未設合理除斥期間之得撤銷制度，顯然侵害較少，是以未設除斥期間之得撤銷制度，對於人民婚姻權、家庭倫理關係之限制，並非對人民損害最輕、負擔最低之手段，與憲法第二十三條限制人民自由權利之規定不符。綜上所述，可知舊民法第九百九十二條未設合理除斥期間之規定，不合乎法之正義性及目的性，並牴觸憲法第二十二條及第二十三條，自應為無效之解釋，爰為此不同意見書。

不同意見書二　　　　　　　　　　　　　　　　大法官　陳瑞堂

一、臺灣地區之人民前在大陸結婚，而其配偶卻居留於大陸，兩岸長期隔絕使雙方無法共同生活，不少人因而另行嫁娶。迨政府開放探親，彼此接觸後衍生難以解決之婚姻問題。本件聲請人於重婚二十九年後，遽受前婚配偶訴請法院判決撤銷其重婚確定，即其一例。茲聲請人就該最高法院民事確定判決聲請為憲法解釋，其重點有二：一為修正前之民法第九百九十二條規定重婚為得撤銷，無異為一夫一妻制開設例外，卻無除斥期間之規定。其結果後婚及其所建立之家庭關係與人倫秩序長期陷於不穩定之

狀態，以致聲請人之婚姻雖然歷經二十九年，仍不能免受撤銷之結局，違背憲法第二十二條保障人民自由權之規定，請求大法官會議宣告該第九百九十二條相對違憲，即該規定在本案不能合憲地拘束法院。一為最高法院兩項判決就民法第九百八十五條第一項之解釋，違反憲法第二十二條及第七條之規定，此項違憲之司法判決應為解釋之對象。本件解釋文一方面認定修正前之民法第九百八十五條及第九百九十二條「乃維持一夫一妻婚姻制度之社會秩序所必要，與憲法並無牴觸」，另一方面卻認為「國家遭遇重大變故，在夫妻隔離，相聚無期之情況下所發生之重婚案件，與一般重婚案件究有不同，對於此種有長期實際共同生活事實之後婚姻關係仍得適用上開第九百九十二條規定予以撤銷，嚴重影響其家庭生活及人倫關係，反足妨害社會秩序，就此而言，自與憲法第二十二條保障人民自由及權利之規定有所牴觸。」究係指修正前之民法第九百九十二條就重婚未設除斥期間，故該法條為部分違憲，確定終局裁判援引該違憲之法律判決重婚撤銷有所不當；抑係指有關重婚之上項規定全部不違憲，但確定終局裁判適用該法律於本案即構成違憲，並未明確釋示，將使本件解釋之效力如何發生爭議。

　　二、近代一夫一妻制淵源於歐洲中世教會倫理與康德等之哲學思想，為各文明國家維護婚姻及家庭秩序之基礎而成為各國民法典所採行之親屬基本關係（註一）。各國憲法雖未明定一夫一妻制，但與憲法上所揭櫫之民主自由、男女平等原則以及人道主義，兩性尊嚴之維護等理念相符合。英國、法國、美國大多數州、西班牙、東德、西德、瑞士、巴西、意大利、葡萄牙、蘇聯等國均規定重婚為無效，多數國家且規定重婚為絕對無效，任何人、任何時間均得訴請法院宣告重婚無效，且重婚無效具溯及效（註二）。我國修正前之民法，日本、韓國等國民法均規定重婚為得撤銷而非無效，旨在緩和婚姻無效之絕對性與溯及效，以免對於關係人造成過大之損害，但未設撤銷權行使之除斥期間，使其性質仍近乎無效。立法者係權衡重婚違反公序良俗之法益與身分行為安定之法益，其結果仍以前者之法益應優先受保護，故身分安定不得不犧牲，使有撤銷權人隨時得行使其撤銷

權，以期後婚之儘可能被撤銷（註三）。我國於民國七十四年六月修正民法親屬編時將重婚得撤銷修正為無效。其修正理由略謂：「我國民法親屬編所定婚姻制度，既採一夫一妻制，而最足以破壞一夫一妻制者，莫過於重婚，僅得由利害關係人向法院請求撤銷之。如未經訴請撤銷，則重婚將繼續有效，似與立法原則有所出入。為貫徹一夫一妻制，爰於本條第二款中增列結婚違反第九百八十五條之規定者，亦屬無效」（註四）。由此可知世界各文明國均致力於維護一夫一妻制，而我國民法將重婚撤銷未設除斥期間既非立法上疏漏，亦為一夫一妻制開設例外，實有其立法上之相當理由存在。本件解釋理由書雖肯定有關重婚撤銷之規定不設除斥期間「乃在使撤銷權人隨時得行使其撤銷權」卻認為確定終局裁判撤銷長期存在之後婚配偶之重婚為侵害後婚配之自由與權利而牴觸憲法，殊有背馳立法潮流，違反常理之嫌。

　　三、親屬法為規律人之身分關係之法。大率與公共秩序或善良風俗有關。身分關係在法律上發生何種權利義務，均依法律規定而定。因而具有強制法之性質。又民法第一條規定「民事，法律所未規定者，依習慣；無習慣者，依法理」。有關重婚撤銷事項，民法既有明文規定，在裁判上有無將此涉及公益之強制法規捨棄不用，另依法理作相反之解釋，藉以阻止前婚配偶行使重婚撤銷權之餘地，殊有疑問（註五）。查法律之解釋固應針對社會情勢之需要與情事變遷之現況而為機動之適用。但解釋之機動仍有其極限，兩岸重婚問題所形成尷尬困局誠屬歷史悲劇之產物，堪令同情。但此究屬常態社會之部分特殊事例。修正前民法第九百八十五條及第九百九十二條係就正常情況下貫徹一夫一妻制所設，就此常態法言，多數人民對於一夫一妻制之價值判斷不但未因部分特殊事例而有所影響，毋寧因民法修正重婚效力之修正而更趨嚴格化。在此情形下，法律與部分特殊現象之脫節，唯有循修法或訂定特別法之途徑以資補救，而非期求執法者為救濟特殊個案不顧該常態法之公益性與社會意義，任意為逸出常軌之解釋。否則親屬法一夫一妻之基本原則以及基本人倫關係將因此特殊案例之救濟而發生動搖。

　　本件解釋理由書對於上開有關禁止重婚之規定稱讚其為維持一夫一妻之善良婚姻制度所必要，並謂重婚撤銷權之行使未設除斥期間，使撤銷權人隨時得行使其撤銷權，與憲法並無牴觸。乃其結論卻認為「對於此種有長期實際共同生活事實之後婚姻關係，仍得適用上開第九百九十二條之規定予以撤銷」與憲法第二十二條保障人民自由及權利之規定有所牴觸，顯係自相矛盾。依我國民法之規定男女有配偶而與他人長期實際共同生活無法使其身分發生改變，更不能因此使其地位優於有正式婚姻關係之配偶，同居如此，重婚亦然。況且刑法上重婚被認為較單純同居通姦對於正式婚姻之傷害更大，因而其重婚之刑度亦遠重於通姦，若長期實際共同生活結果，其重婚成為得對抗前婚配偶之自由與權利，則長期同居者更可對於正式婚姻之配偶主張其續行通姦之自由與權利。據此觀點最高法院依法裁判難謂有何違法之處。退一步而言，縱認其未適用法理以維持後婚姻關係之效力係屬違法亦屬得否適用民事訴訟法第四百九十六條第一項第一款提起再審之問題，仍難謂該裁判係違憲而得提起再審之訴。

　　至解釋文所稱「國家遭遇重大變故，在夫妻隔離，相聚無期之情況下發生之重婚事件」，行政院大陸工作會報在「兩岸人民關係條例」草案中已就此特殊情形之重婚擬妥解決方案，即將送立法院審議。在此階段不能謂立法上有所懈怠，自不發生立法不作為之違憲問題。而業經裁判確定之個案有其確定力與拘束力，宜依學者所建議，依重新結婚等方法以資補救（註六），基於審判獨立、五權分立之原則，殊不宜以立法推翻個案之裁判。

　　四、依大法官會議法第四條第一項第二款規定人民須「對於確定終局裁判所適用之法律或命令發生有牴觸憲法之疑義者」始得聲請解釋憲法。申言之，憲法解釋之客體為裁判所適用之法律或命令，其僅主張法院之確定終局裁判不當者，亦即對於裁判上見解不得聲請憲法解釋。本件聲請人主張修正前之民法第九百九十二條適用於其他撤銷婚姻案件苟無逾越合理期間即未必違憲，適用於本案則違憲，即不能合憲地拘束審理本案之法院。顯係聲請就本案確定終局判決之用法即裁判上見解作成具體解釋。應依該條第二項所規定「聲請解釋憲法不合前項之規定者大法官會議應不受理。」

諭知不受理。本件解釋文認為「仍得適用上開規定予以撤銷」為違憲，如係以解釋創設適用法令審查制 (as applied scrutiny)，則殊有值得商榷之處。蓋適用法令違憲為附帶違憲審查制下之解釋方法，為具體審查而具有個別效力。例如美國憲法判例中，主文所稱「適用於上訴人則違憲」即是（註七）。我國大法官會議之違憲法規審查權則限於既成法令（包括判例）之抽象審查，解釋之效力為一般拘束力，而法律架構又未設具體審查等所需言詞辯論證據調查等程序之規定以為個案救濟之基礎，則如何判斷個案適用法律是否違憲？兩制顯有基本上之差異，自不宜於解釋中遽加採用。

註一：松本晌男〈有關婚姻思想之發展——近代法國婚姻思想之系譜〉，《家族問題與
　　　家族法II結婚編》第一〇三頁至第一三〇頁。

註二：《新比較婚姻法》〈東方編〉及〈歐美編〉。

註三：(1)戴東雄博士〈二十八年的老公怎麼沒了？——從鄧元貞重婚撤銷案談起〉《法
　　　　學叢刊》第一三三期第二十五頁至第三十五頁）。

　　　(2)高窪喜八郎編法律學說判例總覽民法親屬編——梅博士《親族要義》第一二
　　　　二頁、奧田博士《親族講義》第一七八頁。

　　　(3)權逸《韓國親屬繼承法》第八十五頁。

註四：民法親屬編新舊條文對照表。

註五：戴炎輝博士戴東雄博士合著《中國親屬法》第四頁。

註六：戴東雄博士前引著第三十四頁。

註七：講座憲法訴訟第三卷——青柳幸一《法令違憲、適用違憲》第四頁。

八、附　錄

附錄一：鄧元貞、吳秀琴 聲請再審狀

　　為不服七十六年度臺上字第二六〇七號確定判決及七十七年度臺再字第一〇四號判決，依法提出再審之訴事：

訴之聲明

一、鈞院七十六年度臺上字第二六〇七號確定判決及七十七年度臺再字
　　第一〇四號確定判決均廢棄。

二、右廢棄部分，再審被告在前審之訴駁回。

三、再審及前審訴訟費用均由再審被告負擔。

事實及理由

　　一、再審原告二人於民國四十九年三月二十四日依法定程序結婚，並
經戶籍登記在案，迄今已近三十年，育有三子二孫，家庭和樂融洽，生活
美滿，已然為人祖父母，可享含飴弄孫之樂。因再審被告於民國七十五年
謂其與再審原告之一鄧元貞曾於民國二十九年於福建省締結婚姻為由，訴
請臺中地方法院依修正前民法第九百九十二條之規定，撤銷再審原告二人
之婚姻，臺中地院於七十六年二月十日為再審被告勝訴之判決，再審被告
上訴二審、三審，均遭駁回，亦即於民國七十六年經　鈞院臺上字第二六
〇七號判決撤銷再審原告間之婚姻關係確定。再審原告復於七十七年提起
再審之訴，亦經　鈞院以七十七年度臺再字第一〇四號判決駁回確定。

　　二、嗣經再審原告向司法院大法官會議聲請解釋，司法院大法官會議
於七十八年六月二十三日針對再審原告先後提出之聲請憲法解釋案併案作
成釋字二四二號解釋（參見司法院公布該號解釋所附理由書，含再審原告
二人分別提起之聲請書）謂：「中華民國七十四年六月三日修正公布前之民
法親屬編，其第九百八十五條之規定：『有配偶者，不得重婚』；第九百九
十二條規定：『結婚違反第九百八十五條之規定者，利害關係人得向法院請
求撤銷之。但在前婚姻關係消滅後，不得請求撤銷』，乃維持一夫一妻婚姻
制度之社會秩序所必要，與憲法並無牴觸。惟國家遭遇重大變故，在夫妻
隔離，相聚無期之情況下所發生之重婚事件，與一般重婚事件究有不同，
對於此種有長期實際共同生活事實之後婚姻關係，仍得適用上開第九百九
十二條之規定予以撤銷，嚴重影響其家庭生活及人倫關係，反足妨害社會

秩序，就此而言，自與憲法第二十二條保障人民自由及權利之規定有所牴觸。」其解釋理由書則謂：「中華民國七十四年六月三日修正公布前之民法親屬編，其第九百八十五條規定：『有配偶者，不得重婚』，旨在建立一夫一妻之善良婚姻制度，其就違反該項規定之重婚，於第九百九十二條規定：『結婚違反第九百八十五條之規定者，利害關係人得向法院請求撤銷之。但在前婚姻關係消滅後，不得請求撤銷』，以資限制。此項規定，並不設除斥期間，乃在使撤銷權人隨時得行使其撤銷權，為維持一夫一妻婚姻制度之社會秩序所必要，與憲法並無牴觸。惟修正公布前民法親屬編未如修正公布後之第九百八十五條規定重婚為無效，則重婚未經撤銷者，後婚姻仍屬有效，而國家遭遇重大變故，在夫妻隔離，相聚無期，甚或音訊全無，生死莫卜之情況下所發生之重婚事件，有不得已之因素存在，與一般重婚事件究有不同，對於此種有長期實際共同生活事實之後婚姻關係，仍得適用上開第九百九十二條之規定予以撤銷，其結果將致人民不得享有正常婚姻生活，嚴重影響後婚姻當事人及其親屬之家庭生活及人倫關係，反足以妨害社會秩序，就此而言，自與憲法第二十二條保障人民自由及權利之規定，有所牴觸。至此情形，聲請人得依本院釋字第一七七號及第一八五號解釋意旨，提起再審之訴，併予說明。」觀此解釋，一方面就修正前民法第九九二條釋明其旨在維持一夫一妻婚姻制度之社會秩序所必要，並無違憲之處，另一方面亦就再審原告之婚姻，基於國家政治情勢之考量，非所謂一般重婚事件，認為　鈞院應不得基於再審被告依修正前民法第九九二條之聲請而為撤銷之判決。此解釋文並進一步承認再審原告之婚姻關係所衍生之人倫秩序，應具有事實規範之先在性，禁止再審被告於再審原告之婚姻關係已維持近三十年後任意行使撤銷權，使再審原告之婚姻得以繼續維持，以符合法律正義性之要求。再審原告茲據此解釋提起本件再審之訴，請求廢棄撤銷再審原告間婚姻之確定判決，以伸權益。

　　三、次查本案情形，再審原告間之婚姻如受撤銷，將生牴觸憲法之後果外，依現行憲政法律秩序，尚有下列數項不應撤銷之理由：

　　1.「凡人民之其他自由及權利，不妨害社會秩序公共利益者，均受憲

法之保障」，此乃憲法第二十二條明文規定。婚姻自由與由婚姻而構建之家庭關係、人倫秩序均係現代文明社會結構之基石，其不妨害社會秩序公共利益，固無疑義。世界民主法治先進國家亦多將婚姻自由明訂於憲法條文之中（如西德基本法第六條Ⅰ項）。我國憲法學界通說亦均肯定婚姻自由包含於憲法第二十二條所謂「其他權利」之中（林紀東《中華民國憲法逐條釋義（第一冊）》第三三一頁）。

民法第九百八十五條規定：「有配偶者，不得重婚。一人不得同時與二人以上結婚。」此乃基於公益及私益，對婚姻自由所為之限制。傳統上，婚姻自由權之主要功能，在於對抗國家法律不當之侵害。「一夫一妻」固然為民法基於公益私益對婚姻自由所為之限制。然而其解釋，仍不得超越憲法第二十三條所定「非維持社會秩序，增進公共利益所必要，不得以法律限制」之界限。換言之，民法親屬編之規定，從消極面而言，係限制人民遵守「一夫一妻」制度，但從積極面而言，尚應保障人民仍擁有「娶一妻」「嫁一夫」之機會，是則民法九百八十五條第一項「有配偶者不得重婚」之解釋，即不能侵害人民追求擁有實質婚姻生活以及養育子女之權利。且擁有婚姻「生活」之自由，不能僅從法定形式意義了解，蓋人之所以為萬物之靈長而能發揮其整體能力，全在於人與人之結合，結合既為人類天然本性，故自古至今，人類皆因結合而經營公私生活。而「實質婚姻」又為人與人結合之根本，故法定「婚姻」之形式意義，係為表彰保障實質婚姻生活而定，非可全然取代「終生共同生活為其目的之一男一女的結合關係」之婚姻實質意義（陳棋炎《民法親屬》第三十四頁）。兩者互為表裡，但法定形式條件，仍不得超越，甚而破壞婚姻之實質意義。

民法基於社會秩序之考量，固設一夫一妻之制度，但所謂一夫一妻制度，應以享有實質婚姻生活之權利，始具意義，是故民法九八五條之「配偶」不能僅從形式關係理解，而應作實質之解釋。故再審原告鄧元貞與再審被告之婚姻，形式上固然有效，但實際上，因兩岸阻絕近四十年，再審原告鄧元貞與再審被告間，根本無法實現實質之婚姻關係。同時此一歷時四十年徒具形式之婚姻，依法院向來見解，法律上卻處於無從解消之狀態。

例如夫妻之一方生死不明已逾三年，依民法一〇五二條第九款之規定，他方固得據以請求離婚，但若僅因戰事交通隔阻，或限於國家法令，一時無從探悉其行止，則與所謂「生死不明」之情形不同，即不得據以請求離婚，此乃最高法院判例所認定（四十三臺上五三八號、二十四院字一三三八號、三十一院第二三七五號）。另中共竊據大陸後，政府禁止在臺軍民與大陸親友通信，以致對於陷身大陸親屬，固然常發生下落不明情形，但若僅因無法交流通信，仍難謂為失蹤，而與「生死不明」之情形有殊，自不得對之聲請死亡宣告。也為法院一致之見解（參考新竹地院六十年一月研討會意見）。再審原告鄧元貞於民國五十三年得知其原配尚在人間，配偶生死既已分明，他方離婚權也當然消滅（二十二上字一一一八號）。且再審原告鄧元貞也無法以其原配「未履行同居之義務」解除其婚姻，蓋無「惡意遺棄他方在繼續狀態下」之事實之故也。

於此非個人所能左右之法律環境下，如再堅持依形式婚姻關係理解民法第九八五條所謂之配偶，不啻陷再審原告鄧元貞於永遠不得享有實質婚姻生活之窘境。是故，從保障實質婚姻自由權之角度觀察，再審原告鄧元貞事實上僅有一椿實質婚姻，既無一夫兩妻之事實，又已歷經二十九年，即不能復行援引一夫一妻制之理由，適用修正前民法第九九二條撤銷再審原告間之婚姻。

此外，從平等的角度觀之（憲法第七條），民法若僅允許在臺無實質婚姻生活之婚姻予以解除，使其有機會再享有婚姻，卻不准解除配偶在大陸也無實質婚姻生活之婚姻，又不准其在臺另婚，顯然也與憲法保護「人人享有平等之婚姻權」理念不符。

或謂，民法九百八十五條若依以上擴張解釋，再審原告鄧元貞即可再婚，豈非准許一夫二妻，與民法精神亦有不合？其實，一夫二妻之禁止，亦應從實質面解釋，鄧元貞形式上固然同時擁有兩個婚姻關係，然而其仍只得享有單一之實質婚姻關係，此乃憲法所保障之基本權利。

再審原告鄧元貞同時具兩個形式婚姻關係，乃基於政治現實所造成不得不然之結果。其無法享有或解除與原配之形式婚姻關係，亦與個人意志

無關。 鈞院若能據此作有利於再審原告之解釋，方合於「法律應求合憲解釋」之法理。

　　2.再審被告提起撤銷再審原告二人婚姻之根據，為修正前民法第九九二條，因民國七十四年六月五日修正施行之民法第九八八條規定，將民法第九八五違反重婚規定，列入無效範圍而加以廢止刪除。故其所依據請求撤銷之法律條文，已因廢止而不存在，法院准許再審被告之聲請而為撤銷婚姻之形成判決，實難謂妥當。民法親屬編施行法第一條：「關於親屬事件：其在修正前發生者，除本施行法有特別規定外，亦不適用修正後之規定。」就此條文解釋，是否可以適用業已廢止之民法九九二條？依施行法第一條「修正後之規定」，即重婚姻無效規定，不適用於發生在修正前之重婚，即修正前之重婚仍然有效。此為修正法律不溯及既往之原則。至於在修正前之重婚仍屬有效，利害關係人是否仍得撤銷？此為民法第九九二條是否具有殘存效力之問題，而依中央法規標準法第一條規定：「中央法規之制度、施行、適用、修正及廢止，除憲法規定外，依本法之規定。」可知廢止與修正各別，故本施行法第一條「修正後之規定」並不含已廢止之民法九九二條，亦即不能依本施行法第一條條文，廢止失效之民法九九二條，予以援用作為撤銷再審原告二人婚姻之法律依據。

　　3.末查民事訴訟法第三九七條規定：「法律行為成立後，因不可歸責於當事人之事由，致情事變更非當時所得預料，而依其原有效果顯失公平者，法院應依職權公平裁量，為增減給付或變更其他原有效果之判決。」該條揭示者即所謂情事變更原則。按法院適用情事變更原則，變更法律行為之效果，須符合下列構成要件：

　　⑴須有法律行為。

　　⑵在法律行為後情事變更。

　　⑶情事變更係因不可歸責於當事人之事由所致，且非當事人所得預料。

　　⑷該法律行為在法律上產生之原有法律效果顯失公平。

　　本案中再審原告鄧元貞與再審被告於民國二十九年結婚，結婚為一法律行為，殆無疑義，此一法律行為之法律效果之一，為婚姻之排他性，亦

即再審被告乃得享有排除再審原告間後婚姻之撤銷權。簡言之，再審被告之撤銷權顯為再審原告鄧元貞與再審被告婚姻之法律效果。再者，再審原告鄧元貞與再審被告婚後，因國家遭遇重大變故，兩岸阻絕近四十年，一方面使再審原告鄧元貞無從與再審被告維持實質之婚姻關係，另一方面再審原告吳秀琴與鄧元貞，亦已締結另一合法之婚姻。如此變故實為民事訴訟法第三九七條情事變更之顯例，且此變故並非可歸責於當事人之事由所致。如此時仍承認再審原告鄧元貞與再審被告之婚姻有排他性，並容許再審被告依其婚姻之效果行使撤銷權，對再審原告兩人及其合法組織之家庭均顯失公平。本案再審原告締結婚姻之際，再審原告鄧元貞以為並無前婚姻關係存在，再審原告吳秀琴則無從直證其舊居大陸之情形，茲於結婚二十九年之後，遽受陳鶯香以訴訟方式撤銷婚姻，使業已合法締結之後婚姻與所構建之家庭關係與人倫秩序均遭破壞，而該一法條於本案中所維護者，為數十年隔海分居、名實不符之前婚姻所僅存之形式關係下殘留之排他性而已，是該法適用本案之結果不啻為求矜全名義上婚姻關係之排他性，竟不惜犧牲祖孫三代之人倫秩序（剝奪再審原告吳秀琴繼承期待權，猶其餘事），焉得謂為公平。如此可使後婚姻關係中善意配偶之婚姻及家庭人倫秩序因重婚瑕疵而遭受撤銷之法律風險，歷經二十九年而仍然降臨，又豈能符合法律保障已合法取得之婚姻權與家庭關係之本意？故該一條文，若在本案或與本案類似情形之案件中適用，所周全者小，而所毀壞者大，其不能符合正義公平之要求，自係無疑。是以敬請　鈞院依民事訴訟法第三百九十七條之規定，依職權變更前婚姻之原有法律效果，拒絕因再審被告之聲請撤銷再審原告間之婚姻。

又情事變更原則，除在賦予司法裁量權以變更法律行為之效果外，在法律之解釋上，亦有其重要性。按修正前民法第九九二條本為維持一夫一妻之制度而設，故該條撤銷權之行使範圍不能逾越此立法目的。在該條公布生效後，國家遭遇重大變故，使得夫妻身陷兩岸，四十年來無從享有實質婚姻關係者，比比皆是。此種變故不啻為立法後不可歸責於當事人之情事變更。在此情形下如仍硬性適用修正前民法第九九二條撤銷再審原告之

婚姻，不但顯失公平，更逾越了當時制立該條之立法目的。按再審原告鄧元貞在實質上僅有一妻，僅享有一樁實質婚姻，並無一夫多妻之實，同時再審原告間之婚姻乃情事變更後之特殊情形，應非民法第九八五條及修正前民法第九九二條所欲規範之一般重婚例。此所以司法院大法官會議第二四二號解釋一方面肯定民法第九八五條及修正前民法第九九二條合憲，另一方面卻又認為　鈞院不得適用上述條文撤銷再審原告之婚姻。

四、本再審案件之聲請，係依大法官會議釋字二〇九號「確定終局裁判適用法律或命令所持見解，經本院解釋為違背法令之本旨時，當事人如據以為民事訴訟再審之理由者，其提起再審之訴或聲請再審之法定不變期間，參照民事訴訟法第五百條第二項但書規定，應自該解釋公布當日起算，……」之規定，自七十八年六月二十三日大法官會議釋字二四二號解釋公布起三十日內提出，合於民事訴訟法第五〇〇條第一項有關再審聲請應於三十日不變期間提出之規定，併此敘明。

五、再審原告爰依司法院大法官釋字第一八五號解釋，「司法院解釋憲法，並有統一解釋法律及命令之權，為憲法第七十八條所明定。其所為之解釋，自有拘束全國各機關及人民之效力，各機關處理有關事項，應依解釋意旨為之，違背解釋之判例，當然失其效力。確定終局裁判所適用之法律或命令，或其適用法律、命令所表示之見解，經本院依人民聲請解釋認為與憲法意旨不符，其受不利確定終局裁判者，得以該解釋為再審或非常上訴之理由」之意旨，根據前引司法院大法官釋字第二四二號解釋，依法提起再審之訴，狀請

鈞院鑒核，賜判如訴之聲明，藉保權益，實感德便。

謹狀

具狀人：鄧元貞
　　　　吳秀琴

共同訴訟代理人：李念祖　律師
　　　　　　　　范鮫　律師

中華民國七十八年七月二十一日

附錄二：最高法院七十八年度臺再字第一一一號判決

再審原告：鄧元貞
　　　　　吳秀琴
共同訴訟　李念祖　律師
代理人：范　鮫　律師

再審被告：陳鶯香

　　右當事人間請求撤銷婚姻事件，再審原告對於中華民國七十六年十二月八日本院確定判決（七十六年度臺上字第二六〇七號），提起再審之訴，本院判決如左：

主　文

　　本院七十六年度臺上字第二六〇七號判決，臺灣高等法院臺中分院七十六年度家上字第四二號判決及臺灣臺中地方法院七十五年度家訴字第六二號判決均廢棄。

　　再審被告在前訴訟程序之訴駁回。

　　再審及前訴訟程序各審訴訟費用由再審被告負擔。

　　本件再審被告於前訴訟程序起訴主張：再審被告與再審原告鄧元貞於民國二十九年間，在福建省龍巖縣小池鄉卓然村結婚。嗣因大陸淪陷在即，鄧元貞先逃難至香港，後至臺灣定居，旋於四十九年三月二十四日與再審原告吳秀琴結婚，自屬重婚等情，求為撤銷再審原告間結婚之判決。

　　前訴訟程序本院七十六年度臺上字第二六〇七號確定判決（下稱原確定判決）以：鄧元貞與再審被告於二十九年農曆十一月二十九日結婚，嗣鄧元貞與吳秀琴於四十九年四月七日結婚，為臺灣高等法院臺中分院七十六年度家上字第四二號判決（下稱前訴訟程序第二審判決）依其審理之結

果所確定之事實。再審被告以鄧元貞重婚為由，訴請撤銷再審原告間之結婚，即屬正當。前訴訟程序第一審判決（即臺灣臺中地方法院七十五年度家訴字第六二號判決）再審原告敗訴，前訴訟程序第二審判決予以維持，要無不合。爰駁回再審原告對於前訴訟程序第二審判決提起之第三審上訴。

茲再審原告爰引司法院大法官會議七十八年六月二十三日釋字第二四二號解釋，指稱原確定判決適用法規顯有錯誤，依民事訴訟法第四百九十六條第一項第一款規定，於同年七月二十二日提起本件再審之訴，參照司法院大法官會議釋字第二○九號解釋，並無不合。

按司法院大法官會議釋字第二四二號解釋文謂：「中華民國七十四年六月三日修正公布前之民法親屬編，其第九百八十五條規定：『有配偶者，不得重婚』；第九百九十二條規定：『結婚違反第九百八十五條之規定者，利害關係人得向法院請求撤銷之。但在前婚姻關係消滅後，不得請求撤銷』，乃維持一夫一妻婚姻制度之社會秩序所必要，與憲法並無牴觸。惟國家遭遇重大變故，在夫妻隔離，相聚無期之情況下所發生之重婚事件，與一般重婚事件究有不同，對於此種有長期實際共同生活事實之後婚姻關係，仍得適用上開第九百九十二條之規定予以撤銷，嚴重影響其家庭生活及人倫關係，反足妨害社會秩序，就此而言，自與憲法第二十二條保障人民自由及權利之規定有所牴觸」。

次查鄧元貞與再審被告在大陸福建省結婚後，因大陸淪陷在即，乃先行逃難至香港，再前來臺灣定居，嗣與吳秀琴結婚，似此迫不得已之時代悲劇，在臺灣不知有多少，此為前訴訟程序第二審依據再審被告之主張及鄧元貞致再審被告之信函，所確定之事實。且中華民國政府於三十八間退守臺灣、金、馬地區後，臺灣與大陸為海峽所隔，兩地人民不得往來，因此正常音訊，完全斷絕，亦為眾所週知。是則在此國家遭遇重大變故，夫妻隔離，相聚無期之情況下所發生之重婚事件，按諸上開司法院大法官會議釋字第二四二號解釋意旨，再審被告訴請撤銷鄧元貞、吳秀琴間之結婚，即屬不應准許。前訴訟程序歷審依修正前民法第九百九十二條規定，認為本件係一般重婚事件，而為再審原告敗訴之判決，其所適用之法規，自屬

顯有錯誤。再審原告鄧元貞、吳秀琴指摘原確定判決有再審原因，訴請將前訴訟程序各審判決予以廢棄，非無理由，並由本院依前訴訟程序第二審所確定之事實，自為裁判，而駁回再審被告在前訴訟程序之訴。

　　據上論結，本件再審之訴為有理由。依民事訴訟法第五百零五條、第四百七十七條第一項、第四百七十九條第一款、第七十八條，判決如主文。

中華民國七十八年十一月三日

最高法院民事第二庭
審判長　推事　李錦豐
　　　　推事　范秉閣
　　　　推事　郭柏成
　　　　推事　呂潮澤
　　　　推事　張福安

中華民國七十八年十一月十四日

釋字第二六三號解釋

及「懲治盜匪條例失效」聲請案（陳文海案）

一、本案事實與背景

　　本案聲請人馬曉濱、唐龍及王士杰三人於民國七十八年十一月十七日共同綁架長榮公司董事長張榮發之子張國明，勒贖五千萬元，於翌日得款後，三人即將張國明釋放，並交付一千元囑其自行搭乘計程車回家。張國明被綁期間，聲請人等按時供應飲食，妥善予以照料；聲請人等甚至約定，不論此次綁架是否取得贖款，均會將被擄人放回。嗣案發後，聲請人等亦主動投案，並將剩餘之贖金繳回。

　　雖然本案聲請人等從無殺人撕票之意，對被擄人並無虐待情事，犯罪後亦主動投案，繳回剩餘之贖金，最高法院卻仍以七十九年度臺上字第二三〇四號刑事判決，維持臺灣高等法院七十九年度上重訴字第六號判決，適用懲治盜匪條例第二條「唯一死刑」之規定，判決聲請人等死刑確定，聲請人乃提出憲法解釋之聲請，以為救濟。

　　有關本案另一值得注意之處厥為釋字第二六三號解釋公布與馬曉濱等人死刑執行時間的問題。蓋在釋字第二六三號解釋中，大法官已明言若有情輕法重之情形，裁判時得適用刑法第五十九條酌量減輕之規定，且未經取贖而釋放被害人者，復得依刑法第三百四十七條第五項規定減輕其刑。是故在本件解釋公布後，馬曉濱等人本有機會就原判決「未斟酌刑法第五十九條及三百四十七條之減刑規定」，聲請檢察總長提起非常上訴，從而獲得減刑之機會。然因法務部在得知本件解釋結果（懲盜條例唯一死刑不違憲）之後，立刻於第二天執行馬曉濱等人之死刑，聲請人竟連依據大法官解釋尋求救濟的機會也無，終造成了不可彌補的遺憾。

二、聲請書及補充理由書

聲請書

受文者：司法院
聲請人：馬曉濱、唐　龍、王士杰
代理人：理律法律事務所
　　　　陳長文　律師
　　　　李念祖　律師

聲請事項：

　　為聲請人受最高法院七十九年度臺上字第二三〇四號刑事確定判決，該判決維持臺灣高等法院七十九年度上重訴字第六號判決適用懲治盜匪條例第二條之規定，違反憲法第八條有關「正當法律程序」之規定並侵害聲請人受憲法第十五條、第二十三條保障之生存權，抑且違反憲法第七條關於平等權之規定。茲依司法院大法官會議法第四條第一項第二款規定聲請大院大法官會議解釋該條例第二條第一項第九款唯一死刑之規定及最高法院適用該法律規定於聲請人之擄人勒贖所為之判決，牴觸憲法。

一、聲請釋憲之理由及所引用之憲法條文

　　緣最高法院七十九年度臺上字第二三〇四號刑事判決，維持臺灣高等法院七十九年度上重訴字第六號判決，援引懲治盜匪條例第二條第一項第九款之規定，判處聲請人等極刑在案。按憲法第十五條保障生存權，其最重要之內容厥為生命權，蓋生命權為一切自由權利之基礎，無生命即不得享受任何權利自由，生命權之重要性乃應在憲法所有列舉保障之一切任何自由權利以上，事實上，憲法除於第十五條規定人民之生存權應予保障；

第二十三條復規定除為防止妨礙他人自由、避免緊急危難、維持社會秩序或增進公共利益所必要者外，不得以法律限制之。以上規定，在在肯認國家對於人民生存之權利，生存本能之渴望應竭盡保障之能事，舉凡有威脅、危害、影響、限制人民生存之事項，國家應予以排除，此本刑事法律立法之用意，惟生存權既為憲法首要保障之權利，則有關限制、剝奪人民生命權之刑事立法，亦應受憲法第二十三條之拘束。而司法判決剝奪生命權，亦應本乎憲法保障生命權之意旨，以嚴謹合理之程序為之，始能以尊重生命權之態度保障生存權，真正符合憲法保障生存權之本旨。否則以輕率之刑事政策剝奪生命權，矯言欲達保障人民生存權之目的，無異允許公權力以違背目的之手段追求相反之目的，其可得乎？木案最高法院維持前揭臺灣高等法院判決，依據懲治盜匪條例第二條第一項第九款之規定，剝奪聲請人等之生命權，聲請人別無法律上之救濟途徑，爰依法聲請　大院大法官會議解釋前揭判決所適用之法律規定，以及前揭判決適用該法律規定之結果，致剝奪聲請人等之生命權，與憲法保障人民生存權之規定牴觸。

二、疑義之性質與經過及聲請人之立場與見解

㈠事實經過概述

聲請人馬曉濱係中國大陸人民，因嚮往自由，於一九八六年六月與其十八名友人，共同駕船投奔自由，在韓國經我國有關單位安排下，於同年七月八日抵臺成為反共義士，情治單位旋於翌日將其等送至澎湖中南半島難民營，予以隔離偵訊調查，直至翌年八月獲得真正自由，投入自由社會。嗣於七十八年十一月十七日與自越南逃亡來臺之聲請人唐龍及曾擔任前長榮海運公司警衛之聲請人王士杰共同綁架長榮公司董事長張榮發之子張國明，索取贖款五千萬元，於翌日得款後，即將張國明帶至撫遠街，交付一千元，囑其乘計程車回家。在此犯罪期間，聲請人等對張國明均予以妥善照料，按時供應飲食，並約定不論有無取得贖款，均會將被擄人釋回。嗣案發後，聲請人隨即主動投案，贖金亦大都繳回，惟案經三審定讞，適用懲治盜匪條例第二條第一項第九款處聲請人等死刑。

㈡限制人權之立法，應受憲法第二十三條之限制

憲法第二十三條規定基本人權受到立法限制，應屬憲法所容認之例外情形（註一），故限制人權之立法，自應受嚴格之憲法檢證，而以具有正當理由之必要方法為限。按憲法該條所謂「必要」者，依論者通說（註二），係屬「比例原則」之揭櫫，而應符合三項要件：即目的應具有正當性，限制之手段與其目的應具有關連性，應以最少限制之手段為之；蓋憲法第二十三條所設之四種正當目的（即防止妨礙他人自由、避免緊急危難、維持社會秩序及增進公共利益），其範圍至為廣泛，不藉比例原則解釋「必要」二字加以控制，憲法第二十三條之規定勢將形同具文，而憲法保障人權之目的，亦必完全落空（註三）。憲法第十五條保障之生命權，係基本人權之一種，刑事法律以唯一死刑剝奪生命權，即構成對基本人權之限制，自應以符合憲法第二十三條之規定者，始為適憲。

㈢懲治盜匪條例第二條第一項第九款違反憲法第十五條及第二十三條之規定

按系爭條例設定唯一死刑之目的，不外三端：一曰應報，一曰一般預防，一曰特別預防。茲就此三種不同之立法目的，分別依據比例原則，檢視其合憲性。

先就刑罰之應報主義為言，此一原始之思想，實非今日之憲政文明所能接受，蓋所謂「以牙還牙」、「以眼還眼」之原始正義觀，係在古代社會，或因迷信神權，或因偏於感情直覺，而迷信可以應報手段發揮刑罰功用。惟自道德觀念更為進化之社會觀之，即有不同見解。在我國儒家以「仁」、「愛」為最高道德準繩之際，西洋基督教思想亦敷陳博愛之旨，是以歐美社會自十八世紀之後，刑法思想即生激盪，社會道義要求「以德報怨」，刑法主張「惡害相抵」。我國自漢以後，儒術盛行，倡議「尚德緩刑」。足見社會道德觀念進化後，應報觀念不足滿足正義之要求，東西社會同斯一理，由是人類滿足正義感之方法由嚴酷趨向寬和，由感情之發洩趨於合理之建議，而由應報觀念趨向於威嚇警戒之一般預防，其後更進而注重教育改善之特別預防，凡此與往昔之應報主義同有維持社會秩序之目的，惟於譴責

手段，僅以警戒社會所必要者為限，而避免無謂之苦痛（註四）。故以今日憲政保障人權思潮衡之，縱為「維持社會秩序或增進公共利益」之目的，應報刑之觀念，亦難立足，亦即單純之「以牙還牙」、「以眼還眼」、「以命償命」，並不足以維持社會秩序或增進公共利益，僅能滿足社會上空泛之報復心理而已，不能成為合乎憲法規定之立法目的。

　　退萬步言，縱謂刑罰之應報為合憲之目的，則以唯一死刑為手段懲治一切擄人勒贖之行為，苟此一立法手段與立法目的之間並不相當，即不能謂為合憲，蓋擄人勒贖犯罪之態樣不一，未必皆以害命為其犯罪結果，應報主義的刑罰觀，至其極致不過是「以命賠命」，茲將未害人命之擄人勒贖行為以唯一死刑相繩，則係「以死賠不死」，顯已逾越應報主義之本意，故不能謂之為合乎應報主義之手段，「應報主義」之目的縱屬合憲，唯一死刑之無分犯行是否害命，一律以死刑加之之手段，亦不能認為合憲。

　　次按一般預防主義，則「唯一死刑」係以嚇阻一般大眾為其立法目的，依比例原則言，限制人權之成本應與其效益相當，亦即不能以過當之限制追求不相當之效果，否則任何微罪亦均可以死刑相加以達嚇阻作用，自非講求人道之憲政秩序所能允許，茲者唯一死刑係不問犯罪動機、手法、態樣、結果，恒以剝奪生命之方式為處罰，其對人權之侵犯，可謂已達極致，若其目的係在嚇阻犯罪，而其嚇阻之效果如何，卻並無任何具體之科學性證明而僅能憑立法者主觀之臆測認為足以達到嚇阻之目的（註四），實無異以生命之剝奪換取不確定且虛無飄渺之嚇阻效果，唯一死刑自屬限制過當之手段，不能認為合憲。況以唯一死刑懲治擄人勒贖，即不問是否有殺害肉票之行為，均難逃死刑之制裁，其目的固在嚇阻類似犯罪，其結果則可能使得往後類此犯罪者，抱持孤注一擲，橫豎一死，不如殺害被擄人，以免被指認落網之極端心理，則此類犯罪手段愈趨殘暴，社會秩序恐愈趨緊張。是立法目的欲求嚇阻，唯一死刑之效果可以適得其反，即不能認為立法目的與立法手段相對應，自不符合比例原則，而屬違憲。

　　末言特別預防之刑事政策，本係教育刑思想之產物，果然，則唯一死刑尤屬背道而馳之立法手段，蓋唯一死刑乃係完全放棄教育刑或施予犯人

再社會化之機會，而一以剝奪生命為義務，實不能謂可達到特別預防之目的，立法手段既不能達成立法目的，自難以為合乎憲法第二十三條之要求。或謂特別預防之目的可藉「永久隔離」之方式完成，唯一死刑可以達到永久隔離之效果，惟憲法第二十三條規定之比例原則，要求立法追求任何合憲之目的，均應採取最小限制人權之手段，故在多種可以達到「永久隔離」之立法手段之中，「無期徒刑」已足達到相同之目的，實無須以「唯一死刑」強使完全剝奪生命權，是故「唯一死刑」不能認為最小損害之方法，乃與比例原則有違，不能認為合憲。況且在初犯之情形，既未給予再教育之機會，則罪犯是否已無再教育價值而應永久隔離，不得而知，對初犯者處以極刑，亦不能謂為合乎教育刑之目的，亦即不能符合憲法第二十三條規定立法手段應與立法目的對應始能構成「必要」之限制。

抑有進者，無論自何刑罰之目的觀論之，皆應講究刑罰之分量是否與行為人責任之大小相適稱，則死刑立法始能符合憲法保障生命權之本旨。況以今日家庭教育之式微、學校教育之失調、青少年教育之不周，就業市場不足、社會風氣敗壞等，均為犯罪行為之種因。換言之，在惡劣環境下成長之人，受惡習濡染之可能增加，就良好社會秩序而言，其固然常成為破壞者；然另一方面，其亦為環境之受害者。而刑罰之目的，既自原始之「應報主義」發展為教育、矯正、改善、保護等目的，亦即期能矯正犯罪行為之性向，賦予其向善之機會。然「死刑」並無矯正作用，人死不能復生，縱已悔悔頓悟，亦無從棄惡從善。犯罪行為縱屬惡性重大，致破壞社會秩序，然遭破壞之社會秩序，庶可重建；人之生命則一旦被剝奪，即無法復生，故於判處死刑之際，尤應嚴格審究犯罪之惡性、犯罪之動機、目的、手段等，必犯罪行為人果係窮凶極惡，絕無矯正之可能，始有與社會隔絕之必要，始能符合憲法第二十三條比例原則之要求，否則即屬恣意剝奪憲法所保障之生存權，懲治盜匪條例第二條第一項第九款規定擄人勒贖者，不論其惡性深淺、良知存泯、動機目的、生活狀況，亦不斟酌犯罪時所受刺激、智識程度，更不考量其犯罪所生之危險實害及其犯罪後之態度是否可予憫恕，凡具勒贖意圖而擄人，均處死刑。立法者立意排除司法裁

量「行為人是否應受死刑之報應」、「死刑是否為恰當之嚇阻手段」，與夫「行為人有無再教育價值」之權利，極可能發生罪刑失衡之後果，實難謂符合憲法第二十三條所規定之「必要」限制。

(四)懲治盜匪條例第二條第一項第九款違反憲法第七條之規定

　　憲法第七條規定中華民國人民在法律前一律平等，係屬平等原則之揭櫫，亦即中華民國人民享受基本人權，在法律前應受相同之待遇，而法律以唯一死刑限制生命權之規定時，有界定生命權範圍之效果，亦應同受平等原則之拘束。茲者懲治盜匪條例規定擄人勒贖者以唯一死刑論處，係立法者以為擄人勒贖者之生命權應予絕對剝奪；惟相同之立法者對於殺直系血親尊親屬者，即殺害父母、祖父母者，則並未認為應處以唯一死刑（刑法第二百七十二條參照），依社會通念及中華傳統倫常言，殺直系血親尊親屬之罪質遠較擄人勒贖者為重，立法者於前者既不以唯一死刑為必要，則以唯一死刑懲治擄人勒贖，顯已逾越憲法第七條平等原則與第二十三條「必要」規定之界限，不能認為合憲。

(五)釋字第一九四號解釋於本件聲請不應援用

　　大院釋字第一九四號解釋認定戡亂時期肅清煙毒條例第五條第一項規定之唯一死刑為「於戡亂時期，為肅清煙毒；以維護國家安全及社會秩序之必要而制定」；與憲法第二十三條及第七條均無牴觸，該號解釋可否援引於本件聲請案件，應請陳明：

　　1.該號解釋之標的為戡亂時期肅清煙毒條例，本件聲請之標的則為懲治盜匪條例，前者為專為戡亂時期制定之限時法，與後者之為適用於平時之立法不同，故該號解釋之理由不能於本案加以適用。

　　2.該號解釋為戒嚴時期所做成，目前已告解嚴，該號解釋之理由不能於本案加以適用。

　　3.該號解釋涉及者為煙毒犯，與本案之為擄人勒贖者不同，難以相提並論。

　　4.該號解釋之聲請人，並未就唯一死刑為何違反憲法第二十三條之理由詳加列陳，基於「不告不理」之司法概念，該號解釋亦未就唯一死刑為

何「為維護國家安全及社會秩序之必要」詳加說明，特此敬請重就基於憲法保障生命權之意旨考量唯一死刑之合憲性，或推翻前例，或限制其適用以示與本案有所區別，以申憲旨。

㈥本件司法判決有違憲法要求之正當法律程序

　　憲法第八條規定，人民身體之自由應予保障，非由法院依法定程序，不得審問處罰。憲法對人民身體之自由，尚且如此慎重，則就一切權利之基礎，生命權而言，應屬舉輕以明重，亦即剝奪生命權之司法判決，更應依法定程序為之，始謂符合憲法之要求。此法定程序包括科刑時應依刑法第五十九條之規定，審酌一切犯罪情狀，以為量刑輕重之標準；亦應依刑事訴訟法第二條之規定，對被告有利、不利情形予以注意，始能作成罪刑相當之判決，本件聲請人等於作案中確有「無論取得贖款與否，都準備放人」之共識，且將放人之意告諸被擄人，此徵諸聲請人唐龍之刑事局筆錄供述：「……他（指馬曉濱）說再聯絡一次，如果仍拿不到錢再放人」，此與被擄人於刑事局之供述：「……（歹徒）說出了一點狀況，晚一點就放我回家」（請詳附件）相符，則此「無論取得贖款與否，都準備放人」之共識，及聲請人等未持器械作案以及自動投案等，亦均經聲請人於法院審理時聲請調查證據，訊問證人，以為量刑之參考，凡此因素，應足資認定為有利聲請人等之事實，而應為審理法院依刑事訴訟法第二條及刑法第五十九條之規定所必須加以審酌之事項。惟本案各級審理法院就聲請人之聲請起置不理，亦未依刑事訴訟法第三百一十條於判決理由記載對上揭有利之證據不採納之理由，則本審判決既違背上揭法條規定程序，自屬違背憲法要求之正當法律程序。是則基於違反上揭規定所為之判決，自屬違反正當法律程序所施之處罰，應屬於違憲之判決，且也，在本案聲請人未持槍械，人質受到良好照顧並安全釋回，贓款多數追回，自動投案等情形下，司法捨無期徒刑不就，必欲強施以死刑之處罰，亦與憲法第二十三條規定之「必要」要求不符。

　　聲請人等或係投奔自由來臺，或係越南難民，或係離職警衛，其所受教育有限，在社會福利制度未臻健全，政府尚未施以就學，就業輔導，渠

等置身競爭激烈之現代社會，本質上即具高危險性，期待其恪守社會秩序規範之可能亦較低，其誤蹈法網，雖屬應罰，惟生命權之剝奪，則應慎重其事，必也求其生而不能，始應為之。本件判決，若已合乎正當法律程序之嚴格要求，而司法者斟酌之結果，仍為應處以極刑者，或當別論，惟本案判決，既有上揭違憲情形，本諸憲法規定，實不應予以維持。

三、有關機關處理本案之主要文件及其理由

聲請人茲檢呈有關筆錄及法院判決三件，謹請鑒核：
1.聲請人馬曉濱、唐龍及被擄人刑事局筆錄。
2.臺灣臺北地方法院七十八年度重訴字第一〇〇號判決。
3.臺灣高等法院七十九年度上重訴字第六號判決。
4.最高法院七十九年度臺上字第二三〇四號判決。

四、聲請解釋憲法之目的

聲請人等之生命，因前揭判決適用違憲之懲治盜匪條例第八條、第二條第一項第九款之結果而將受剝奪，故特依法聲請　大院大法官會議解釋聲請人所引據之憲法有關規定，宣告懲治盜匪條例第二條第一項第九款適用於聲請人等之擄人勒贖案件，係屬違憲，俾賜聲請人憑而依據大法官會議釋字第一百八十五號解釋依法提起再審之機會。（按懲治盜匪條例為特別法，因違憲而無效，最高法院仍得依據刑法再審，無虞發生無法可判之情形。）聲請人茲並本於憲法第十六條之規定，依據司法院大法官會議法第十二條之規定，請求
大院大法官會議傳喚聲請人及代理人到會說明，俾維憲法保障之合法權益。

註一：　林紀東《中華民國憲法逐條釋義（第一冊）》（六十四年），三四一至三四三頁
　　　　參照。
註二：　廖義男《企業與經濟法》（六十九年），一五三至一五五頁、朱武獻〈公法專題裁量〉載《憲政時代》十一卷三期七九頁，大法官會議釋字第一七九號解釋鄭

玉波大法官不同意見書、大法官會議釋字第二四二號解釋劉鐵錚大法官不同意見書參照。

註三： 薩孟武《中國憲法新論》（六十三年），一二三至一二四頁參照。

註四： 韓忠謨《刑法原理》，三四至三五頁、林山田《刑法通論》（七十八年），三七五至三七七頁、蔡墩銘《刑法總論》（七十三年），二七九頁。

　　此　　致
司法院

聲請人： 馬曉濱、唐　龍、王士杰

代理人： 理律法律事務所

　　　　陳長文　律師

　　　　李念祖　律師

中華民國七十九年六月十八日

補充理由書（一）

受文者： 司法院

聲請人： 馬曉濱、唐　龍、王士杰

代理人： 理律法律事務所

　　　　陳長文　律師

　　　　李念祖　律師

聲請事項：

　　聲請人等前於七十九年六月二十日聲請解釋最高法院七十九年度臺上字第二三〇四號刑事確定判決維持高等法院七十九年度上重訴字第六號判決適用懲治盜匪條例第二條第一項第九款之結果，牴觸憲法一案，聲請人於聲請書漏呈本案起訴書、地方法院判決書、最高法院判決書，爰特補正。

聲請人聲請解釋之程序上理由：

　　依司法院大法官會議法第四條第一項規定，人民對於確定終局裁判所適用之法律或命令，發生有牴觸憲法之疑義者，得聲請解釋憲法。又　大院於第二四二號解釋，復就法律規定本身未違反憲法規定，而判決結果違反憲法之規定，作成該確定判決違反憲法之解釋。足徵　大院亦肯認確定判決若有違憲情形，即與法律或命令違憲等價。換言之，確定判決應屬廣義之命令範疇，其有違憲結果，亦得聲請解釋。因此本件聲請人基於判決結果適用懲治盜匪條例第二條第一項第九款違憲而依　大院前揭就判決違憲作成解釋之前例應得提出釋憲之聲請，特此陳明。

　　此　致
司法院

聲請人：馬曉濱、唐　龍、王士杰

代理人：理律法律事務所

陳長文　律師

李念祖　律師

中華民國七十九年六月二十五日

補充理由書（二）

受文者：司法院

聲請人：馬曉濱、唐　龍、王士杰

代理人：理律法律事務所

　　　　陳長文　律師

　　　　李念祖　律師

壹、實體部分之補充理由

　　一、以唯一死刑懲治未撕票之擄人勒贖案被告，以死賠不死，不能符合憲法保障生命權之要求，已經聲請人於前呈之聲請書中說明，茲進一步說明該唯一死刑立法之違憲評價，不能因刑法第五十九條規定之存在而受

影響。按法定刑度之上下裁量，屬於刑法第五十七條之考量，與刑法第五十九條規定之立意並不相同，聲請人所爭執者，為立法者設定唯一死刑之效果，係在剝奪司法者刑法第五十七條之裁量權，此屬立法者對於司法在擄人勒贖案件之法定刑量刑裁量權所加設之違憲限制，而與第五十九條規定之是否存在無關。亦即五十七條之裁量權是法官必為之裁量，而五十九條之裁量權則非是。蓋普通刑法之制裁擄人勒贖，不以死刑為量刑的優先選擇，而唯一死刑之立法剝奪第五十七條之裁量權，將死刑立為處刑之準據，必有符合第五十九條之例外情形，始得邀免死罪，兩者自不能相提並論。否則，憲法尚設有總統特赦、減刑等制度，亦屬唯一死刑制度之可能救濟，其亦可執此以證明唯一死刑之合憲性乎？若可因刑法第五十九條存在而以唯一死刑為合憲者，則立法者縱使將所有犯罪均處以唯一死刑，但有第五十九條存在，豈非亦可合憲？嚴刑峻罰將不知伊於胡底。

　　二、立法者既立意容許法官運用第五十九條減輕，則不知限制第五十七條裁量權之「必要性」何在？實則唯一死刑之需通過憲法檢證，不能以法律上已有減輕之道為理由，而必須證明懲治盜匪條例為何必須規定唯一死刑而不能以其他法定刑度取代之「必要性」，始能合憲，惟此一規定，並無憲法上之必要性，已見聲請人前呈之聲請書，茲不復贅。另關於死刑制度威嚇力有限以及唯一死刑之刑事政策值得重加檢討，學界早有相同看法，茲再檢呈學術論文六篇，敬供　大院參考（註五）。

　　三、刑法第三百四十八條規定，擄人勒贖而故意殺害被害人者，處唯一死刑，未故意殺人者之量刑，則自死刑至自由刑不等，聽司法之裁量，如此明示故意撕票之惡性與一般擄人勒贖極有區別，卻仍能維持司法裁量之空間，較之懲治盜匪條例將擄人勒贖者一概處死，卻冀求法官以常例以外之刑法第五十九條減輕，顯然刑法第三百四十八條更能達到嚇阻撕票的目的，對於生命權之剝奪，則是較為和緩之手段，立法技術比懲治盜匪條例高明，後者自與「比例原則」不符，係對生命權「不必要」之限制，乃而與憲法第二十三條相違。

貳、程序部分之補充理由

查聲請人因本件司法判決業經三審定讞，執行在即，茲請求　大院大法官會議儘速優先審理聲請人之聲請，作成本件司法判決程序違憲或本案適用之法律違憲之解釋，俾利聲請人尋求再審或非常上訴之救濟。惟查歷年來人民聲請釋憲案甚多懸延多年未決者，其原因在於依司法院大法官會議法第一三條第一項及司法院組織法第六條第一項規定，議決解釋案須有大法官總額四分之三出席，暨出席人四分之三同意，方得通過。此一規定，形成大法官會議釋憲功能不能完全發揮之關鍵。除該條規定是否合憲應予推求外，自程序實務觀點言，四分之三之人數應如何計算？實亦為癥結所在。

依現行實務，四分之三人數之計算，原則上係以多數意見與不同意見為分野，亦即必須有四分之三以上之大法官贊同多數意見，始認為符合法定之四分之三之人數。惟查司法院組織法第六條與司法院大法官會議法第十三條之規定，並未當然以第十七條規定所區分之多數意見與不同意見為決定四分之三之人數之標準。現行實務，應非不能改變。按大法官會議形成意見之過程中，遇有兩種以上之見解時，多數一致之見解，即構成主審意見，其與主審意見不同之見解，固可概稱為不同意見，而為大法官會議法第十七條所規定之得列附於多數所支持之解釋文之後，然此所謂不同意見者，尚非不可視其究為結論不同或理由不同而區分為協同意見 (concurring opinion) 與反對意見 (dissenting opinion)，而在計算多數決時，將協同意見與主審意見併列以構成可決人數。尤值說明者，於認定何為理由、何為結論時，在涉及確定終局裁判之案件，應以該確定終局裁判是否得依　大院釋字第一八五號解釋成為再審或非常上訴之對象為區別之標準，始稱合理徹底。

此一制度，為美國所採取，依我國司法院大法官會議法之規定言，解釋上亦屬可通，尤其依　大院釋字第二四二號解釋，最高法院判決既已納入司法院大法官會議法第四條第一項第二款所稱之「法律與命令」之範圍，

而成為人民得聲請憲法解釋之對象（該號解釋明文說明系爭民法規定並不
違憲，故係認定系爭判決本身違憲，而以系爭判決視為與「法律與命令」
相同，乃無可爭執），則認定孰為反對意見，孰為協同意見，尤應以裁判是
否可遭推翻而非裁判所適用之法規規定是否違憲為認定標準，始能一貫。
此在人民依大法官會議法第四條第一項第二款規定聲請大法官會議解釋憲
法時，尤有採行之價值。

　　蓋人民就其所受不利確定終局裁判而聲請　大院大法官會議解釋者，
無非企盼獲得該確定裁判（無論係其所適用之法規違憲或該裁判之見解違
憲）係屬違憲之結論，俾可據為提起再審或非常上訴之理由，以撤銷該不
利確定裁判之結果，至於大法官會議得出違憲之結論，究係基於一種理由
或是多種不同之理由，對於聲請人而言，實為次要之問題，若竟因此而使
得四分之三之多數亦不可得，勢將完全違反司法釋憲以求有效保障人權之
目的，亦與聲請人聲請釋憲以求權利保障之本意不符。此從　大院釋字第
一八五號解釋揭示「確定終局裁判所適用之法律或命令，或其適用法律、
命令所表示之見解，經本院依人民聲請解釋認為與憲法意旨不符，其受不
利確定終局裁判者，得以該解釋為再審或非常上訴之理由……」之旨趣，
可以得之，蓋非如此，則人民將恐毫無聲請憲法解釋之實益。而司法院大
法官會議法既未禁止將協同意見列為可決之人數計算，本乎釋字第一八五
號解釋促進實際個案中人權保障之相同立場，實有針對人民聲請釋憲重在
結果以求權利之保障的觀點，寬與認定四分之三之人數之必要。而聲請大
法官會議釋憲，本為人民依憲法第十六條所得享受之權利保護請求權，從
寬解釋可決人數，以利其權利之保障，正所以伸揚憲法之精神。即以本案
為例，聲請人請求　大院就聲請人所受之確定判決因其司法判決程序違背
憲法規定為理由，或以該判決所適用之法律──懲治盜匪條例第二條第一
項第九款之規定牴觸憲法為理由，而作成該判決之結果違憲之決議，其主
要之目的，在於尋求再審救濟之機會，設若　大院大法官中，有認為本件
並非唯一死刑之立法違憲，而係判決違反憲法所要求正當法律程序之見解；
亦有認為本件確定判決所適用之法律牴觸憲法之見解者，則此二種見解，

雖然理由並不一致，惟其結論則一，亦即依此兩種見解結論，均將使得本案可依釋字第一八五號解釋構成聲請再審或非常上訴之標的，故在依司法院大法官會議法第十三條之規定計算可決人數時，即應將理由不同但結論相同之多數意見與協同意見共同計入可決人數，以利釋憲功能之真正發揮。

　　事實上，因為現行實務未採協同意見之制度，其結果是主審意見勢須多方遷就妥協，以期通過，反而形成主審意見不能暢所欲言，盡述理由，甚至造成外界誤解，以為大法官會議解釋每以含糊籠統的方式搪塞，此實為現行實務之不良副作用，允宜有所改進，以加強大法官會議之公信力。是採取協同意見與否，其得失至為明顯，敬請　大院斟酌。

　　至於政府機關聲請釋憲之案件，亦非不能仿照民事訴訟法規定訴訟標的之制度，以裁定聲請解釋標的之方式，同時採用上述之可決人數計算方法，以求一致。

　　以上所述，實為緩和司法院大法官會議第十三條與司法院組織法第六條違憲效果之必要措施，蓋此兩條條文，牴觸憲法規定，甚為顯然，茲再臚陳其理由如左：

一、憲法規定司法與立法分立，四分之三多數之規定不符憲法本旨

　　㈠司法釋憲制度，本為平抑立法權之基本憲法設計。亦即由憲法自設守護神以確保憲法之最高性，藉以使得剛性憲法不受立法權侵凌。茲者立法竟設立特別多數刻意抵消司法釋憲之功能，自不符憲法本意。

　　㈡或謂立法設立特別多數之理由在於憲法解釋關係重大，應求慎重，若無特別多數之限制，恐於憲政之穩定性不利。然觀之舉世憲政經驗豐富之國家如美、德、義、奧等，其司法審查制度，例以普通多數決為原則以行違憲審查之功能。其中美國最高法院僅有大法官九人，以五人通過之憲法解釋不可勝數。其制且以主審意見與協同意見共同計算為多數意見，可謂係普通多數決制度之再放寬。而美國最高法院之釋憲功能，舉世奉為典型，可見保障憲法之方式，不在以特別多數限制釋憲，而應在積極促進釋

憲者之發揮功能。林紀東先生亦謂「此項規定的結果，加強少數否決權的力量，使解釋憲法案件，往往可能因人數不足之故，不能作成決議與釋憲功能之發揮，實大有妨礙。且審查違憲立法，使牴觸憲法之法律無效，為釋憲功能之一，亦即具有防阻立法機關濫用權力之作用，今以立法機關通過之法律，對釋憲機關解釋憲法，作如此嚴格之限制，使之不能適當發揮釋憲制度之功能，是否合於憲法之精神，自甚可疑」（參考林氏著《中華民國憲法逐條釋義（第三冊）》修訂初版，第八十一頁）。

㈢重大憲法解釋案件多易引起各種不同之看法。分歧之意見本有賴大法官之智慧與灼見憑以定奪於一。惟愈有爭議性之案件，愈難取得特別多數。其結果愈將形成多數受制於少數之情形，大法官會議為憲法解釋勢將經常久懸不決。憲政難題久議不決，勢將形成政治上之角力愈形激烈之結果，不僅將使司法之信望受挫，憲政之穩定性亦將因此受到進一步的威脅與傷害，此所以證明特別多數之規定實與憲政之穩定不利。

㈣立法所設之雙重四分之三之特別多數甚且高於憲法第一七四條第一款就修憲人數所定之決議比例。按釋憲乃在不離憲法文義之範圍內賦予憲法新的生命與內容，使其能配合社會之變遷。如釋憲之可決人數要求竟高過於修憲所需，不啻使釋憲難於修憲，應非憲法規定司法釋憲以糾正違憲立法之本意。

二、四分之三特別多數之限制，違背憲法第十六條保障訴訟權之本旨

按訴訟權係人民權利遭遇不法侵害時，擁有尋求司法救濟 (Offenstehen des Rechtsweges) 的憲法保障。簡單區分，它包含三項具體要求：⑴訴訟管道的開放 (Zugang zum Gericht)、⑵訴訟程序的完整及正當 (Verfahren des Gerichts)、⑶訴訟獲致具體結論 (Entscheidung durch des Gericht)。

司法院大法官會議法第十三條與司法院組織法第六條有關可決人數限制的規定與前述⑵⑶兩項要求有所牴觸，分述理由於下：

㈠違反訴訟程序的完整及正當：所謂訴訟程序的正當與完整，除了指立法者應設立客觀可資依據的訴訟程序法規定之外，亦要求立法者不得任意設立阻礙訴訟程序順利進行的障礙（Unangemessenen Verfahrenrechtlichen Hindernisse）。司法院大法官會議法，就解釋憲法之議決人數，特與提高，與統一解釋法令不同，其用意或在昭鄭重，惟所定之出席人數及議決人數，兩者合計，較諸憲法第一百七十四條國民大會修改憲法的要求尤高，顯然為人民要求司法救濟的不當障礙。

㈡訴訟應儘可能迅速獲致結論，使涉訟當事人法律上的權義關係明朗化，此乃司法救濟之根本目的。故若訴訟程序要求過嚴，致使審理機關不能作成決議，案件懸而不決，則無異司法救濟之拒絕（Rechtsschutzverweigerung），法律關係長期處於未定狀態，亦有礙「法律安定」之要求，西諺有謂「遲來的正義，即非正義」亦表彰同一理念。大法官會議法第十三條有關決議之限制，歷年來已造成許多案件長期不決的狀態，如何更有效保障人權以進一步伸揚憲法精神，實有賴全體大法官之智慧有以決之。

此外，以國外之立法例作比較，例如西德憲法法院規定，除四種判決，其餘決議均以簡單多數行之（該法第十五條參照），而例外的四種判決均為對人（自然人或法人），而非對事（例如法律違憲）而發者：其一為人權失效判決（Grundrechtsverwirkung），其二為違憲政黨判決（verfassungswidrige Partei），其三為彈劾總統（Prasidentenanklage），其四為彈劾法官（Richteranklage）。這四種判決係憲法法院唯一針對個人（自然人或法人）所作的判決，其決議要求比其他判決略為提高（三分之二要求），完全係基於保障個人權利而來。換言之，係為有利於個人權利保障，提高不利於個人判決的決議人數，本質上仍是保障人權。與訴訟權的保障非但沒有違背，反而相輔相成。可知任何提高決議人數之限制，除非係以保障人權為目的，其他均為「不當之阻礙」應為憲法所不允，提高對違憲審查之可決標準，非但不足以保障人權為目的，而且間接阻礙人民尋求權利的救濟，故與憲法精神有所不合。

三、司法院大法官會議法第四條之適用問題

　　憲法第八二條雖授權立法院制定法律規定司法院之組織，然若立法不當限制大法官會議釋憲之功能，即屬逾越憲法上立法與司法應有之分際，而大法官身為憲法守護神，遇立法不當阻礙司法釋憲功能，應斷然說明理由並不受其拘受，以求保障人權，若謂大法官會議無權審查司法院大法官會議法之合憲性者，則倘立法規定大法官會議不得釋憲者，大法官會議亦將受其拘束乎？可見大法官會議依憲法本有權逕依憲法規定審查司法院大法官會議法第十三條第一項之效力，且無庸受同法第四條第一項第二款之拘束，蓋該法之合憲性，本為第四條適用之先決問題，若再以第四條之規定做為審查第十三條規定合憲性之前提，非僅於法理邏輯有違，亦將形成人權保障受該條限制之害殊深，但人民卻無法有效依第四條規定聲請解釋該條違憲之情形。

　　綜之，大法官會議法第十三條第一項與司法院組織法第六條第一項牴觸憲法基本精神之處已如前述，倘因該特別多數規定，致大法官會議在本案中無法迅速作成違憲解釋，馴至聲請人之生命權之受侵害之危險無法立即排除者，則大法官會議應有憲法上義務不受該特別多數限制拘束，而以合憲之可決比例做成決議，以免於人權之保障有所遲延。若認為該特別多數尚無逕予推翻之必要，則敬請大院鄭重考慮採取區別協同意見與反對意見以計算可決人數之方式，俾利釋憲保障人權之功能。

　　末需一言者，本案不僅為苟全聲請人區區三條人命之問題，更涉及死刑濫用之防阻與「治亂世用重典」觀念之憲法界限之釐劃問題，至關整體刑事政策之憲法定位，期盼　大院大法官會議發揮憲法維護者保障人權之智慧與勇氣，排除違憲之立法與司法判決，庶使聲請人等獲其應得之刑罰（而非過當之刑罰）制裁，則憲政幸甚，民主法治幸甚，黎民幸甚。

註五：1.學者吳正順氏著〈日本之廢止死刑運動與其趨勢〉、〈英國之廢止死刑〉、〈論死刑之威嚇力〉、〈人道主義思想與死刑〉〔取自氏著《刑事法論叢》第一三

九至一九二頁〕。

2.學者蔡墩銘氏著〈刑罰之目的概念〉、〈刑罰之人權保障思想〉〔取自氏著《刑法基本問題研究》第二四一至二六九頁〕。

　　此　致

司法院

　　　　　　　　　　　聲請人：馬曉濱、唐　龍、王士杰

　　　　　　　　　　　代理人：理律法律事務所

　　　　　　　　　　　　　　　陳長文　律師

　　　　　　　　　　　　　　　李念祖　律師

　　　　　　　　　　　中華民國七十九年七月十六日

補充理由書（三）

聲請人：馬曉濱、唐　龍、王士杰

代理人：陳長文　律師

　　　　李念祖　律師

為敬提補充聲請書事：

　　刑法第五十九條之規定與懲治盜匪條例第二條第一項第九款之規定本為兩事，本案聲請人解釋之標的為懲治盜匪條例第二條第一項第九款，不問有無故意殺害被害人，一律處死之規定違憲，非在聲請解釋刑法第五十九條可否於唯一死刑之案件適用，若強以刑法第五十九條規定存在為依據而謂懲治盜匪條例系爭規定合憲者，則遇刑法第五十九條規定修正或刪除者，懲治盜匪條例系爭規定之合憲性是否亦將隨之動搖？ 故可知系爭條款之是否合憲，不能繫於刑法第五十九條之存在，事實上立法者既然制定唯一死刑之規定，顯係認為以處死為必要，若果有意以刑法第五十九條為補充唯一死刑之常則，則又何需規定唯一死刑？ 是援引刑法第五十九條以為論證唯一死刑之合憲性者，適足以顯示承認唯一死刑之設定欠缺正當立法

理由，而企圖以犯人並非必死以為緩頰之說詞，如此益證系爭條款排除刑法原有規定之立法缺乏憲法上必要性，應屬違憲。

退一步言，若認為系爭法條之合憲性果然建立於刑法第五十九條之上，則司法佃欲援用系爭條款，即有參酌刑法第五十九條規定之義務，而無論是否果然適用，皆應記載於判決，乃為當然之解釋。茲者刑事訴訟法第三百一十條規定有罪判決書應記載不採納對於被害有利之證據之理由，解釋即應當然包括刑法第五十九條之事項在內。按本件聲請人等於作案中即有「無論取得贖款與否，都會放人」之共識，此有聲請人唐龍及被擄人之刑事局筆錄可稽，此應足認定為對被告有利之事實，此並經辯護律師於司法程序中，據為請求法院審酌聲請人等之犯罪情狀，以為是否依據第五十九條減刑之參考，惟本案各級審理法院就此請求均置之不理，亦未依刑事訴訟法第三百一十條於判決理由記載對此種有利之證據不採納之理由，是本案司法判決有違刑事訴訟法第二條、第三百一十條及刑法第五十九條之規定，此業據聲請人等於前呈聲請書論述綦詳。準此，姑不論本案判決如聲請人前呈聲請書所載其所適用之懲治盜匪條例第二條第一項第九款「意圖勒贖而擄人者」科處唯一死刑之規定已屬違反憲法第二十三條「比例原則」之規定而違憲。退而言之，若以上揭唯一死刑之規定並未違憲，而謂因法官尚可就個案實際情節樹酌刑法第五十九條之規定而未逾必要限制之範圍云，則法院於適用上揭條款量刑時，不但必須審酌考量刑法第五十九條之犯罪情狀；且於判決書之理由欄亦應詳為分別記載刑事訴訟法第三百一十條所列事項始為合法，然觀諸本件歷審司法判決理由，就此必載事項（如第五十九條有關問題）付諸闕如，核諸上揭說明，自難謂本案判決之形式、實質無違背憲法第八條要求之正當法律程序。則依上揭說明，本案即屬違憲判決，自不應予以維持。

懲治盜匪條例之立法原意，係以佔山為寇之大幫土匪為對象，此從該法第二條第一項第十款之規定逃獄罪犯，可乎？同理，擄人勒贖唯一死刑之規定，至多僅能於佔山為寇之大幫土匪之情形適用，將之引用於聲請人案件，即屬誤用法條，不能認為此一判決合乎憲法正當程序之要件，而應

屬違憲。

　　此　致

司法院

　　　　　　　　　　聲請人：馬曉濱、唐　龍、王士杰

　　　　　　　　　　代理人：陳長文　律師

　　　　　　　　　　　　　　李念祖　律師

　　　　　　　　　　中華民國七十九年七月十七日

補充理由書（四）

聲請人：王士杰、馬曉濱、唐　龍

代理人：陳長文　律師

　　　　李念祖　律師

為補充聲請書事：

　　一、本案自聲請人聲請　大院就聲請人等所受不利之確定判決違憲以降，社會各界紛紛討論，極為關切，輿論中持反對意見者，多係持治亂世用重典，且唯恐此案若果翻案者，則將造成一般社會大眾對於治安之疑慮，與夫誤導犯罪者擄人勒贖可以不死之印象。惟本案判決及所適用之法律規定違憲之理由，已如聲請人前呈聲請書，　大院審查本案，一應以憲法之規定為準據，必不致因輿情正反之歸趨方向而受影響，惟司法解釋並有教育社會之功能，司法者體察社會現狀，以嚴謹之解釋導正社會觀念，本屬無可旁貸之責任，故請求　大院於解釋文中，明白揭示，則本件解釋之標的,既為本案司法判決違背法定程序或該判決所適用之法律違背憲法規定，聲請人等茲請求　大院於作成懲治盜匪條例第二條第一項第九款意圖擄人勒贖而擄人者處唯一死刑之規定，雖然違反憲法規定，但就擄人勒贖案件之處斷，仍應適用刑法第三百四十七條、三百四十八條之規定，而刑法第三百四十八條固僅規定故意殺害被害人者處唯一死刑，惟依第三百四十七

條，就未故意殺害被害人之被告，司法者仍可通盤考慮一切有利不利之證據，以決定是否應科死刑之判決，亦即載明擄人勒贖案件，仍得由司法繩被告以死刑之罪，不因本案解釋而受影響，本案解釋只在判定立法者使用唯一死刑之界限，以及司法者裁判死刑所應遵守之正當法律程序，至本案聲請人應得之制裁，仍應於再審程序中聽司法者之裁量，如此可以顯示大院對於本案量刑保持中立之態度，如此可解社會大眾之懷疑，亦所教育社會大眾養成尊重司法之態度與修養，敬請裁酌。

　　二、又查聲請人等於七十九年七月十七日呈遞補充聲明書（三），漏呈本案於司法程序中辯護律師之上訴理由狀，內中列舉聲請人等之犯罪手段、犯後態度等情狀在客觀上足以引起一般同情，請求法院依刑法第五十九條規定裁酌聲請人等之犯罪態樣，予以酌量減輕刑度（附呈聲請人於司法程序呈之上訴理由），惟法院就此請求恝置不理，復未依刑事訴訟法第三百一十條之規定於判決書記載其對被告有利證據不予採取之理由，且未記載該判決已經審酌考量刑法第五十九條之犯罪情狀，是本案司法判決為違憲判決，其不應維持，甚明顯。茲特補呈該狀為證物，敬供　大院審酌。

　　此　致
司法院

　　　　　　　　　　　　　聲請人：馬曉濱、唐　龍、王士杰
　　　　　　　　　　　　　代理人：陳長文　律師
　　　　　　　　　　　　　　　　　李念祖　律師
　　　　　　　　　　　中華民國七十九年七月十八日

補充解釋聲請書

聲請人：王士杰、馬曉濱、唐　龍
代理人：陳長文　律師
　　　　李念祖　律師

為聲請補充解釋事：

　　一、聲請事項：為聲請人受最高法院七十九年度臺上字第二三○四號刑事確定判決，該判決維持臺灣高等法院七十九年度上重訴字第六號判決適用懲治盜匪條例第二條之規定，違反憲法規定，經聲請人聲請　大院解釋該判決所適用之法條違憲或該判決違背憲法規定之正當法律程序，惟　大院僅就該判決所適用懲治盜匪條例第二條第一項第九款之規定與憲法尚無牴觸，作成釋字第二六三號解釋；惟就本案判決是否違背憲法正當法律程序規定之部分則未為解釋，爰特請求　大院對本案聲請予以補充解釋。

　　二、本案判決違反憲法規定之正當法律程序：憲法第八條規定，人民身體之自由應予保障，非法院依法定程序，不得審問處罰。憲法對人民身體之自由，尚且如此慎重，則就一切權利之基礎，生命權而言，應屬舉輕以明重，亦即剝奪生命權之司法判決，更應依法定程序為之，始謂符合憲法之要求。此法定程序包括科刑時應依刑法第五十九條之規定，審酌一切犯罪情狀，以為量刑輕重之標準；亦應依刑事訴訟法第二條之規定，對被告有利、不利情形予以注意，始能作成罪刑相當之判決，本件聲請人等於作案中確有「無論取得贖款與否，都準備放人」之共識，且將放人之意告諸被擄人，此徵諸聲請人唐龍之刑事局筆錄供述：「……他（指馬曉濱）說再聯絡一次，如果仍拿不到錢再放人」，此與被擄人於刑事局之供述：「……（歹徒）說出了一點狀況，晚一點就放我回家」（請詳附件）相符，則此「無論取得贖款與否，都準備放人」之共識，及聲請人等未持器械作案以及自動投案等，亦均經聲請人於法院審理時聲請調查證據，訊問證人，以為量刑之參考，凡此因素，應足資認定為聲請人等有利之事實，而應為審理法院依刑事訴訟法第二條及刑法第五十九條之規定所必須加以審酌之事項。惟本案各級審理法院就聲請人之聲請棄置不理，亦未依刑事訴訟法第三百一十條於判決理由記載對上揭有利之證據不採納之理由，則本審判決既違背上揭法條規定程序，自屬違背憲法要求之正當法律程序。是則基於違反上揭規定所為之判決，自屬違反正當法律程序所施之處罰，應屬於違憲之判決。

　　三、　大院第二六三號解釋明揭「擄人勒贖之案件，於裁判時若有情輕法重情形者，本有刑法第五十九條酌量減輕其刑規定之適用」，因此系爭

法律尚不違憲，是則法院於適用系爭法律，即必須審酌刑法第五十九條而將適用或不適用該條規定記載於判決之中，惟本案各審判決並未記載其已審酌刑法第五十九條之規定以為科刑論罪基礎，即應屬違憲判決。

四、又依　大院釋字第二四二號解釋，最高法院判決既已納入司法院大法官會議法第四條第一項第二款所稱之「法律與命令」之範圍，而成為人民得聲請憲法解釋之對象，該號解釋復明文說明系爭民法規定並不違憲，故係認定系爭判決本身違憲，而以系爭判決視為與「法律與命令」相當，爰懇請　大院依循前例，就聲請人之聲請，予以補充解釋，至為感禱。至其餘實體與程序上理由，容再補呈。

　　此　致
司法院

聲請人：馬曉濱、唐　龍、王士杰
代理人：陳長文　律師
　　　　李念祖　律師

三、釋字第二六三號解釋摘要（13：0 通過）

本件解釋係由十三位大法官一致決議作成，並無任何不同意見或協同意見。大法官認為懲治盜匪條例第二條第一項第九款（意圖勒贖而擄人）之規定，不分犯罪情況及結果如何，均規定處以死刑，雖然甚為嚴峻，但法官量刑時仍可適用刑法第五十九條及刑法第三百四十七條規定減輕被告刑責，已足以避免過嚴之刑罰，因此前揭懲治盜匪條例唯一死刑之規定與憲法並無牴觸。

四、評　釋

有關「唯一死刑」（即不分犯罪情節之輕重、犯罪結果如何，一律規定科處死刑）之規定，不論從憲法第二十三條「比例原則」或憲法第七條「平

等原則」檢驗，恐均有違憲之疑慮。

　　首先，刑法死刑之規定乃剝奪人民之「生存權」，故須受憲法第二十三條「比例原則」之限制。查刑罰之目的不外為「應報」、「一般預防」或是「特別預防」等三項，然以「唯一死刑」之手段，達成上述任一目的，顯然均不符合比例原則要求採行「最小侵害手段」之原則。蓋所謂最小侵害手段，乃要求達到目的所採行之手段，必須係對人權侵害最小者；若不區分犯罪情節之輕重，一律採取同一之制裁手段，即不免失於報復過度、預防過當，顯然與比例原則有違。

　　其次就憲法第七條之「平等原則」觀之，不分犯罪情節之輕重、犯罪結果如何一律科處死刑，更明顯違反了「罪刑相當」之平等要求。換言之，不同犯罪情節、不同犯罪結果應分別予以定罪科刑，始符「相同者相同處理；不同者不同處理」之平等要求。同樣的道理，立法者亦受到憲法平等原則之拘束，故其須注意「法律制訂之平等」，對於不同之情況，應予以差別之對待，換言之，擄人勒贖且撕票與擄人勒贖未撕票，既然犯罪情節有所不同，則依照前揭法律制訂之平等原則要求，立法者自應在刑罰上加以區別，而不可一概以死刑相繩。

　　最後要加以說明的是，在本件解釋中，吾人其實已可以明確偵知大法官其實在暗示懲治盜匪條例唯一死刑規定構成違憲，不僅其解釋文及理由書中均提出不分犯罪情況及犯罪結果如何，概以死刑為法定刑，「立法甚嚴」之感嘆，抑且認定系爭法條規定唯一死刑為合憲的理由，竟是法官尚應考量有無憫恕減刑不使其死，也就是說「唯一死刑」不是真的「唯一死刑」才不違憲，言下之意如何，實已不問可知。然或因為顧忌社會治安，大法官故未直言懲治盜匪條例唯一死刑規定違憲無效，並轉以「合憲解釋」之方式，認定法官審理盜匪案件時，因尚可適用刑法總則編第五十九條（酌量減刑）及刑法分則編第三百四十七條（未經取贖而釋放被害人者得減輕其刑）規定，足以避免過嚴之刑罰，而以懲盜條例唯一死刑之規定，並未達絕對違憲之標準。

　　綜觀大法官對本件所採取之合憲解釋方式及其邏輯上之說明，實際上

已經等於宣告「唯一死刑」非一律均須科處死刑之結論。換言之，從解釋文及理由書的相關說理中，大法官實際上已經預告了唯一死刑的「死刑」命運。本件解釋等於提醒並要求各級法院法官必須主動依照犯罪情節、犯罪結果之輕重，斟酌適用相關減刑規定，對不同個案科處不同之刑罰，而非機械性的對所有唯一死刑案件均科以死刑。是故，在懲治盜匪條例廢止前，各級法院之法官若能於審判時，主動依照個別案件之不同，斟酌被告犯罪情節之輕重，分別適用相關減刑規定，相信仍可對懲治盜匪條例之不當立法有所緩和糾正，就此而言，釋字第二六三號解釋亦方有其意義。

五、本案之後續發展

(一)懲治盜匪條例早已失效之爭議

⑴懲治盜匪條例失效之理由：懲治盜匪條例係於民國三十三年四月八日由國民政府制定公布，全文共十一條，為一限時立法（施行期間一年），依照該法第十條之規定，該法於必要時得以命令延長其施行期間。

⑵按所謂限時法，乃係僅於一定期間內適用之法律，一旦法律施行期間屆至，即自動失效。然查懲治盜匪條例於民國三十四年四月八日屆期前，國民政府並未發布命令延長其效力，是按照前揭說明，該法應已於施行期間屆滿之日失效。其後，國民政府雖於同年四月二十六日發布命令延長該法之施行期間，惟因該法係限時法之特性，則在該法已失效後之延長命令，當不發生任何效力。

(二)懲治盜匪條例仍有效之理由

1.法務部之說帖：

主席、各位委員、各位女士、先生：

今天貴會召開「懲治盜匪條例」專案會議，金鳳奉邀前來列席報告，

並備詢問，深感榮幸。茲謹就此專案報告如下，敬請指教。

壹、前　言

　　蔡兆誠律師質疑懲治盜匪條例早已於民國三十四年四月八日失效，其主要見解認為：「㈠該條例於三十三年四月八日制定為限時法，施行期間一年，卻未於期滿前以命令延長，故於三十四年四月八日期滿失效。嗣後，國民政府於同年四月二十六日下令溯及自四月八日展限，因該條例既已失效，包括授權以命令延長其施行期間之規定（第十條），亦同樣失效，則國民政府已無權下令延長，故該延長因無法律依據，自屬無效。㈡立法院於民國四十六年刪除該條第八條、第十條，並變更第九條、第十一條之條次，乃是將已失效之法律，誤認仍為有效，予以刪除。就刪除之部分，並不影響其已失效之事實。」

貳、法理分析

一、法規經「合法廢止」後始生「失效」之問題

　　按法律的「廢止」，係將現行有效的法律，廢棄其存在，而不再予以適用。法律經公布施行後，即發生效力；法律若予廢止，始喪失其效力。法律的廢止，應經立法院通過，並由　總統公布（參照中央法規標準法第二十二條）；法規定有施行期限者，期滿當然廢止，但仍應由主管機關公告（參照同法第二十三條之規定），如未依法定程序廢止，法規不當然發生所謂失效之問題。懲治盜匪條例修正後經　總統公布施行，沿用至今，未經任何法定之程序廢止，謂之失效，實不足採。

二、修正前之懲治盜匪條例縱認係「限時法」亦應經合法廢止程序始失其效力

　　按學說上稱之「限時法」之意義，在避免狡猾之犯人利用刑罰法規短

暫之有效期限逃避法律之制裁，無法發揮處罰犯人之效果，故認為限時法於其有效期間內所為之犯罪行為，該法廢止後，仍應適用。

　　限時刑法關於時之效力，在原則上亦與普通刑法關於時效之效力同，係以公布施行之日發生效力，至廢止之日，喪失效力，如未經主管機關公布廢止，仍難謂之失效。

(一)修正前之懲治盜匪條例尚無中央法規標準法之適用

　　按中央法規標準法於民國五十九年八月三十一日公布實施後，始對法規命令生效日期、適用之順序、修正或廢止等明確規定，使法規命令制度化。懲治盜匪條例係於民國三十三年四月八日公布施行，蔡兆誠律師所質疑期滿後之命令延長，早於中央法規標準法制定之前，原無中央法規標準法之適用，並不發生該法第二十三條「期滿當然廢止」之問題，亦無失效可言，自不應援引立法在後之中央法規標準法否定修正前懲治盜匪條例之效力。

(二)命令延長應否於期滿前為之當時法無明文

　　按中央法規標準法之前身係「法律施行日期條例」（民國二十一年十二月二十三日國民政府公布同日施行），依當時有效之「法律施行日期條例」亦僅規定法律施行日期，並未就法律之廢止、失效及延長之問題加以規範，是依懲治盜匪條例制定時之實定法而言，無從解釋法律未於期限前延長，即當然失效。嗣「中央法規制定標準法」於民國四十年十一月二十三日經總統公布施行，全文九條，復未就法律廢止問題加以規定，自應作相同之解釋。修正前之懲治盜匪條例自不因命令延長在期滿之後，效力因之有任何影響，僅存在期滿後委任命令尚未發布，無從適用本條例之事實問題。另「法律廢止條例」係於民國四十一年十一月二十日經　總統明令公布施行，第四條始明定：「法律定有施行期限者，期滿當然廢止。不適用前條之規定，但應由主管機關送總統府公報公告之。」，惟懲治盜匪條例自「法律廢止條例」公布施行之後，分別於四十二年四月四日、四十三年四月六日、四十四年四月一日命令延長，均係依法律廢止條例之規定於期限屆滿前為之，並無失效之問題。

三、立法機關已依程序完成之立法並無失效問題

按自民國成立以來，為懲治盜匪或綁匪而制定之特別刑法，計有「懲治盜匪法」、「懲治盜匪暫行條例」、「懲治綁匪條例」及「懲治盜匪條例」等四個特別法。國民政府於民國三十三年四月八日公布施行之「懲治盜匪條例」，全文為十一條，原規定犯本條例之罪者，依特種刑事案件訴訟條例之規定審理之，並規定本條例之施行期間為一年，必要時得以命令延長之。本條例施行後，年年延長，施行十三年，至四十六年六月五日修正公布，立法院刪除依特種刑事案件訴訟條例規定審理之規定，以及施行期間之規定，全文改為現行九條。修正後並經　總統公布施行，已使本條例從一「限時」特別法制定成為經久施行之特別刑法，一直沿用至今，立法機關之立法程序並無瑕疵，自不能遽以否定立法院嗣後所修正制定法律之效力。

四、司法院大法官會議解釋認懲治盜匪條例與憲法尚無牴觸

司法院大法官會議於七十九年七月十九日公布釋字第二六三號解釋謂:「懲治盜匪條例為特別刑法，其第二條第一項第九款對意圖勒贖而擄人者，不分犯罪情況及結果如何，概以死刑為法定刑，立法甚嚴，惟依同條例第八條之規定，若有情輕法重之情形者，裁判時本有刑法第五十九條酌量減輕其刑規定之適用，其有未經取贖而釋放被害人者，復得依刑法第三百四十七條第五項規定減輕其刑，足以避免過嚴之刑罰，與憲法尚無牴觸。」按司法院大法官會議釋憲係以經立法院制定、總統公布之「形式意義之法律」為審查對象，有效之法律乃解釋是否違憲之前提要件，由本件解釋之意旨以觀，司法院大法官會議並不否認懲治盜匪條例係有效之法律，乃作為釋憲之客體，殆無疑義。

參、結　論

懲治盜匪條例之制定早於中央法規標準法之前，並無中央法規標準法之適用，依當時「法律施行日期條例」之規定，有關期滿後命令延長之效

力如何？法無明文，自不能解為當然「失效」。況本條例施行十三年，至民國四十六年已經　大院修正，並經　總統公布，明白確認本條例從一限時法成為經久施行之刑事特別法，一直沿用至今，未經任何法定之程序廢止，應無「失效」可言。

以上報告，敬請指教。謝謝！

2.最高法院八十八年度第三〇九八號判決（節錄）：

按懲治盜匪條例於四十六年六月五日修正公布，刪除第八條施行期間一年及第十條依特種刑事案件訴訟條例審理之規定，其原第九條改為第八條，第十一條改為第九條。修正前本條例全部內容，曾經立法院民刑商法委員會審查，認尚有繼續沿用之必要，始改採為新法之全部條文，並重新調整條次，形式上雖是「修正」，實質上係明白確認本條例已從臨時性舊法改制為常態性之刑事特別法，等同於制定新法。因此，本條例重新立法之合法性，應不因修正前曾施行期滿始以命令展期而有影響，附此敘明。

最高法院刑事第二庭
審判長　法官　莊來成
　　　　法官　呂潮澤
　　　　法官　謝俊雄
　　　　法官　白文漳
　　　　法官　蘇振堂

㈢陳文海（兩次）聲請釋憲案

1.本案之事實：

本案聲請人陳文海於民國八十二年間涉及強劫殺人及強劫強姦罪嫌，遭新竹地方法院依懲治盜匪條例第二條第一項第六款及第八款規定判處死刑，案經上訴臺灣高等法院後，歷經多次更審，終於八十八年重上更（八）

號判決死刑，並經最高法院駁回上訴確定。

2.聲請書及補充理由書：

第一次聲請書

　　茲依司法院大法官審理案件法第五條第一項第二款及第八條第一項之規定，聲請解釋憲法，並將有關事項敍明如左。

一、聲請解釋憲法之目的

　　請求解釋最高法院八十八年度臺上字第一二六七號判決（附件一號）適用之現行懲治盜匪條例第二條第一項、第七條第一項、第八條等規定、民國（以下同）三十三年四月八日制定之懲治盜匪條例第十條（下稱「三十三年懲治盜匪條例第十條」）、國民政府三十四年四月二十六日延長懲治盜匪條例施行期間之命令（下稱「三十四年國民政府令」）以及四十六年六月五日修正刪除之懲治盜匪條例第十條（下稱「四十六年修正刪除懲治盜匪條例第十條」）等規定牴觸憲法第十五、二十二、二十三、六十二、六十三、以及一百七十條等規定。

二、疑義或爭議之性質與經過及涉及之憲法條文

(一)所經過之訴訟程序

　　緣聲請人因於八十二年間涉強劫殺人及強劫強姦等罪嫌，遭新竹地方法院檢察署依懲治盜匪條例第二條第一項第六款前段及同條項第八款等規定起訴，並經新竹地方法院第一審判處聲請人死刑，聲請人不服，爰向臺灣高等法院提起上訴，嗣後歷經多次更審，臺灣高等法院傾以八十八年度重上更（八）字第一七六號判決（附件二號）指稱「被告陳文海強劫曾啟台而故意殺人二罪名，應結合成懲治盜匪條例第二條第一項第六款之強劫而故意殺人一個獨立罪名，……被告陳文海強劫李而強姦李之二罪名，應結合成懲治盜匪條例第二條第一項第八款之強劫而強姦一個罪名」,而依前

揭各該法條判處聲請人死刑，乃聲請人經就前開臺灣高等法院更八審判決向最高法院提出上訴，復於本（八十八）年三月十八日接獲最高法院八十八年臺上字第一二六七號判決，略謂前揭臺灣高等法院更八審判決「……將第一審關於上訴人……強劫而強姦及殺人部分之不當判決撤銷，改用懲治盜匪條例第二條第一項第六款前段，第八款、第七條第一項、第八條……共同連續強劫而故意殺人，量處死刑，褫奪公權終身；共同強劫而強姦罪，量處死刑，褫奪公權終身，……經核與法尚無違誤」等語，駁回聲請人之上訴而告確定。

(二)確定終局裁判所適用之法律或命令之名稱及內容

　　按系爭終局確定判決雖係適用懲治盜匪條例第二條第一項:「有左列行為之一者，處死刑：……強劫而故意殺人或使人受重傷者。……強劫而強姦者」、第七條第一項:「盜匪所得之財物，應發還被害人」、第八條：「刑法總則及刑法分則第一百六十七條，第三百四十七條第五項之規定，於盜匪案件仍適用之」等規定，惟查：懲治盜匪條例最早係於三十三年四月八日由國民政府公布之「限時法」（附件三號），此觀原條例第十條規定「本條例施行期間訂為一年，必要時得以命令延長之」即可得證。由於此一條例授權行政機關（當時為國民政府）得以命令延長施行期間，國民政府即於次年四月二十六日復以命令延長該條例之施行期間一年（附件四號），並逐年以命令延長之，合計達十三次（附件五號）。迄至四十六年六月五日，始由立法院修法將該條例第十條之規定予以刪除（附件六號），至此懲治盜匪條例不再限時失效，而與一般法律無異（相關違憲疑義詳後述）。

　　換言之，系爭確定終局判決雖未直接援引前揭民國（以下同）三十三年四月八日制定之懲治盜匪條例第十條、國民政府三十四年四月二十六日延長懲治盜匪條例施行期間之命令、以及四十六年六月五日修正刪除之懲治盜匪條例第十條等規定，惟從其適用現行懲治盜匪條例第二、七、八條等規定判處聲請人極刑之法律適用邏輯以觀，前揭促使現行懲治盜匪條例得以繼續有效之規定顯亦為系爭判決所適用，自得作為　鈞院大法官違憲審查之標的，合先敘明。

三、聲請解釋憲法之理由及聲請人對本案所持之立場與見解

㈠民國三十三年四月八日制定之懲治盜匪條例第十條以及國民政府三十四年四月二十六日延長懲治盜匪條例施行期間之命令等法令牴觸憲法。

⑴三十三年之懲治盜匪條例第十條規定牴觸憲法第六十二、六十三、一百七十條等規定之「立法權禁止讓與原則」

按「立法院為國家最高立法機關，由人民選舉之立法委員組織之，代表人民行使立法權」、「立法院有議決法律案、預算案、戒嚴案、大赦案、宣戰案、媾和案、條約案及國家其他重要事項之權」，憲法第六十二、六十三條分別著有明文。由此可知，我國憲法將議決「法律」之「立法權」專屬由立法院行使，此亦有憲法第一百七十條謂：「本憲法所稱之法律，謂經立法院通過，總統公布之法律」可資為證。此一憲法明定之國會專屬立法權限，除寓有權力分立之制衡理念，亦為制憲者明示立法權不得讓渡其他機關代為行使之「憲法保留」。換言之，不論是法律之制定、增刪修正、延長施行期間、乃至廢止，皆係立法院之專屬權限，不得讓與其他機關代為行使，此從現行中央法規標準法第二十二、二十三、二十四條等規定即可明察無疑。

經查三十三年之懲治盜匪條例第十條雖明定該條例之施行期間為一年，惟竟於後段條文將延長施行期間之「法律議決權」授權行政機關逕以「命令」行之，顯然牴觸前揭憲法明定之立法權專屬等規定，自屬違憲無效之法律。

⑵三十三年懲治盜匪條例第十條之規定授權以命令延長施行「唯一死刑」之法律，牴觸憲法第十五、二十二條及第二十三條之「國會保留原則」

按生命權係基本人權之核心，亦為人類先於國家存在之固有權利，初不待憲法是否明文保障，本即為無庸置疑之人類原權 (Urrecht) 或自然權 (Naturrecht)（附件七號）。由於生命權是人類維持人性尊嚴之所繫，若任令國家得以恣意剝奪，顯將與憲法為人民而存在之目的未符。按我國憲法第

十五條所稱之生存權是否包含生命權之保障，固未有定論，惟從前述生命權作為其他人權之核心以觀，將其納入憲法第二十二條所稱之「人民之其他自由及權利」而予以保障，除無違背憲法精神外，亦無任何窒礙難行之處。據此憲法保障生命權之前提下，暫不論立法者有無權限制定「剝奪」生命權之法律，任何企圖剝奪或限制生命權之立法皆須通過憲法第二十三條「國會保留」、「法律保留」等原則之檢證。

按我國憲法第二十三條係「法律保留原則」之明示， 鈞院大法官釋字第三八、三九四、三九五、四二三、四四四等多號解釋均著有明文，茲不複贅。至於法律保留中禁止授權之部分，即係所謂「國會保留」，亦即立法者必須親自作成決定，而不得委由他人代行職權。根據「重要性的階層理論」，對於基本權實現具有「重要意義」者，原則上應適用法律保留原則，若是具有「更強烈重要意義」者，則應進一步適用國會保留原則（附件八號）。由於生命權具有基本權之核心意義，故就任何涉及剝奪生命權之規定，因就基本權之實現具有強烈之重要意義，自應完全出於國會制定之法律，而不得授權行政命令代為規定。

按懲治盜匪條例係一刑事特別法，主要立法意旨在於提高刑度，期能遏止治安敗壞，故條文中充斥「唯一死刑」之規定，剝奪司法機關裁量空間，可謂相當嚴竣之立法。暫不論此種剝奪生命權之法律牴觸憲法上之比例原則，此一對於人民權利與自由嚴重剝奪之規定，不論是制定、修正、乃至於廢止皆必須出之於法律規定，遑論延長施行期間之舉。申言之，三十三年之懲治盜匪條例第十條規定將該條例之施行期間授權行政機關以命令延長，就此顯然牴觸憲法第二十三條之「國會保留原則」，而屬違憲無效之規定。

⑶三十三年懲治盜匪條例第十條之規定違反授權明確性之要求

退萬步言，縱認立法院得授權行政機關以行政命令延長唯一死刑法律之施行期間，此一授權亦需符合 鈞院再三強調之「授權明確性原則」，亦即授權之目的、內容以及範圍皆必須相當明確，不得有空白、概括之授權。按現代國家基於法治國原則及民主國原則，為使人民對於公權力之干預可

以預測，莫不要求行政機關針對涉及人民權利義務之行政命令必須具有法律之授權，此即憲法原理上之法律保留原則，抑有進者，為防止行政命令之濫用，法律保留原則所要求者，非僅泛指行政機關之負擔處分必須有法律之授權即足，更要求授權母法之授權規定本身必須明確規定此項授權之內容、目的與範圍，若授權規定本身過於籠統，未能符合授權明確性之要求，則不僅該授權母法本身違憲、無效，即根據該授權母法所訂定之行政命令亦因失其授權依據而歸於無效（附件九號）。

經查懲治盜匪條例係一非常時期產物，原係希冀藉由嚴刑峻罰遏止盜匪犯罪，本非常態之法制，故若社會治安改善，本無繼續施行之必要，此亦即立法院當初制定時將其以「限時法」方式制定之初衷。惟查，系爭授權延長之規定，僅以「必要時」作為授權之限制，除未就條文全部或一部是否繼續施行加以區分，亦無法限制行政機關逕以命令無止境延長施行期間，顯有牴觸前揭授權明確性之要求。另查，「命令與憲法或法律牴觸者無效」（憲法第一百七十二條參照），故國民政府於三十四年四月二十六日依據此一違憲授權規定而發布延長懲治盜匪條例施行期間之命令，自同屬違憲無效之規定。

⑷三十三年懲治盜匪條例第十條之規定違反罪刑法定主義

按「……聲請憲法解釋之制度，除為保障當事人之基本權利外，亦有闡明憲法真義以維護憲政秩序之目的，故其解釋範圍自得及於該具體事件相關聯且必要之法條內容有無牴觸憲法情事而為審理」，鈞院大法官釋字第四四五號解釋明揭此旨（附件十號）。據此同理，聲請解釋確定判決適用之法令具有牴觸憲法之疑義，並不以該牴觸憲法事由必定於聲請人之個案發生為必要，應先陳明。

憲法第八條規定，人民身體之自由，應予保障，非由法院依法定程序，不得審問處罰。按人身自由，又稱「人身之不可侵犯」，指人民有身體活動自由之權利，而不受國家非法之干涉，亦即防止國家非法的逮捕、拘禁及任意加諸於人身自由上之強制行為，就中所稱法定程序自然包括刑法原則中之「罪刑法定主義」（刑法第一條、大法官釋字三八四號解釋理由書參照），

亦即犯罪之法律要件及其法律效果，均須以法律明確加以規定，且行為之處罰必須以行為當時法有明文規定為限，否則即有違憲法上實質正當之法律程序。

經查三十三年懲治盜匪條例第十條之授權延長規定，因賦予行政機關得於施行期間屆滿後始以行政命令補行延長程序，無異承認法律追溯處罰人民之行為，顯然牴觸憲法上之罪刑法定主義。舉例以言，國民政府遲至三十四年四月二十六日始以命令延長原應於同年四月七日期間屆滿失效之懲治盜匪條例，則就三十四年四月八日至四月二十五日犯盜匪行為者而言，適用懲治盜匪條例並據以論罪科刑之行為，顯有追溯處罰之違憲。申言之，系爭授權延長施行期間之規定，因追溯處罰人民之行為，自應屬違憲無效之法律。

必須注意者，國民政府遲至三十四年四月二十六日始第一次以命令延長懲治盜匪條例之施行期間，顯已逾該條例之原施行期屆止日（即三十四年四月七日），而類此延長命令發布晚於該條例之原定施行期間屆止日之情形，除前述三十四年四月二十六日之第一次延展外，尚有三次，分別為三十七年四月十七日、三十八年六月二十四日及三十九年五月五日（附件十一號）。由此益證三十三年懲治盜匪條例第十條確實容許追溯處罰人民之行為，實與罪刑法定主義相違背。

㈡現行懲治盜匪條例第二條第一項、第七條第一項、第八條，以及四十六年六月五日立法院修正三十三年之懲治盜匪條例第八條、十條等規定牴觸憲法第六十二、一百七十條所揭示「立法之正當法律程序」。

按法治國家除應具體保障基本權利之實質內容外，程序正義亦為不可忽視之面向，故現代憲政國家多將「正當法律程序 (due process of law)」明文定於憲法，或透過憲法解釋明文承認此一原則之憲法位階。以美國為例，聯邦憲法增補條文第五條與第十四條分別針對聯邦政府與州政府規定「非經正當法律程序，不得剝奪任何人之生命、自由或財產」。根據美國法院多年來之實際運用，正當法律程序逐漸發展成「程序性正當法律程序 (procedural due process)」與「實質性正當法律程序 (substantive due process)」兩種

違憲審查之面向，前者在於判斷正當法律程序原則有無適用以及適用何種程序始符合正當法律程序，後者則更進一步直接檢視系爭法律是否公正合理，有無恣意 (arbitrary) 或不合理 (unreasonable) 等情事。質言之，今日正當法律程序原則之適用已不再限於程序面，且已擴及實體面，不論立法、行政、司法，都應受此原則之規制。按我國憲法上之正當法律程序亦可分就實體法與程序法而言，實體法上之具體表現即為前述之罪刑法定主義，至於程序法上之正當法律程序除包括一罪不二罰、對質詰問權、審檢分離等程序原則外（大法官釋字第三八四號解釋參照），法律本身之制定、增刪修正以及廢止等立法程序，當然亦為正當法律程序之一環。

按我國憲法雖未明文規定立法院議決法律之程序，惟其所稱之法律至少需「全部條文」皆由立法院議決通過，殊無「一部通過，全部生效」之可能。準此，未經立法院通過之條文，不因同法其他條文之議決通過而同告生效。經查懲治盜匪條例前經立法院於四十六年間為修正，係因當時之立法委員溫士源等三十四人提議將該條例第八條刪除（謹按，該條例第八條原規定「犯本條例之罪者，依特種刑事案件訴訟條例之規定審理之」，惟因特種刑事案件訴訟條例已於四十二年十二月三十一日因施行期屆滿而廢止，不復存在，該條例已無適用之餘地，等同具文，遂提案予以刪除；附件六號參照），復經立法院民刑商法委員會審查，認為「（懲治盜匪條例）第十條定施行期間為一年，原期迅收遏止盜風之效，但實際上本條例每年一度以命令延長，已達十餘年，顯然已失該條規定之本意，莫如一併刪除，俟將來治安情況改善，本條例確無施行之必要時，再予廢除，較為得體。爰經決議：『懲治盜匪條例第八條及第十條刪除，第九條改為第八條，第十條改為第九條。』」。該案嗣經當時之立法院無異議三讀通過，並於四十六年六月五日由總統令公布：「茲將懲治盜匪條例第八條及第十條條文予以刪除，其原第九條改為第八條，第十一條改為第九條」。自此，三十三年制定之懲治盜匪條例經由刪除第八、十條等規定，而全數「繼續」發生效力並沿用至今。

必須注意者，三十三年制定之懲治盜匪條例早於次年四月八日因施行

期間屆滿而告當然廢止（中央法規標準法第二十三條參照），惟立法院竟於四十六年間以修正刪除其中第八、十條等規定，促使其他業已廢止失效之條文未經立法院「通過」而同告生效（即第一至七條、第九條、第十一條），足見修正刪除之第八、十條等規定牴觸憲法第六十三、一百七十條等規定，而屬違憲無效之法律。此外，前揭修正刪除之規定既屬違憲無效，則因其「立法通過」而同告「回復效力」之其他未經立法院議決之規定（含本件聲請解釋之懲治盜匪條例第二、七、八條），自亦同因牴觸憲法第六十三、一百七十條之規定而屬無效。若非如是，則日後立法院制定法律案時，豈非僅需就其中一部分條文進行議決即可了事，則憲法針對立法權所明定之「正當法律程序」勢將蕩然無存！

退萬步言，縱認立法院於四十六年六月五日之議決法律程序並無違憲，由於該次議決僅討論暨表決「刪除懲治盜匪條例第八、十條，並將原第九條改為第八條、第十一條改為第九條」，而完全未討論其他條文，故應僅有現行懲治盜匪條例第八、九條發生效力，其餘條文既未經立法之「正當法律程序」，自仍應歸於無效。

㈢鈞院大法官雖曾以釋字第二六三號解釋，認定現行懲治盜匪條例第二條第一項第九款之規定並不違憲，惟此顯不足以作為懲治盜匪條例並無違憲疑義之理由。按「大法官解釋案件，應參考制憲、修憲及立法資料」，固為司法院大法官案件審理法第十三條所明定，然而要求　鈞院大法官每於解釋案件之際，皆須一一過濾涉及之法律、命令、乃至行政規則之制定及修正史料，否則即可認定大法官對於系爭法令之效力並無疑義，實屬對於釋憲機關之苛求。質言之，身為「憲法守護者」之大法官，斷無可能縱容剝奪人民生命之法律具有嚴重之實體瑕疵，遑論認可一部業已廢止失效之法律繼續剝奪人民之生命！

㈣若謂宣告懲治盜匪條例違憲無效，將因無法有效制裁盜匪行為而使社會治安惡化云云，亦屬誤會。按現行刑法本即針對盜匪行為設有重度罰責（刑法第三百三十二條參照），法官若認行為人犯罪情節重大，自可依法論處重刑，甚至死刑，並不因缺乏懲治盜匪條例而有任何適用法律之困難。

退萬步言，若立法者堅持必須透過唯一死刑剝奪司法裁量空間，大可透過三讀程序「重新制定」懲治盜匪條例，殊無繼續沿用或變相補正早已廢止失效之法律剝奪人民生命之理！

　　㈤剝奪生命權之法律應採最嚴格之違憲審查標準，始為現代法治國之精神。生命權為一切基本權利之基礎，一旦失去生命，所有自由權利皆將失所附麗，故一個國家如何看待剝奪生命權之法律，往往亦可看出該國執政者、立法者、乃至審判者對於生命之尊重程度。畢竟，如果我們可以任由一部充斥實質、乃至程序瑕疵之法律剝奪你我生命，則其他自由權利又有何保障價值？

　　按聲請人不曾有過惡行昭彰之過去，前科紀錄清白，一時誤入歧途而犯下滔天大罪，惟自入看守所接觸佛學以來，每日潛心念佛懺悔，數年不斷，更於八十六年以滿分之成績通過世界佛學會考特考，此外，聲請人自入獄以來，一直自重自持，除長期於能力範圍內捐錢濟助貧苦外，更時常以自身為例，提筆投書各文教基金會勸導青少年勿誤入歧途，並因其熱心而屢獲頒獎。實則，經佛法開示後，聲請人早已痛悟前非，日夜均為被害人念經懺悔，而被害人李女士更因此已寬恕聲請人之罪刑，並寫信鼓勵聲請人，求上帝赦免聲請人（附件十二號）。聲請人深切反省自己已非六年前彼時年僅二十五、六歲、血氣方剛又懵懂無知之青年，而係一已努力改過遷善，願以終身服侍佛法之回頭浪子，倘聲請人能倖存活命，尚且能將殘生貢獻於勸世莫為惡，以彌補聲請人所犯之罪，如此則不枉佛法對聲請人之開示，而對被害人乃至整體社會豈非更有助益！無奈聲請人種種改過遷善之努力，卻因系爭充斥違憲疑義之法律，致使聲請人縱有改過遷善之心，亦將因失去生命而無助良心之解放，更對芸芸眾生無任何教化之作用，豈能無憾！

　　生命無價，對於國家而言，一個人之生命或許微不足道，但透過合憲程序之法律加以剝奪至少該是正義之「最低要求」。畢竟，當無價之生命權都可如此輕率剝奪，我們沒有理由相信其他憲法明文規定之人身自由、表意自由、乃至財產權保障等權利，都能夠享用無虞。換言之，本件聲請案

並非僅攸關聲請人之生命權而已，而是法治國家應該用什麼態度來面對剝奪生命權之法律，以及最高釋憲機關採取何等標準審視我國法制下之程序正義！

㈥末查，鑒於 鈞院大法官於釋字第二六三號解釋理由書中明白表示懲治盜匪條例唯一死刑之規定：「不分犯罪之情況及其結果如何，概以死刑為法定刑，立法甚嚴，有導致情法失平之虞，宜在立法上兼顧人民權利及刑事政策妥為檢討」等語，足見唯一死刑之立法過於嚴苛，已生憲法疑義，此次另生其他實體與程序疑義，引發社會各界熱烈討論，實有邀集聲請人以及有關機關到場說明、乃至言詞辯論之必要。此外，為避免此一違憲法律繼續適用，進而剝奪人民生命權，甚至衍生複雜之國家賠償責任， 鈞院實應優先審理本案，並依聲請解釋意旨作成憲法解釋為禱。

補充聲請理由書

茲依司法院大法官審理案件法第五條第一項第二款及第八條第一項之規定，業於民國八十八年六月五日遞狀聲請解釋憲法，茲續陳補充理由如後：

本件聲請解釋之主張，係懲治盜匪條例第二條第一項第六款及第八款之規定，其實體部分（即唯一死刑違憲問題）違反憲法第二十三條、第七條及禁止殘酷刑罰之原則無效；其程序部分，違反憲法第十五條、第二十二條、第二十三條、第六十二條、第六十三條及第一百七十條等規定無效。本案與 鈞院釋字第二百六十三號解釋係以同條例第二條第一項第九款而為解釋之標的並不相同，不受 鈞院前揭解釋之拘束，合先說明。退一步言，縱 鈞院認有關懲治盜匪條例第二條第一項第六款及第八款唯一死刑之規定，已在釋字第二百六十三號解釋之範圍內，但有關解釋之前提問題（即懲治盜匪條例是否因立法程序違憲而無效部分）， 鈞院前揭解釋中並未觸及，故仍有解釋之必要。至 鈞院若認本件解釋為有理由，是否在考量懲治盜匪條例立法程序之瑕疵及立法院至今未遵照 鈞院二百六十三號解釋之要求，檢討相關唯一死刑規定之情形下，一併變更前揭解釋之見解，

亦請一併考量。

有關懲治盜匪條例第二條第一項第六款及第八款「唯一死刑」之規定違憲之理由：

一、懲治盜匪條例第二條第一項第六款、第八款「唯一死刑」違反憲法無效

1. 懲治盜匪條例第二條第一項唯一死刑之規定違反憲法第二十三條

　　憲法第二十三條所謂之「必要」，依照學說與實務之見解均認為係指「比例原則」而言（　鈞院釋字第四百二十八號、四百七十五號、四百七十六號解釋參照，附件第十三號）。所謂比例原則，則係包括目的適當性、手段必要性及衡量性（狹義比例原則）三階段之判斷。至此一原則在刑事立法上之適用，　鈞院釋字第四百七十六號解釋亦著有明文(同附件第十三號)。依　鈞院該號解釋之見解，關於刑事立法即國家刑罰權之實現，對於特定事項而以特別刑法規定特別之罪刑所為之規範，應與憲法第二十三條所要求之目的正當性、手段必要性、限制妥當性相符合。詳言之，相關刑法罪刑規範之目的，參酌歷史淵源、文化背景、社會現況加以觀察，必無違國民之期待，且與國民之法感情相契合者，方為正當；就刑罰規範之必要性言，必所採之手段（即對人民基本權利所為之限制），係補偏救弊所需且理所當為者，始為必要。至所謂限制妥當性，則應考量立法之價值體系，非可以其他犯罪之罪刑規定任意指摘。

　　就本件解釋所涉及之懲治盜匪條例第二條第一項「唯一死刑」諸罪言，其規範目的不外「應報」與「一般預防」兩端，但對於所有涉及該條項之盜匪案件，不論犯罪情節之輕重，犯罪結果之異同一律科處死刑，從歷史淵源及文化背景之角度探究，該等目的是否即合乎國民之期待？是否即契合國民之法感情？恐有疑問。蓋相關盜匪案件與戕害我國國計民生既久且深之煙毒案件大相逕庭。此點從　鈞院釋字第一百九十四號解釋（附件第十四號）、四百七十六號解釋（兩件均涉及煙毒案件）所表示之見解與釋字

二百六十三號解釋之見解頗有差異,即可得之。在釋字第二百六十三號解釋中, 鈞院大法官對涉案盜匪係抱持著「求其生而不可得」之態度,故除強調「立法甚嚴」外,一再言及刑法總則及若干刑法分則之減刑規定。鈞院大法官處理兩種案件所顯示之不同態度,似堪為一般人民心態之表徵。故對於所有涉及懲治盜匪條例第二條第一項之人均科以死刑,其立法目的之正當性當值懷疑。退一步言,縱認此等規定之目的合乎正當性之要求,則在刑罰之選擇上,剝奪法官之裁量權,要求一律科以死刑,是否必要亦有疑問。依照 鈞院前揭釋字第四百七十六號解釋之見解,刑法規範須係補偏救弊所需且理所當為者方為必要,但對於犯罪情節輕重不同之人一律科以死刑果為當然之理? 又選科死刑之規定是否即足達到同一目的? 從鈞院釋字第四百零九號解釋之見解觀之(附件第十五號),侵害最小之原則亦應於必要性之判斷中加以檢驗。雖四百零九號所涉及者係人民財產權之剝奪案件,但人民財產權之剝奪, 鈞院大法官既已如此慎重,則關乎人民生命之刑事立法又豈容例外! 是以,懲治盜匪條例第二條第一項唯一死刑之規定並不能符合手段必要之憲法要求。退萬步言,縱認相關唯一死刑之規定有其必要,但此一極端嚴屬手段之妥當性,則仍有待商榷。此乃因唯一死刑之規定與選科死刑之規定在立法上所能達成目的之差異極其有限,科以唯一死刑所能「增加」之一般預防效果,與其所造成之人民權利「絕對」剝奪結果,並不成比例,換言之,即非妥當。

縱上所述,懲治盜匪條例第二條第一項之設,不論就立法目的之正當性、手段選擇之合理性及限制之妥當性言均存有極大之瑕疵,其違反憲法第二十三條所揭櫫之比例原則要求亦甚明矣, 鈞院大法官應即宣告該規定無效。

2.懲治盜匪條例第二條第一項唯一死刑違反憲法第七條平等權

立法權受憲法第七條平等權之限制。憲法第七條有關平等權之規定除在法律之執行上要求「法律適用的平等外」,尚進一步拘束立法機關於立法時須注意「法律制定的平等」(Gleichheit vor dem Gesetze)。此一原則,早已為美國、瑞士及德國憲法學界及實務所接受。準此, 立法權受到平等權

之限制已導出了人民在相同的事件中「要求平等對待」(Gleichbehandlungs-gebot) 及在不同的情況時，應有「要求差別對待」(Differenzierungsgebot) 的權利存在。為了遵守憲法平等權的要求，立法者在為區別或相同的對待時，須有出於其「理智決定之公益目的存在」。當立法裁量未有符合公益目的的理智理由而行使時，即屬權力的濫用，並有違平等的要求。大法官應即依照憲法第七條、第一百七十一條宣告該法律（或特定之法律條文）違憲；此亦即司法對「立法恣意」的控制（附件第十六號）。

在本案所涉及之盜匪條例第二條部分，對於犯罪情況各異、犯罪結果亦屬不同之人，一律科處死刑，公益目的何在，並不明確。單純以嚇阻犯罪作為相同對待之基礎，是否合理小有疑問，蓋選科死刑之規定應已足達成同一之目的。果如此，則在立法之選擇上，捨此就彼即屬恣意。盜匪條例有違前揭憲法平等權之要求亦甚明確。大法官對於此一欠缺合理公益基礎、未盡立法審慎義務、未為差別待遇而制定之法律應即宣告違憲。

3. 懲治盜匪條例第二條第一項唯一死刑違反「禁止殘酷刑罰」之人權要求

禁止酷刑原則 (prohibition of cruel punishment) 最早可追溯至西元一六八九年英國人權憲章。自此以降，近乎所有重要之國際人權公約均已包含了此一原則。例如：西元一七八九年之美國憲法第八增補條文、一九四八年之世界人權宣言第五條、一九四九年之歐洲人權公約第三條及一九六六年之國際公民與政治權利公約第七條。在我國憲法上，雖無明文規定此一原則，但至少可由憲法第二十二條之規定為此一原則找到基礎。在憲法解釋之實務上，此一原則亦有被引用之實例（附件第十七號），準此，此原則作為我國憲法上之原則適用應無任何疑義。

就本件解釋而言，縱不認死刑本身為一殘酷之刑罰種類，但至少在個別案件中若出現「情輕法重」之情形，對罪不致死卻必受死刑宣告之人言，該規定之刑罰效果應認係一殘酷之刑罰，從而違憲無效。懲治盜匪條例第二條第一項諸唯一死刑之規定，對犯罪情節各異、犯罪結果不同之人均科以死刑，即不免出現情輕法重之情況（大法官釋字第二百六十三號解釋參

照），在此等情形，加諸於相關人等身上之唯一死刑即屬「殘酷之刑罰」，應受憲法之約制。是以　鈞院大法官應宣告該等規定無效。

　　如前所述，　鈞院縱認有關懲治盜匪條例唯一死刑規定違憲之實體問題部分，因已有釋字第二百六十三號解釋之存在，毋庸再予解釋。但有關懲治盜匪條例因立法程序違憲無效部分並不在前揭解釋之範圍內，仍有解釋之必要，茲補提理由如下：

二、關於懲治盜匪條例立法程序違憲部分

1.釋憲機關本得審查法律是否符合「憲法關於法律成立之基本規定」

　　按「法律案之立法程序有不待調查事實即可認定為牴觸憲法，亦即有違反法律成立基本規定之明顯重大瑕疵者，則釋憲機關仍得宣告其為無效」、「牴觸憲法之重大瑕疵者（如未經憲法第六十三條之議決程序），則釋憲機關仍得宣告其為無效」，　鈞院大法官釋字第三四二號解釋著有明文（附件十八號）。換言之，法律是否牴觸憲法必須兼論實體與程序，其一未符憲法規定者，釋憲機關皆應宣告其為違憲無效。誠如本案前提呈之聲請書所言，現行懲治盜匪條例第二條第一項、第七條第一項、第八條，以及四十六年六月五日立法院修正三十三年之懲治盜匪條例第八條、十條等規定牴觸憲法第六十二、六十三、一百七十條所揭示「立法之正當法律程序」（理由詳聲請書所述），　鈞院大法官自得據此宣告其為無效而不再適用。

2.立法院於民國四十六、八十八年間之修正程序並無「治癒」懲治盜匪條例之效力

　　或謂懲治盜匪條例歷經立法院兩度於四十六（刪除第八、十條）、八十八年（修正第二條第一項第八款為「強劫而強制性交」）加以修正，有關程序瑕疵已為治癒，並無違反憲法所定之立法程序云云，亦屬誤解。按懲治盜匪條例因施行期限屆至，早於三十四年四月八日起當然廢止失效（對此，從最高法院在八十八年度臺上字第三〇九八號判決中所表示之見解亦可推知同一結論，附件第十九號），此係一毋庸調查之明顯事實，故立法院於四

十六、八十八年間所為刪除與修正條文之動作，僅係針對業已廢止之條文再予刪除或修正，並無發生任何憲法上「議決法律」之效果，遑論藉由少數條文「死而復生」整部法律！詳言之，法律既已失效，即不能僅以「修正」來回復效力。從形式合法的角度來看，失效的法律要回復其內容的規範力，唯一的途徑就是重新立法（附件第二十號）。舉例以言，立法院若針對業已廢止之違警罰法之部分條文議決刪除或作文字修正，並無法藉此回復整部違警罰法之效力，此係當然之理。退萬步言，縱認立法院於四十六、八十八年二度修（刪）法符合法定程序，亦僅代表三十三年制定之懲治盜匪條例第八、十條之刪除，以及第二條第一項第八款之文字修正，自「議決」程序後始發生效力，尚不足以據此論稱整部懲治盜匪條例並無效力問題。

3. 大法官釋字二六三號解釋不生確認懲治盜匪條例效力之效果

大法官釋字第二六三號解釋固然對懲治盜匪條例之實體問題（即，唯一死刑是否合憲）作出解釋。惟有關該法之形式合法性問題（即，是否已因施行期間屆滿而失效）卻未見於解釋文或解釋理由書中。從大法官之解釋僅有解釋文及解釋理由書之內容有拘束力之一點言，大法官對懲治盜匪條例有關「實體問題」作出合憲解釋並不能反推該法之「程序」上合憲性。又，在要求大法官於個案中逐一探求解釋標的之法律是否有效係屬苛求之情形下，概認所有經大法官解釋之法令，不論大法官是否審查其立法程序之合法、合憲性，都可使隱藏的程序瑕疵自動治癒，恐非合理之解釋（附件第二十一號）。

4. 剝奪生命權之法律不容程序瑕疵，應「立即」宣告違憲無效且不再援用

⑴宣告懲治盜匪條例無效並不致造成「法律真空」之狀態。「法律與憲法牴觸者無效」，憲法第一百七十一條第一項載之甚明，是　鈞院大法官若認系爭懲治盜匪條例確有牴觸憲法，自應宣告其違憲無效，並令其不得再為各級法院所援用。必須注意者，縱令懲治盜匪條例遭宣告違憲無效，相關「盜匪」行為之制裁並無任何「法律真空」。因該等行為，除少數從未實

際發生個案之類型外（例如：懲治盜匪條例第二條第一項第一、二、三、四及第十款,附件第二十二號），其餘在刑法中均有相對應之規範可資適用，法定刑中亦有死刑可供選擇（例如：懲治盜匪條例第二條第一項第五、六、七、八、九款即可由刑法第三百三十三條、三百三十二條所列各款及三百四十七條取代,附件第二十三號），故相關案件適用刑法論罪科刑（甚至論處死刑），並無任何困難。換言之，本案並無若釋字第二五九號解釋所考量：「在此項法律未制定前，直轄市之自治與地方行政事務，不能中斷，現行由中央頒行之法規，應繼續有效」之權宜問題，為免懲治盜匪條例之錯誤立法例繼續存在，成為憲政發展軌跡中負面經驗的展示櫥窗，徒然突顯粗糙權力威脅基本人權的遺跡而已，自有直接宣告違憲，使之即歸無效之必要。

⑵宣告懲治盜匪條例失效，不會形成過往案例可能求償不絕的隱憂。懲治盜匪條例失效，曾依該法定罪科刑之罪犯，若依刑法論罪亦可能被處死刑（同附件第二十三號），既不能證明不致被判處死刑，求償所應該具備的因果關係，並不當然存在。況，依照國家賠償法第十三條規定，因司法審判而發生國家賠償案件，必須以參與審判之法官犯職務上之罪，經判決有罪確定為條件（對此　鈞院第二二八號解釋亦加以肯認,附件第二十四號），求償更非易事，現行法規定如此，求償問題自然不足為慮，也不能成拒絕宣告懲治盜匪條例失效或定期失效的理由。

⑶立法者可隨時再重新制定新法。懲治盜匪條例一旦經　鈞院宣告失效，仍有刑法可資適用，並不致造成法律之真空已如前述。倘若社會治安情況不見改善，社會大眾亦認「治亂世用重典」乃現今社會所必須，立法者隨時可透過立法程序制定適用於「亂世」的重典，亦不虞懲盜條例被宣告失效。

末查，本件聲請並非首件針對懲治盜匪條例所提出之釋憲聲請案，為求徹底解決爭議，爰請求　鈞院大法官併案審查，並儘速作成解釋為禱。

第二次聲請書

茲依司法院大法官審理案件法第五條第一項第二款及第八條第一項之規定，聲請解釋憲法，並將有關事項敘明如左。

一、聲請解釋憲法之目的

請求解釋最高法院八十八年度臺上字第一二六七號判決（附件一號）適用之現行懲治盜匪條例第二條第一項、民國（以下同）三十三年四月八日制定之懲治盜匪條例第十條（下稱「三十三年懲治盜匪條例第十條」）、國民政府三十四年四月二十六日延長懲治盜匪條例施行期間之命令（下稱「三十四年國民政府令」）以及四十六年六月五日修正刪除之懲治盜匪條例第十條（下稱「四十六年修正刪除懲治盜匪條例第十條」）等規定牴觸憲法第十五、二十二、二十三、六十二、六十三、以及一百七十條等規定。

本件雖前經　鈞院以程序上不受理駁回聲請在案，惟本件聲請完全符合司法院大法官審理案件法提起聲請之程序要件，本件是否為「政治問題」或「議會自律」事件，均為實體上應予審查之事項（理由詳後），若逕以不符程序要件為由駁回聲請，於法不符，大法官為全國司法之表率，諒不致置程序正義於不顧，合先陳明。

二、疑義或爭議之性質與經過及涉及之憲法條文

㈠所經過之訴訟程序

緣聲請人因於八十二年間涉強劫殺人及強劫強姦等罪嫌，遭新竹地方法院檢察署依懲治盜匪條例第二條第一項第六款前段及同條項第八款等規定起訴，並經新竹地方法院第一審判處聲請人死刑，聲請人不服，爰向臺灣高等法院提起上訴，嗣後歷經多次更審，臺灣高等法院頃以八十七年度重上更（八）字第一七六號判決（附件二號）指稱「被告陳文海強劫曾啟台而故意殺人二罪名，應結合成懲治盜匪條例第二條第一項第六款之強劫而故意殺人一個獨立罪名，⋯⋯被告陳文海強劫李而強姦李之二罪名，應

結合成懲治盜匪條例第二條第一項第八之強劫而強姦一個罪名」,而依前揭各該法條判處聲請人死刑,乃聲請人經就前開臺灣高等法院更八審判決向最高法院提出上訴,復於本(八十八)年三月十八日接獲最高法院八十八年臺上字第一二六七號判決,略謂前揭臺灣高等法院更八審判決「……將第一審關於上訴人……強劫而強姦及殺人部分之不當判決撤銷,改用懲治盜匪條例第二條第一項第六款前段,第八款、第七條第一項、第八條……共同連續強劫而故意殺人,量處死刑,褫奪公權終身;共同強劫而強姦罪,量處死刑,褫奪公權終身,……經核與法尚無違誤」等語,駁回聲請人之上訴而告確定。

㈡確定終局裁判所適用之法律或命令之名稱及內容

　　按系爭終局確定判決雖係適用懲治盜匪條例第二條第一項:「有左列行為之一者,處死刑:……強劫而故意殺人或使人受重傷者。……強劫而強姦者」,惟查:懲治盜匪條例最早係於三十三年四月八日由國民政府公布之「限時法」(附件三號),此觀原條例第十條規定「本條例施行期間訂為一年,必要時得以命令延長之」即可得證。由於此一條例授權行政機關(當時為國民政府)得以命令延長施行期間,國民政府即於次年四月二十六日復以命令延長該條例之施行期間一年(附件四號),並逐年以命令延長之,合計達十三次(附件五號)。迄至四十六年六月五日,始由立法院修法將該條例第十條之規定予以刪除(附件六號),至此懲治盜匪條例不再限時失效,而與一般法律無異(相關違憲疑義詳後述)。換言之,系爭確定終局判決雖未直接援引前揭民國(以下同)三十三年四月八日制定之懲治盜匪條例第十條、國民政府三十四年四月二十六日延長懲治盜匪條例施行期間之命令、以及四十六年六月五日修正刪除之懲治盜匪條例第十條等規定,惟從其適用現行懲治盜匪條例第二、七、八條等規定判處聲請人極刑之法律適用邏輯以觀,前揭促使現行懲治盜匪條例得以繼續有效之規定顯亦為系爭判決所適用,自得作為　鈞院大法官違憲審查之標的,合先敘明。

三、聲請解釋憲法之理由及聲請人對本案所持之立場與見解

(一)議會自律或政治問題之案件係實體問題，不得為程序不受理之理由

本案有關問題關係人民之生命及國家司法之尊嚴實不能以程序不受理代替實體解釋；況有關議會自律或政治問題之案件，不論在國內外學說或實務均係以實體解釋加以說明，　鈞院若逕以程序不受理駁回，實有害於聲請人程序之權利，蓋實體解釋須三分之二之多數通過，而不受理之程序決定僅須過半數通過即可。

有關議會自律或政治問題之解釋，　鈞院大法官歷來均係以實體解釋加以說明（如：釋字第三二八號、三四二號、三八一號、三八七號吳庚大法官之不同意見書及四一九號）。本件聲請案所涉及之懲治盜匪條例失效、違憲問題，非但涉及人民生命、對司法尊嚴亦有重大之影響，實不容　鈞院大法官以程序不受理決定輕易駁回。況　鈞院不受理決定之理由部分實已涉及若干實體問題，　鈞院大法官逕以程序不受理結案，實有規避大法官審理案件法第十四條三分之二可決門檻之嫌。

綜上，本件聲請　鈞院實應以實體解釋正式說明，以澄清相關問題。

(二)系爭判決係適用民國四十六年六月五日「修正」後之懲治盜匪條例為判決之依據，而法律之修正以法律仍有效存在為前提，故至民國四十六年修法前懲治盜匪條例有效與否，係本案重要之前提問題，　鈞院大法官「必須」亦「有義務」依據憲法加以審酌

鈞院大法官前次駁回（不受理）本件聲請解釋民國三十三年四月制定之懲治盜匪條例第十條及民國三十四年四月二十六日逾期延長施行期間之命令違憲，無非以先於憲法而存在之法令，除非其於現在仍有效適用，否則釋憲機關不得執現行之憲法回溯過往加以審查，系爭判決既係適用民國四十六年「修正」之懲治盜匪條例，則三十三年制定之該條例第十條及其延長命令即非該判決所據之法令，故與大法官審理案件法第五條第一項第二款之規定不符為理由。然查，本件係在爭執懲治盜匪條例不僅實體違憲，連立法形式亦屬違憲。　鈞院大法官既認民國四十六年立法院係在修正懲

治盜匪條例，則有關法律修正之前提問題當亦在　鈞院大法官解釋之範圍內，鈞院大法官對之亦必須加以考量。詳言之，法律之修正必以法律於修正當時仍為有效存在為前提，若被「修正」之法律業已失效，則何有修正之可能？本件有關民國三十三年制定之懲治盜匪條例第十條部分及其後三十四年之延長命令，確為民國四十六年修法時仍屬有效之依據（蓋若至民國四十六年時該條例已失效，則立法院之修法亦無所附麗，從而亦為無效），而為從事形式違憲審查所不能忽略之問題，司法院大法官審理案件法僅要求聲請人必須爭執法院裁判適用之法律違憲，若聲請人係爭執法院裁判適用之某一法律違憲，係因形式上違憲主張，司法院大法官審理案件法並不進一步要求系爭法律所據以生效之法令亦應為系爭裁判所適用。亦即　鈞院大法官對此等前提問題自「必須」亦「有義務」加以審酌（釋字第三九一號解釋參照），合先說明。

⑶民國三十三年四月八日制定之懲治盜匪條例第十條以及國民政府三十四年四月二十六日延長懲治盜匪條例施行期間之命令等法令牴觸憲法

1. 三十三年懲治盜匪條例第十條之規定授權以命令延長施行「唯一死刑」之法律，牴觸憲法第二十三條之「國會保留原則」

按我國憲法第二十三條係「法律保留原則」之明示，　鈞院大法官釋字第三八、三九四、三九五、四二三、四四三等多號解釋均著有明文。至於法律保留中禁止授權之部分，即係所謂「國會保留」，亦即立法者必須親自作成決定，而不得委由他人代行職權。根據鈞院第四百四十三號解釋理由書所示之見解，關於剝奪人民生命、限制人民身體自由者，應適用國會保留原則，而不得授權行政命令代為規定（附件第七號）。

按懲治盜匪條例係一刑事特別法，主要立法意旨在於提高刑度，期能遏止治安敗壞，故條文中充斥「唯一死刑」之規定，剝奪司法機關裁量空間，可謂相當嚴峻之立法。此一對於人民生命與自由嚴重剝奪之規定，不論是制定、修正，乃至於廢止皆必須出之於法律規定，遑論延長施行期間之舉。申言之，三十三年之懲治盜匪條例第十條之規定將該條例之施行期

間授權行政機關以命令延長，就此顯然牴觸憲法第二十三條之「國會保留原則」，而屬違憲無效之規定。

2.三十三年懲治盜匪條例第十條之規定違反罪刑法定主義

按憲法第八條規定，人民身體之自由，應予保障，非由法院依法定程序，不得審問處罰。按人身自由，又稱「人身之不可侵犯」，指人民有身體活動自由之權利，而不受國家非法之干涉，亦即防止國家非法的逮捕、拘禁及任意加諸於人身自由上之強制行為，就中所稱法定程序自然包括刑法原則中之「罪刑法定主義」（刑法第一條、大法官釋字三八四號解釋理由書參照），亦即犯罪之法律要件及其法律效果，均須以法律明確加以規定，且行為之處罰必須以行為當時法有明文規定為限，否則即有違憲法上實質正當之法律程序。

經查三十三年懲治盜匪條例第十條之授權延長規定，因賦予行政機關得於施行期間屆滿後始以行政命令補行延長程序，無異承認法律追溯處罰人民之行為，顯然牴觸憲法上之罪刑法定主義。舉例以言，國民政府遲至三十四年四月二十六日始以命令延長原應於同年四月七日期間屆滿失效之懲治盜匪條例，則就三十四年四月八日至四月二十五日因犯盜匪行為者而言，適用懲治盜匪條例並據以論罪科刑之行為，顯有追溯處罰之違憲。申言之，系爭授權延長施行期間之規定，因追溯處罰人民之行為，自應屬違憲無效之法律。

必須注意者，國民政府遲至三十四年四月二十六日始第一次以命令延長懲治盜匪條例之施行期間，顯已逾該條例之原施行期屆止日（即三十四年四月七日），而類此延長命令發布晚於該條例之原定施行期間屆止日之情形，除前述三十四年四月二十六日之第一次延展外，尚有三次，分別為三十七年四月十七日、三十八年六月二十四日及三十九年五月五日（附件八號）。由此益證三十三年懲治盜匪條例第十條確實容許追溯處罰人民之行為，實與罪刑法定主義相違背。

綜上所述，懲治盜匪條例既已於民國三十四年施行期限屆滿時已失效，則立法院民國四十六年所為之「修正」即無所附麗，故而亦為無效。　　鈞

院大法官斷不能將此二部分視為不相關聯之二部分而為割裂之解釋。

㈣立法院於民國四十七間之修正程序確有不待調查事實之明顯
　重大瑕疵　鈞院應為無效之宣告

　　暫不論立法院民國四十六年對懲治盜匪條例之修正已因其不備法律修
正之前提要件而無效。單就四十六年立法院之「修法」行為而言，其亦有
不待調查事實之明顯重大瑕疵，　鈞院大法官仍應為無效之宣告。

　　按民國四十六年立法院所為之修法誠如　鈞院不受理理由所引用之立
法院公報記載，僅將當時之懲治盜匪條例第八條、第十條刪除，第九條改
為第八條，第十一條改為第九條。此一事實經立法院公報詳予記載，已毋
須再行調查其他證據，更無任何不明之處。有疑問者僅立法院是否可藉由
少數條文之刪除及條次變更（事實上該條文早已失效不存在）而重新賦予
該法新的生命之問題而已。對此自憲法之角度加以檢驗立法院於四十六年
間所為刪除與修正條文之動作，僅係針對業已廢止之條文再予刪除或修正，
並無發生任何憲法上「議決法律」之效果，遑論藉由少數條文「死而復生」
整部法律！詳言之，法律既已失效，即不能僅以「修正」來回復效力。從
形式合法的角度來看，失效的法律要回復其內容的規範力，唯一的途徑就
是重新立法（附件第九號）。懲治盜匪條例既已失效在先，四十六年立法院
之行為又具有明顯重大之瑕疵（若認為其係「修法」，則如前述，修法之前
提要件並不具備，若認為係「立法」，則亦不能僅藉由刪除、變動少數早已
不存在之條文而恢復整部法律之效力），是　鈞院大法官自應為無效之宣
告。

　　有關懲治盜匪條例唯一死刑規定違憲部分雖曾經　鈞院大法官於釋字
第二百六十三號解釋，惟細釋該號解釋之文義，未必即為唯一死刑合憲說
明（　鈞院大法官於釋字第二六三號解釋理由書中明白表示懲治盜匪條例
唯一死刑之規定：「不分犯罪之情況及其結果如何，概以死刑為法定刑，立
法甚嚴，有導致情法失平之虞，宜在立法上兼顧人民權利及刑事政策妥為
檢討」等語，足見唯一死刑之立法過於嚴苛，已生憲法疑義）。況釋字第二

百六十三號解釋至今已經歷二百多號解釋，相隔亦已有十年，社會現況實難謂未有改變，對於人權保障之要求當更應有所進步。　鈞院於作出釋字第二百一十一號解釋後一年半之內即以釋字第二百二十四號解釋實質上變更前揭見解，其後復於釋字第四百三十九號正式明文表示變更，即為明證。由是可知釋憲者所應為者實係在於法理上精細之探究，藉以對人權之保障做出更多的貢獻，倘一味泛言時空、環境之不變，實有違人民之託付並有損於「憲法守護神」之令名。

(一)懲治盜匪條例第二條第一項唯一死刑之規定違反憲法第二十三條

　　憲法第二十三條所謂之「必要」，依照學說與實務之見解均認為係指「比例原則」而言（　鈞院釋字第四百二十八號、四百七十五號、四百七十六號解釋參照，附件第十號）。所謂比例原則，則係包括目的適當性、手段必要性及衡量性（狹義比例原則）三階段之判斷。至此一原則在刑事立法上之適用，　鈞院釋字第四百七十六號解釋亦著有明文（同附件第十號）。依鈞院該號解釋之見解，關於刑事立法即國家刑罰權之實現，對於特定事項而以特別刑法規定特別之罪刑所為之規範，應與憲法第二十三條所要求之目的正當性、手段必要性、限制妥當性相符合。詳言之，相關刑法罪刑規範之目的，參酌歷史淵源、文化背景、社會現況加以觀察，必無違國民之期待，且與國民之法感情相契合者，方為正當；就刑罰規範之必要性言，必所採之手段（即對人民基本權利所為之限制），係補偏救弊所需且理所當為者，始為必要。至所謂限制妥當性，則應考量立法之價值體系，非可以其他犯罪之罪刑規定任意指摘。

　　就本件解釋所涉及之懲治盜匪條例第二條第一項「唯一死刑」諸罪言，其規範目的不外「應報」與「一般預防」兩端，但對於所有涉及該條項之盜匪案件，不論犯罪情節之輕重，犯罪結果之異同一律科處死刑，從歷史淵源及文化背景之角度探究，該等目的是否即合乎國民之期待？是否即契合國民之法感情？恐有疑問。蓋相關盜匪案件與戕害我國國計民生既久且深之煙毒案件大相逕庭。此點從　鈞院釋字第一百九十四號解釋（附件第

十一號)、四百七十六號解釋（兩件均涉及煙毒案件）所表示之見解與釋字二百六十三號解釋之見解頗有差異，即可得之。在釋字第二百六十三號解釋中，　鈞院大法官對涉案盜匪係抱持著「求其生而不可得」之態度，故除強調「立法甚嚴」外，一再言及刑法總則及若干刑法分則之減刑規定。鈞院大法官處理兩種案件所顯示之不同態度，似堪為一般人民心態之表徵。故對於所有涉及懲治盜匪條例第二條第一項之人，均科以死刑，其立法目的之正當性當值懷疑。退一步言，縱認此等規定之目的合乎正當性之要求，則在刑罰之選擇上，剝奪法官之裁量權，要求一律科以死刑，是否必要亦有疑問。依照　鈞院前揭釋字第四百七十六號解釋之見解，刑法規範須係補偏救弊所需且理所當為者方為必要，但對於犯罪情節輕重不同之人一律科以死刑果為當然之理？又選科死刑之規定是否即足達到同一目的？從鈞院釋字第四百零九號解釋之見解觀之（附件第十二號），侵害最小之原則亦應於必要性之判斷中加以檢驗。雖四百零九號所涉及者係人民財產權之剝奪案件，但人民財產權之剝奪，　鈞院大法官既已如此慎重，則關乎人民生命權之刑事立法又豈容例外！是以，懲治盜匪條例第二條第一項唯一死刑之規定並不能符合手段必要之憲法要求。退萬步言，縱認相關唯一死刑之規定有其必要，但此一極端嚴厲手段之妥當性，則仍有待商榷。此乃因唯一死刑之規定與選科死刑之規定在立法上所能達成目的之差異極其有限，科以唯一死刑所能「增加」之一般預防效果，與其所造成之人民權利「絕對」剝奪結果，並不成比例，換言之，即非妥當。

　　綜上所述，懲治盜匪條例第二條第一項之設，不論就立法目的之正當性、手段選擇之合理性及限制之妥當性言均存有極大之瑕疵，其違反憲法第二十三條所揭櫫之比例原則要求亦甚明矣，　鈞院大法官應即宣告該規定無效。

㈡懲治盜匪條例第二條第一項唯一死刑違反憲法第七條平等權

　　立法權受憲法第七條平等權之限制。憲法第七條有關平等權之規定除在法律之執行上要求「法律適用的平等外」，尚進一步拘束立法機關於立法時須注意「法律制定的平等」(Gleichheit vor dem Gesetze)。此一原則，早

已為美國、瑞士及德國憲法學界及實務所接受。準此，立法權受到平等權之限制已導出了人民在相同的事件中「要求平等對待」(Gleichbehandlungsgebot) 及在不同的情況時，應有「要求差別對待」(Differenzierungsgebot) 的權利存在。為了遵守憲法平等權的要求，立法者在為區別或相同的對待時，須有出於其「理智決定之公益目的存在」。當立法裁量未有符合公益目的之理智理由而行使時，即屬權力的濫用，並有違平等的要求。大法官應即依照憲法第七條及第一百七十一條宣告該法律（或特定之法律條文）違憲；此亦即司法對「立法恣意」的控制（附件第十三號）。

在本案所涉及之盜匪條例第二條部分，對於犯罪情況各異、犯罪結果亦屬不同之人，一律科處死刑，公益目的何在，並不明確。單純以嚇阻犯罪作為相同對待之基礎，是否合理亦有疑問，蓋選科死刑之規定應已足達成同一之目的。果如此，則在立法之選擇上，捨此就彼即屬恣意。懲治盜匪條例有違前揭憲法平等權之要求亦甚明確。大法官對於此一欠缺合理公益基礎、未盡立法審慎義務、未為差別待遇而制定之法律應即宣告違憲。

(三)懲治盜匪條例第二條第一項唯一死刑違反「禁止殘酷刑罰」之人權要求

禁止酷刑原則 (prohibition of cruel punishment) 最早可追溯至西元一六八九年英國人權憲章。自此以降，近乎所有重要之國際人權公約均已包含了此一原則。例如：西元一七八九年之美國憲法第八增補條文、一九四八年之世界人權宣言第五條、一九四九年之歐洲人權公約第三條及一九六六年之國際公民與政治權利公約第七條。在我國憲法上，雖無明文規定此一原則，但至少可由憲法第二十二條之規定為此一原則找到基礎。在憲法解釋之實務上，此一原則亦有被引用之實例（附件第十四號），準此，此原則作為我國憲法上之原則適用應無任何疑義。

就本件解釋而言，縱不認死刑本身為一殘酷之刑罰種類，但至少在個別案件中若出現「情輕法重」之情形，對罪不致死卻必受死刑宣告之人言，該規定之刑罰效果應認係一殘酷之刑罰，從而違憲無效。懲治盜匪條例第二條第一項諸唯一死刑之規定，對犯罪情節各異、犯罪結果不同之人均科

以死刑，即不免出現情輕法重之情況（大法官釋字第二百六十三號解釋參照），在此等情形，加諸於相關人等身上之唯一死刑即屬「殘酷之刑罰」，應受憲法之約制。是以　鈞院大法官應宣告該等規定無效。

㈣剝奪生命權之法律不容程序瑕疵，應「立即」宣告違憲無效且不再援用

⑴宣告懲治盜匪條例無效並不致造成「法律真空」之狀態。「法律與憲法牴觸者無效」，憲法第一百七十一條第一項載之甚明，是　鈞院大法官若認系爭懲治盜匪條例確有牴觸憲法，自應宣告其違憲無效，並令其不得再為各級法院所援用。必須注意者，縱令懲治盜匪條例遭宣告違憲無效，相關「盜匪」行為之制裁並無任何「法律真空」。因該等行為，除少數從未實際發生個案之類型外（例如：懲治盜匪條例第二條第一項第一、二、三、四及第十款，附件第十五號），其餘在刑法中均有相對應之規範可資適用，法定刑中亦有死刑可供選擇（例如：懲治盜匪條例第二條第一項第五、六、七、八、九款即可由刑法第三百三十三條、三百三十二條所列各款及三百四十七條取代，附件第十六號），故相關案件適用刑法論罪科刑（甚至論處死刑），並無任何困難。換言之，本案並無若釋字第二五九號解釋所考量：「在此項法律未制定前，直轄市之自治與地方行政事務，不能中斷，現行由中央頒行之法規，應繼續有效」之權宜問題，為免懲治盜匪條例之錯誤立法例繼續存在，成為憲政發展軌跡中負面經驗的展示櫥窗，徒然突顯粗糙權力威脅基本人權的遺跡而已，自有直接宣告違憲，使之即歸無效之必要。

⑵宣告懲治盜匪條例失效，不會形成過往案例可能求償不絕的隱憂。懲治盜匪條例失效，曾依該法定罪科刑之罪犯，若依刑法論罪亦可能被處死刑（同附件第十六號），既不能證明不致被判處死刑，求償所應該具備的因果關係，並不當然存在。況，依照國家賠償法第十三條規定，因司法審判而發生國家賠償案件，必須以參與審判之法官犯職務上之罪，經判決有罪確定為條件（對此　鈞院第二二八號解釋亦加以肯認，附件第十七號），求償更非易事，現行法規定如此，求償問題自然不足為慮，也不能成拒絕

宣告懲治盜匪條例失效或定期失效的理由。

　　(3)立法者可隨時再重新制定新法。懲治盜匪條例一旦經　鈞院宣告失效，仍有刑法可資適用，並不致造成法律之真空已如前述。倘若社會治安情況不見改善，社會大眾亦認「治亂世用重典」乃現今社會所必須，立法者隨時可透過立法程序制定適用於「亂世」的重典，亦不虞懲治盜匪條例被宣告失效。

3.大法官不受理之原因：〔引用（八八）院臺大二字第一四三九〇號函及（八八）院臺大二字第二〇六六二號函〕

八十八年七月三十日第一一二四次會議議決下列二十八件不受理案：
【案次】
　　十一
【聲請人】
　　陳文海
【聲請事由】
　　為最高法院八十八年度臺上字第一二六七號刑事判決所適用之懲治盜匪條例有牴觸憲法之疑義，聲請解釋案。
【決議內容】
　　按人民、法人或政黨聲請解釋憲法，須於其憲法上所保障之權利，遭受不法侵害，經依法定程序提起訴訟，對於確定終局裁判所適用之法律或命令，發生有牴觸憲法之疑義者，始得為之，司法院大法官審理案件法第五條第一項第二款定有明文。

　　本件聲請人因盜匪案件，對於最高法院八十八年度臺上字第一二六七號判決，適用懲治盜匪條例第二條第一項第六款前段、第八款、第七條第一項、第八條認有違憲疑義，聲請解釋，其意旨略稱：民國三十三年四月八日制定之懲治盜匪條例第十條牴觸憲法第六十二條、第六十三條、第一百七十條規定之「立法權禁止讓與原則」，且違反授權明確性之要求與罪刑

法定主義；而三十四年四月二十六日逾期（即屆滿一年後）延長施行期間之命令，牴觸憲法第十五條、第二十二條及第二十三條之「國會保留原則」。現行懲治盜匪條例第二條第一項、第七條第一項、第八條以及四十六年六月五日立法院修正三十三年之懲治盜匪條例第八條、第十條規定，使逾期業已廢止失效之條文未經立法院通過而同告生效，牴觸憲法第六十二條、第一百七十條所揭示之「立法之正當法律程序」。懲治盜匪條例第二條第一項唯一死刑之規定違反憲法第二十三條之比例原則、第七條之平等原則及禁止殘酷刑罰之人權要求云云。惟查：依中華民國訓政時期約法所制定而公布施行之法律，乃先於憲法而存在，其制定當時之立法程序，是否合乎現行憲法之規定，非屬本於憲法而成立之釋憲機關所得審查之範圍。至該法律本身之形式與實體是否有違於現行憲法之規定，則除非其於現在仍有效適用中，否則亦不得執現行憲法而回溯過往予以審查。茲本案判決既非適用命令延長後之懲治盜匪條例，而係以四十六年六月五日修正後之該條例為判決之依據，則其以此而對三十三年制定之該條例為解釋之聲請，自與司法院大法官審理案件法第五條第一項第二款之規定有所未合。

　　立法院於四十六年間就懲治盜匪條例之修正，係經立法委員之提案、民刑商法委員會之審查、院會無異議、省略三讀而通過決議：「懲治盜匪條例第八條（即犯本條例之罪，依特種刑事案件訴訟條例之規定審理之）第十條（即本條例施行期間定為一年，必要時得以命令延長之）文字予以刪除，第九條改為第八條（即刑法總則及刑法分則第一百六十七條、第三百四十七條第五項之規定，於盜匪案件仍適用之），第十一條改為第九條（即本條例自公布日施行）。」並將修正條文移送總統公布施行（八十八年四月二十一日復將第二條第一項第八款予以修正）。是四十六年此一修正之立法程序，究竟是否有明顯牴觸憲法之瑕疵、即已達足以影響其成立之重大程度，其爭議既尚有待進一步之調查始能明瞭，則依本院釋字第三四二號解釋意旨所示，要非釋憲機關審查對象，聲請人此部分解釋之聲請，當亦難認為合法。以上應依司法院大法官審理案件法第五條第三項規定，不予受理。懲治盜匪條例第二條第一項關於唯一死刑規定違憲之疑義，前已經本

院以釋字第二六三號解釋在案。茲此一基於現實考量之特別立法，其情勢既未有更易，該解釋自尚無變更之必要，聲請人此部分之聲請併應不予受理。

八十八年九月十日第一一二五次會議議決下列十一件不受理案：
【案次】
　　十一
【聲請人】
　　陳文海
【聲請事由】
　　為最高法院八十八年度臺上字第一二六七號刑事判決所適用之懲治盜匪條例第二條第一項第六款前段、第八款、第七條第一項、第八條規定，有牴觸憲法之疑義，聲請解釋案。
【決議內容】
　　按人民、法人或政黨聲請解釋憲法，須於其憲法上所保障之權利，遭受不法侵害，經依法定程序提起訴訟，對於確定終局裁判所適用之法律或命令，發生有牴觸憲法之疑義者，始得為之，司法院大法官審理案件法第五條第一項第二款定有明文。
　　本件聲請人因盜匪案件，對於最高法院八十八年度臺上字第一二六七號刑事判決所適用之懲治盜匪條例第二條第一項第六款前段、第八款、第七條第一項、第八條規定，認有違憲疑義，聲請解釋。查其所陳，前經本院大法官八十八年七月三十日第一一二四次會議議決不受理在案，茲復以同一事由陳述個人法律見解再聲請解釋，核與司法院大法官審理案件法第五條第一項第二款規定不合；至於聲請變更解釋部分，本院認無再行解釋之必要，依同條第三項規定，應不受理。

4.評　釋：

　　本件大法官駁回聲請、不受理本案之理由，令人費解。首先大法官採

取鋸箭法，將懲治盜匪條例備受爭議之逾期延長效力問題及該法第十條有關授權以命令延長施行期間，違背國會保留、授權明確性原則及罪刑法定主義原則部分，以其係先於憲法存在之法律規範，且現在並非仍有效適用中（依據大法官之說法，現今有效適用之懲盜條例係於民國四十六年「修正」後所存在）為由，認定不得以現行憲法之標準回溯過往加以審查。然則，此一鋸箭療法實無任何憲法之標準可言，蓋既然民國四十六年立法院對懲盜條例僅進行「修正」之程序，大法官對此亦加以肯認，則關於「修法」之前提問題，即懲盜條例於修法當時是否仍有效存在，豈可略而不論！其既然僅係修法，則立憲前訓政時期所訂定懲盜條例，當然係繼續沿用至今，如同民國十八年訂定之民法一般，可受現行憲法之檢驗，司法院大法官對之亦有百分之百之解釋權。其次，縱如大法官所言，民國四十六年修法前之部分已不可再予追究，則針對民國四十六年修（立）法之有效性問題，為何大法官仍未明確交代？第一、有關議會自律或政治問題，乃涉及實體之解釋（司法院大法官於釋字三二八、三四二、三八一及三八七號解釋均採取相同之見解），應有大法官三分之二之決議為之，並非可用不受理之方式，以二分之一之程序決定，迂迴的加以迴避；第二，該次修正程序是否構成「重新立法」，依照立法院相關議事記錄之記載，應已足供大法官自行判斷而不待調查其他證據，是依照大法官解釋，大法官自應對此立法程序之重大瑕疵加以解釋。綜上，大法官先後二次拒絕受理本案，對於一已存有重大立法瑕疵，社會各界普遍不再信任之法令坐視不理之結果，徒然增加各級法院適用法律之困擾，對於相關被告之權益亦有所灼傷，不免於「人權守護者」之令名，有所缺憾。

㈣行政院通過法務部所提之「懲治盜匪條例」廢止案及配套修正之刑法部分條文修正草案

法務部新聞稿（八十九年五月十日）

1.外界爭議已久之「懲治盜匪條例」，於今日（八十九年五月九日）下

午，在行政院政務委員陳健民主持之審查會議中，獲得與會各部會代表之共識，通過法務部所提之「懲治盜匪條例」廢止案及配套修正之刑法部分條文修正草案，將於近日徵詢司法院之意見後，儘速會銜送立法院審議。

2.懲治盜匪條例係於民國三十三年四月八日由國民政府制定公布，全文十一條，期間由國民政府依第十條之規定（「本條例施行期間定為一年，必要時得以命令延長之」），以命令延長十三次，迄民國四十六年五月十七日，始經立法院民刑商法委員會決議：「懲治盜匪條例第八條及第十條刪除，第九條改為第八條，第十一條改為第九條」，於四十六年五月二十四日經立法院第十九會期第二十三次會議通過，並經總統於四十六年六月五日公布施行迄今，其間並未做實體內容之修正。

雖懲治盜匪條例迭經最高法院多次於判決中引用，並不認有所謂失效之問題，且又多次經相關案件之律師聲請司法院大法官會議解釋，亦未經解釋為失效，但因懲治盜匪條例係於國家動盪不安之特殊情勢下之產物，其構成要件或充斥治安刑法色彩，而與現實環境不符；或與刑法之相關要件存在重複或紛歧紊亂之現象；或將不同不法內涵與罪責之行為，均規定一起而定為唯一死刑，而存有苛重之情形等。自應予以通盤檢討，以符現代刑法思潮及適應國家社會需要並兼顧人權之保障。法務部有鑑於此，乃對懲治盜匪條例加以通盤檢討，並徵詢司法院、內政部及國防部等相關機關之意見及召開會議研商，咸認懲治盜匪條例之規定，除其中少數條文外，於刑法中或其他法律均有相關或類似之規定，苟能稍事修正或增設刑法相關規定，即足以兼顧保障人權及維護社會秩序之需求，因認懲治盜匪條例並無繼續存在之必要，爰於提出刑法相關條文修正草案之同時一併廢止懲治盜匪條例。

3.此次配合懲治盜匪條例之廢止，修正刑法相關規定之重要原則臚列如次：

⑴懲治盜匪條例之條文，已不符現實生活環境及國家社會需要之條文，於懲治盜匪條例廢止後，即不再訂定。

⑵懲治盜匪條例有規定，刑法並無相關規定，而仍有必要繼續適用者，

於刑法相關法條中增設其規定。

⑶懲治盜匪條例及刑法均有規定者，檢討刑法相關規定，適度修正其法定刑，以免於懲治盜匪條例廢止後，產生刑度落差過大之情形，而影響社會秩序之維護並兼顧人權之保障。

⑷懲治盜匪條例與刑法之規定，雖有不同，但刑法之規定已能賅括懲治盜匪條例之規定者，納入刑法之規定，並酌予修正檢討刑法之法定刑。

⑸懲治盜匪條例及刑法原均無規定，而認有配合修正之必要者，亦一併配合修正。

⑹懲治盜匪條例中唯一死刑之規定，除符合刑法相關唯一死刑之罪者外，不再於刑法之中增列唯一死刑之罪。

　4.至於刑法相關條文之修正，此次計增訂三條，修正八條，其修正要點如下：

⑴增列以強佔公署、鐵道、公路、車站、機場或其他公共場所之方法妨害公務之處罰規定（第一百三十六條之一）。

⑵修正藏匿人犯之規定，酌予提高其刑度，並配合修正偽造、變造、湮滅證據罪之刑度，以資平衡（第一百六十四條、第一百六十五條）。

⑶提高普通強盜、加重強盜、常業強盜等罪之法定刑（刑法第三百二十八條、第三百三十條、第三百三十一條）。

⑷明定常業強盜罪之適用範圍（第三百三十一條）。

⑸增訂犯強盜罪而故意使人受重傷之處罰規定（第三百三十二條第二項）。

⑹增設第三百二十三條之規定，於本章之罪準用之規定（第三百三十四條之一）。

⑺提高擄人勒贖罪之法定刑（第三百四十七條第一項）。

⑻增訂擄人勒贖，而使被害人受重傷結合犯之處罰規定（第三百四十八條第二項）。

⑼擄人後意圖勒贖者，以意圖勒贖而擄人之規定（第三百四十八條之

一）。

㈤廢止懲治盜匪條例同步修正刑法廢止理由函行政院核轉

89/3/1

　　懲治盜匪條例係於民國三十三年四月八日由國民政府制定公布，全文十一條，期間由國民政府依第十條之規定（「本條例施行期間定為一年，必要時得以命令延長之」），以命令延長十三次，迄民國四十六年五月十七日，始經立法院民刑商法委員會決議：「懲治盜匪條例第八條及第十條刪除，第九條改為第八條，第十一條改為第九條」，於四十六年五月二十四日經立法院第十九會期第二十三次會議通過，並經　總統於四十六年六月五日公布施行迄今。雖懲治盜匪條例（下簡稱本條例）迭經最高法院多次於判決中引用，並不認有所謂失效之問題，且又多次經相關案件之律師聲請司法院大法官會議解釋，亦未經解釋為失效，但因本條例係於國家動盪不安之特殊情勢下之產物，其構成要件或充斥治安刑法色彩，而與現實環境不符；或與刑法之相關要件存在重複或紛歧紊亂之現象；或將不同不法內涵與罪責之行為，均規定一起定為唯一死刑，而存有苛重之情形等，自應予以通盤檢討，以符現代刑法思潮及適應國家社會需要並兼顧人權之保障。

　　法務部有鑑於此，乃對本條例加以通盤檢討，並徵詢司法院、內政部及國防部等相關機關之意見及召開會議研商，咸認本條例之規定，除其中少數條文外，於刑法中或其他法律均有相關或類似之規定，苟能稍事修正或增設刑法相關規定，即足以兼顧保障人權及維護社會秩序之需求，因認本條例並無繼續存在之必要，爰於提出刑法相關條文修正草案之同時一併廢止本條例。至本條例廢止之後，原依本條例偵查起訴，仍在審理中或經判決有罪確定之案件，仍應依刑法第二條之法理，為法律之適用，庶得以解決目前實務界對適用本條例之爭議。

　　法務部並就本條例之規定，分析其廢止之理由如下：

㈠本條例第二條第一款至第三款之規定，係因立法當時大陸幅員遼闊，交通不便，警力有限，軍紀不彰，盜匪猖狂，聚眾山澤，乃有上述情形發生之可能，唯以臺灣地區現今之情況，上述情形實難以想像。是該三款之規定，顯不符現實生活環境之需要，於本條例廢止後，亦無再於刑法中予以規定之必要。

㈡本條例第二條第一項第四款之規定性質上即係屬一般強盜罪之規定，現行刑法即足規範，至對於犯罪客體為「公署」或「軍用財物」者，是否有必要於特別刑法（如陸海空軍刑法等）做特別之規定，在立法政策上固非無考量之餘地。惟以臺灣地區目前之現實情況，應認並無必要於普通刑法做此規定。

㈢本條例第二條第一項第五款至第十款，於刑法中有第三百三十二條、第三百三十三條、第三百四十七條及第一百六十一條等相關條文可資適用，如能檢討刑法相關條文之規定，應即能兼顧保障人權及維護社會秩序之需求。

㈣本條例第三條第一項第一款之規定，在臺灣地區之現實生活中，縱有可能發生，但與其他刑法之強盜罪相較並無特殊性，如涉及劫持舟車航空器者，現行刑法第一百八十五條之一及第一百八十五條之二亦有相類似之規定，即使不再作特別規定，亦不致有礙於社會秩序之維護。

㈤本條例第三條第一項第二款、第三款、第四款、第十款之規定，於刑法第二百三十條、第一百六十二條及第三百三十條分別有相關條文之規定，如能檢討刑法相關條文之規定，應即能期兼顧保障人權及維護社會秩序之需求。

㈥本條例第三條第一項第五款之規定，原即與盜匪罪無關，本條例將之與其他盜匪罪一併規定，體例上即不切合。且徵諸懲治走私條例第五條第一款亦有類似之規定，於本條例廢止後，應無再另為規定之必要。

㈦本條例第三條第一項第六款至第九款充斥治安刑法之色彩，在臺灣地區之現實環境，縱有可能發生，於本條例廢止後，仍有刑法公共危險罪章及其他相關條文可資適用，如能檢討刑法相關條文之規定，應即能兼顧

保障人權及維護社會秩序之需求。

㈧本條例第四條第一項第一款、第二款及第五條第一項第二款之規定於臺灣地區之現實環境中，亦不太可能發生，且刑法第二百四十七條至第二百四十九條亦已有相關規定，於本條例廢止後，應無再另行規定之必要。

㈨本條例第四條第一項第三款之規定，於非戰地或戒嚴地區，似無特別規定之必要。而於戰地及戒嚴地區類似之行為於陸海空軍刑法第三條及第十九條即有相關之規定足以處罰，是本款之規定，於本條例廢止後，亦無再於普通刑法規定之必要。

㈩本條例第四條第一項第四款之情形，如有投置爆炸物之行為，本即寓有殺人之不確定故意，依刑法及槍砲彈藥刀械管制條例之相關規定，應即能達到遏阻犯罪之效，無再另為規定之必要。

㈠本條例第五條第一項第一款之規定，刑法第三百二十八條有相關之規定，如能檢討刑法相關條文之規定，應即能兼顧保障人權及維護社會秩序之需求。

㈡本條例第五條第一項第二、三款之規定，刑法第一百六十四條及第二百四十九條有相關規定之條文，如能檢討刑法相關條文之規定，應即能兼顧保障人權及維護社會秩序之需求。

㈢本條例第六條之規定，如係公務員假藉職務上之權力、機會或方法犯之者，刑法第一百三十四條已有加重之處罰規定。如係非假藉職務上之權力、機會或方法犯之者，僅因其身分即予加重，於憲法上之平等原則，恐亦有違，因認本條廢止後，該條例第六條，應無另行於刑法規定之必要。

㈣本條例第七條之規定，關於盜匪所得應發還被害人，係一般之法律原則，應不待特別規定，亦無於刑法另行規定之必要。

六、本案參考資料（依發表、出版先後編排）

1. 鄭宗玄，〈馬曉濱案應有的法律觀〉，《首都早報》四版，民國七十九年六月二十五日。

2. 鄭逸哲，〈評「馬曉濱案應有的法律觀」一文之謬誤〉，《首都早報》四版，民國七十九年六月二十七日。

3. 胡致中，〈司法要受到應有的尊重──論馬曉濱案件之判決〉，《司法週刊》，第四七四期，頁三，民國七十九年六月二十七日。

4. 黃良駿，〈馬曉濱等三人死刑判決之探討〉，《中華雜誌》，第二十八卷第七期，頁六五，民國七十九年七月一日。

5. 范光群，〈馬曉濱案的省思──從最後的非常上訴聲請談起〉，《律師通訊》，第一三三期，頁二二，民國七十九年十月五日。

6. 李念祖，〈馬曉濱辯護案的憲法論證〉，收於氏著《憲政與國是》，頁九五至一〇一頁，民國八十年二月。

7. 薛欽峰，〈從懲治盜匪條例第二條第八款談唯一死刑制度違憲論〉，《律師通訊》，第一九六期，頁八一至八五，民國八十五年一月。

8. 劉文仕，〈釋字二六三與刑罰裁量規範的邏輯思考〉(一)、(二)、(三)、(四)、(五)，《法務通訊》，第一八九五期至一八九九期，民國八十七年九月三日、九月十日、九月十七日、九月二十四日、十月一日。

9. 蘇俊雄，《刑法總則（第三冊）》，頁一八二至一八三，民國八十九年四月初版。

10. 許政賢，〈法學認識的典範變遷(1)～(4)──試以「懲治盜匪條例的效力問題」為例〉，《司法週刊》，第九六二、九六三、九六四、九六五期。

11. 蔡兆誠，〈懲治盜匪條例早已失效〉，《律師雜誌》，第二三五期，頁八八至九二，民國八十八年四月。

12. 蘇永欽，〈也談懲盜條例的效力問題〉，《律師雜誌》，第二三七期，頁六一至六九，民國八十八年六月。

13. 林山田等，〈懲治盜匪條例與特別刑法學術研討會議題討論〉，《臺灣本土法學雜誌》，第三期，頁一四五至一六一，民國八十八年八月。

14. 蔡兆誠，〈懲治盜匪條例之效力問題研究〉，《臺灣本土法學雜誌》，第三期，頁一三一至一四四，民國八十八年八月。

15. 劉幸義，〈論法律效力──兼評懲治盜匪條例之效力〉，《臺灣本土法學

雜誌》，第四期，頁四一至四九，民國八十八年十月。

16.劉文仕，〈懲治盜匪條例生命力的再思考〉，《法務通訊》，第一九五七期，頁三至六，民國八十八年十一月十八日。

17.林山田，〈修正舊法抑或制定新法？──評最高法院對於懲治盜匪條例的見解〉，《月旦法學》，第五十五期，頁一一三至一一七，民國八十八年十二月。

18.黃蕪，〈試說懲治盜匪條例廢止失效與否之意見〉，《司法週刊》，第九五四期，頁三，民國八十八年十一月十日。

19.魏大喨，〈懲治盜匪條例失效論〉，《全國律師》，第四卷第三期，頁四五至六〇，民國八十九年三月。

20.林志民，〈相對主義與典範說──評許政賢法官〉，《全國律師》，第四卷第四期，頁九二至九六，民國八十九年四月。

21.李念祖，〈理性討論死刑存廢的空間何在？從大法官解釋死刑合憲與否司法態度談起〉，《律師雜誌》社論，第二五一期，民國八十九年八月。

七、釋字第二六三號解釋文及解釋理由書

解釋日期：民國七十九年七月十九日
資料來源：《司法院公報》第三十二卷第八期，頁六

解　釋　文

　　懲治盜匪條例為特別刑法，其第二條第一項第九款對意圖勒贖而擄人者，不分犯罪情況及結果如何，概以死刑為法定刑，立法甚嚴，惟依同條例第八條之規定，若有情輕法重之情形者，裁判時本有刑法第五十九條酌量減輕其刑規定之適用，其有未經取贖而釋放被害人者，復得依刑法第三百四十七條第五項規定減輕其刑，足以避免過嚴之刑罰，與憲法尚無牴觸。

理 由 書

　　刑法第三百四十七條第一項規定:「意圖勒贖而擄人者,處死刑、無期徒刑或七年以上有期徒刑」。懲治盜匪條例為特別刑法,其第二條第一項第九款對意圖勒贖而擄人者處死刑之規定,則旨在提高意圖勒贖而擄人罪之刑度,期能遏阻此種犯罪,維護治安,使社會大眾免於遭受擄人勒贖之恐懼。此項規定,不分犯罪之情況及其結果如何,概以死刑為法定刑,立法甚嚴,有導致情法失平之虞,宜在立法上兼顧人民權利及刑事政策妥為檢討。惟依同條例第八條之規定,上述擄人勒贖案件,仍適用刑法總則及刑法分則第一百六十七條、第三百四十七條第五項之規定。裁判時若有情輕法重之情形者,本有刑法第五十九條酌量減輕其刑規定之適用,其有未經取贖而釋放被害人者,亦得減輕其刑,足以避免過嚴之刑罰。是上開懲治盜匪條例第二條第一項第九款之規定,尚難謂與憲法牴觸。

釋字第二九〇號解釋

一、本案事實與背景

本件解釋之聲請人——劉俠女士於民國七十八年為參加立法委員之選舉，檢具相關文件向考選部申請辦理立委候選人學經歷檢覈，惟因當時「動員戡亂時期公職人員選舉罷免法」第三十二條規定：「立法委員候選人須高級中學以上學校畢業或普通考試以上考試及格。曾任省（市）議員以上公職一任以上」，而劉俠女士雖為著名作家，著作等身，但因痼疾在身，年少時即不能接受完整之學校教育，全賴刻苦自修有成，學歷上則僅有國小畢業之記錄，考選部於民國七十八年十月十九日（七八）選覈字第四一七五號函，以劉俠女士不符動員戡亂時期公職候選人檢覈規則第四條規定（與前揭選罷法第三十二條要件同）為由，拒絕劉俠女士檢覈之聲請。劉俠女士不服此一決定，隨即依據國家賠償法第二條第二項之規定，對考選部提起國家賠償訴訟，請求法院判命考選部准予檢覈使其取得立法委員候選人資格，並要求考選部賠償象徵性的損害賠償，新臺幣一元。

臺北地方法院受理本案後，以公職候選人檢覈程序，係考選部本於行政權之作用，非私法爭執，不應提起民事訴訟為由，駁回聲請人之訴訟（臺灣臺北地方法院七十九年度國字第八號判決）。嗣後上訴審臺灣高等法院，則未以本案應屬公法事件而駁回上訴，但仍以前揭學經歷限制係乃為提昇公職人員素質、確保問政品質之「必要」、「適合」手段；且聲請人可努力進修，循其他管道取得同等學歷為由，認定考選部拒絕劉俠女士之檢覈申請乃與法有據，再度駁回劉俠女士之上訴（臺灣高等法院七十九年度上國易字第四號判決），劉俠女士雖再上訴至最高法院，卻仍遭最高法院以裁定

駁回上訴確定（最高法院八十年度臺上字第三三〇號裁定）。

劉俠女士於是以前揭判決所適用之法規違反憲法第七條（平等權）、第十七條（參政權）、第二十三條（比例原則）及第一百三十條（被選舉權），向司法院大法官聲請釋憲。

二、聲請書及補充理由書

聲請書

受文者：司法院

聲請人：劉　俠

代理人：理律法律事務所

　　　　陳長文　律師

　　　　李念祖　律師

　　　　范　鮫　律師

聲請事項：

　　為聲請人受臺灣高等法院七十九年度上國易字第四號及臺灣臺北地方法院七十九年度國字第八號民事確定判決，其適用違憲法規之結果，違反憲法第七條、第十七條、第二十三條及第一百三十條規定，侵害聲請人受憲法保障之平等權、被選舉權及服公職權，茲依司法院大法官會議法第四條第一項第二款規定聲請　大院大法官會議解釋動員戡亂時期公職人員選舉罷免法（下稱選罷法）第三十二條第一項第一款之規定及考選部依該法上開規定駁回聲請人檢覈聲請之行政處分牴觸憲法。

說　明：

一、聲請釋憲之理由及所引用之憲法條文

　　緣臺灣高等法院七十九年度上國易字第四號民事確定判決（附件一）維持臺灣臺北地方法院七十九年度國字第八號（附件二）判決，認考選部依檢覈規則第四條及動員戡亂時期公職人員選舉罷免法（以下稱選罷法）第三十二條第一項第一款規定:「立法委員候選人須高級中學以上學校畢業或普通考試以上考試及格。曾任省（市）議員以上公職一任以上」等規定，而拒絕聲請人檢覈立法委員候選人之聲請乙事，為依法有據，遽而駁回聲請人訴請考選部應准聲請人檢覈取得立法委員候選人之資格之訴訟在案。

　　按服公職之權利，為憲法第十八條所保障:「人民有應考試、服公職之權」，憲法復於第一三〇條後段規定:「除本憲法及法律別有規定者外，年滿二十三歲者有依法被選舉之權」。此外，憲法復於第七條規定:「中華民國人民，無分男女、宗教、種族、階級、黨派，在法律上一律平等」，而憲法第二十三條復規定人民之自由權利，除為防止妨礙他人自由、避免緊急危難、維持社會秩序或增進公共利益所必要者外，不得以法律限制之。尤可見服公職之權利為憲法保障之人權項目,任何限制服公職權利之立法，應受憲法第二十三條之拘束。前揭選罷法之規定侵害聲請人之服公職權利，聲請人別無法律上救濟途徑，故依法聲請　大院大法官會議解釋前揭選罷法之規定與憲法保障服公職權利之規定牴觸。

二、疑義之性質與經過及聲請人之立場與見解

　　聲請人前於七十八年為參加立法委員選舉乃檢具相關證明文件，向考選部申請立法委員候選人檢覈，經考選部於七十八年十月十九日（七八）選覈字第四一七五號函（請詳附件三）以聲請人資格不符動員戡亂時期公職候選人檢覈規則（以下簡稱檢覈規則）第四條規定為由，拒絕聲請人檢覈之聲請，並將原聲請文件退還，不法侵害聲請人服公職之憲法上權利。聲請人因而依國家賠償法第二條第二項對之提起損害賠償之訴，詎第一審遽以公職人員候選人檢覈程序，係考選部本於行政權之公法行為，非私法爭執，不應提起民事訴訟云，駁回聲請人之訴（附件一）。嗣聲請人依法上訴，高等法院未予詳究即率爾維持原判駁回聲請人之上訴（附件二），聲請

人再依法上訴最高法院。最高法院對聲請人之主張及法律上之理由，恝置不採，以裁定駁回聲請人之上訴確定在案（附件三）。

　　司法院大法官會議法第四條規定人民聲請解釋憲法，以主張確定判決所用之法令有牴觸憲法之疑義者為要件，本案中，歷審法院咸以考選部依前揭選罷法規定拒絕聲請人檢覈之聲請，乃依據法令之行為，從而駁回聲請人之訴。爰依司法院大法官會議法第四條第一項第二款之規定，聲請解釋選罷法前揭限制規定，侵害聲請人憲法上之權利。

　　憲法第十八條規定：「人民有應考試、服公職之權」，同法第一三〇條後段規定：「除本憲法及法律別有規定者外，年滿二十三歲者有依法被選舉之權」，依大法官會議釋字第四十二號解釋，各級民意代表均屬憲法第十八條所稱之公職。而選罷法第三十二條第一項第一款對立法委員候選人之學經歷所設之資格，因構成對人民服公職之權利及被選舉之權利之限制，須通過憲法第二十三條之檢證。再按限制人民權利之法律，依憲法第二十三條規定，以有限制之「必要」者為限，而是否「必要」，依據法令、學者、及實務界通說，悉以其是否符合廣義之比例原則為斷。而廣義之比例原則包括以下三原則，即「適合之原則」、「必需之原則」及狹義之「比例之原則」。所謂「適合之原則」係指採取之限制手段必需適合及有助於目的之達成。「必需之原則」要求在多種適合達成目的之手段之間應擇其侵害個人自由權利最小者為之，否則，即非「必要」。而狹義之「比例之原則」係指限制手段之強弱與達成目的之需要程度應成比例，亦即限制之強度不應超過達成目的所需要之範圍，並且因限制所造成之不利益不得超過其所欲維護之利益。茲詳列選罷法第三十二條第一項第一款因不符憲法第二十三條限制人民權利之必要性之要求，應為違憲之理由，亦即：

1.學歷與普考及格限制與促進立法品質應無邏輯上之必要關連

　　依據憲法第十八條，人民有服公職之權，此項權利，依據憲法第二十三條，除為達成防止妨礙他人自由，避免緊急危難，維持社會秩序，增進公共利益等四項目的時之必要外，不得限制之。故選罷法第三十二條第一項第一款及檢覈規則對於立法委員候選人資格之限制，即對於人民服公職

之權利之限制，必須為能達成憲法第二十三條所明定之四項目的之必要手段。按選罷法對立法委員候選人之資格加以限制之立法假設，不外以為為達到選賢舉能之目的，藉由候選人須具備一定之學識或經歷之要件，可以確保立法委員於立法、審查、質詢與監督等問政之品質，有助於增進公共利益。然而即使候選人具備一定之學識或經歷，是否能保證候選人於當選後即具備優秀的問政能力，進而達到增進公共利益之目的，實不無疑義。選罷法及檢覈規則所要求之學歷，實質上僅為一張文憑，而並不考慮候選人在校之表現、成績及其是否實際上具有履行立法委員職責之相當能力。況且高中學歷及普通考試原有其固有之目的，本非為過濾立法委員候選人之資格而設，由於此種學歷限制，關乎人民服公職權利之行使，為符合憲法保障基本人權之宗旨，縱使立法者鑑於客觀標準之難尋，亦僅應以高中學歷及普考及格之資格為諸多可行標準之一，而不應以之為過濾候選人資格之唯一標準。（至曾任省市議員以上公職一任以上者亦得檢覈之規定，適用之範圍及機會甚為微小，故無庸贅論其妥當與否）。且高中學生畢業所必修習之多種學科（如物理、化學）與是否能作為一名稱職之立法委員並無相關性，普考所測驗之科目與是否能作為一名稱職之立法委員亦未必有其相關性。或謂聲請人得依教育部頒「自學進修學力鑑定考試辦法」先後通過每年三月舉辦之「自學進修國民中學畢業程度學力鑑定考試」及每年四月舉辦之「自學進修高級中學畢業程度學力鑑定考試」以取得高中同等學歷資格。惟姑不論類此同等學歷資格是否合於上開法令「曾經公立或立案之私立高級中等以上學校畢業者」之規定，上開鑑定考試亦非為過濾立法委員候選人之資格而設，按上開鑑定考試所測驗之物理、化學或數學而言，即與善盡立法委員之職責並無邏輯上之關連，亦即自修人文社會科學有成者，即未修過物理、化學、數學，或上述學科考試不及格者，亦非不能成為夠資格之立法委員。亦即上開鑑定考試科目之選定與是否具有成為立法委員問政能力資格，不生因果條件關係。蓋修習過上述學科且通過考試者，未必具有較高之問政水平，未修習者，其問政能力亦未必受到影響。物理、化學、數學非普通考試之測驗學科，要求未修習此等學科者（如聲請人）

學習此等科目以通過鑑定考試，實亦未必能促進擔任立法委員之能力。此外，曾任省市議員者亦未必飽富理化等知識，自難謂高中學歷為取得立法委員候選人之適當過濾標準，遑論以之為主要的或專有的過濾標準。

至於普考本為錄取國家行政人員而設，其考試項目、方式、時間亦均非以立法委員之選舉為著眼而舉行。基於權力分立之法理，具備行政能力之人員，並不保證其具備審議法律命令之能力。以普考及格做為過濾立法委員候選人之標準，亦未必足以達成過濾之目的。

綜上所述，具備高中學歷或普考及格者，並非當然較不具高中學歷亦無普考及格資格者更具足以擔任立法委員之實質條件，選罷法第三十二條第一項第一款及檢覈規則藉對候選人學、經歷資格之限制，限制人民服公職之權利，並不能確保問政品質，達到增進公共利益之目的，不符前述「適合之原則」。

2. 即使假定限制候選人學、經歷能確保問政品質，進而增進公共利益，亦不應將候選人之學歷下限設定在高中畢業或必須普考及格

將立法委員候選人學歷下限設定在高中畢業或普考及格之規定，忽視社會上若干弱勢團體，尤其是殘障人士，在受教育機會上之實質不平等地位。聲請人自北投國小畢業前，即患上「類風濕關節炎」，關節隨時出現劇烈疼痛現象，無法獨立活動，但仍勉力完成國小學業；附近唯一之北投國中位於半山上，一進門便有上百階石階，若選擇就讀其他學校，則須坐車，在昔日缺乏交通工具之情形下，聲請人惟有在家自修自學，故僅有小學學歷。類此狀況於殘障人士實屬屢見不鮮。而殘障團體為社會中之弱勢團體，更須保障其參政權利，以爭取合理福利。現今婦女地位較前大為提昇，而在立法委員選舉中，仍設有婦女保障名額；反之參政權利更須保障之殘障人士，甚至連成為適格候選人之權利都被剝奪，對殘障人士而言，實為莫大傷害。對以民主、平等、福利為施政目的之國家而言，亦為莫大諷刺。此外，聲請人自修苦學，卓然有成，曾著有多本著作，當選過十大傑出女青年，並獲得國家文藝獎章之殊榮。其學識成就實為許多高中畢業生，甚至大學生、碩士、博士所不及。如果問政品質必須經由對選舉候選人學、

經歷之限制而獲得保證，則聲請人之經歷，依一般社會通念，當比一紙高中文憑或普考及格，更能保證聲請人具備優秀之問政品質。綜上所述，可知縱使限制候選人學、經歷可以確保候選人之問政品質，立法者或行政機關有多種標準可供選擇，為求慎重，立法者或行政機關更應設專門檢定立法委員候選人之標準，不應專以和問政能力無甚大關聯之高中文憑或普考及格資格為標準。而必須選擇對人民權利侵害最小者，亦即必須符合前述之「必需之原則」。選罷法第三十二條第一項第一款及檢覈規則顯然不符上開原則。

3. **即使選罷法第三十二條第一項第一款及檢覈規則符合「適合之原則」、「必需之原則」，亦不符狹義之「比例之原則」之要求**

縱使上開法令能確保候選人問政品質，並進而達成增進公共利益的目的，惟在手段的設計上，卻致使三分之二以上之公民，因不具高中學歷之資格，而被剝奪成為候選人之權利。按我國國民義務教育僅及於國民中學教育，而此九年國教於民國五十七年方始實施，故國民未受高中教育者，所在多有。依教育部編印之資料顯示，截至民國七十六年止，二十五歲以上國中畢業以下（含國中畢業）教育程度之民眾，佔二十五歲以上人口比例百分之六八點四，如加入二十五歲以上高中、高職肄業之民眾，此比例將會更高（附證）。由此可推知，依憲法第一百三十條，年滿二十三歲者有被選舉權，卻因選罷法第三十二條第一項暨檢覈規則，因不具高中以上教育程度，而被剝奪被選舉權之民眾，至少佔二十三歲以上人口過半數。至於普考及格部分，按普考應考資格為專科以上畢業、高等檢定考試及格、高級中等學校畢業、普通檢定考試及格或特種丁等考試及格滿三年。二十三歲以上之公民，如未具備高中文憑，必須具備檢定考試及格或特種丁等考試及格滿三年之資格才得應考，以上述資格通過普考之人數，雖並無正式之統計數字，但依常理推測，應屬十分有限（每年普考及格人數僅為二千多人）。對一民主國家而言，如此多數之人民因欠缺一紙高中文憑或普考及格資格而被剝奪參選權，無從參與中央民意代表選舉進而獲得擔任中央民意代表之機會，其與憲政體制保障普遍參政權之本旨，實背道而馳。尤

其是四十歲以上之公民，如聲請人者，因時間背景之不同，受教育之機會極為有限，徒以一紙文憑之欠缺即否定聲請人參加立法委員選舉之資格，並剝奪全體選舉人本諸其智慧，獨立選擇適宜之立法委員之自由，因該限制手段所造成對人民基本參政權利之侵害已遠超過所欲追求之成果所能保全之利益，則該限制手段，已明顯不符「比例原則」之要求，而屬違憲。

綜上三點所述，選罷法第三十二條第一項第一款及檢覈規則不符前述之「適合之原則」、「必需之原則」、以及狹義之「比例之原則」，即不符憲法第二十三條規定、限制人民權利必須以「必要」為限之要求，故選罷法第三十二條第一項第一款暨檢覈規則，應屬違反憲法第十七條及第二十三條之法令，依據憲法第一百七十一條及第一百七十二條之規定，上開法令因與憲法牴觸而應歸於無效。相對人自不得依據違憲而應屬無效之法律，否定聲請人具有成為立法委員之學識及能力，而剝奪聲請人成為立法委員候選人之憲法上基本權利。惟本件原司法判決卻認相對人不准聲請人檢覈取得立法委員候選人資格於法有據，其第二審判決復以「上述選罷法之規定雖形式上設有資格限制，實則……等於毫無限制」云云，遽為聲請人敗訴之判決，其判決忽視選罷法上述規定加諸於聲請人之限制，甚為明顯，再則選罷法第三十二條第一項第一款及檢覈規則第四條既因牴觸憲法而無效，在無其他合憲而有效法令限制聲請人立法委員被選舉權及服公職權利之情形下，則在憲法明文賦予聲請人服公職之權利及被選舉權之前提下，聲請人當然有為被選舉人之資格。

矧憲法第七條就人民之平等權著有明文，人民無分男女、宗教、種族、階級、黨派，在法律上皆一律平等。衡諸我國對殘障者提供特殊教育實質之環境及機會幾近於零，事實上眾多殘障者囿於自身之殘障體能羸弱之條件限制，往往不具與一般正常人受平等正式教育之機會，而選罷法上揭限制，無異視不得受正規教育之國民為「次等被選舉人」，而受正規教育之國民為「優等被選舉人」，致使不得受正規教育之國民如聲請人者形成實質上次等階級，違反憲法第七條規定人民在法律上實質平等之規定。實則立法者，若為提昇問政人員之素質，非必不得對候選人加設合憲限制，唯此等

限制若不符合憲法規定之限制，即不應任其存在。否則若依前揭選罷法之學歷限制，徒於形式上為齊頭式限制，而實質上形成知識階級之不平等，自屬牴觸憲法第七條平等權之規定。而違憲之立法限制既不應加以執行，聲請人準於憲法肯認被選舉權之意旨，自應與他人無殊而同應獲得候選人之資格。

聲請人雖自幼罹患嚴重「類風濕關節炎」，致行動困難，惟聲請人常年勉力自學，並有多本著作，當選過十大傑出女青年，並曾榮獲國家文藝獎章，可謂足為一般人士及殘障人士之典範。聲請人因自幼即飽受殘缺之苦，深切體驗我國對弱勢之殘障人口之福利制度之欠缺及不足，除積極參與殘障福利服務外，對先進各國殘障之預防、醫療、復健、特殊教育、職業訓練與重建、就業等制度之建立尤有鑽研，期能透過參與民意代表選舉，依殘胞實際需要爭取福利，推動立法，制定完善社會福利法，以落實殘障福利，消弭社會問題，詎聲請人向考選部提出檢覈申請時卻遭拒絕，聲請人徒有滿腔抱負及熱忱，卻無從施展。

實則如前所述，問政品質之良窳，是否具有民意代表資格，應取決於選民，而不應由違反憲法平等權、參政權之上揭選罷法之規定予以剝奪。

三、有關機關處理本案之主要文件及其說明

聲請人檢呈法院裁判共計三件、考選部函一件（其說明自詳）：

1. 臺灣高等法院七十九年度上國易字第四號判決。
2. 臺灣臺北地方法院七十九年度國字第八號判決。
3. 最高法院八十年度上字第三三〇號裁定。
4. 考選部七十八年選覈字第四一七五號函。

四、聲請解釋憲法之目的

殘障者之殘缺係與生俱來，社會不應再限制其實質上享受法律平等保障之被選舉權。中央民意代表選舉即將於八十年底舉辦，選罷法第三十二條第一項既屬違憲規定，懇請　大院大法官會議儘速審查本案，並立即作

成具體解釋，俾賜聲請人得及時向考選部取得檢覈候選人資格，以及時得有參政服公職為殘胞謀福利之機會。

　　此　致

司法院

　　　附件一：臺灣高等法院七十九年度上國易字第四號判決

　　　附件二：臺灣臺北地方法院七十九年度國字第八號判決

　　　附件三：最高法院八十年度上字第三三〇號裁定

　　　附件四：考選部七十八年選覈字第四一七五號函

　　　　　　　　　　　　　　　　　　　　聲請人：劉　俠

　　　　　　　　　　　　　　　　　　　　代理人：理律法律事務所

　　　　　　　　　　　　　　　　　　　　　　　　陳長文　律師

　　　　　　　　　　　　　　　　　　　　　　　　李念祖　律師

　　　　　　　　　　　　　　　　　　　　　　　　范　鮫　律師

補充理由書（一）

聲請人：劉　俠

代理人：理律法律事務所

　　　　陳長文　律師

　　　　李念祖　律師

　　　　范　鮫　律師

　　　為聲請人劉俠聲請解釋臺灣高等法院七十九年度上國易字第四號及臺灣臺北地方法院七十九年度國字第八號民事確定判決所適用違憲法規之結果，牴觸憲法案，補呈理由如下：

　　　一、選罷法第三十二條第一項第一款規定立法委員候選人須有高級中學以上學校畢業之學歷限制，違反憲法第七條、第十八條、第二十三條、第一三〇條後段等規定，聲請人已於聲請書聲請理由中，論列綦詳。簡言

之，前揭選罷法之限制，既不能確保選賢舉能，而該學歷限制又剝奪三分之二以上公民擔任立法委員候選人之憲法權利，為符合前揭憲法保障基本人權之宗旨，自應廢止選罷法第三十二條第一項第一款之適用。縱使立法者必欲設立被選舉人之最低學歷限制標準，若以國中學歷為標準，顯較以高中學歷為標準為宜。按我國於民國五十七年實施九年國民義務教育，而依教育部編印「中華民國教育統計指標」七十八年資料（詳附件五）顯示，我國二十五歲以上人口有初級中學教育程度者，約佔百分之四十六點六。則立法者若以國中學歷為最低標準，則有近百分之五十之公民可符合此一標準，而具備擔任立法委員候選人之資格。足見若立法者欲設立最低學歷標準，設以國民教育法所規定義務教育之年限為標準者，可使接受並完成義務教育者，均有憲法保障之服公職權利，此對人民服公職之權利，危害顯較輕微，適可證明現行選罷法以高中學歷為最低標準，實不符合憲法第二十三條比例原則之規定。

二、依憲法第二十三條之意旨，立法者欲以法律限制人民權利（包括服公職等參政權及平等權在內），必須提供必要之理由，惟選罷法第三十二條第一項所界定之公職人員候選人之學歷條件限制標準，於立法之初，並無任何基礎或根據。行政院既未於草案中說明採用此學歷限制之理由或必要性，立法院亦未於院會中加以討論（詳附件六），即加以通過。實則經由選舉產生之公職人員，其學歷並非必要條件，其能否擔任公職，應由選民決定。若對候選人學歷加以限制，無非排除社會上某一階層人士參與公職選舉，非但違反前揭憲法規定，有違政治平等參與之原則，亦恐涉及區分菁英知識分子階級與非知識分子階級之嫌。況查現代資訊發達，學校教育已非知識之唯一來源，而唯有使經由選舉產生之各界專門人才參與政治、參與立法，始可滿足各個社會團體之真正需要。聲請人因自幼即飽受殘缺之苦，深切體驗我國對弱勢之殘障人口之福利制度之欠缺及不足，除積極參與殘障福利服務外，對先進各國殘障之預防、醫療、復健、特殊教育、職業訓練與重建、就業等制度之建立尤有鑽研，期能透過參與民意代表選舉，依殘胞實際需要爭取福利，推動立法，制定完善社會福利法，以落實

殘障福利，消弭社會問題，詎聲請人向考選部提出檢覈申請時卻遭拒絕，聲請人徒有滿腔抱負及熱忱，卻無從施展。實則如前所述，問政品質之良窳，是否具有民意代表資格，應取決於選民，而不應由違反憲法平等權、參政權之選罷法之規定予以剝奪。

三、按前揭選罷法對立法委員候選人之資格加以不當限制之規定，使三分之二以上之公民被排除於立法殿堂之外。按社會上具備優秀問政能力，或自修有成而不具該學歷文憑者，比比皆是；此種限制，不但排除類此有為人才積極參與民主政治，是為國家社會之損失，更剝奪選民充分選擇之權利。頃值選罷法即將修正，前揭違憲之限制若由 大院立即作成違憲之解釋，立法者於著手修正選罷法之際，可以即時另為適憲之規定，使聲請人及社會上更多人才享有參與八十年年底之中央民意代表選舉之資格，施展其抱負及熱忱，厚植我國民主憲政之基礎。如此，對民主政治之推展，實具積極、正面之意義。

　　此　致
司法院

　　附件五：中華民國教育統計指標
　　附件六：立法院院會紀錄

聲請人：　劉　俠

代理人：　理律法律事務所

　　　　　陳長文　律師

　　　　　李念祖　律師

　　　　　范　鮫　律師

補充理由書（二）

聲請人：　劉　俠
代理人：　理律法律事務所

陳長文　律師
李念祖　律師
范　皴　律師

　　為聲請人劉俠聲請解釋臺灣高等法院七十九年度上國易字第四號及臺灣臺北地方法院七十九年度上易第八號民事確定判決所適用違憲法規之結果，牴觸憲法案，補呈理由如下：

　　選罷法第三十二條規定候選人之學歷限制，考其立法精神，不外因襲我國傳統儒家「以士治國」之思想。惟從政者宜具備一定之知識學養，固為理想，然政治是否應由知識分子壟斷，則為另一問題。於君主時代，階級不平等，此種「以士治國」之觀念乃不免發展成為以知識分子壟斷政治之觀念。惟處於民主法治社會，一切應依法而治，人人平等。憲法為國家根本大法，法律不得牴觸憲法。於憲法保障人民平等權，被選舉權及服公職權之前提下，若欲以法規實現上述知識與政治結合之理念，有一定之界限，即應於合憲之範圍內為之，並非得無視憲法規定而以法律強行規定具有某階層以上知識之國民始有被選舉權等。此所以憲法第十三章基本國策第五節「教育文化」規定教育文化之目標、受教育機會平等原則、基本教育及補習教育、獎學金之設置、各地區教育之均衡發展以及設定文教預算之下限等等措施，期能於不違反平等原則下，以溫和漸進之方式，提高國民之知識與政治結合之理想。

　　知識與政治結合之理念既須於合憲之範圍內實現，則選罷法第三十二條限制候選人學歷之限制，不啻將人民區分為知識分子與非知識分子二階級，而僅將候選人之資格賦與知識分子階級者，非知識分子階級則不及之，此種將憲法規定人民應有之服公職權利，依不同階級賦與差別待遇，使受有一定教育程度者壟斷中央民意機關之規定，顯然違反憲法第七條「人民不分階級在法律上一律平等」之基本原則。實則聲請人本身亦為知識分子，猶因此種徒重形式之規定而不能參選立法委員，可見該項立法不合目的性之一般。聲請人並不以為立法者可以合憲地排除非知識分子參與政治，選

罷法不但將不獲高中學歷之非知識分子排除在參選之列以外，並將不具高中資格之知識分子亦行排除，其違反憲法第二十三條所規定之比例原則，實甚灼然。

　　如上所述，選罷法第三十二條如欲納入知識與政治結合之理念，應於合憲之範圍內為之，故不得以學歷限制作為判斷候選人所具有之知識程度之唯一標準。聲請人曾於補充理由書中說明對人民服公職及被選舉權之限制應符合比例原則時，舉「國中學歷為最低標準」為例，比較國中與高中學歷為最低標準之結果，以凸顯現行法以高中學歷為最低標準之不合理處及違反比例原則之情形。惟不論以國中或高中學歷為最低標準，均不能以學歷限制為唯一標準，蓋學歷與衡量是否具有擔任中央民意代表之能力並無可以具體確認之關連，若必欲以學歷為認定參與資格之一種標準，立法者則有義務在學歷以外，另設足以認定是否具有擔任中央民意代表之一般性標準，亦不妨委由考試機關以考試認定之。例如對不具取得候選人資格之學歷者，舉辦各項公職候選人特考，此種考試應專為過濾各種公職候選人之資格而設，其內容自係衡量應考者有無擔任各該公職之能力，而應排除與善盡各該公職無邏輯上關連之考試項目，以符合憲法第七條平等權、第十八條服公職權、第一百三十條被選舉權之規定與第二十三條之限制規定。目前選罷法僅以曾任地方民意代表做為補充認定標準，然無高中同等學歷，亦無地方議會資歷者，何以即不能具有擔任中央民意代表人員之能力？顯無正當理由，自非合憲之立法。爰請
大院迅予解釋系爭法令違憲，以伸人權，以符法治。

　　此　　致
司法院

聲請人：劉　　俠

代理人：理律法律事務所

陳長文　律師

李念祖　律師

范　鮫　律師

補充理由書（三）

聲請人：劉　俠
代理人：理律法律事務所
　　　　陳長文　律師
　　　　李念祖　律師
　　　　范　鮫　律師

　　為聲請人劉俠聲請解釋臺灣高等法院七十九年度上國易字第四號及臺灣臺北地方法院七十九年度國字第八號民事確定判決所適用違憲法規之結果，牴觸憲法案，補呈理由如下：

　　聲請人前於聲請書及補充理由書中㈠、㈡，已詳列選罷法第三十二條第一項第一款規定違憲之理由。復查民主先進國家中之美國、日本及德國，對其民意代表之選舉，均未如選罷法前揭條款，就候選人之學經歷設限。以日本之公職選舉法為例，該法第十條及第十一條，僅規定候選人之最低年齡，及限制若干受禁治產宣告，或刑罰宣告之公民之被選舉權，對候選人之學經歷，則未設有任何限制（詳附件一）。

　　美、日、德三國雖未就民意代表候選人之學、經歷設有限制，但此三國施行民主政治之成果，及其民意代表問政之品質，舉世有目共睹。反觀我國雖就民意代表之學經歷設有過高標準限制，但民意代表問政之品質，顯然未必較美、日、德三國為勝，足見限制候選人之學經歷，與確保民意代表問政品質之目標，確無必然或合理之關係。

　　或謂以今日我國議會實況，若　大院宣告選罷法前揭條款違憲，則民意代表之問政品質恐將更形低落。惟民意代表之學經歷與其問政品質，並無必然之關係，而民意代表之品質高低，本由選票決定，選民如認定此二者之間有密切關係，自會選出高學歷之候選人，亦即此一決定應由選民為之，而不應由行政機關及立法機關武斷地為此認定。除非吾人否定選民之智慧及作理性判斷之能力，則毫無理由違反民主政治之基本理念，將教育

程度相對較低之絕大多數公民排除於問政管道之外。

頃值選罷法即將修正， 大院為憲法之守護者，若能本諸憲法保障人民自由權利之原則，依法論法，宣告選罷法前揭條款違憲，以憲法之規定為現實政治樹立正確導引，不但有助於我國民主政治長遠之發展，亦必有助於建立司法之威信。爰請

大院迅予解釋系爭法令違憲，以伸人權，以符法治。

此 致

司法院

聲請人： 劉　俠

代理人： 理律法律事務所

陳長文　律師

李念祖　律師

范　鮫　律師

補充理由書（四）

聲請人： 劉　俠

代理人： 理律法律事務所

陳長文　律師

李念祖　律師

范　鮫　律師

為聲請人劉俠聲請解釋臺灣高等法院七十九年度上國易字第四號及臺灣臺北地方法院七十九年度國字第八號民事確定判決所適用違憲法規之結果，牴觸憲法案，補呈理由如下：

對照憲法第一百三十四條及第一百三十五條對婦女及少數民族設保障名額之規定，益證選罷法第三十二條第一款之學經歷限制違反憲法。

按憲法第一百三十四條及第一百三十五條對婦女及少數民族保障名額

之設立，本為憲法保障平等權之例外規定。惟為打破已形成之不平等，扶持社會上之弱勢團體，故制憲者認為有必要藉本質上不平等之保障名額，以追求達成平等之終極目標。

　　反觀選罷法第三十二條第一款之學經歷限制，實質上排除非知識分子之被選舉權，無異對知識分子設有百分之百之保障名額，使得僅佔年滿二十五歲以上公民人口總數不到三分之一之知識分子，竟在過濾候選人這一關上，即獨佔百分之百之保障名額。按知識分子在選舉中，憑藉其學識條件，佔有優勢地位，既非弱勢，即根本不需要保障名額特予保護。而殘障同胞等知識水平較低之公民，則處於競爭上之劣勢。衡諸憲法設置婦女及少數民族保障名額之原意，乃藉此不平等之手段以追求真平等，則殘障同胞等知識水平較低之公民，適為保障名額所應保護及適用之對象。茲選罷法前揭條文不僅未特別保護此弱勢團體之參政權，反而藉由學經歷之限制授于知識分子百分之百之保障名額，違反憲法平等原則，至為明顯。

　　選罷法第三十二條規定候選人學歷限制之目的若係在限制非知識分子不得參與選舉，登記為被選舉人，則此種規範亦不應適用於聲請人，蓋聲請人以「杏林子」為筆名，曾有下列著作：

　　宣道出版社出版之《山水大地》；

　　宣道出版社出版之《杏林小語》；

　　宣道出版社出版之《種種情懷》；

　　宣道出版社出版之《杏林子作品精選》；

　　九歌文庫出版之《行到水窮處》；

　　九歌文庫出版之《感謝玫瑰有刺》；

　　九歌文庫出版之《杏林小記》；

　　九歌文庫出版之《重入紅塵》；

　　九歌文庫出版之《另一種愛情》；

　　內政部警政署編印之《誰之過》；

　　星光出版社之《我們》、《生之歌》、《生之頌》；

　　中國主日學協會出版之《喜樂年年》、《北極第一家》；

各種劇本五十餘種。

其中聲請人於前揭《另一種愛情》一書中以過來人之身分激勵殘障同胞，並提供諸多實際有效之方式，以幫助殘障同胞堅強挺立。該著作榮獲得中華民國第八屆國家文藝獎。此外，聲請人並因文藝上之傑出表現榮獲中華民國第八屆十大傑出女青年。觀諸聲請人著作之數量及該等著作所受各界之肯定，足見聲請人確屬知識分子，且當之無愧。甚而聲請人之作為及對殘胞之貢獻應可謂遠勝於一般徒具文憑之知識分子。若欲強將聲請人與一般知識分子加以區別，則僅在於聲請人係經由「自修自學」而欠缺文憑裝飾之知識分子而已。因此，法律誠無理由基於是否具有高中學歷，限制聲請人出馬競選中央民意代表，以代弱勢之殘障同胞於國會中發言之機會。

綜上說明，聲請人既屬知識分子，則選罷法第三十二條第一款之立法原意若在限制非知識分子不得參與民意代表之選舉，無論此種限制是否合於比例原則，則該規定對聲請人而言，均不能達到限制之目的。按選罷法前揭條文適用於聲請人之結果，導致如聲請人之知識分子反被排除於合格候選人之外，明顯違反法條之立法原意，並牴觸憲法對人民，尤其是知識分子之平等權利、服公職權利及被選舉權利之保障。縱　大院認定選罷法前揭條文並未違憲，則亦請宣告選罷法前揭條文不能合憲地適用於本案。

就　大院是否能作成選罷法第三十二條對候選人學歷限制之規定雖未違憲，但適用於聲請人之案件則與憲法牴觸之解釋，釋字第二四二號解釋雖有所質疑之不同意見，認為就法律適用於具體個案是否違憲加以審查，已逾越　大院解釋憲法之權限。惟　大院於釋字第二四二號解釋中既明文宣示修正前民法第九九二條規定與憲法並無牴觸，然又宣告最高法院撤銷該案聲請人鄧元貞氏婚姻之確定判決違憲，足證　大院已有具體審查法律適用於個案是否違憲之先例，即請　大院援此先例，以保障聲請人之合憲權利。

就選罷法對候選人學經歷之限制應否刪除一節，於甫通過之選罷法修正案審議過程中，曾引起各界廣泛之討論。在野黨固主張應予刪除，執政黨立

法院黨團亦體察該等限制不合民主憲政基本原則之處，並未堅持是否維持原來之限制（附件七）。惟因審議之時間有限，匆促之間，未能順利將該項限制刪除。然朝野之間顯已無大歧見。

　　大院若能迅速本諸憲法之規定，以司法彌補立法之不足，宣告選罷法前揭條款違憲，將可使聲請人，及其他與聲請人遭遇相似之公民，有機會參與今年年底之選舉，行使憲法所保障之參政權。爰請
大院依前例宣告選罷法前揭條文適用於聲請人之個案違憲，以彰法治。

　　此　致
司法院

　　附件七：剪報乙件

聲請人：劉　俠
代理人：理律法律事務所
　　　　陳長文　律師
　　　　李念祖　律師
　　　　范　鮫　律師

補充理由書（五）

聲請人：劉　俠
代理人：理律法律事務所
　　　　陳長文　律師
　　　　李念祖　律師
　　　　范　鮫　律師

　　為聲請人劉俠聲請解釋臺灣高等法院七十九年度上國易字第四號及臺灣臺北地方法院七十九年度國字第八號民事確定判決所適用違憲法規之結果，牴觸憲法案，補呈理由如下：

　　選罷法第三十二條第一項第一款規定之學經歷限制係對於殘障者之變

質歧視規定，使得殘障者成為政治上之次等階級，違反憲法第七條規定：
「中華民國人民無分男女、種族、階級在法律上一律平等」所揭示之基本
原則。按憲法第七條之規定在於要求立法者不得以性別、血緣、階級等非
關個人後天努力所得改變之因素為標準，在法律上為差別性歧視待遇。肢
體殘障不論係個人先天承襲或後天發生，均為個人所不願且無法改變之不
爭事實，依據憲法第七條之規定，立法者自不得以殘障與否為分類標準，
對殘障者及非殘障者為不同之規範，致侵及殘障者之權利。是故，若選罷
法明文規定肢體殘障者不得擔任中央民意代表，其違背憲法之規定，自不
待言。進而言之，縱立法者所通過之法律並未明文以殘障與否為分類標準，
但若其所採行之其他標準適用之結果，實質上造成歧視殘障者之結果，致
使殘障者整個團體淪為政治上受到歧視之階級，自亦不能見容於憲法保障
平等原則之規定。本案中，選罷法前揭條文雖係以學經歷為篩選中央民意
代表候選人之標準，但實際適用之結果，卻導致絕大部份之殘障者被剝奪
擔任中央民意代表之權利。此種結果上之歧視，與前述分類上的歧視，均
為憲法第七條所欲根除之不平等，此所以系爭選罷法規定違反憲法第七條
規定之一項重要理由。

　　因選罷法前揭條款而被排除於參政管道之外之三分之二以上公民，其
縱有意經由民主管道廢除前揭學經歷限制，亦將因此等公民無法具備立法
委員候選人資格而根本無從藉選舉參政，並於當選後廢除此等限制。而若
欲間接透過在位之立法委員廢除此等限制，則可能因在位者本身都符合選
罷法前揭條款之規定，對前揭條款所以違憲之理由及其違憲之實害，並無
切身之痛，故難堅持到底。此觀本次選罷法之修正過程，即可得到印證。
社會上為數可觀之殘障人口現因不合憲之制度難以選出殘障人士出任民意
代表，充分表達切身感受之殘障人口之需要與心聲，並將之反映於立法之
中，此為民主政治制度對於殘障人士應享權益一種極不合理之限制，使得
殘障人士事實上成為政治次等階級，不能認為合於憲法第七條之規定。

　　選罷法第三十二條第一款及檢覈規則第四條不合於憲法第二十三條比
例原則之理由，聲請人業已於聲請書及補充理由中詳予論述。或謂聲請人

雖不具高級中學以上學歷，但仍不妨依該條款，以普通考試以上考試及格或曾任省（市）議員以上公職一任以上之二種資格，擇一檢覈取得立法委員候選人資格者。惟查歷年公務人員高等暨普通考試應考須知均明文規定應考人於筆試成績及格後，應依公務人員考試體格檢查標準辦理體檢，不合格者，不予訓練。而應考須知於報名要點中規定高等暨普通考試筆試及格人員應經訓練，時間均定為一年。未能參加訓練者，因未完成考試程序，不發給考試及格證書。而依公務人員考試體格檢查標準檢查後，如發現應考人有嚴重畸形、不治之肌腱、骨骼異常及關節之慢性疾病，其程度深重，或其他嚴重疾患不易治癒或殘廢等情形致不能工作者，為體檢不合格（詳附件一）。準此，依照我國公務人員高普考應考規定，如聲請人之殘障人士，縱使努力自修，取得檢定資格，參加高普考，並順利通過筆試，然因體檢不合格，仍無法取得考試及格證書，不符合檢覈規則第十五條第二款規定「以考試及格資格申請檢覈者，應提出考試及格證書」之規定。此亦足證如聲請人等之殘障同胞，每有難以藉高普考及格資格檢覈之虞。

　　按高普考之目的本在為國家選取優秀之公務人員，以執行公務，故縱設就其體格所加設之限制可有合憲之理由者，此種體格限制亦不應當然適用於立法委員等中央民意代表之資格限制。蓋民意代表之職能在表達民意，並無要求民意代表均須四肢健全，體格強健之必要。茲者有關立法以行政人員之考試標準適用於民意代表之資格核定，馬嘴驢唇，難謂符合比例原則中手段應與目的配合之要求。

　　或謂聲請人雖無學歷，但尚可以曾任省（市）議員以上公職一任以上之資格申請檢覈，故是等規定並不違憲者。惟依選罷法第三十二條第三款之規定，聲請人若有意先角逐省（市）議員，仍須先有高級中學以上學歷，普考以上資格或曾任縣（市）議員以上公職一任以上。前二條途徑之不可行，已如前述，而就最後一條途徑，聲請人仍需先具備檢覈取得縣（市）議員候選人之學歷。況依選罷法第三十二條第一項第一款後段之規定，不具高中學歷或普考及格資格而欲具備立法委員候選人資格之人士，則必須曾擔任省（市）議員以上公職一任以上。由此可推知選罷法係認定高中三

年所修習之科目（如國文、數學、歷史、地理、物理、化學）足以比擬於地方議會問政四年之實戰經歷，此實將立法者文憑主義至上之心態表露無遺。以七十八年增額立委當選人張志民先生為例，其最高學歷為國立藝專肄業，未通過高、普考，亦未曾擔任過省（市）議員，且無其他從政經驗（附件二），然其首次從政即當選，足證於選民之心中，學歷與擔任立法委員之適格間並無等號之關係。但由選罷法第三十二條第一項第一款之觀點而言，顯係認為國立藝專肄業之學歷資格與擔任臺北市議員一任四年之經歷等量齊觀，誠不知立法者之標準何在？依據何在？而聲請人如欲經由民主選舉以在中央議會中爭取殘障人士福利，竟不能如有學歷之參選人直接參與，而須攀越重重難關，適足以顯示此等規定所為差別待遇全無合理基礎，自不能見容於保障平等權之憲法。

自選罷法公布施行後，就「民意代表有無必要限制學歷」一問題，學者專家迭有議論，多主張選罷法對候選人學歷之限制規定，不但違反憲法第一百二十九條選舉之普通平等原則，侵犯人民之參政權，亦不符憲法第二條「主權在民」之原則，按憲法第一百二十九條規定選舉權之普通原則，乃指所有國民皆有選舉其代表之權以及所有國民皆有被選舉為代表之權，此一意義恰符合基本人權主動性質之精神（詳附件三）。普通原則之真義，即在禁止立法者以政治、經濟或社會理由，利用種族、性別、財產、教育等標準來排除某些人或某些團體行使選舉權與被選舉權，是故憲法第一百二十九條普通原則之規定，實際上也是進一步確保憲法第七條之平等原則落實於參政權之享有（詳附件四）。聲請人於聲請書及補充理由書中，迭已詳述選罷法第三十二條第一項第一款對人民服公職之權利及被選舉之權利之限制，並不符合憲法第二十三條之「比例原則」，此等限制從民意代表之功能考量，亦有違憲法第一百二十九條之普通原則，畢竟民意代表是代表民意，並不代表文憑；人民所需要的是有能力的代表，不是文憑。蓋民主政治目的在追求公意，而未必是追求真理，機會的平等、人格的平等方為民主基本要求。

聲請人自幼患疾，在受學校教育極其不便之大環境中，在家自修自學，

其渴望求知之心態較一般健康常人更為懇切。聲請人多年來在文藝及社會公益活動上之各種表現復深獲各界之肯定，對社會之貢獻與關懷絕不輸於許多徒具文憑之人。盧梭曾主張「國家主體在於全國人民，無論何人，所有國民皆有參與選舉和立法不可割讓之權」。民主國家於立法時均將此一精神奉為圭臬，綜觀美、英、德、日等民主國家選舉法均無學歷之限制，即可知之。反觀我國立法者卻基於文憑主義以剝奪低學歷者平等之參政權為尚，實為我國推行民主政治之一大障礙，亦為憲法自第一條以降建立民主政治之各條文實質精神之重大違反。

按選罷法第三十二條第一款之立法本意，固在確保立法委員候選人之素質，以直接提高其問政品質。惟上開條文制定於民國六十九年，其時九年國民義務教育已實施十年有成，國民教育水準顯著提高，應係不爭之事實。然為立法者所忽略者，係國民教育水準之提高，主要受惠者為今日年齡在三、四十歲以下之國民。至於如聲請人出生於民國三十年代，甚或更早以前之國民，因戰亂播遷及經濟、社會、政治種種因素，能接受正式教育已屬不易，更何況是取得高級中學之學歷？選罷法之立法者於立法之時，僅著眼於現時之教育條件，卻忽視在此之前數十年因政治、社會、經濟背景所造成之龐大失學人口，致使所通過之法文竟剝奪三分之二以上公民之被選舉權，所欲追求之目的與限制人權之程度不成比例，自不能認為此一立法可以通過憲法第二十三條比例原則之檢證。

我國國會問政品質有待提昇，但絕非藉限制立法委員候選人之學歷即能獲得改善。具體可行之步驟，應從改善國會各種制度著手，如專業助理制度的建立，以及選民與輿論的監督等方面加以改善（附件五）。必欲限制候選人資格，以確保立法委員之素質，則可對候選人進行資格考試，而非機械式地以文憑之有無為基準（附件六）。按中山先生曾在〈中華民國建設之基礎〉一文中提及：「為人民之代表與人民之委託者，不僅須選舉，尤須經考試。可期為國家得適當之人才，此為庶政清明之本也」，而建國大綱第十五條亦規定：「凡候選及任命官員，無論中央與地方，皆須經中央考試銓定資格乃可」。而以考試決定民意代表候選人之資格時，考試科目則應反映

民意代表問政之實際需求，故若將憲法、自治法規、議事規則等設為應考科目，即屬合理，至於高中課程如物理、化學等一般科目等，不能認為為民意代表問政之必備知識，系爭選罷法規定縱屬為提昇立法品質之目的而設立者，惟其手段顯非達成目的所必要者，故不能認為符合憲法第二十三條「必要」之規定。

選舉是民主政治之基礎，各階層之國民均有權利以投票方式表達其政治主張，選舉其屬意之民意代表，而無須由立法者越俎代庖，代為決定誰更適合代表其表達政治主張。選罷法前揭規定雖並列三種資格以做為篩選立法委員候選人之標準，惟此三種資格中，明顯係以學歷為首要條件，而檢覈申請人所繳交以證明其學歷之文件，不外是高中以上之畢業證書。有一紙高中文憑之人，即有資格擔任立法委員候選人，而無此文憑者，則被剝奪於立法院問政之機會。若謂一紙高中文憑能證明個人之能力、智慧與品德操守，實為昧於事實，欺人之談。任何人憑常識即可判斷高中文憑與個人之能力、智慧與品德操守並無必然之關聯。然而選罷法前揭條文之立法者卻迷信文憑主義，只著眼於形式上之一紙證書，而不顧實質內容，即以文憑之有無做為篩選立法委員候選人之主要標準。結果致使我國年滿二十三歲但無高中文憑、佔全國三分之二以上之公民由於文憑之限制而被剝奪參選資格，適充分顯露我國立法者「文憑主義」超越民主政治基本原則之心態。揚棄文憑主義，本應為我國教育上之重要政策，惟選罷法前揭規定，卻將文憑主義賦予法律之地位，更加強人民文憑至上之觀念，此種根據文憑限制參政權之法律，完全違背民主憲政之基本原則。蓋一個人問政能力之良窳、素質之高低與其有無文憑並無必然關係，愛迪生小學未竟，卻發明電燈而改變了世界；英國現任首相梅傑之成功亦絕非憑藉其高中學歷；而著名天生盲、聾、啞三重障礙的海倫凱勒，在完全無法接受正規教育的情況下，經其家庭教師悉心啟蒙和自身超凡之意志力，不斷自勵、摸索、學習，以觸摸聲帶之方式學習發音、識字、習琴；能寫詩、創作，而後將其較常人更深刻體認之人生及自身殘障奮鬥不懈的學習過程寫下砥勵鼓舞無數殘胞的自傳和美好的篇章。法國之盧梭、美國之林肯、富蘭克林

等傑出之思想家、政治家、科學家皆僅小學肄業，而靠自學成功。其人雖無文憑裝飾，但卻無人能否定其智慧及對人類之貢獻（詳附件七、八）。彼等所成就之事業與有無學歷毫無關聯。我國近代亦有無數雖無高學歷但有傑出自修表現，受各界肯定之人士，茲舉數例如左（詳附件九）：

1. 王雲五先生：生於民國前二十五年，十一歲始就學，不久輟學充學徒以謀生。然，先生為吾國苦學成名有數人物之一，發明四角號碼，創作中外圖書統一分類法，且完成東方圖書館藏書五千餘冊之新式編目。先生並曾任國大代表，任內所遺紀述，成為我國憲政史之重要史科，為眾所週知無文憑而成為傑出民意代表之例證。

2. 唐榮先生：民國前三十一年生，十歲入私塾，十三歲以家貧輟學，服傭於顏料店，其後經營廢鐵，往來日臺間，參觀日人各大工廠，洞悉利用廢鐵發展重工業之效果，返臺即於民國二十九年獨資創設唐榮鐵工廠於高雄市。而於事業發達後，濟困扶危，深具熱忱，凡社會公益救濟事業乃率先倡導，盡力捐獻，雖無學歷，仍有非凡之成就。

3. 張拓蕪先生：民國十七年生，幼年因家境關係，僅讀小學四年，私塾一年半，來臺後，乃發奮自修，勵志向上，以沈甸等筆名發表詩作，曾獲數十種文藝獎項，六十二年退役中風殘廢，仍創作不輟，其以一小學未曾畢業，不具任何學歷之人，而其寫作「代馬三書」銷售三十餘版，讀者遍世。而最可貴為其憑半殘之身軀，無半點文憑卻依然成就不凡。

4. 陳茂榜先生：民國三年三月生，十五歲小學畢業，因家境清寒輟學。二十四歲時以一百元儲蓄作資本，創設東正堂電器行，數十年後成為現代的聲寶公司。陳氏幼年失學，深知學問重要，每日讀書二小時以上，數十年從未間斷，並設立基金會獎助清寒學生，並有多本著作，六十五年獲美聖若望大學頒授名譽商學博士，校長凱希爾博士曾作如下讚語：「在東方傑出的工業領導中，未曾受過正式教育訓練，而能赤手空拳創造並發展良好組織制度的現代化企業者，陳茂榜先生乃是最卓越的例證」，足以說明陳氏的輝煌成就。

5.孔德成先生：生於民國九年，幼入家塾，二十七年隨政府遷居重慶，閉門治學，專心三禮，尤重於儀禮一書，勝利還都，雖無文憑學歷，仍被選為制憲國民大會代表，旋被選為參政會參政員，現任考試院院長。

6.王永慶先生：生於民國六年，自幼家貧，小學畢業而已。刻苦自勵，歷經開米店、經營木材，並不斷自修，現任台塑關係企業及多家企業之董事長，所營企業之規模為臺灣地區之冠，於臺灣經濟發展上有極其重要之地位。

7.王永在先生：生於民國十一年，初中畢業，即在家自修，現任台塑關係企業總經理及其他企業高階領導，於推動臺灣經濟建設，不遺餘力。

　　凡此例證，均可見一個人學歷高低與能力良窳並無關聯，茲立法者以文憑為選舉設限，則上述諸先生，其尚健在者，均無擔任中央民意代表問政之機會，時光倒流，王雲五先生與孔德成先生亦將不能擔任中央民意代表有所貢獻於憲政，此豈符憲法鼓勵參政之本旨？民主政治既係民意政治，則人民所選舉出來之代議士理應涵蓋各種階層、各種人才。然選罷法第三十二條第一項第一款之規定，限制全國年滿二十三歲三分之二以上公民參政的權利，不僅違背民主政治之精神，亦將埋沒全國許多有能力擔任中央民意代表為民服務，貢獻社會的人士，不啻是社會人力資源之浪費，民主政治之損失。

　　懇請　大院迅速本諸憲法之規定，宣告選罷法系爭條款違憲，以使聲請人及其他與聲請人遭遇相似之公民能於本年十一月中旬第二屆國民大會代表候選人登記時期截止前取得資格，參與今年年底之第二屆國民大會代表選舉。若　大院考量年底選舉作業恐將配合不及，亦請　大院於解釋中明定修法猶豫期間，限期由立法機關配合修法，俾聲請人得參與明年立法委員選舉，行使憲法所保障之參政權。

　　此　致

司法院

聲請人：劉　俠
代理人：理律法律事務所
　　　　陳長文　律師
　　　　李念祖　律師
　　　　范　鮫　律師

補充理由書（六）

聲請人：劉　俠
代理人：理律法律事務所
　　　　陳長文　律師
　　　　李念祖　律師
　　　　范　鮫　律師

　　為聲請人劉俠聲請解釋臺灣高等法院七十九年度上國易字第四號及臺灣臺北地方法院七十九年度國字第八號民事確定判決所適用違憲法規之結果，牴觸憲法案，補呈理由如下：

　　選罷法第三十二條第一款及檢覈規則第四條不合於憲法第二十三條比例原則及其適用結果違反憲法第七條之理由，聲請人業已於聲請書及補充理由書㈠—㈤中詳予論述。於茲所應補充陳述理由，厥為國民之教育權、參政權均為我國憲法明文保障之基本權利，殘障者和一般國民理應一體享有，不能有所差別，惟前揭法規適用之結果，不僅剝奪三分之二以上公民之被選舉權，而在此三分之二受剝奪被選舉權之人口中，殘障者復因環境障礙（就學機會受限制、交通問題、學費負擔等因素），最可能受限制及歧視，此自行政院研究發展考核委員會編印之「我國殘障福利法執行成效之評估」一書記載，對各特殊教育機構調查結果顯示，屆學齡殘障者的就學問題與師資問題均亟待謀求解決。其中包括機構數量不足、附設特殊班之設置困難、專業人員不足及素質偏低等問題（詳附件一）。而殘障福利機構對屆學齡殘障者之就學安置，均存有設殘障特殊教育班聘請合格老師不易，

而由非合格老師任教之情形（附件二），足見我國殘障者因相關法令制度之未臻健全，無法落實殘障福利、發揮法令功能，復因殘障福利機構數量不敷所需及各機構財務來源不穩，專業人員素質未達標準，致影響殘障者之就學、就業、就醫等權益。諸如此類實質上之限制，已然形成殘障者為弱勢團體之無法享有平等接受教育之環境限制。此外，依統計資料顯示，臺灣地區於七十七年之殘障人口數為一四三、四七三人（附件三），惟據政府有關單位及各殘障機構最保守之估計，目前至少有六十萬至一百萬之殘障人口（附件四），而依同時期之調查，其中受高中以上教育者，僅一百四十人（附件五），足見殘障者之就學比例僅為百分之零點一四，茲復以選罷法設定學歷限制，致形成其參政權利之雙重障礙，無異雪上加霜；此等限制之結果，使得殘障人士難以藉諸選舉參政，其參政權幾乎形同虛設，系爭法律所設學歷限制規定，顯與憲法所保障之平等權有違。

　　按憲法第一百二十九條規定選舉權之普通原則，乃指所有國民皆有選舉其代表之權及皆有被選舉為代表之權，是立法者自不能以政治、經濟、種族、性別、教育或任何理由，限制人民行使選舉權或被選舉權。聲請人於前呈書狀，引據說明選罷法第三十二條第一款之施行，致使我國年滿二十三歲而無高中文憑，約佔全國人口三分之二以上之公民因文憑限制而被剝奪被選舉人資格之結果。全國人口既僅不足三分之一之人口享有被選舉權，則人民於選擇民意代表時，僅得就此三分之一之參政人口為選擇，是人民之選舉權自亦相對嚴重受到限制，設定此等限制之系爭法規無異以不符合憲法第二十三條規定之方式限制憲法第十七條保障之選舉權。亦即系爭法規同時違悖憲法第七條、第十七條、第二十二條、第二十三條、第一百二十九條、第一百三十條之規定。茲者第二屆立法委員選舉將於本年年底舉行，本案距聲請提出，已逾半年，為使聲請人得能及時行使憲法上參與選舉之權利，爰請

大院迅速宣告系爭條文違憲，以彰憲法之治。

　　此　致

司法院

附件一：《我國殘障福利法執行成效之評估》一書提要第四頁。

附件二：前揭書第一二二至一二三頁。

附件三：臺灣地區歷年殘障人口與總人口數之比較表。

附件四：伊甸殘障基金會刊物簡本。

附件五：殘障者就學人數統計表。

聲請人：劉　俠

代理人：理律法律事務所

陳長文　律師

李念祖　律師

范　鮫　律師

三、釋字第二九〇號解釋摘要（12：2 通過）

本件解釋十四位大法官一致認為，動員戡亂時期公職人員選舉罷免法第三十二條有關各級民意代表候選人學、經歷之限制，與憲法尚無牴觸。

多數意見認為依據憲法第一百三十條之規定，對被選舉權之具體行使，於合理範圍內，並非完全不得訂定條件，選罷法第三十二條有關學經歷之限制，雖與其他國家不同，但為提昇各級民意代表機關議事功能及問政品質，尚難謂與憲法有所牴觸；由鄭健才大法官及楊日然大法官所提出之「理由一部不同意見書」則認為，憲法第一百三十條所謂「法律別有規定」乃係指被選舉人應具備之「消極資格」（例如：未被宣告褫奪公權）言，並不包括學經歷等積極限制之情況。故本案僅能以國家選民品質未臻成熟，「在憲政成長過程中，無法避免此種限制」為由，認定前揭學經歷限制規定合憲。

此外，由於本案乃針對行政機關不予檢覈之行政處分，經由國家賠償訴訟，民事法院確定終局判決而提起之釋憲案件，在相關程序上頗為特殊，故大法官在解釋文中，特別針對受理本案之原因，作出旁論式之說明，認

為:「人民對於行政處分有所不服,應循訴願及行政訴訟程序請求救濟。惟現行國家賠償法對於涉及前提要件之行政處分是否違法,其判斷應否先經行政訴訟程序,未設明文,致民事判決有就行政處分之違法性併為判斷者,本件既經民事確定終局判決,故仍予受理解釋」。

四、評 釋

關於本案值得注意之處,可分程序及實體加以說明:

㈠就本案之程序部分而言

本案在程序方面共有以下兩項值得注意之處。

首先臺灣高等法院就本案所作成之七十九年度上國易字第四號判決,判決理由中針對原告(劉俠女士)所主張關於選罷法候選人學經歷限制違憲一點,認為該規定「雖形式上設有資格限制,實則對於有參政意願並具一般理解及記憶力而肯努力進修之人,等於毫無限制,上訴人主張該項限制與比例原則不符而與憲法第二十三條牴觸,應屬無效云云,顯非正確」(參前揭判決理由二、之部分)。自臺灣高等法院前引判決理由觀之,該院明顯的係直接援引憲法條文,進行「法律違憲審查」之工作——至少係針對法律是否合憲,進行「合憲審查」。雖然臺灣高等法院審查之結果及其說理並不令人滿意,但純就此一普通法院進行法律違憲審查之例而言,臺灣高等法院在本案中所表現出對憲法之尊重,實有一定之意義,亦值得其他法院加以學習。

其次,本案程序上另一值得思考者,乃劉俠女士對於考選部拒絕檢覈之處分,係提起國家賠償訴訟,請求法院判命考選部「回復原狀」,亦即命考選部為同意劉俠女士檢覈之決定,而非採行一般對於行政處分不服之行政爭訟救濟方式。

聲請人此一程序的選擇或許係因當時我國行政爭訟法制尚未健全(僅有撤銷訴訟一種訴訟類型),故縱然決定採取傳統行政爭訟途徑且最終獲得

勝訴，亦僅能獲得「撤銷原處分」（即撤銷考選部不同意劉俠女士檢覈之處分）之結果，劉俠女士並非馬上能夠取得參選資格之故。

聲請人上述選擇，就聲請解釋憲法的程序要件言，實值得加以注意。依照當時司法院大法官會議法第四條第一項第二款之規定，人民於其憲法上所保障之權利，遭受不法侵害，經依法定程序提起訴訟，對於確定終局裁判所適用之法律或命令，發生有牴觸憲法之疑義者，即得聲請解釋憲法。本案聲請人係對三審確定終局裁判所適用之法令提出解釋，並無疑義。然所謂依「法定程序提起訴訟」之要件，在本案中則受到大法官之關注。

在本案發生之時，雖然我國法上並未有任何要求對於行政處分之違法、不當，僅能依據行政爭訟程序解決（此即行政法上所謂「第一次權利救濟優先」之原則）之規定，然行政法學界中卻不乏主張國家賠償法所謂之「回復原狀」，僅於受損害者為「代替物」之情形方得為之，若係以撤銷原處分或命為一定處分之方式回復原狀，則僅能依行政爭訟程序救濟。故本案大法官最後以當時並無任何法令要求對於行政處分違法必須採取行政爭訟程序，且本案已經民事法院就實體問題為確定終局裁判，決定受理本案，對保障本件聲請人聲請憲法解釋之權利言，實有其特殊正面之意義。

惟跳脫本件解釋發生時之法令及事實討論此一問題，則若當時民事法院三審均以前揭案件為公法事件，自程序上駁回聲請人國家賠償之訴，則大法官是否仍會受理該案？又新行政訴訟法（民國八十九年七月正式施行）第十二條明文規定，「民事或刑事訴訟之裁判，以行政處分是否無效或違法為據者，應依行政爭訟程序確定之。前項行政爭訟程序已經開始者，於其程序確定前，民事或刑事法院應停止其審判程序」，嗣後若再出現與本案相同之情形，司法院大法官是否仍會維持其在釋字第二九○號解釋之見解？相關問題，牽涉人民訴訟權利（包括聲請解釋憲法之權利）甚劇，實值得日後欲聲請解釋憲法之當事人加以注意。

㈡就本案之實體部分而言

關於本案實體部分，最值得討論厥為本件解釋的結論——肯定「動員

戡亂時期公職人員選舉罷免法」第三十二條有關民意代表候選人學經歷限制合憲性之問題。

　　從本案發生開始，有關民意代表候選人學經歷的限制規定，即引起社會各界廣大的迴響，這不但是因為本案的當事人——劉俠女士，一位因身體障礙而僅具國小學歷的著名作家及「國家文藝獎」、「十大傑出女青年」得主，竟無法參選立法委員，更深刻的表現出社會對於前揭學經歷限制目的之根本懷疑。

　　有關候選人學經歷之限制毫無疑問的構成了對人民參政權（被選舉權）的限制，從而相關規定應接受憲法第二十三條的嚴格檢驗。然而，如同聲請人於本件聲請書所詳列的理由，有關候選人學經歷的限制，不但與立法者或釋憲者所宣稱的「提昇民意機關之議事功能及問政品質」無關；僵硬的以高中學歷或普考及格作為問政品質的唯一判斷標準，亦顯然欠缺周全的考慮，且不符侵害最小之「必要原則」。尤其本案之聲請人，不但已是公認的著名作家，亦得到政府及民間的種種肯定，其僅因形式上欠缺高中學歷，而無法參選，更凸顯問題之癥結所在。

　　其次，就憲法第七條之平等原則而言，單就形式平等之角度觀察，以學歷作為可否參政之標準，已無異形成社會「知識階級」與「非知識階級」之二分，違反憲法第七條「不分階級」一律平等之規定；復就實質平等而言，為彌補殘障人士在就學、就業上遭受之先天及後天（社會制度）的不平等待遇，吾人實應給予特別的照顧，以彌補殘障人士在社會各方面的弱勢地位。是以在有關學經歷的認定上，一律以高中或普考及格作為判斷標準，忽略了社會上殘障族群就學或參與考試的實質困難，恐怕亦明顯與實質平等相違。

　　再其次，本件解釋尚存有一項值得注意的問題，即不論是選罷法草案之提出者——行政院；法案之審議者——立法院；甚或是司法解釋者——大法官，縱認為學經歷的限制有其必要，但對於選擇高中學歷作為認定標準之原因卻始終未提出令人信服之說理。其實，在立法裁量的理論上，選擇裁量標準之原因實應加以特別注意，不論是基於實證之研究或其他理論

依據，均應有明確之交代，否則即為立法權力的濫用或立法恣意。然而選罷法學經歷限制規定選擇高中學歷作為標準，卻未見任何理由說明，大法官對此種立法恣意之行為亦未加以控制、批評，若對照國外立法、司法實務，則更顯我國立法品質之粗糙及大法官未盡把關責任之不當。

最後，本件解釋公布數月後，憲法增修條文中即增列了「國家對於身心障礙者之保險與就醫、無障礙環境之建構、教育訓練與就業輔導及生活維護與救助，應予保障，並扶助其自立與發展」之規定，明確宣示國家對於殘障者扶助之義務。然可惜的是，聲請人因憲法增修、法律環境改變而提出之重為解釋聲請，大法官仍決定不受理（參見本案後續發展之說明）。

雖然本案最後的結果並未令人滿意，劉俠女士亦因而無法順利參選。但透過本案的提起及各界的持續呼籲、努力，終於在民國八十三年時完成公職人員選舉罷免法第三十二條之修正，刪除了有關民意代表學經歷的限制。此後有關民意代表候選人是否適任？及對民意代表問政品質的監督？均回歸由選民決定，而不再以法律獨斷限制。吾人相信此一修訂對於我國民主政治的發展絕對具有積極之意義。

五、本案之後續發展

1.民國八十一年聲請司法院就釋字第二九〇號解釋「重為解釋」：

釋字第二九〇號解釋甫公布未及數月，民國八十一年五月憲法增修時，於增修條文第十八條即增訂：「國家對於殘障者之保險與就醫、教育訓練與就業輔導、生活維護與救濟，應予保障，並扶助其自立與發展」之條款，由憲法宣示國家對於殘障者的保障及扶助義務，使我國殘障者的人權，邁入一個新的里程碑。

聲請人有鑑於憲法修正，法律環境改變，即聲請大法官對釋字第二九〇號重為解釋。聲請重為解釋之主要理由在於：憲法增修條文已明文規定國家對於殘障者應扶助其自立與發展之義務，若選罷法中仍存有對殘障者參政權實質限制之條文（即學經歷限制條款），無異與上述憲法規定相違背

（重為解釋之聲請書，請見附錄一）。

對於本件聲請重為解釋案，司法院大法官認為選罷法候選人學經歷之限制規定，應依釋字第二九〇號解釋之意旨，由立法機關為合理之裁量；本件聲請重為解釋案，相關爭議仍在釋字第二九〇號解釋之範圍內，故不予受理（八十一年九月二十三日（八一）院臺秘二字第〇九九〇四號函）。

2.選罷法有關民意代表學經歷限制之修正：

民國八十三年六月三日修正「公職人員選舉罷免法」第三十二條，將「民意代表」學經歷之限制刪除。

修正理由為：「由於民意代表係屬議會之合議制，所重視的是合議精神，可由各層次、不同學歷、區域、各行各業之代表組成，以顯示民意機關之特色，因此各級民代候選人學經歷之規定，可加以放寬或不予限制。」。

3.目前第四屆立法委員學歷之分佈為：

至八十九年四月底的統計

研究所	大　學	專　科	高中（職）	其　他
92	78	22	28	4

總計 224 位

大專以上學歷者 192 位

資料來源：立法院人事處

六、本案參考資料（依發表、出版先後編排）

1.陳新民，〈一個違憲的制度——從劉俠事件談起〉，《自由時報》四版，民國七十八年九月十六日。

2.王偉芳，〈法律的應歸法律——劉俠學歷問題應由修法解決〉，《現代法律》，第八十六期，頁二一，民國七十八年十月五日。

3.蓋浙生，〈從法理與常情看劉俠參選事件〉，《現代法律》，第八十六期，

頁二〇，民國七十八年十月五日。

4.尤英夫，〈從法理情為劉俠尋找參選之路〉，《現代法律》，第八十六期，頁二〇，民國七十八年十月五日。

5.董保城，〈選罷法對候選人學經歷限制之探討〉，《法律評論》，第五十五卷第十二期，頁二五，民國七十八年十二月一日。

6.〈選罷法有必要限制學歷嗎?〉《自立早報》社論，民國八十年七月三日。

7.伯勳，〈淺論民意代表的資格限制 —— 兼論選罷法第三十二條的違憲性〉，《民眾日報》五版，民國八十年七月八日。

8.〈門檻條款與學經歷限制的商榷〉，《臺灣新生報》社論，民國八十年七月二十一日。

9.傅台成，〈未能選賢舉能 —— 民意政治待考驗〉，《自立早報》七版，民國八十年七月二十二日。

10.高大鵬，〈問政豈在學歷高 —— 也談參選民代的學歷問題〉，《中國時報》三十一版，民國八十年七月二十五日。

11.〈公職候選人學歷的限制與放寬〉，《臺灣新聞報》社論，民國八十一年一月二十六日。

12.李念祖，〈參選學歷限制應即修改〉，《聯合晚報》二版，民國八十一年一月二十七日。

13.〈民代參選的學歷限制〉，《臺灣新生報》社論，民國八十一年一月二十七日。

14.〈從大法官解釋文談選罷法學經歷限制之弊病〉，《中國時報》社論，民國八十一年一月二十八日。

15.陳淞山，〈文憑主義不能剝奪參政權 —— 釋字第二九〇號解釋的意義與檢討（上）（下）〉，《自立晚報》十七版，民國八十一年二月十、十一日。

16.〈滌清封建遺習，刪除學經歷限制! —— 關於選罷法第三十二條〉，《自立早報》社論，民國八十一年六月十一日。

17.湯德宗，〈立法裁量之司法審查的憲法依據——違憲審查正當性理論初探〉，司法院大法官八十九年度學術研討會，民國八十九年九月十六日。

18.李建良，〈論立法裁量之憲法理論基礎〉，司法院大法官八十九年度學術研討會，民國八十九年九月十六日。

七、釋字第二九〇號解釋文及解釋理由書

解釋日期：民國八十一年一月二十四日

資料來源：《司法院公報》第三十四卷第三期，頁一

解 釋 文

中華民國七十八年二月三日修正公布之動員戡亂時期公職人員選舉罷免法（八十年八月二日法律名稱修正為公職人員選舉罷免法）第三十二條第一項有關各級民意代表候選人學、經歷之限制，與憲法尚無牴觸。惟此項學、經歷之限制，應隨國民之教育普及加以檢討，如認為仍有維持之必要，亦宜重視其實質意義，並斟酌就學有實際困難者，而為適當之規定，此當由立法機關為合理之裁量。

人民對於行政處分有所不服，應循訴願及行政訴訟程序請求救濟。惟現行國家賠償法對於涉及前提要件之行政處分是否違法，其判斷應否先經行政訴訟程序，未設明文，致民事判決有就行政處分之違法性併為判斷者，本件既經民事確定終局判決，故仍予受理解釋，併此說明。

理 由 書

憲法第一百三十條規定：「中華民國國民年滿二十歲者，有依法選舉之權；除本憲法及法律別有規定者外，年滿二十三歲者，有依法被選舉之權」，是法律對於被選舉權之具體行使，於合理範圍內，並非完全不得定其條件。中華民國七十八年二月三日修正公布之動員戡亂時期公職人員選舉罷免法（八十年八月二日法律名稱修正為公職人員選舉罷免法）第三十二條第一

項有關各級民意代表候選人學、經歷之限制，雖與其他國家不盡相同，但為提升各級民意代表機關之議事功能及問政品質，衡諸國情，尚難謂其與憲法有所牴觸。惟國民之教育日益普及，選舉人對於候選人選擇之能力相對提高，此項對各級民意代表候選人學、經歷之限制是否仍繼續維持，宜參酌其他民主國家之通例，隨時檢討，如認有繼續維持之必要，亦應重視其實質意義，並斟酌就學有實際困難之人士（例如因身體或其他原因其接受學校教育顯較一般國民有難於克服之障礙者），由立法機關為合理之裁量，而作適當之規定。人民對於行政處分有所不服，應循訴願及行政訴訟程序請求救濟。惟現行國家賠償法對於涉及前提要件之行政處分是否違法，其判斷應否先經行政訴訟程序，未設明文，致民事判決有就行政處分之違法性併為判斷者，本件既經民事確定終局判決，故仍予受理解釋，併此說明。

理由一部不同意見書　　　　　大法官　鄭健才　楊日然

　　本件解釋理由書引用憲法第一百三十條「除本憲法及法律別有規定者外，年滿二十三歲者，有依法被選舉之權」內之「法律」二字，作為認現行法律對於民意代表候選人之學經歷限制為合憲之理由部分，本席認為欠妥，應予刪除。理由如下：

　　一、民意代表之選舉，係基於「選民互選」之平等原則，兼顧「互選」在技術上困難之克服，而由法律定出「候選人」制度。故有選舉權者當然同時有被選舉權，選舉時可以選別人亦可選自己。祇不過自己非「候選人」時，成為不得選自己之例外而已，此謂之「法律限制」。除此之外，不得選自己之原因，亦僅存在於選舉人之年齡限制低於被選舉人之年齡限制之場合。是憲法第一百三十條所稱之「法律別有規定」，顯係指上述情形及選舉人與被選舉人之消極資格而言（如刑法第三十六條褫奪公權發生使選舉權與被選舉權同時喪失之效果）。殊難謂法律另可依此憲法規定而創設候選人之積極資格（如學經歷限制），致與憲法上之平等原則相違。

　　二、我國行憲之初，即遭重大變故。選民品質亦非自始即臻成熟。憲

政建設悉賴政府與人民之通力合作，於艱難處境中，始得逐漸成長。欲效
民主先進國家，對於人民之被選舉權，不作任何積極資格限制，自非一蹴
可幾。從而，現行法律對於民意代表候選人之學經歷限制（即積極資格之
限制），如認為合憲，亦祇能以「在憲政成長過程中，無法避免此種限制」
作為肯認其為合憲之理由。

八、附錄：重為解釋聲請書

受文者：司法院
聲請人：劉　俠
代理人：理律法律事務所
　　　　陳長文　律師
　　　　李念祖　律師
　　　　范　鮫　律師

　　為聲請人劉俠前向　大院聲請解釋臺灣高等法院七十九年度上國易字
第四號及臺灣臺北地方法院七十九年度國字第八號民事確定判決適用違憲
法規，牴觸憲法案（附件一：聲請人前呈聲請書及補充理由書㈠─㈥），蒙
大院作成第二九〇號解釋，認為動員戡亂時期公職人員選舉罷免法（以下
稱選罷法）第三十二條第一項對民意代表學、經歷之限制，與憲法尚無牴
觸。惟亦認該限制宜參酌其他民主國家之通例，隨時檢討...　並斟酌就學
有實際困難之人士（例如因身體或其他原因其接受學校教育顯較一般國民
有難於克服之障礙者），由立法機關為合理之裁量，而作適當之規定。嗣因
第二屆國民大會第一次臨時會三讀通過憲法增修條文第十八條第五項規
定，明揭保障殘障者權益之旨，賦與立法者積極提昇殘障者之生活及發展
之義務，而確切落實保障弱勢殘障同胞之政策，則　大院作成二九〇號解
釋時之憲法政策與憲政環境情勢已有變更，應有再聲請　大院作成解釋，
明示前揭判決所適用之選罷法第三十二條第一項關於候選人學、經歷限制

之規定違憲及該規定應予失效之日期、明定立法機關修訂新法之猶豫期間
之必要，爰敬陳聲請解釋之理由如后：

一、援引聲請人前呈附件一聲請書及補充理由書㈠—㈥所載理由，懇
請參酌，茲不復贅。

二、按選罷法係制定於民國六十九年，其設立第三十二條第一款候選
人學、經歷限制之立法本意原係期以提高民意代表問政品質，惟問政品質
與學、經歷限制並無邏輯上之必要關聯，該學歷限制亦不符合憲法第二十
三條之「比例原則」，其適用結果違反憲法第七條、第一百二十九條等規定
之理由，業據聲請人於前呈聲請書及補充理由書㈠—㈥中詳予論述，足見
立法者於立法時所為選罷法該條限制，僅著眼於當時之教育條件，而忽視
當時之前數十年之實際失學人口，致使該法律條文之適用實質上剝奪三分
之二以上人民之被選舉權。此外，衡諸美、日、英、德等民主國家之選舉
法均無學歷之限制，大院於憲法增修條文通過前，既已肯認選罷法前揭限
制應隨時檢討，由立法機關為合理之裁量，並作適當之規定，於茲我國現
階段大力推動民主政治，憲法增修條文第十八條第五項明揭「國家對於殘
障者之保險與就醫、教育訓練與就業輔導、生活維護與救濟，應予保障，
並扶助其自立與發展。」之旨，是當前憲政情況，顯與　大院作成第二九〇
號解釋時之憲法政策與憲政環境已有變更，選罷法相關規定之憲法評價，
自應與時俱進，不能復認該項立法規定合憲。

三、大院釋字第二九〇號解釋中，鄭大法官健才、楊大法官日然均持
不同意見，而於不同意見書中表示「民意代表之選舉，係基於『選民互選』
之平等原則，兼顧『互選』在技術上困難之克服，而由法律定出『候選人』
制度。故有選舉權者當然同時有被選舉權，選舉時可以選別人亦可選自己。
祇不過自己非『候選人』時，成為不得選自己之例外而已。此謂之『法律
限制』。除此之外，不得選自己之原因，亦僅存在於選舉人之年齡限制低於
被選舉人之年齡限制之場合。是憲法第一百三十條所稱之『法律別有規定』，
顯係指上述情形及選舉人與被選舉人之消極資格而言（如刑法第三十六條
褫奪公權發生使選舉權與被選舉權同時喪失之效果）。殊難謂法律另可依此

憲法規定而創設候選人之積極資格（如學經歷限制）」明白肯認選罷法之學經歷限制有違憲法上之平等原則，並非無因。茲者憲政環境既已變更，此項見解，應更具採行理由。

四、茲第二屆國民大會第一次臨時會已於八十一年五月二十七日三讀通過憲法增修條文，其中第十八條第五項，明揭「國家對於殘障者之保險與就醫、教育訓練與就業輔導、生活維護與救濟，應予保障，並扶助其自立與發展」之旨。惟就對殘障者之保險而言，我國目前並無專為殘障者設計之保險制度；再就殘障者之就醫、教育、就業輔導而言，依行政院研究發展考核委員會之研究報告《我國殘障福利法執行成效之評估》（行政院研究發展考核委員會民國七十九年元月編印——附件二，前揭書節本）一書之統計，接受醫療復健之殘障者比例頗低，同時醫療機構亦有不足及區域分佈不均之現象。至於殘障者之受教育情形之明顯機構數量不足、附設特殊班之設置困難、專業人員不足及素質偏低等問題，致殘障者之就學比例僅為百分之零點一四，此業據聲請人於前呈補充理由書㈥中引據闡述綦詳。而再觀殘障者之就業輔導，依前揭書之記載，政府機構僱用殘障者人數與員工編制總人數之比率，全然不符殘障福利法第十七條所定百分之三之標準。同時，因殘障就業人口之學歷百分之六十七在國民教育階段以下，僅能從事勞力性工作，是殘障者之就業權益，亦無法藉由宣示性之殘障福利法予以切實保障。凡此殘障者基本權益保護及福利不能落實之現況，歸根究柢，不能謂非因殘障者經由選舉參政立法之機會遭限制，致無法經由立法過程，充分反應殘障人士實際需要之故。茲修憲者於前揭憲法增修條文所揭示者，為國家對殘障者有積極扶助之義務，而前揭選罷法條文所規定者，卻是對殘障者實質參政權之消極限制，其結果致使殘障者爭取其保險、就醫、受教育、就業等有利發展之政治力量與機會，均遭削弱，誠與憲法增修條文之規定，南轅北轍。而限制殘障者之參政權益既與憲法增修條文保障殘障者之生活及扶助其自立發展之旨背道而馳，自應請　大院確切宣示選罷法該等限制違憲，始足以保障殘障者平等參政之機會，進而促進殘障者自立發展之基礎，否則殘障者連政治參與之實質平等亦不可得，遑論

其自立發展之扶助？選罷法系爭規定，無異將使上引憲法增修條文形成具文。況該限制於修憲前已經大院於二九〇號解釋中，認定有應隨時檢討之處，則該等限制於憲法增修條文通過後，更無足以見容於前述憲法規定之理由。

　　綜上所陳，選罷法對民意代表候選人之學經歷限制既已違反憲法之規定，自宜循類似　大院釋字第二五一號解釋宣告違警罰法限期失效及立法機關應限期修法之前例，由　大院迅賜作成解釋，明定選罷法第三十二條第一項對民意代表候選人學、經歷限制違憲及其應失效之日期，亦即明定立法機關修訂新法之猶豫期間，以確實保障人民憲法上權利，並落實憲法增修條文對殘障者之保障。

　　此　致
司法院

　　附件一：聲請人前呈聲請書及補充理由書㈠—㈥
　　附件二：我國殘障福利法執行成效之評估一書節本
　　附呈委任狀乙件

　　　　　　　　　　　　　　　聲請人：劉　俠
　　　　　　　　　　　　　　　代理人：理律法律事務所
　　　　　　　　　　　　　　　　　　　陳長文　律師
　　　　　　　　　　　　　　　　　　　李念祖　律師
　　　　　　　　　　　　　　　　　　　范　鮫　律師

釋字第三九二號解釋

一、本案事實與背景

關於本件解釋實際乃係合併四個聲請案而來。首先於民國七十八年間，許信良先生返國後即因案遭到檢察官羈押，經其辯護人向管轄之臺灣高等法院聲請提審，遭到駁回確定，遂以法院所適用之（舊）提審法第一條、（舊）刑事訴訟法第一百零一條及第七十六條第四款之規定違反憲法第八條關於人身自由之保障為由，聲請司法院大法官解釋。其後，於民國八十一年間，立法院審查刑事訴訟法修正案，經立法委員李慶雄等提案，由立法院向司法院大法官聲請解釋憲法第八條所稱之「司法機關」究竟是否包括「檢察機關」；民國八十四年立法委員張俊雄等五十二位立委，亦以行使職權適用憲法發生疑義為由，聲請大法官就前揭問題進行解釋；最後，本案另一位聲請人臺灣臺中地方法院高思大法官，於同年審理臺中地院八十四年度提字第三號提審案件中，認為檢察官依（舊）刑事訴訟法第一百零二條第三項準用同法第七十一條第四項之規定，於偵查中羈押刑事被告之權限，有牴觸憲法第八條之疑義，遂依據大法官釋字第三七一號解釋聲請大法官解釋憲法第八條之「司法機關」僅指「狹義之審判法院」而言。

二、補充理由書

（本件聲請人之聲請書及其他聲請人之聲請書，請見本篇附錄二）

補充理由書

受文者: 司法院

聲請人: 立法院釋憲提案人李慶雄委員

代理人: 李念祖　律師

為憲法第八條第一項釋憲案提呈釋憲補充理由書事:

壹、憲法第八條第一項之規範目的

　　人身自由乃行使憲法上所保障其他自由權利之前提，為最重要之基本人權，故憲法第八條以罕見之篇幅特別詳為規定，以示制憲者對人身自由保障之重視。憲法第八條分為四項，第一項規範逮捕拘禁、審問處罰之主體及程序，尤其是逮捕拘禁前應經之程序，第二項確立人身自由保障碁石之提審制度，亦即規定逮捕拘禁後之保障；第三項嚴肅重申法院之提審不容以任何理由拒絕或規避，第四項則規範非法逮捕拘禁之責任追究，合此四項建立人身自由之制度性保障。就同法第八條第一項而言，該條項分為三段，前段規範逮捕拘禁之主體與程序，即「人民身體之自由應予保障，除現行犯之逮捕由法律另定外，非經司法或警察機關依法定程序，不得逮捕拘禁。」中段規範審問處罰之主體與程序，即「非由法院依法定程序，不得審問處罰。」末段規定「非依法定程序之逮捕、拘禁、審問、處罰，得拒絕之。」而前段則係本件聲請解釋之客體。仔細分析，可以得到以下幾點結論：

　　一、憲法第八條第一項一方面規定「現行犯之逮捕由法律另定」，但另一方面規定非現行犯之逮捕拘禁「非經司法或警察機關依法定程序」不得為之，足見制憲者有意區別現行犯與非現行犯逮捕、拘禁之主體及要件，就逮捕拘禁之主體言，本項對於現行犯之逮捕，獨授權法律另設規定，與非現行犯之逮捕,由憲法自定其機關而為憲法保留之事項者不同(附件一)，

大院釋字第三八四號解釋業已闡明其旨在案；就逮捕拘禁之程序言，現行犯之逮捕以其時間急迫且犯罪行為明顯可見，僅須有法律規定即可，而非現行犯之逮捕、拘禁，則須「依法定程序」。此所謂「法定程序」顯然並非完全聽任立法裁量決定，而有立法所不能變更之憲法意涵在內。亦即在非現行犯之逮捕，第八條第一項已設定較現行犯逮捕程序為嚴之程序標準以保障人身自由，除須以法律規定外，且其實質正當內容更在基於權力分立原則，樹立司法權之監督與制衡，以防止行政權之專擅危及人民身體自由之保障，而檢察機關與警察機關同屬行政權之作用，其不得享有逮捕羈押之處分決定權，可謂事理之當然。否則，如將「依法定程序」與「由法律另定」為相同之解釋，則如刑事訴訟法現行規定者，憲法第八條第一項之憲法保留規定無異形同虛設。「法定程序」必然有其應有之憲法上意義，不能解為空白授權規定，實即　大院釋字第三八四號具體解釋「法定程序」之內涵之基礎所在（是項解釋理由書及林大法官永謀之協同意見書均已揭明此旨）。

　　二、憲法第八條第一項前段規定「非經司法或警察機關依法定程序，不得逮捕拘禁」對照同條第二項「人民因犯罪嫌疑被逮捕拘禁時……」觀之，第一項係規範逮捕拘禁前所應遵守之程序，而與第二項乃規範逮捕拘禁後之程序，顯然有層次上之區別。第八條第一項規定之「法定程序」既為逮捕拘禁之前應經之程序，即構成逮捕拘禁之前提條件，而必須有一定之制衡機制，始能符合「法定程序」之真意。而有效之制衡機制，則應由職司審判之法院審查行政機關之逮捕拘禁行為，始足當之。蓋行政機關可主動行使職權，儼如金字塔，由上而下，如臂使指（檢察官受檢察一體原則拘束，自亦構成行政系統之一環），若不由不告不理、獨立審判之法官就逮捕拘禁從事審查，任由行政機關彼此監督，則一經上級行政機關指揮，制衡作用即不存在，不能符合「法定程序」之憲法意旨，　大院釋字第三八四號解釋揭明「檢察與審判分離」原則為「法定程序」之實質內容，用意當即在此。又憲法既要求「法定程序」構成逮捕拘禁之前置程序，法務部所擬採取之「事後立即送審制」即與之不相符合。實則法務部所稱之「事

後立即送審制」乃尚未向立法院提出、未經立法院三讀通過之草案，並非本案中可受憲法解釋之適格標的，併此敘明。

三、憲法第八條第一項嚴肅宣示對人身自由之維護，其詳細且嚴格地規範對人民為逮捕、拘禁之要件，在在顯示人權保障為該條項之目的，更係我國憲法基本精神之所在，解釋憲法應依此原則為之，亦即在文義可能的範圍內，採取對人權保障有利的解釋。所謂「逮捕、拘禁」係泛指對人的強制處分，舉凡拘提、逮捕、通緝、羈押均包括在內，而有該條項憲法保留之適用。之所以應採「司法機關」與「法院」同其意義、均不包括檢察機關之解釋，即係要達成憲法設定正當法律程序以保障人身自由之目的，至於「法定程序」係指由公平、客觀之法官經符合實質正當內涵之法律程序予以判斷始足當之，又不待言。簡言之，憲法第八條第一項之規定，目的既在規定羈押前之手續，乃重在以法院為處分決定權之主體，警察機關為逮捕拘禁之執行機關。檢察機關可以是逮捕拘禁之發動機關，但既非處分決定權之主體，又不當然是執行逮捕拘禁之機關，乃並非第八條第一項必要之內容。

貳、「司法機關」之解釋

一、文義解釋

想像上，憲法第八條第一項所稱「司法機關」之文義解釋至少有以下三種可能——

「司法機關」與「法院」同義，均指職司審判之法院言，不包括檢察機關在內。

「司法機關」包括檢察機關，而「法院」則不包括檢察機關。

「司法機關」與「法院」同義，均包括檢察機關在內。

此中實以第一說較為可採，蓋憲法第七十七條已明示司法機關之意義，係指掌理民事、刑事、行政訴訟之審判及公務員之懲戒之機關，至於檢察機關基於檢察一體係隸屬於法務部及行政院主管之行政機關，與司法機關

分別隸屬第五章及第七章，而為不同之權力體系。城大法官仲模先生亦於其所草擬之「行政強制執行法修正草案初稿」第二十八條規定「……法院因行政機關之請求，得以裁定為一日以上十四日以下之管收。」復於其條文說明中記載「惟拘提管收與人民之基本權利息息相關——執行時一有偏差，極易造成濫權殘民之惡果，故宜以行政機關請求司法機關以裁定來決定管收期間，對其裁定復可準用民事訴訟法有關抗告程序之規定提起抗告，則對義務人之保護，已可謂周詳。」（附件二）前後對照觀之，顯見其亦認為「司法機關」與職司審判之「法院」意義相同，均不包括檢察機關。該文係討論行政強制執行法之拘提管收，猶應以法院之裁定為之，況且刑事訴訟程序之對人強制處分可能對人身自由形成更為不利之影響，其程序正義之保障在制度上自不能較行政強制行為更為寬鬆，「司法機關」自不能包括檢察官在內。

　　當文義解釋有多種可能時，即須求之於論理解釋。前述第一、二兩項文義解釋雖然有異，但均指向憲法係以法院為人身強制處分之唯一決定機關之結論，其中第二項解釋，係以檢察機關為強制處分之發動者，循實質正當之法律程序由法院予以審查，此本為檢察官遂行偵查職務所必須遵守之程序，以符保障人權之目的。惟法務部竟採第三項解釋，使得檢察官成為強制處分之決定機關，完全解除了憲法第八條第一項分權之限制，嚴重違反憲法第八條之基本目的，絕不可採；且其謂憲法第八條第一項之「司法機關」與同條項及同條第二項前段之「法院」同義，又主張憲法第八條第二項前段之「該管法院」與後段之「該管法院」係不同義，此種同詞不同義，不同詞卻同義之主張，實已超出文義解釋的可能範圍。法務部且欲以釋字第十三號解釋為其說理之基礎，實則該解釋清楚地指出「憲法第八十一條所稱之法官，係指同法第八十條之法官而言，不包含檢察官在內」，法務部與此不同之主張已不可採，至於釋字第十三號解釋但書之說明「實任檢察官之保障，依同法第八十二條及法院組織法第四十條第二項之規定，除轉調外，與實任推事同」，則僅在說明法院組織法對檢察官之保障係比照法官之規定現狀，不能改變檢察官在憲法上屬於行政機關之基本地位。

二、歷史解釋

　　司法院大法官審理案件法第十三條規定「大法官解釋案件，應參考制憲、修憲及立法資料……」。按憲法第八條第一項之規定，於中華民國訓政時代之約法時期，係以第八條第一項規定「人民非依法律不得逮捕、拘禁、審問、處罰。」民國二十五年中華民國憲法草案（五五憲草）仍以第九條第一項規定「人民有身體之自由，非依法律不得逮捕、拘禁、審問或處罰。」而民國三十五年中華民國憲法草案（政協憲草）時，則以第九條第一項規定「人民身體之自由應予保障，除現行犯法律另有規定外，非經司法或警察機關依合法手續，不得逮捕、拘禁、審問、處罰，不依合法手續之逮捕、拘禁、審問、處罰，得拒絕之」，以迄今日憲法之第八條條文。此等憲法規定自訓政時期約法之概括授權立法規定，改為區分現行犯與非現行犯逮捕、拘禁之程序，更將逮捕、拘禁與審問、處罰予以分別規定。由其演進之歷史軌跡，可知憲法起草之過程中，對人身自由保障之規定，一再修正，愈益詳細與嚴格。憲法對於人身自由保障之重視，不言可喻。參照現行憲法第八條第二項中「該管法院」一語係從「審判機關」一語修正而來，以求更能精確描述審判機關之用意，益無採取上述第三種文義解釋，使得憲法第八條第一項、第二項規定目的落空之理。此觀諸制憲先賢張君勱氏於制憲前闡釋「司法獨立」一語時，特別言及「人民喪失自由或犧牲財產，須先由法院判決，然後才能執行，否則憑一二人或一派人一時之喜怒，用不合法之手段威嚇他，或妨礙他，這種事情都不合法，而且與法治的意義相反」（附件三），憲法第八條「司法機關」與「法院」應採何種歷史解釋，亦可思過半矣！

三、目的解釋

　　解釋憲法應取向於其所欲實現之目的與價值，憲法第八條第一項係對人身自由保障之規定，其中所稱「警察機關」係指逮捕拘禁之執行機關，自不待言，因逮捕拘禁係對身體之直接強制，甚且須要使用一定之器械，

惟有受過類此訓練之人民始足勝任。而「司法機關」則係對人強制處分權之決定者，基於人權保障之目的及檢察機關與法官之本質、功能與結構上的差異，所謂「司法機關」應係以法官為限，而不包括檢察機關，理由如后：

　　㈠法官依憲法第八十條須超出黨派之外獨立審判，不受任何干涉，由其決定對人之強制處分，是保障人權之底線，亦是司法獨立之精義所在（張君勱氏前揭觀點參照），而檢察機關須接受行政體系上下指揮監督，基於檢察一體之服從關係，一遇政策性錯誤，人身自由受到侵害者可能不計其數，而且其強制處分權並無有效的制衡機制，極難自我修正錯誤。而法官獨立審判，尚有審級制度提供救濟途徑，即使有誤，亦僅限於個案，危害性遠較檢察機關之政策錯誤為低。立法院原擬議修正刑事訴訟法，欲將羈押權收歸檢察長行使，即係本於檢察一體之觀念，自現行刑事訴訟法違憲規定所推衍而生之產物，於此亦可知現行刑事訴訟法規定之危險所在，不能見容於憲法之規定。

　　㈡法官以超然、客觀第三人的角色決定是否實施對人強制處分，並無預設立場，對犯罪嫌疑人是否該當拘提、逮捕、通緝、羈押之要件，能本於檢警單位所提供之證據為客觀的判斷，而檢察機關偵查、訴追犯罪，其意欲對犯罪嫌疑人實施強制處分，本質上即難以擺脫方便其遂行偵查之企圖，而與公正、客觀第三人之角色相互衝突，自有侵害人權之虞，其先天上因此難令民眾信服，猶其餘事。

　　㈢法官被動行使權力，不告不理，若無行政機關先為發動，即無從主動羈押、逮捕任何人；檢察機關則係主動行使職權，又可憑藉廣泛之指揮命令權力動員行政組織之力量，此正所以須有被動之司法予以審查節制之理由。斯實為憲法規定權力分立之基本原理，我國行憲數十年後於本案中正面檢視此一憲法分權原理之要義所在，意義十分重大。

　　論者或謂，如「司法機關」不能包括檢察機關，則憲法置身為偵察主體之檢察機關於何地？惟憲法為國家基本法，欲以有限之條文，就國家之功能運作，詳為規定，實不可能，即以擔負繁重國家施政任務之行政權而

言，憲法亦僅以九個條文予以規範，且對各部會之功能職掌均未設規定，此乃為保留行政之彈性、積極主動性而有意之省略，以留待法律具體規範，而與其重要性無涉。憲法第八條第一項未規定檢察官在內，亦無足異。實則檢察官代表國家偵查、訴追犯罪，其重要性不待多言，然檢察官不具有人身強制處分之決定權，並無礙於其偵查、公訴職權之行使，此觀諸世界各國皆然，因檢察官於犯罪偵查中發現有充分之證據該當為人身強制處分之要件時，仍得隨時聲請法院為拘提、逮捕、通緝、羈押之審理及裁定，其偵查主體之地位並不受影響，至於檢察與警察機關之任務分配與指揮服從關係，係法律層次之問題，無需於憲法上予以深究，憲法第八條第一項之「司法機關」雖不包括檢察機關，但仍無礙刑事訴訟制度上檢察官之角色定位。若要以檢察官為偵查主體，則可依循適當之立法，使之於發現犯罪之際直接指揮司法警察辦案；若要檢察官以公訴人之角色為重，則可立法使之扮演單純公訴人之角色，積極參與刑事訴訟程序。憲法第八條所加之限制，厥為檢察官不能享有強制處分之決定權一點而已，於檢察官之角色定位，乃至於防治犯罪，均無負面影響，實無庸過慮。

參、「法定程序」在權力分立原則及正當法律程序下之意涵

憲法第八條第一項「法定程序」四字，係在揭櫫憲法保留及權力分立原則，檢察官為行政系統之一環，與法官之審判官性格截然有異，均已如前述。按權力分立原則係現代法治國家之精髓，幾乎整個國家運作的基本原理皆導源於此，若謂無權力分立原則即無現代法治國家，亦不為過。而決定對人強制處分之法定程序人權，依照權力分立原則之規範，即必須要由法院介入，委由行政權以外之第三者，處於超然客觀的地位予以判斷。檢察機關係行政機關之一環，基於檢察一體而有上下指揮服從的關係。或謂檢察官兼具司法官與行政官的角色，其於人身強制處分權的行使上係獨立的，不受行政指揮的影響，然於整個犯罪偵查、訴追過程中，行政權之上下指揮命令系統及其作用，均足以使一般人懷疑人身強制處分權得否獨立行使，故在權力分立原則下，應有足以監督與制衡行政機關濫權侵害人

身自由之司法權介入，始能符合「法定程序」一詞之固有意義。依現行刑事訴訟法系爭之規定，檢察官係單獨擁有強制處分之決定權，依據憲法第八條第一項之意旨，非現行犯之羈押程序，實應由警察（檢察官）發動，法官決定，強制處分權係由行政機關與審判機關共享，相互節制。其間差異懸殊，不能輕鬆放過。董大法官翔飛先生於其所著《中國憲法與政府》一書中（附件四），亦肯定將人民身體自由，置於司法的保護之下，已為各國憲法共同追求的有效途徑，而明白指出我國憲法第八條對於人身自由保障之規定，與英美出庭狀制有異曲同工之妙（即人身保護令狀，Writ of Habeas Corpus），惟查此制度之核心原則即謂僅有公正審判之法院，才有權決定剝奪人身自由之強制處分，由此可證我國憲法第八條規定對人身自由之保障係與歐美法治先進國家並駕齊驅，不遑多讓，自不能採取錯誤之文義解釋，開法治之倒車。

　　司法院釋字第三八四號解釋文明白指出憲法第八條第一項所稱「依法定程序」，係指凡限制人民身體自由之處置，其程序須以法律規定，且其內容更須實質正當，而於解釋理由書中更具體說明實質正當之法律程序應包括「審判與檢察分離」之原則，其目的乃在避免犯罪之訴追者同為裁判者，而使司法程序完全失去其正當性，蓋檢察官依刑事訴訟法第三條係訴訟之當事人，而當事人間攻擊防禦方法之對等乃基於法院所踐行之程序應符合一般民主法治國家所遵循之原則之要求。吳大法官庚先生於司法院釋字第三六八號解釋之協同意見書中並且清楚地闡明此更係憲法第十六條保障訴訟權之基本原則之一。亦即「當事人對等原則」乃係訴訟權之必要內容。基於憲法整體解釋原則，憲法第八條第一項之解釋，應與憲法第十六條訴訟權之保障相與呼應，始能得其正鵠。或謂當事人對等原則僅於訴訟程序中方有適用，而起訴前之偵查程序並不受拘束，此乃漠視正當法律程序對確保審判公平、客觀、正確之重要性，蓋如於偵察程序中檢察機關不須任何法院之審查程序即可依個人之判斷為人身強制處分，以一造當事人身份羈押他造當事人，其因此所違法蒐集之證據，將使犯罪嫌疑人在訴訟程序中之當事人對等原則顯得毫無意義，故行政權基於追訴犯罪之目的，固有

權為逮捕、拘禁之發動，但決定人身強制處分之「法定程序」必須是經由法院依實質正當之法律程序所為之判斷。

　　基於保障人民訴訟權之觀念，以「當事人對等原則」配合理解憲法第八條第一項規定正當「法定程序」之意義，益可證明同條項前段所稱之「司法機關」，不應包括檢察官在內。蓋檢察官與被告同為刑事訴訟程序之當事人，國家為訴追犯罪，為防止逃亡或串供目的，固有容許行政機關於定罪前經法官許可羈押被告之需要，但此種執行羈押之權力，委由警察機關行使即可，若竟使代表國家身為刑事訴訟程序當事人之檢察官亦得決定或執行羈押者，連形式上之「當事人對等」亦不可得，所折損者不僅為實質正當之「法律程序」之嚴肅意義，抑且為人民對於國家訴追犯罪之公信力，構成防治犯罪之負面效應。是故在憲法解釋上，基於訴訟權之當事人對等原則將檢察官排除於「司法機關」之外，更能符合正當法律程序之憲法意義，真正建立刑事訴訟制度之形式上與實質上之雙重正當性。

肆、結　論

　　綜上所陳，無論是基於人權保障之觀點，或是各種論理解釋，憲法第八條第一項前段規定「人民之身體自由應予保障，除現行犯之逮捕由法律另定外，非經司法或警察機關依法定程序，不得逮捕拘禁」，其中所稱「司法機關」係與法院同其意義，均不包括檢察機關，而刑事訴訟法第七十七條第三項準用第七十一條第四項、第八十五條第三項及第一百零二條第三項準用第七十一條第四項在偵查中得由檢察官簽發拘票、通緝書或羈押之規定，顯係牴觸憲法第八條第一項前段，懇請　大院賜為如上解釋，以確立憲法對人身自由之制度性保障。

　　　附件一：林紀東，《中華民國憲法逐條釋義》，第一百二十頁相關部分
　　　　　　　影本乙份。
　　　附件二：城仲模，《行政法之基礎理論》（增訂新版），第三百九十九頁
　　　　　　　以下相關部分影本乙份。

附件三：張君勱，《中華民國民主憲法十講》，第九十二頁以下相關部分影本乙份。

附件四：董翔飛，《中國憲法與政府》，第一百一十五頁以下相關部分影本乙份。

聲請人：立法院釋憲提案人李慶雄委員

代理人：李念祖　律師

補充理由書（二）

受文者：司法院

聲請人：立法院釋憲提案人李慶雄委員

代理人：李念祖　律師

為憲法第八條第一項釋憲案提呈釋憲補充理由書事：

一、憲法第八條第一項前段之「司法機關」實係與「法院」同義，均指職司審判之法院言，此乃基於權力分立及正當程序原則所不得不然之解釋，亦惟有以被動之司法權節制行政機關（含檢察機關）於偵查期間發動對人強制處分之主動性，始足以達成憲法對人身自由之保障。謹說明如后：

㈠按權力分立原則乃現代法治國家之基本原則，逮捕、羈押等對人強制處分惟有經過司法權之審查，始能防止行政機關濫權，蓋行政指揮由上而下，如臂使指，故能發揮強大力量以達成行政目的，然一旦上級行政機關主動行使指揮權，則內部之制衡作用即不存在，此亦即行政機關（檢察官受檢察一體原則拘束，自亦構成行政系統之一環）在非現行犯之逮捕不能享有對人強制處分決定權之主要理由之一，觀諸十月二十八日臺中地檢署數名檢察官即可指揮二百名警調人員，大舉搜索臺中監獄私藏違禁品並扣押七名嫌犯一案，以及　大院第二次言詞辯論當日（十一月二日）臺中地檢署指揮一百餘名調查員及刑警搜索臺中市警五分局員警涉嫌集體收受賭博電玩業者行賄案，即知檢察機關之可發動強大之行政指揮權偵查犯罪，

誠非職司審判之法院所能比擬者。如檢察官對人強制處分未經客觀、超然之法院以第三人之立場予以審查，則一遇社會輿論或長官急於破案乃至有所交代之壓力下，即有於證據並不充分的情況因押人取供而侵害人權之虞。且由將來係當事人一造之檢察官享有對人強制處分決定權，亦有選手兼裁判之嫌，極易使被羈押者心生疑慮而不願甘服。相對於檢察官而言，法官則全無行政指揮權，又不能發動羈押程序，其濫權之顧慮，實不可同日而語。故憲法第八條第一項基於權力分立原則，將對人強制處分之決定權委諸法院行使，發動權委諸檢察官行使，以平衡兼顧犯罪偵查與人權保障，此實為憲法規定之本旨所在。

㈡制定並執行治安政策乃行政機關之責任，主管機關（法務部及內政部等）應行使其行政指揮權以充分利用資源，達成施政目標，此亦為權力分立原則及責任政治之真諦。值此第三屆立法委員選舉前夕，各地檢察官大量投入查察賄選行動，以貫徹法務部馬部長端正選風之施政目標，充分展現檢察一體之精神及經由行政指揮權以執行政策之能力，足見檢察官應遵從行政系統之政策指揮係無庸置疑的，至於上級檢察官之行政指揮權是否及於個案乃法律政策層次問題，於此不擬深究，謹再度強調行政機關因其指揮權強大，故於非現行犯之逮捕、羈押必須有法院介入審查以保障人權。

㈢解釋憲法第八條第一項應取向於其保障人身自由之目的與價值，而由司法機關之被動性與行政機關之主動性對照觀之，顯見惟有以被動行使權力，不告不理之法院為對人強制處分之決定機關，方足以保障人權。論者或謂法院亦可能主動為對人之強制處分，並以臺北地院某法官拘提臺北市長陳水扁為例說明之，殊不知臺北地院所以發出拘票，乃因檢察官提起公訴，法院進行審理時所不得不然者，誠以檢察官主動提起公訴在先，法院因有公訴始能被動受理於後，制衡關係於焉存在。環顧世上法治國家，其做為對人強制處分之決定機關，不論名稱如何，均具有被動性，而於我國憲法架構下，則惟有職司審判之法院始足當之。檢察官既係主動行使職權，自不能視為憲法第八條第一項之「司法機關」。

　　二、當歷史走到適當限制行政機關之權力以強化基本人權保障之轉捩點時，擔心節制行政機關權力將導致犯罪偵查能力降低而影響治安，常構成逆向主張之重要論點，然而歷史總是證明，權力分立是人權保障之基石，放鬆權力之制衡機制，即可能構成濫權之淵藪，不利於人權保障，亦不利於維持治安所不可或缺之政府公信。茲以英國為例說明如后：

　　西元一九七四年英國國會為因應北愛爾蘭問題，通過恐怖主義防治法 (The Prevention of Terrorism Act)，該法第十二條授權警方得以逮捕拘禁任何涉嫌恐怖分子有關犯罪者達四十八小時，國務大臣 (The Competent Secretary of State) 並有權再延長五天，在長達七天之拘禁期間並不須有任何具體之證據或法院正當程序之審查。即有 Terrence Patrick Brogan 及其他數名被告分別於一九八四年九月及十月因該法被逮捕而判刑，此為著名之 BROGAN and others v. UNITED KINGDOM 案，此案並於一九八八年十一月二十九日由歐洲人權法院 (European Court of Human Rights) 宣告是項英國立法違反歐洲人權公約 (The European Convention of Human Rights) 第五條第三項及第五項。按歐洲人權公約乃人權保障之重要指標，其第三項即要求犯罪嫌疑人被逮捕後，應立即 (promptly) 送交法官或依法律有審判權之人員 (附件五)，英國隨即於一九八九年廢止恐怖主義防治法。值得深入討論者係歐洲人權公約第五條第三項所稱之「依法律有審判權之人 (other judicial officer authorised by law)」，必須公正無私 (impartiality)，該等人員如同時為該案之訴追人，即非公正無私，亦無歐洲人權公約所要求之「依法律有審判權之人員」之適格。甚者，於 Huber v. Switzerland 案中更嚴格要求「依法律有審判權之人員」除不得事實上於該案為訴追人外，亦不得為任何具有追訴權之人，換言之，檢察官並非歐洲人權公約第五條第三項所稱「依法律有審判權之人員」(附件六)。

　　英國乃近代人權保障之濫觴，然其於西元一九七四年制定通過之恐怖主義防治法中不須法院審查即可拘留長達七天之規定，卻造成嚴重侵害人權之悲劇，尤以西元一九七四年十一月因 Guildford 爆炸案被逮捕判刑之 Pall Hill、Gerard Conlon 及 Mrs. Maguire 一家人，因警方羈押期間違法蒐集

證據而身繫囹圄十五年，至一九九一年六月二十六日始由上訴法院撤銷不當之原判決而還其清白（附件七）。該案並因於英國人權保障之反省上，具重要地位而被拍攝為電影「以父之名」（附件八），隨文檢附該片錄影帶一卷，以供卓參。

三、綜上所陳，無論是基於我國辦案文化之考量，或法治先進國家英國之歷史教訓，憲法第八條第一項之「司法機關」均不應包含檢察機關，而係專指具有審判權之法院，懇請　大院賜為如上解釋，以確立憲法對人身自由之制度性保障。

附件五：歐洲人權法院判決影本乙份

附件六：D.H. Harris, M. O'Boyle & C. Warbrick, Law of European Convention on Human Rights (1995; London: Butterworths Pub. Corp.), P.132, 133. 影本乙份

附件七：英國上訴法院 R V Maguire and others 案之判決影本乙份

附件八：「以父之名」錄影帶乙卷

聲請人：立法院釋憲提案人李慶雄委員

代理人：李念祖　律師

中華民國八十四年十二月五日

三、釋字第三九二號解釋摘要（16：1通過）

本件解釋司法院大法官為求慎重起見，特別通知聲請人等及關係機關法務部指派代表，並邀請法官代表、法律學者、律師代表，於中華民國八十四年十月十九日及十一月二日於憲法法庭行言詞辯論及陳述意見。

依據釋字第三九二號解釋，大法官認為憲法第八條第一項所規定之「司法機關」，係包括代表國家實行「偵查」「訴追」「執行」之檢察機關在內之廣義司法機關。至於憲法第八條第一項、第二項所稱之法院，既其乃與「審問」連用，則此兩項所稱之「法院」，當指進行審理之訊問，由有審判權之

法官所構成之獨任或合議之法院之謂。因此法院以外之逮捕拘禁機關，依憲法第八條第二項規定，應至遲於二十四小時內，將因犯罪嫌疑被逮捕拘禁之人民移送該管法院審問。是（舊）刑事訴訟法第一百零一條、第一百零二條第三項準用第七十一條第四項及第一百二十條等規定，於法院外復賦予檢察官羈押被告之權；第一百零五條第三項賦予檢察官核准押所長官命令之權；同法第一百二十一條第一項、第二百五十九條第一項賦予檢察官撤銷羈押、停止羈押、再執行羈押、繼續羈押暨其他有關羈押被告各項處分之權，與前述憲法第八條第二項規定之意旨均有不符。

　　其次針對（舊）提審法第一條以「非法逮捕拘禁」作為提審之要件，大法官認為憲法第八條第二項既僅規定：「人民因犯罪嫌疑被逮捕拘禁時，其逮捕拘禁機關應將逮捕拘禁原因，以書面告知本人及其本人指定之親友，並至遲於二十四小時內移送該管法院審問。本人或他人亦得聲請該管法院，於二十四小時內向逮捕之機關提審。」並未以「非法逮捕拘禁」為聲請提審之前提要件，則提審法第一條以「非法逮捕拘禁」為聲請提審之條件，亦與憲法前開之規定有所違背。

四、評　釋

　　司法院大法官釋字第三九二號解釋，乃大法官詳細考察憲法相關條文之文義、憲法制憲之經過、及時代變遷、憲法本身之作用及其所擔負之使命後，所作成之解釋。本件解釋之結論——即羈押權應回歸由（狹義）之法院行使，無論從人權保障、權力分立、乃至正當法律程序之維護而言，均應給予高度之肯定。

　　然本件解釋美中不足者，應在於大法官未能利用本次解釋之機會，明確釐清檢察官之法律地位（究屬「行政官」抑或「（準）司法官」），故仍將憲法第八條第一項前段「司法」機關採取廣義之解釋，認為該項所稱之「司法」機關應包括「檢察機關」在內，以致於未能將憲法對於人身自由保障之精神，對於正當法律程序及權力分立之要求，貫徹於羈押權以外檢察官

所得行使之其他「人身強制處分權」之上。

　　誠然，若純就憲法條文之文義解釋，欲將憲法第八條第一項前段所稱之「司法」機關，解釋限於「狹義法院」恐有一定之困難，如同大法官於本件解釋理由書中所言，從前後文觀察，該項所稱之「司法」機關係與「警察」機關連用（司法或警察機關依法定程序……），若將「司法」限於狹義之法院，則在後之警察機關又將如何解釋？

　　關於此一問題，或可從以下幾方面加以解決。首先應明確將檢察官之法律性質定位為行政官，由於檢察機關負有「主動」偵查、訴追犯罪之任務，又可憑藉廣泛之指揮命令權力，動員行政組織之力量，與行政機關主動行使職權，擁有廣大行政資源與能力之情形實無甚差異；反之司法機關則強調「不告不理」之被動性格，兩相比較自應認檢察官在法律性質上較偏向行政官，又檢察官基於其偵察、訴追之任務，立於刑事訴訟原告當事人之地位，實難與居於「公正第三者」之狹義法院比擬，職是之故，將檢察官定位為行政官，使其決定受到法院（司法機關）之監督節制，使訴訟中當事人武器得以平等，方符憲法保障人身自由、訴訟權之意旨，亦與憲法權力相互制衡之法理相呼應。

　　其次，從第八條第一項前段亦強調「非依法定程序，不得逮捕拘禁」之正當法律程序要求以觀，唯有嚴格區別行政與司法機關不同之性格，依據權力分立之原則，使狹義之法院對於具有行政色彩之檢察官之決定加以審查，方係對於人身自由充分保障之正當法律程序。

　　最後，誠如大法官在本件解釋之理由書末段所言：「人權保障乃我國現在文化體系中之最高準則，並亦為當今文明社會共同之準繩。作為憲法此一規範主體之國民，其在現實生活中所表現之意念，究欲憲法達成何種之任務，於解釋適用時，殊不得不就其所顯示之價值秩序為必要之考量」，因此在解釋憲法第八條第一項前段「司法」機關之意義時，若能從保障人身自由，維持權力分立，確保正當法律程序之觀點出發，進一步體察國民對於其自身權利冀求保障之意念，則前揭條文文義解釋上所面臨之困難，即可輕易克服，不足為慮。

五、本案之後續發展

1.刑事訴訟法「羈押」規定之全面修正：

中華民國八十六年五月十日

司法院（86）院台廳刑一字第○九九三一號函、

行政院台八十六法字第一七六五九號函

刑事訴訟法部分條文修正草案總說明（附新舊條文對照表）

壹、前言

　　依司法院於八十四年十二月二十二日公布之釋字第三九二號解釋，檢察官並非憲法第八條所稱「法院」，現行刑事訴訟法賦予檢察官羈押被告、核准押所長官命令、撤銷羈押、停止羈押、再執行羈押、繼續羈押及其他有關羈押被告各項處分之權，與憲法規定意旨不符，各相關違憲條文，均自解釋公布之日起，至遲於屆滿二年時起失其效力，爰依解釋意旨修正各相關條文；為使法官有較充裕之時間以妥適裁判提升裁判品質，維護當事人權益，關於宣示判決、交付裁判原本期間之規定，亦有一併修正必要。又為落實事實審之職權功能，提升審判績效，保障人權，有關判決違背法令原因之規定，自須妥適配合修正。爰擬具部分條文修正草案，計修正二十六條、增訂五條、刪除三條。

　　（中略）

刑事訴訟法部分條文修正草案對照表（節錄）		
修正條文	現行條文	說明
第九十一條 拘提或因通緝逮捕之被告，應即解送指定之處所；如二十四小時內不能達到指定之處所	第九十一條 拘提或因通緝逮捕之被告，應即解送指定之處所；如三日內不能達到指定之處所者，應先	一、本條原所規定之「三日」，修正為「二十四小時」，以符合憲法保障人權之意旨。 二、拘提或因通緝逮捕之被告，如二十四小時內不能解送到達指定之處

者，應分別其命拘提或通緝者為法院或檢察官，先行解送較近之法院或檢察機關，訊問其人有無錯誤。	行解送較近之法院，訊問其人有無錯誤。	所時，明定分別視其命拘提或通緝者為法院或檢察官，以決定先行解送之處所，俾求明確。
第九十三條 被告或犯罪嫌疑人因拘提或逮捕到場者，應即時訊問。 偵查中經檢察官訊問後，認有羈押之必要者，應自拘提或逮捕之時起二十四小時內，聲請該管法院羈押之。 前項情形，未經聲請者，檢察官應即將被告釋放。但得逕命具保、責付或限制住居，如不能具保、責付或限制住居，而有必要情形者，仍得聲請法院羈押之。 第一項至第三項之規定，於檢察官接受法院依少年事件處理法或軍事審判機關依軍事審判法移送之被告時，準用之。 法院於受理前三項羈押之聲請後，應即時訊問。	第九十三條 被告因拘提或逮捕到場者，應即時訊問，至遲不得逾二十四小時。除認其有應羈押之情形外，於訊問完畢後應即釋放或命具保、責付或限制住居。	一、為保障人權，法官、檢察官對於拘提或逮捕到場之被告或犯罪嫌疑人均應即時訊問，爰將「至遲不得逾二十四小時」等字樣刪除；另將「被告」修正為「被告或犯罪嫌疑人」，以資周全，此部分列為第一項。 二、明定檢察官訊問第一項之被告或犯罪嫌疑人後聲請羈押之程序，以認有羈押人犯之必要為前提，限自拘提或逮捕之時起二十四小時內聲請該管法院核辦，列為第二項。 三、未經聲請羈押者，以將被告釋放為原則，但得命具保、責付或限制住居。如不能具保、責付或限制住居者，因係拘提或逮捕到場之被告，為避免其故意不為覓保，喪失命具保之意義，爰參酌第三百十六條但書之例，於有必要情形時，仍得聲請法院羈押之，以示周延，爰列為第三項。 四、對於檢察官接受法院依少年事件處理法規定或軍事審判機關依軍事審判法移送之被告，列第四項，明定得準用第一項至第三項之規定，使檢察官之訊問、命具保責付或限制住居或為羈押之聲請，均有法律上之依據。 五、法院受理檢察官羈押之聲請時，為保護被告利益，亦應即時訊問，爰

增列第五項。

第九十三條之一

第九十一條及前條第二項所定之二十四小時，有左列情形之一者，其經過之時間不予計入。但不得有不必要之遲延：

一　因交通障礙或其他不可抗力事由所生不得已之遲滯。

二　在途解送時間。

三　依第一百條之二第一項規定不得為詢問者。

四　因被告或犯罪嫌疑人身體健康突發之事由，事實上不能訊問者。

五　被告或犯罪嫌疑人表示已選任辯護人，因等候其辯護人到場致未予訊問者。但等候時間不得逾四小時。

六　被告或犯罪嫌疑人須由通譯傳譯，因等候其通譯到場致未予訊問者。但等候時間不得逾六小時。

七　經檢察官命具保之被告，在候保中者。但候保時間不得逾四小時。

八　犯罪嫌疑人經法

一、司法院釋字第三九二號解釋略以：「憲法第八條第二項所謂至遲於二十四小時內移送之二十四小時，係指其客觀上確得為偵查之進行而言，本院釋字第一三〇號之解釋固仍有其適用，其他若有符合憲法規定意旨之法定障礙事由者，自亦不應予以計入」，而現行刑事訴訟法並無相關法定障礙事由之規定，實有增訂之必要，惟為避免不必要之遲延，爰於前文設但書加以限制。

二、第一款、第二款所規定內容，係司法院釋字第一三〇號解釋所列舉之事由。

三、第一百條之二第一項已增訂夜間不得詢問犯罪嫌疑人之規定，此時間自不應計入，爰規定於第三款。

四、被告或犯罪嫌疑人如因身體健康之突發事由，事實上不能訊問者，例如毒癮發作、身受重傷等，客觀上無從為偵查之進行，此時間亦不應計入，爰規定於第四款。

五、為保護被告或犯罪嫌疑人之利益，因等候其選任之辯護人到場致未予訊問者，此時間亦不應計入，但不得逾四小時，以免延宕，爰規定於第五款。

六、被告或犯罪嫌疑人須由通譯傳譯者，因等候通譯到場致未予訊問之時間，亦不應計入，但不得逾六小時，以促使承辦之檢、警人員迅速處理，爰規定於第六款。

七、經檢察官命具保之被告，為使之

院提審之期間。 （行政院另有不同意見）		有相當時間覓保，應將其候保時間不予計入，但為避免其不必要之苦候，限制不得逾四小時，爰規定於第七款。 八、司法院釋字第三九二號解釋已明示：「提審期間不應計入逮捕機關之二十四小時拘禁期間」，爰規定於第八款。 行政院意見： 建議在修正條文之「說明」，載明第九十三條之一第六款所定須由通譯傳譯者，應包括被告或犯罪嫌疑人為智障者之情形。
第一百零一條 被告經法官訊問後，認為犯罪嫌疑重大，而有左列情形之一，非予羈押，顯難進行追訴或審判者，得羈押之： 一 逃亡或有事實足認為有逃亡之虞者。 二 有事實足認為有湮滅、偽造、變造證據或勾串共犯或證人之虞者。 三 所犯為死刑、無期徒刑或最輕本刑為五年以上有期徒刑之罪者。 於前項訊問時，應先告知被告得選任辯護人到場。 第一項各款所依據之事實，應告知被告及其	**第一百零一條** 被告經訊問後，認為有第七十六條所定之情形者，於必要時得羈押之。	一、配合司法院釋字第三九二號解釋，規定僅法官有羈押權。 二、羈押處分剝奪人民身體之自由，嚴重影響人民權益，有羈押權限者必須審慎為之，現行條文對於羈押要件之規定過於簡略，且羈押之理由全盤援用第七十六條性質迥異而影響人身自由較輕之逕行拘提規定，亦有未妥，爰於第一項專就羈押之要件及羈押之理由，設更明確且嚴謹之規定，用符法制。 三、為使被告於受訊問之初，有辯護人到場，俾能對被告為適當之保護，爰增列第二項明定應先告知被告得選任辯護人到場。 四、第一項各款所依據之事實，應告知被告及其辯護人，並記載於筆錄，使之有就該事實辯明之機會，爰明定於第三項。

辯護人，並記載於筆錄。		
第一百零一條之一 被告經法官訊問後，雖有前條第一項各款所定情形之一而無羈押之必要者，得逕命具保、責付或限制住居。其有第一百十四條各款所定情形之一者，非有不能具保、責付或限制住居之情形，不得羈押。		一、被告無羈押之必要，逕命具保、責付或限制住居者，其時間順序係在訊問之後，為使法條連貫，爰將第一百二十條刪除後，增訂為本條。 二、配合第一百零一條之修正，將現行條文之「第七十六條」等文字修正為「前條第一項」，並增列「法官」二字。至於檢察官於偵查中之逕命具保、責付或限制住居已另規定於第九十三條第三項但書。
第一百零二條 羈押被告，應用押票。押票，應按被告指印，並記載左列事項： 一　被告之姓名、性別、年齡、籍貫及住所或居所。 二　案由及觸犯之法條。 三　羈押之理由及其所依據之事實。 四　應羈押之處所。 五　羈押期間，偵查中不得逾一月，審判中不得逾二月，其有繼續羈押之必要者，得延長之。 六　如不服羈押處分，得依第四百十六條之規定，於五日內以書狀向該管法院聲請撤銷	**第一百零二條** 羈押被告，應用押票。押票，應按被告指印，並記載左列事項： 一　被告之姓名、性別、年齡、籍貫及住、居所。 二　案由。 三　羈押之理由。 四　應羈押之處所。 第七十一條第三項及第四項之規定，於押票準用之。	一、第一項不修正。 二、第二項部分： 1.第一款之「籍貫」部分，八十一年六月二十九日修正公佈之戶籍法已將戶籍登記之「本籍」項目刪除，惟本法除本條文外，有關「籍貫」之規定尚有多處，為避免單獨修正一處後，與他處不相配合，故此部分待通盤修正相關條文時再一併刪除或修正為出生地。 2.本項各款關於押票應記載之事項，原規定過於簡略，爰於第二款「案由」下加列「及觸犯之法條」；第三款「理由」下加列「及其所依據之事實」，俾使被告知悉所犯罪名及依據之事實。 3.為使被告知悉法律對於羈押期間之規定，爰增列第五款，規定押票應記載偵、審中羈押之期間。 4.為促使被告明瞭救濟程序，以保障其權益，爰增列第六款，規定不服

或變更之。 第七十一條第三項之規定，於押票準用之。 押票，由法官簽名。		羈押處分時，應如何聲請撤銷或變更之。 5. 第四款不修正。 三、配合司法院釋字第三九二號解釋意旨，檢察官已不能再簽發押票，爰增列第四項「押票，由法官簽名」。 四、由於增列第四項，第七十一條第四項有關檢察官開具傳票之準用規定已不復援用，爰刪除第三項中之原列「及第四項」四字。
第一百零三條 執行羈押，由司法警察將被告解送指定之看守所，該所長官驗收後，應於押票附記解到之年、月、日、時並簽名。 押票應備四聯，執行羈押時，分別送交檢察官、看守所、被告及其指定之家屬。 第八十一條、第八十九條及第九十條之規定，於執行羈押準用之。	第一百零三條 執行羈押，由司法警察將被告解送指定之看守所，該所長官驗收後，應於押票附記解到之年、月、日、時並簽名。 第七十九條、第八十一條、第八十九條及第九十條之規定，於執行羈押準用之。	一、第一項不修正。 二、憲法第八條第二項及提審法第二條規定，人民因犯罪嫌疑被逮捕拘禁時，其逮捕拘禁機關應將逮捕拘禁原因，以書面告知本人及本人指定之親友，故押票自應送交被告及其指定之家屬。又依司法院釋字第三九二號解釋，偵查中之被告須由檢察官向法院聲請羈押，法院自應將押票送交檢察官。至看守所係執行羈押之處所，亦應送交押票俾憑執行，爰增列第二項，押票應備四聯，以符合實際需要。 三、由於增列第二項，第七十九條有關拘票之準用規定已不復援用，爰將原第二項修正改列為第三項，並將「原引第七十九條」刪除，用資配合。
第一百零四條 （刪除）	第一百零四條 被告及得為其輔佐人之人，得以言詞請求執行羈押之公務員或所屬之機關付與押票之繕本。	第一百零三條第一項已明定：「押票應備四聯，執行羈押時，分別送交……被告及其指定之家屬」，本條已無規定之必要，爰予刪除。

	前項請求不得拒絕，並應立時付與。	
第一百零五條 管束羈押之被告，應以維持羈押之目的及押所之秩序所必要者為限。 被告得自備飲食及日用必需物品，並與外人接見、通信、受授書籍及其他物件。但押所得監視或檢閱之。 法院認被告為前項之接見、通信及受授物件有足致其脫逃或湮滅、偽造、變造證據或勾串共犯或證人之虞者，得依檢察官之聲請或依職權命禁止或扣押之。但檢察官或押所遇有急迫情形時，得先為必要之處分，並應即時陳報法院核准。 被告非有事實足認為有暴行或逃亡、自殺之虞者，不得束縛其身體。束縛身體之處分，以有急迫情形者為限，由押所長官行之，並應即時陳報法院核准。 （行政院另有不同意見）	**第一百零五條** 管束羈押之被告，應以維持羈押之目的及押所之秩序所必要者為限。 被告得自備飲食及日用必需物品，並與外人接見、通信、受授書籍及其他物件。但押所得監視或檢閱之，如認其情事有足致其脫逃或湮滅、偽造、變造證據或勾串共犯或證人之虞者，並得禁止或扣押之。 被告非有事實認為有暴行或逃亡、自殺之虞者，不得束縛其身體。束縛身體之處分，由押所長官命令之，並應即時陳報該管法院或檢察官核准。	一、第一項不修正。 二、原第二項本文及但書前段文字不修正，列為第二項。 三、原第二項但書後段部分，參考日本及德國刑事訴訟法規定，羈押中被告之接見、通信、受授書籍及其他物件，押所雖得監視、檢閱，然有禁止或扣押之必要者，須由法院行之。但有急迫情形者，檢察官或押所得先為必要之處分，以因應實際需要，惟應即時陳報法院核准，以資兼顧。爰將該項但書後段修正改列為第三項。 四、為落實保護被告之人權，原第三項修正並改列為第四項，規定被告非有事實「足」認有暴行或逃亡、自殺之虞者，不得束縛其身體，並增列束縛身體之處分「以有急迫情形者為限」。另刪除「或檢察官」四字，以符合司法院釋字第三九二號解釋意旨。 行政院意見： 本條規定偵查中在押被告之禁止接見通信由法院決定，將使法院過度介入偵查，失去中立，似有未妥。且接見通信應屬通訊自由，非人身自由範圍，並不屬憲法第八條及司法院釋字第三九二號解釋所規範之對象。偵查中有無禁見之必要，亦以檢察官較為瞭解，故偵查中對被告之禁見通信，仍宜由檢察官為之。爰建議第三項修正為「法院或檢察官認

		被告為前項之接見、通信及受授物件有足致其脫逃或湮滅、偽造、變造證據或勾串共犯或證人之虞者，得依押所之報告或依職權命禁止或扣押之。但押所遇有急迫情形時，得先為必要之處分，並應即時陳報法院或檢察官核准。」
第一百零七條 羈押於其原因消滅時，應即撤銷，將被告釋放。 偵察中之撤銷羈押，應徵詢檢察官之意見。 （行政院另有不同意見）	**第一百零七條** 羈押於其原因消滅時，應即撤銷，將被告釋放。	一、被告係經由法院羈押，於其原因消滅時，法院應即撤銷，將被告釋放，原條文不修正，列為第一項。 二、偵察中之被告，卷證均在檢察署，其羈押原因是否消滅，檢察官最為清楚，爰增列第二項，偵察中之撤銷羈押，應徵詢檢察官之意見。 行政院意見： 依司法院釋字第三九二號解釋意旨，對在押被告撤銷羈押，固須由法官行之始為合憲，惟在偵察中檢察官認羈押原因消滅時，如尚須先聲請法院撤銷羈押後始得釋放被告，將延緩被告被釋放之時間，對被告至為不利，與上開解釋重在保障人權之意旨有違。爰參酌德國刑事訴訟法第一百二十條第三項立法例，建議本條增列第二項規定：「偵察中經檢察官聲請撤銷羈押者，法院應撤銷羈押，檢察官得於聲請時先釋放被告。」原第二項則修正為「偵察中之撤銷羈押，除前項情形外，應徵詢檢察官之意見」，移列為第三項。
第一百零八條 羈押被告，偵察中不得逾一月，審判中不得逾二月。但有繼續羈押之	**第一百零八條** 羈押被告，偵察中不得逾二月，審判中不得逾三月。但有繼續羈押之	一、第一項部分： 1.使被告在押中之案件能迅速偵察或審理終結，爰將第一項所規定羈押被告之期間，偵察中不得逾「二

必要者，得於期間未滿前，經法院依第一百零一條訊問被告後，以裁定延長之。在偵察中延長羈押期間，應由檢察官附具體理由，至遲於期間屆滿之五日前聲請法院裁定。

前項裁定，除當庭宣示者外，於期間未滿前以正本送達於被告後，發生延長羈押之效力。

審判中之羈押期間，自卷宗及證物送交法院之日起算。起訴或裁判後送交前之羈押期間算入偵察中或原審法院之羈押期間。

延長羈押期間，偵察中不得逾一月，以延長一次為限。審判中每次不得逾二月，如所犯最重本刑為十年以下有期徒刑以下之刑者，第一審、第二審以二次為限，第三審以一次為限。

案件經發回者，其延長羈押期間之次數，應更新計算。

羈押期間已滿未經起訴或裁判者，視為撤銷羈押，法院應將被告釋放。但得命具保、責付

必要者，得於期間未滿前，由法院裁定延長之。在偵察中延長羈押期間，應由檢察官聲請所屬法院裁定。

延長羈押期間，每次不得逾二月，偵察中以一次為限。如所犯最重本刑為十年以下有期徒刑以下之刑者，審判中第一審、第二審以三次為限，第三審以一次為限。

案件經發回者，其延長羈押期間之次數，應更新計算。

羈押期間已滿未經起訴或裁判者，視為撤銷羈押。但得命具保、責付或限制住居。

案件經上訴者，延長羈押期間，由上訴法院裁定之。但卷宗及證物尚在原審法院者，應由原審法院裁定之。

月」，修正為不得逾「一月」，審判中不得逾「三月」，修正為不得逾「二月」。

2.法院裁定延長羈押期間前，宜賦予被告得陳述意見之機會，爰明定法院應依第一百零一條訊問被告後，始得裁定延長羈押期間，以保障人權。

3.在偵察中延長羈押期間，現行條文僅規定應由檢察官聲請法院裁定，至於應否附具體理由，則未規定，為期慎重，並確保人權，爰修正為偵察中之延長羈押期間，應由檢察官附具體理由，至遲於期滿五日前聲請法院裁定。

4.七十八年十二月法院組織法修正後，檢察官乃隸屬於檢察署而非法院所屬，爰將第一項之「所屬」二字省略。

二、法院裁定延長羈押期間，須及時使被告知悉，始符合憲法保障人身自由之意旨，爰增列第二項，規定延長羈押期間之裁定，除當庭宣示者外，須於期間屆滿前以正本送達被告後，始發生延長羈押之效力。（第一項已配合修正規定檢察官聲請延長羈押期間者，至遲應於期間屆滿之五日前為之。）

三、審判中之羈押期間，究自何時起算，現行法並無明文，為保護被告權益，爰增訂第三項，規定自卷宗及證物送交法院之日起算，並明定起訴或裁判後送交前之羈押期間，算入偵察中或原審法院之羈押期間，以

或限制住居。

（行政院另有不同
意見）

杜爭議。

四、延長羈押期間，事涉基本人權，
允宜審慎為之，尤其偵察中更應從
速蒐集證據，以決定是否起訴，其延
長羈押期間不宜過長，爰將偵察中
延長羈押之期間，由不得逾「二月」
修正為不得逾「一月」，並維持延長
一次為限之規定。至審判中延長羈
押之期間，則仍維持現行規定。惟為
期從速審結所犯最重本刑為十年以
下有期徒刑以下之刑之罪之案件，
於第一審、第二審延長羈押之次數，
均由「以三次為限」，修正為「以二
次為限」，第三審則仍維持「以一次
為限」。又原第二項規定因新增第二
項及第三項，爰改列為第四項。

五、原第三項不修正，改列第五項。

六、羈押權係由法院行使，僅法院有
釋放之權，如因羈押期間已滿未經
起訴或裁判而視為撤銷羈押，自應
由法院將被告釋放，爰將原第四項
修正明定，並改列為第六項。

七、審判中之羈押期間，既經新訂為
自卷宗及證物送交法院之日起算，
且起訴或裁判後送交前之羈押期
間，算入偵察中或原審法院之羈押
期間，即不至於發生現行條文第五
項規定之情形，爰將該項予以刪除。

行政院意見：

1.本條第六項所定，係因羈押期滿
而由法律擬制撤銷羈押，此際如命
具保而被告拒保，亦不得再行羈押，
則本項但書規定「得命具保、責付或
限制住居」，並無意義，建議刪除（現

		行條文第二百五十九條第一項但書之類似規定亦已刪除）。 2 經法律擬制撤銷羈押後之釋放行為，係屬義務，並非權力（本條修正說明六認係「釋放權」，似有誤會），此與撤銷羈押（權）之性質，有所不同。羈押經法律擬制撤銷後，即有釋放被告之義務，並非僅有羈押權之法院始得釋放。因此，偵察中之在押被告，自應由檢察官立即釋放，較能保障人權。 3.綜上，本條第六項建議修正為「羈押期間已滿未經起訴或裁判者，視為撤銷羈押，檢察官或法院應將被告釋放」。
第一百十條 被告及得為其輔佐人之人或辯護人，得隨時具保，向法院聲請停止羈押。 檢察官於偵查中得聲請法院命被告具保停止羈押。 偵查中之具保停止羈押，除有第一百十四條及前項情形者外，應徵詢檢察官之意見。	第一百十條 被告及得為其輔佐人之人或辯護人，得隨時具保，聲請停止羈押。	一、羈押權係由法院行使，僅法院有許可停止羈押之權，爰將現行條文修正列為第一項，明定具保聲請停止羈押，應向法院為之。 二、偵查中羈押之被告，應賦予檢察官得聲請法院命具保停止羈押之權，爰在第二項訂定明文，俾檢察官之聲請，有法律上之依據。 三、案件偵查中，法院是否許可被告停止羈押之聲請，固不受檢察官意見之拘束，惟如參酌檢察官之意見後所為許可與否之裁定，必較周延，爰增訂第三項，明定偵查中之具保停止羈押，應徵詢檢察官之意見。但具保停止羈押，係由檢察官聲請者，自無須再向之徵詢意見；如法院認有第一百十四條之情形者，依法既不得駁回，性質上亦須迅速處理，自無先行徵詢檢察官意見之必要，故

		設除外規定予以排除。
第一百十四條 羈押之被告，有左列情形之一者，如經具保聲請停止羈押，不得駁回： 一　所犯最重本刑為三年以下有期徒刑、拘役或專科罰金之罪者。但累犯、常業犯或有犯罪之習慣者，不在此限。 二　懷胎五月以上或生產後二月未滿者。 三　現罹疾病，非保外治療顯難痊癒者。	**第一百十四條** 羈押之被告，有左列情形之一者，如經具保聲請停止羈押，不得駁回： 一　所犯最重本刑為一年以下有期徒刑、拘役或專科罰金之罪者。 二　懷胎五月以上或生產後二月未滿者。 三　現罹疾病，非保外治療顯難痊癒者。	一、羈押處分剝奪人身自由，應審慎為之，爰將第一款限制輕罪羈押及具保聲請停止羈押不得駁回之基準，由最重本刑「一年」以下有期徒刑、拘役或專科罰金之罪，修正為最重本刑「三年」以下有期徒刑、拘役或專科罰金之罪，以兼顧被告之權益。惟被告如係累犯、常業犯或有犯罪之習慣者，其惡性較重，故設但書予以除外。 二、第二款及第三款均不修正。
第一百十六條之一 第一百十條第二項、第三項之規定，於前二條之責付、限制住居準用之。		具保、責付或限制住居，均為停止羈押執行之方法，第一百十條第二項、第三項之規定，於法院依第一百十五條、第一百十六條命責付或限制住居而停止羈押時，宜予準用，爰增訂本條明定之。
第一百十七條 停止羈押後，有左列情形之一者，得命再執行羈押： 一　經合法傳喚無正當之理由不到場者。 二　受住居之限制而違背者。 三　新發生第一百零一條第一項各款所定情形之一者。 偵查中有前項情形之	**第一百十七條** 停止羈押後，有左列情形之一者，得命再執行羈押： 一　經合法傳喚無正當之理由不到場者。 二　受住居之限制而違背者。 三　新發生第七十六條所定之情形者。	一、原條文列為第一項。 二、第一百零一條之被告羈押要件業已修正，本條第一項第三款命再執行羈押之要件亦配合修正。 三、偵查中亦有可能發生再羈押之情形，故增列第二項，明定由檢察官向法院聲請。 四、本條規定之再執行羈押，與修正後第九十三條第二項及第三項但書規定之檢察官聲請羈押，以被告經拘提或逮捕者為限之情形無涉，故檢察官依本條第二項聲請再執行羈

一者，檢察官得聲請法院行之。		押者，不以被告經拘提或逮捕者為限。
第一百二十條 （刪除）	第一百二十條 被告經訊問後，雖有第七十六條各款所定情形之一而無羈押之必要者，得逕命具保、責付或限制住居。其有第一百十四條各款所定情形之一者，非有不能具保、責付或限制住居之情形，不得羈押。	本條刪除，另行增訂為第一百零一條之一。
第一百二十一條 第一百零七條第一項之撤銷羈押、第一百零一條之一、第一百零八條第六項、第一百零九條之命具保、責付或限制住居、第一百十條第一項、第一百十五條及第一百十六條之停止羈押、第一百十八條第一項之沒入保證金、第一百十九條第二項之退保，以法院之裁定行之。 案件在第三審上訴中，而卷宗及證物已送交該法院者，前項處分由第二審法院裁定之。 第二審法院於為前項裁定前，得向第三審法院調取卷宗及證物。 檢察官依第一百十八	第一百二十一條 第一百零七條之撤銷羈押、第一百零八條第四項、第一百零九條之命具保、責付或限制住居、第一百十條、第一百十五條及第一百十六條之停止羈押、第一百十七條之再執行羈押、第一百十八條之沒入保證金、第一百十九條第二項之退保及前條之命具保、責付或限制住居，以法院之裁定或檢察官命令行之。 案件在第二審上訴期間內或上訴中，而卷宗及證物尚在第一審法院者，前項處分，應由第一審法院裁定之，在第三審上訴期間內或上訴中者，由第二審法	一、第一百零七條、第一百十條及第一百十八條均新增第二項，原條文已改列為第一項，第一百零八條第四項已修正為第六項，第一百二十條已修正移列為第一百零一條之一，爰將本條第一項文字配合修正。另配合司法院釋字第三九二號解釋意旨，將第一項原定「或檢察官命令」字樣刪除。又原第一項所規定「第一百十七條之再執行羈押」，性質上亦屬羈押，本應適用羈押之規定，故將之刪除。 二、第一百零八條修正草案中既已增列第三項，規定審判中之羈押期間，自卷宗及證物送交法院之日起算，裁判後卷證送交上訴審法院前之羈押期間，仍算入原審法院之羈押期間，則於上訴審法院上訴期間內或提起上訴後卷證送交前，關於本條第一項撤銷羈押，或命具保、責付、限制住居等處分，自仍應由原審法院本於職權而為裁定，已無待於

條第二項之沒入保證
金、第一百十九條第二
項之退保及第九十三
條第三項但書、第二百
二十八條第三項命具
保、責付或限制住居，
於偵查中以檢察官之
命令行之。

（行政院另有不同
意見）

院裁定之。

明文規定，故將原第二項刪除。

三、第三審係法律審，不宜就事實上
之事項而為裁定，故案件在第三審
上訴中且卷宗及證物已送交該法院
者，於第三審法院羈押期間內，有關
第一項處分，規定由第二審法院裁
定。惟第二審法院因無卷證資料，倘
為裁定有參閱必要，自得向第三審
法院調閱，爰增訂第二項及第三項
規定。

四、檢察官既仍得為具保、責付或限
制住居之決定，則於偵查中之沒入
保證金、退保及命具保、責付或限制
住居，亦可由檢察官以命令行之，爰
增訂第四項。

行政院意見：

配合修正條文第一百零八條第六項
之修正建議，建議將本條第一項所
定「第一百零八條第六項」文字刪
除。

第二百二十八條
檢察官因告訴、告發、
自首或其他情事知有
犯罪嫌疑者，應即開始
偵查。
實施偵查非有必要，不
得先行傳訊被告。
被告未經拘提或逮捕
者，經檢察官訊問後，
得命具保、責付或限制
住居，不得聲請法院羈
押。

（行政院另有不同

第二百二十八條
檢察官因告訴、告發、
自首或其他情事知有
犯罪嫌疑者，應即開始
偵查。
實施偵查非有必要，不
得先行傳訊被告。

一、檢察官依修正後第九十三條第
三項規定，訊問經拘提或逮捕到場
之被告或犯罪嫌疑人，既得命具保、
責付或限制住居，則對於經傳喚到
場之被告，檢察官亦應得為相同處
分，故增列第三項前段。惟依憲法第
八條第二項及司法院釋字第三九二
號解釋意旨，其經拘捕後之嫌犯，方
有移送法院審問羈押之可言，由於
本項被告未經拘提或逮捕，爰明定
此時檢察官不得聲請法院羈押，以
重人權。

二、第一項及第二項均不修正。

三、對於非經拘提或逮捕到場者，檢

意見)

察官依刑事訴訟法第八十八條之一第二項拘提並聲請羈押者，與本條第三項之情形不同，無該禁止規定之適用。

行政院意見：

1.本條修正採「逮捕拘提前置」原則，未經逮捕拘提之被告經檢察官訊問後，如有羈押之必要者，仍須再踐行逮捕拘提手續始得聲請羈押，惟依現行有關拘提及逮捕之規定，對自動到案之被告在適用上均有扞格之處。依本條修正規定，犯罪嫌疑人自行至司法警察機關說明者，司法警察尚可向檢察官請得拘票後，將其拘提至檢察機關，檢察官於訊問後仍可聲請羈押；惟犯罪嫌疑人如逕至檢察官處說明時，檢察官本有核發拘票之權，卻反而不能予以拘提或逮捕（依現行第八十八條之一規定逕行拘提之情形除外），亦不能聲請羈押，至不合理，且有礙偵查實務之運作。

2.按憲法第八條第二項旨在規定人民因犯罪嫌疑被逮捕拘禁後應處理之程序（重在人身自由被剝奪以後，應儘速由法院決定是否繼續拘禁，並賦予人民救濟之權利），而非在規定何種情形可羈押被告，故羈押前之逮捕拘提程序並非憲法第八條之規範對象。否則，本修正草案對案件在審判中排除「逮捕拘提前置原則」之適用，即有違憲之虞。且本條修正係仿日本立法例，惟日本刑事訴訟法並無與本條第三項類似之規定，

		且其實務上對「逮捕前置」之解釋，重在羈押前逮捕之合法性，而非在「不得聲請羈押」，復查其他主要國家之立法例，亦均乏類似之規範。
		3.被告到案之方式與其是否符合羈押之條件並無關聯，故不應因被告未經逮捕拘提即認無羈押之理由。且因羈押被告所為之拘束自由行為與因強制被告到場所為之拘提及逮捕行為（現行犯及通緝犯）其性質及目的均不相同，亦非當然有階段關係，故有必要在本條另設一有為羈押之必要而「逕行逮捕」之規定。
		4.綜上，本條第三項建議修正為「被告經傳喚、自首或自行到場者，檢察官於訊問後，得命具保、責付或限制住居。但認有第一百零一條第一項之情形者，得予逮捕，並將逮捕所依據之事實告知被告後，聲請法院羈押之。第九十三條第二項、第三項、第五項之規定於本項之情形準用之。」
第二百二十九條 左列各員，於其管轄區域內為司法警察官，有協助檢察官偵查犯罪之職權： 一　警政署署長、警政廳廳長、警察局局長或警察總隊總隊長。 二　憲兵隊隊長。 三　依法令關於特定事項，得行司法警察官之職權者。	**第二百二十九條** 左列各員，於其管轄區域內為司法警察官，有協助檢察官偵查犯罪之職權： 一　縣（市）長。 二　警政廳長、警務處長或警察局長。 三　憲兵隊長官。 前項司法警察官，應將偵查之結果，移送該管檢察官；如接受被拘提	一、第一項部分： 1.縣（市）長兼理司法之方式，已為民主法治國家所不取，爰將本項第一款刪除。 2.第二款改列為第一款，並配合現制及參照調度司法警察條例第二條第二款，將原規定修正為「警政署署長」、「警政廳廳長」、「警察局局長」，另增列「警察總隊總隊長」為司法警察官。 3.第三款改列為第二款，並將語意不明之「憲兵隊長官」修正為「憲兵

前項司法警察官,應將偵查之結果,移送該管檢察官;如接受被拘提或逮捕之犯罪嫌疑人者,除有特別規定外,應解送該管檢察官。但檢察官命其解送者,應即時解送。

被告或犯罪嫌疑人未經拘提或逮捕者,不得解送。

或逮捕之犯罪嫌疑人認其有羈押之必要時,應於二十四小時內移送該管檢察官。但檢察官命其移送者,應即時移送。

隊隊長」。

4.增列第三款,期使依法令關於特定事項得行司法警察官職權之人員,得依本款規定行使其職權。

二、依司法院釋字第三九二號解釋意旨,憲法第八條第二項之二十四小時,檢警應同受約束,且僅法院有羈押被告之權,原第二項之規定,易使人誤會檢察官不受上開二十四小時之限制,爰將「應於二十四小時內移送該管檢察官」修正為「應解送該管檢察官」;另因有第九十二條第二項但書之增訂,增列「除有特別規定外」字樣,以資配合。

三、為保障人權,對於非現行犯、通緝犯或拘提到案之人犯,規定不得解送檢察官處理,爰增列第三項。

第二百五十九條

羈押之被告受不起訴之處分者,視為撤銷羈押,檢察官應將被告釋放,並即陳報法院。

為不起訴處分者,扣押物應即發還。但再議期間內或聲請再議中遇有必要情形或應沒收或為偵查他罪或他被告之用應留存者,不在此限。

(行政院另有不同意見)

第二百五十九條

羈押之被告受不起訴之處分者,視為撤銷羈押。但再議期間內或聲請再議中,得命具保、責付或限制住居;遇有必要情形,並得命繼續羈押之。

為不起訴之處分者,扣押物應即發還;但應沒收或為偵查他罪或他被告之用應留存者,不在此限。

一、為使偵查中之羈押期間切實遵守第一百零八條之規定,以維護人權,刪除第一項但書規定。

二、羈押之被告受不起訴之處分者,既視為撤銷羈押,雖在再議期間內或聲請再議中,亦不得命具保、責付或限制住居,無保護被告權益,爰訂定明文,規定檢察官應將被告釋放。惟羈押權係由法院行使,法院對檢察官之釋放被告,自得為必要之審查,併明定檢察官釋放被告後,應即陳報法院。

三、案件於不起訴處分後,依本條第二項規定,除係應沒收或為偵查他罪或他被告之用,應留存者外,應即發還。惟此際如經告訴人聲請再議,經撤銷原處分,命令續行偵查或起

		訴時，該原可為證據或得沒收之物，倘因發還致滅失，而無法再行扣押，勢將影響該案之續行偵查及日後之審判。爰參照第三百十七條但書之體例，於本條第二項但書增列「再議期間內或聲請再議中遇有必要情形」，以資適用。 **行政院意見：** 建議在修正條文之「說明」，載明第二百五十九條第一項所稱陳報，應屬通知性質，毋須法院核准。

2.提審法之修正：

第 1 條　人民被法院以外之任何機關逮捕拘禁時，其本人或他人得向逮捕拘禁地之地方法院聲請提審。

（原條文）人民被法院以外之任何機關非法逮捕拘禁時，其本人或他人得向逮捕拘禁地之地方法院，或其所隸屬之高等法院聲請提審。

六、本案參考資料（依發表、出版先後編排）

1. 吳耀宗，〈論犯罪偵查之主體——從大法官會議釋字第三九二號解釋所引起的波瀾談起〉，《刑事法雜誌》，第四十卷第四期，頁六七至一○九，民國八十五年八月。

2. 張俊雄國會辦公室，〈世紀之辯：張俊雄與李登輝、馬英九的憲法法理之爭〉，民國八十六年。

3. 陳宏毅，〈大法官議決釋字第三九二號解釋對檢警人員偵辦刑案之衝擊〉，《警專學報》，第二卷第二期，頁三三至四二，民國八十六年一月。

4. 陳運財，〈釋字第三九二號解釋與刑事訴訟制度的變革〉，《刑事法雜誌》，第四十一卷第四期，頁一至四一，民國八十六年二月。

5.陳志龍，〈一九九七年修正刑事訴訟法的法理探討（上）——兼論受大法官會議釋字第三九二號法理影響〉，《律師雜誌》，第二二○期，頁一九至三六，民國八十七年一月。

6.陳志龍，〈一九九七年修正刑事訴訟法的法理探討（下）——兼論受大法官會議釋字第三九二號法理影響〉，《律師雜誌》，第二二一期，頁七○至八○，民國八十七年二月。

7.尹章華，〈司法院大法官會議釋字第三九二號解釋試評〉，《法律評論》，第六十四卷第一三二九期，頁一二至二八，民國八十七年三月。

七、釋字第三九二號解釋文及解釋理由書

解釋日期：民國八十四年十二月二十二日

資料來源：《總統府公報》第六○八二號，頁四至十七

解 釋 文

　　司法權之一之刑事訴訟、即刑事司法之裁判，係以實現國家刑罰權為目的之司法程序，其審判乃以追訴而開始，追訴必須實施偵查，迨判決確定，尚須執行始能實現裁判之內容。是以此等程序悉與審判、處罰具有不可分離之關係，亦即偵查、訴追、審判、刑之執行均屬刑事司法之過程，其間代表國家從事「偵查」「訴追」「執行」之檢察機關，其所行使之職權，目的既亦在達成刑事司法之任務，則在此一範圍內之國家作用，當應屬廣義司法之一。憲法第八條第一項所規定之「司法機關」，自非僅指同法第七十七條規定之司法機關而言，而係包括檢察機關在內之廣義司法機關。

　　憲法第八條第一項、第二項所規定之「審問」，係指法院審理之訊問，其無審判權者既不得為之，則此兩項所稱之「法院」，當指有審判權之法官所構成之獨任或合議之法院之謂。法院以外之逮捕拘禁機關，依上開憲法第八條第二項規定，應至遲於二十四小時內，將因犯罪嫌疑被逮捕拘禁之

人民移送該管法院審問。是現行刑事訴訟法第一百零一條、第一百零二條第三項準用第七十一條第四項及第一百二十條等規定，於法院外復賦予檢察官羈押被告之權；同法第一百零五條第三項賦予檢察官核准押所長官命令之權；同法第一百二十一條第一項、第二百五十九條第一項賦予檢察官撤銷羈押、停止羈押、再執行羈押、繼續羈押暨其他有關羈押被告各項處分之權，與前述憲法第八條第二項規定之意旨均有不符。

憲法第八條第二項僅規定：「人民因犯罪嫌疑被逮捕拘禁時，其逮捕拘禁機關應將逮捕拘禁原因，以書面告知本人及其本人指定之親友，並至遲於二十四小時內移送該管法院審問。本人或他人亦得聲請該管法院，於二十四小時內向逮捕之機關提審。」並未以「非法逮捕拘禁」為聲請提審之前提要件，乃提審法第一條規定：「人民被法院以外之任何機關非法逮捕拘禁時，其本人或他人得向逮捕拘禁地之地方法院或其所隸屬之高等法院聲請提審。」以「非法逮捕拘禁」為聲請提審之條件，與憲法前開之規定有所違背。

上開刑事訴訟法及提審法有違憲法規定意旨之部分，均應自本解釋公布之日起，至遲於屆滿二年時失其效力；本院院解字第四〇三四號解釋，應予變更。至於憲法第八條第二項所謂「至遲於二十四小時內移送」之二十四小時，係指其客觀上確得為偵查之進行而言。本院釋字第一三〇號之解釋固仍有其適用，其他若有符合憲法規定意旨之法定障礙事由者，自亦不應予以計入，併此指明。

理 由 書

本件係因：一、立法院依其職權審查刑事訴訟法修正案，為憲法第八條第一項前段所稱之「司法機關」是否包括檢察機關，發生疑義，聲請本院解釋；二、許信良於其憲法所保障之權利，認為遭受不法侵害，經依法定程序提起訴訟，對於確定終局裁判所適用之法律發生有牴觸憲法之疑義，聲請本院解釋；三、立法委員張俊雄等五十二名就其行使職權適用憲法發生疑義，聲請解釋，均符合司法院大法官審理案件法第五條第一項之規定；

四、臺灣臺中地方法院法官高思大於行使職權適用憲法發生疑義，依本院釋字第三七一號解釋，聲請解釋，亦屬有據；經大法官議決應予受理及將上開各案合併審理，並依司法院大法官審理案件法第十三條第一項通知聲請人等及關係機關法務部指派代表，於中華民國八十四年十月十九日及十一月二日到場，在憲法法庭行言詞辯論，同時邀請法官代表、法律學者、律師代表到庭陳述意見，合先說明。

　　本件聲請人等之主張略稱：一、自文義及體系解釋之觀點，憲法第八條第一項前段所稱之司法機關，應同於憲法第七十七條所規定之司法機關，即專指「掌理民事、刑事、行政訴訟之審判及公務員之懲戒，而其行政監督系統上係以司法院為最高機關之機關」。自權力分立原理，組織結構功能之觀點，司法權即審判權，具正義性、被動性、公正第三者性及獨立性之特徵，與檢察權之公益性、主動性、當事人性及檢察一體、上命下從特徵，截然不同。司法院釋字第十三號解釋但書之說明「實任檢察官之保障，依同法第八十二條及法院組織法第四十條第二項之規定，除轉調外，與實任推事同」，則僅在說明法院組織法對檢察官之保障，係比照法官之規定現狀，不能改變檢察官在憲法上屬於行政機關之基本地位。二、依憲法第八條第一項：「非由法院依法定程序，不得審問、處罰。」是憲法所稱之「法院」，係專指有「審問處罰」權之法院而言；而所謂有「審問處罰」權之機關，依憲法第七十七條乃專指有審判權之各級法院。檢察官並未擁有「審問處罰」之權限，自非憲法上所稱之法院。憲法第八條第二項後段所稱之法院，既僅指有提審權、負責審判之狹義法院，不包括檢察官，則列於同條項前段之「法院」，自應與之為同一解釋，亦即同條第二項前段之「法院」僅指負責審判之法院，不含檢察官在內。三、基於保障人民訴訟權之觀念，以「當事人對等原則」配合理解憲法第八條第一項所規定正當「法律程序」之意義，益可證明同條項前段所稱之「司法機關」，不應包括檢察機關在內。若使代表國家身為刑事訴訟程序當事人之檢察官亦得決定、執行羈押者，非但不符「當事人對等」亦折損實質正當之「法律程序」之嚴肅意義，以及人民對於國家訴追犯罪之公信力。故應將檢察官排除於「司法機關」之

外，始能符合正當法律程序之憲法意義。四、就我國憲法第八條之立法沿革言，歷次憲法或草案均將提審之權力，專屬於負責審判之狹義法院。提審法第一條所規定非法逮捕拘禁之要件，增加憲法第八條第二項所未規定之限制，實則依該條之意旨，縱為合法之逮捕拘禁，亦得聲請提審，且極易令人誤解「非法」與否之認定權，委之於法院以外之機關（如檢察官），無異剝奪人民之提審權，架空憲法保障人身自由之崇高內涵，顯與憲法第八條第二項之意旨不符。五、依憲法第八條第一項前段、第二項、第三項規定：「人民身體之自由應予保障，除現行犯之逮捕，由法律另定外，非經司法或警察機關依法定程序，不得逮捕拘禁。……人民因犯罪嫌疑被逮捕拘禁時，其逮捕拘禁機關應將逮捕拘禁原因，以書面告知本人及其本人指定之親友，並至遲於二十四小時內移送該管法院審問。本人或他人亦得聲請該管法院，於二十四小時內，向逮捕機關提審。法院對於前項聲請不得拒絕，並不得先令逮捕拘禁之機關查覆。逮捕拘禁之機關，對於法院之提審，不得拒絕或遲延」。由上開規定可知，法院以外之機關不得拘禁人民二十四小時以上，從而現行刑事訴訟法第一百零八條規定賦予檢察官得拘禁人民之人身自由達二月以上而不移送法院審問，顯有違憲之疑義等語。

　　關係機關主張略稱：一、司法權的定義應從目的性及功能性角度觀察，非單從組織配屬的形式來判斷。故司法權除審判權外，至少尚包括解釋權、懲戒權及檢察權。司法機關包括檢察機關為實務界及憲法學者通說。司法院釋字第十三號、第三二五號、第三八四號解釋，均間接或直接肯定檢察機關是司法機關。檢察機關今雖隸屬法務部，但法院組織法為強化檢察官獨立行使職權，規定法務部長僅有行政監督權而無業務指揮權，不能影響檢察官辦理個案之獨立性。二、五權憲法與三權憲法理論基礎相異，其係在揚棄三權分立之防弊制衡理念，而強調平等相維、分工合作之互助機能；現縱認為檢察官不是司法官，擁有羈押權不符合西方司法民主化分權制衡之標準，亦是立法政策問題，而非違憲問題，倘符合法定程序，檢察官應亦有羈押被告之權。三、就制憲背景而言，以立憲當時檢察官配屬法院及逮捕拘禁機關多為警察機關之事實，憲法第八條第二項前段規定之「法院」，

應指包含檢察機關在內之廣義法院；況自民國十六年建立檢察官配置法院之體制，雖歷經法院組織法之制定及多次修正，迄今均未改變，則上開「法院」之應包括檢察機關，要無疑義。四、「處罰」固為審判機關之職權；但「審問」則係指檢察官偵查中之訊問，不然案件尚未起訴，何來審問，另所謂「追究」亦係「追訴」之意。五、就制憲沿革論，訓政時期約法規定為「審判機關」，而其後之五五憲草及現行憲法均規定為「法院」，捨「審判機關」之語於不用，可見其係採廣義法院。六、憲法第八條第二項規定之性質為迅速移送條款，乃繼受自外國立法例，參酌一九五三年九月三日生效之「歐洲保障人權及基本自由公約」第五條、一九七六年三月二十三日生效之「聯合國公民及政治權利國際盟約」第九條、一九七八年六月生效之「美洲人權公約」第七條，其對因犯罪嫌疑而遭逮捕拘禁之人，一致規定其應迅速解送至「法官或其他依法執行司法權之官員」，顯然上開公約均認為受理解送人犯之機關並不限於法官，僅受理提審聲請之機關，始限於狹義之審判法院。七、我國檢察官係偵查之主體，且為公益代表，非以追求被告有罪判決為唯一目的，與他國之單純公訴人不同，而其原具預審法官之性質，自不能謂其不應擁有羈押權。八、提審法第一條所稱「非法逮捕拘禁」，係指無逮捕拘禁權力之機關而為逮捕拘禁，或雖有逮捕拘禁權而逮捕拘禁後超過二十四小時之情形而言，與憲法第八條第二項後段之規定，並無不符，亦無另加限制之情形；且同詞異義所在多有，本條項前段之法院自可與後段之法院作不同之解釋。九、憲法之解釋不能不兼顧「合理」與「可行」，認憲法第八條第二項所稱之法院僅為狹義之法院，將使逮捕後須將犯罪嫌疑人於二十四小時內解送法官，從而迫使檢察官須與警察合用二十四小時，比較各國法制，該合用之二十四小時顯然過短，既不合理又不可行云云。

　　本院斟酌聲請人等及關係機關之主張暨法官代表、法律學者、律師代表陳述之意見，作成本解釋，其理由如左：

　　按所謂「司法」，觀念上係相對於立法、行政而言（我國之憲制則尚包括考試、監察）。概念上原屬多義之法律用語，有實質意義之司法、形式意

義之司法與狹義司法、廣義司法之分。其實質之意義乃指國家基於法律對爭訟之具體事實所為宣示（即裁判）以及輔助裁判權行使之作用（即司法行政）；其形式之意義則凡法律上將之納入司法之權限予以推動之作用者均屬之——如現行制度之「公證」，其性質原非屬於司法之範疇；但仍將之歸於司法予以推動，即其一例。所謂狹義之司法、即固有意義之司法，原僅限於民刑事裁判之國家作用，其推動此項作用之權能，一般稱之為司法權或審判權，又因係專指民刑事之裁判權限，乃有稱之為裁判權者；惟我國之現制，行政訴訟、公務員懲戒、司法解釋與違憲政黨解散之審理等「國家裁判性之作用」應亦包括在內，亦即其具有司法權獨立之涵義者，均屬於此一意義之司法，故憲法第七章所規定之司法院地位、職權，即其第七十七條所稱司法院為國家最高「司法機關」、第七十八條之司法解釋權，與增修條文第四條第二項之審理政黨違憲之解散事項均可謂之為狹義司法。至於其為達成狹義司法之目的所關之國家作用（即具有司法性質之國家作用），則屬廣義司法之範圍。

　　法院係職司審判（裁判）之機關，亦有廣狹兩義，狹義之法院乃指對具體案件由獨任或數人合議以實行審判事務，即行使審判權之機關，此即訴訟法上意義之法院；廣義之法院則指國家為裁判而設置之人及物之機關，此即組織法上意義之法院。故狹義之法院原則上係限於具有司法裁判之權限（審判權）者，亦即從事前述狹義司法之權限（審判權）而具備司法獨立（審判獨立）之內涵者，始屬當之；而其在此一意義之法院執行審判事務（即行使審判權）之人即為法官，故構成狹義法院之成員僅限於法官，其於廣義法院之內，倘所從事者，並非直接關於審判權之行使，其成員固非法官，其機關亦非狹義之法院，故就審判之訴訟程序而言，法院（狹義法院）實與法官同義，均係指行使審判權之機關，兩者原則上得予相互為替代之使用。因是法條本身若明定為「法官」，則除其係關於法官其「人」之規定外（如法官身分、地位之保障、法官之迴避等），關於審判權行使之事項，其所謂之法官當然即等於法院。憲法各條有關「法院」「法官」之規定，究何所指，當亦應依此予以判斷。

　　我國現制之檢察官係偵查之主體，其於「刑事」為公訴之提起，請求法院為法律正當之適用，並負責指揮監督判決之適當執行；另於「民事」復有為公益代表之諸多職責與權限，固甚重要（參看法院組織法第六十條、刑事訴訟法第二百二十八條以下）；惟其主要任務既在犯罪之偵查及公訴權之行使，雖其在「訴訟上」仍可單獨遂行職務（法院組織法第六十一條參看）；但關於其職務之執行則有服從上級長官（檢察首長）命令之義務（法院組織法第六十三條），此與行使職權時對外不受任何其他國家機關之干涉，對內其審判案件僅依據法律以為裁判之審判權獨立，迥不相侔。至於檢察機關則係檢察官執行其職務之官署，雖配置於法院（法院組織法第五十八條），但既獨立於法院之外以行使職權，復與實行審判權之法院無所隸屬，故其非前述狹義之法院，其成員中之檢察官亦非法官之一員，要無疑義；惟雖如此，其實任檢察官之保障，除轉調外，則與實任法官同，此業經本院以釋字第十三號解釋有案，其仍應予適用，自不待言。

　　憲法第八條第一項規定：「人民身體之自由應予保障，除現行犯之逮捕由法律另定外，非經司法或警察機關依法定程序不得逮捕拘禁，非由法院依法定程序，不得審問處罰……」，此就司法權之一之刑事訴訟、即刑事司法之裁判言，既係以實現國家刑罰權為目的之司法程序，其審判乃以追訴而開始，追訴必須實施偵查，迨判決確定，尚須執行始能實現裁判之內容，是以此等程序悉與審判、處罰具有不可分離之關係，亦即偵查、訴追、審判、刑之執行均屬刑事司法之一連串過程，其間代表國家從事「偵查」「訴追」「執行」此一階段之檢察機關，其所行使之職權，目的既亦在達成刑事司法之任務，則在此一範圍內之國家作用，如前說明，當應屬廣義司法之一；而憲法於此復明定：「……非經司法或警察機關依法定程序不得逮捕拘禁……」，是此之所謂司法機關，就其功能予以觀察，自係指包括檢察機關在內之廣義司法機關之意；何況其將司法（警察）機關與法院並舉，先後予以規定，則此之司法機關應非指憲法第七十七條之司法機關而言，亦即非僅指狹義之法院，理至明顯；且刑事司法程序，其在偵查階段係由警察與檢察官為之，後者既負責調度指揮前者，其關於公訴權之行使復由檢

察官所擔任，是憲法前開規定之併列司法與警察機關之逮捕拘禁程序，其當然係包括檢察機關在內，應毋庸疑。

憲法第八條第二項規定：「人民因犯罪嫌疑被逮捕拘禁時，其逮捕拘禁機關應將逮捕拘禁原因，以書面告知本人及其本人指定之親友，並至遲於二十四小時內移送該管法院審問。本人或他人亦得聲請該管法院，於二十四小時內向逮捕之機關提審。」此前段之「移送該法院『審問』」與前述同條第一項之「……非由法院依法定程序不得『審問』」之所謂「審問」，係指法院為審理而訊問之意，其非有審判權者，自不得為之。故此之所謂「法院」當然指有審判權之法官所構成之獨任或合議之法院之謂，亦即刑事訴訟法上之狹義法院。況且前述憲法第八條第一項上段規定，既將司法（或警察）機關與法院並舉，賦予前者在刑事司法程序中有依法定程序逮捕拘禁之權，而定明唯有後者始有審問之權，則此之法院與憲法第八條第二項前段之法院均係指有獨立審判權之法官所構成者，尤屬無可置疑。

憲法第八條第二項後段：「……得聲請該管『法院』於二十四小時內向逮捕之機關提審」之法院，與同條第三項：「『法院』對於前項聲請不得拒絕，並不得先令逮捕拘禁之機關查覆。逮捕拘禁之機關對於『法院』之提審，不得拒絕或遲延」、第四項「人民遭受任何機關非法逮捕拘禁時，其本人或他人得向『法院』聲請追究，『法院』不得拒絕，並應於二十四小時內向逮捕拘禁之機關追究，依法處理」之「法院」，亦均限於擁有審判權之法院始屬相當；蓋第二項後段與第三項關於「提審」之規定，係仿自英美之「人身保護令狀」(Writ of Habeas Corpus)，考之此一制度，唯有審判機關之法院方有提審權之可言，檢察機關之無此一權限，本屬無可爭議，即聲請人等與關係機關（法務部）於此亦不爭執。至於同條第四項既係承續第三項而來之規定，且又明定為「追究」，非「追訴」，自不限於刑事程序。是憲法第八條第二項（不論前段、後段）與同條第三項、第四項所規定之「法院」均屬同義，亦即指法官所構成之審判機關——法院而言。

所謂「逮捕」，係指以強制力將人之身體自由予以拘束之意；而「拘禁」則指拘束人身之自由使其難於脫離一定空間之謂，均屬剝奪人身自由態樣

之一種。至於刑事訴訟法上所規定之「拘提」云者，乃於一定期間內拘束被告（犯罪嫌疑人）之自由，強制其到場之處分；而「羈押」則係以確保訴訟程序順利進行為目的之一種保全措置，即拘束被告（犯罪嫌疑人）身體自由之強制處分，並將之收押於一定之處所（看守所）。故就剝奪人身之自由言，拘提與逮捕無殊，羈押與拘禁無異；且拘提與羈押亦僅目的、方法、時間之久暫有所不同而已，其他所謂「拘留」「收容」「留置」「管收」等亦無礙於其為「拘禁」之一種，當應就其實際剝奪人身（行動）自由之如何予以觀察，未可以辭害意。茲憲法第八條係對人民身體自由所為之基本保障性規定，不僅明白宣示對人身自由保障之重視，更明定保障人身自由所應實踐之程序，執兩用中，誠得制憲之要；而羈押之將人自家庭、社會、職業生活中隔離，「拘禁」於看守所、長期拘束其行動，此人身自由之喪失，非特予其心理上造成嚴重打擊，對其名譽、信用——人格權之影響亦甚重大，係干預人身自由最大之強制處分，自僅能以之為「保全程序之最後手段」，允宜慎重從事，其非確已具備法定條件且認有必要者，當不可率然為之。是為貫徹此一理念，關於此一手段之合法、必要與否，基於人身自由之保障，當以由獨立審判之機關依法定程序予以審查決定，始能謂係符合憲法第八條第二項規定之旨意。現行刑事訴訟法第一百零一條：「被告經訊問後，認為有第七十六條所定之情形者，於必要時得羈押之。」、第一百零二條第三項準用第七十一條第四項之由檢察官簽名於押票以及第一百二十條：「被告經訊問後，……其有第一百十四條各款所定情形之一者，非有不能具保、責付或限制住居之情形，不得羈押。」等規定，於法院之外同時賦予檢察官羈押被告（犯罪嫌疑人）之權；同法第一百零五條第三項：「……束縛身體之處分，由押所長官命令之，並應即時陳報該管法院或檢察官核准。」之賦予檢察官核准押所長官命令之權；同法第一百二十一條第一項：「第一百零七條之撤銷羈押、……第一百十五條及第一百十六條之停止羈押、第一百十七條之再執行羈押……以法院之裁定或檢察官命令行之。」與第二百五十九條第一項：「羈押之被告受不起訴之處分……遇有必要情形，並得命繼續羈押之。」賦予檢察官撤銷羈押、停止羈押、再執行羈

押、繼續羈押暨其他有關羈押被告（犯罪嫌疑人）各項處分之權，與前述憲法第八條第二項規定之意旨均有不符。

又憲法第八條第二項僅規定：「人民因犯罪嫌疑被逮捕拘禁時，……本人或他人亦得聲請該管法院，於二十四小時內向逮捕之機關提審。」並未以「非法逮捕拘禁」為聲請提審之前提，亦即犯罪嫌疑人一遭法院以外之機關逮捕拘禁時，不問是否有「非法」逮捕拘禁之客觀事實，即得向該管法院聲請提審，無「合法」與「非法」逮捕拘禁之分；蓋未經該管法院之審問調查，實無從為合法與否之認定，乃提審法第一條規定：「人民被法院以外之任何機關非法逮捕拘禁時，其本人或他人得向逮捕拘禁地之地方法院或其所隸屬之高等法院聲請提審。」竟以「非法逮捕拘禁」為聲請提審之條件，要與憲法前開之規定有所違背。本院院解字第四○三四號解釋謂：「人民被法院以外之機關依法逮捕拘禁者自不得聲請提審」，既係以提審法第一條「非法逮捕拘禁」之限制規定乃屬合憲為前提而作之解釋，從而該號之解釋自應予變更。

上開刑事訴訟法及提審法有違憲法規定意旨之部分，均自本解釋公布之日起，至遲於屆滿二年時失其效力。再憲法第八條第一項雖亦賦予非狹義法院之司法（或警察）機關得依法定程序逮捕拘禁之權；然於同條第二項復規定其至遲於二十四小時內移送法院審問，以決定應否繼續予以拘禁，即為刑事訴訟法上之羈押與否，此當係本於前述保障人身自由之考量，因是不許法院（法官所構成者）以外之機關得長期拘束人民身體之自由；蓋國家為達成刑事司法究明案件真象之目的，非謂即可訴諸任何手段，即使係犯罪嫌疑人，其人身自由仍亦應予適當保障。惟雖如此，國家安全、社會秩序之維護亦不能置之不顧，憲法之所以賦予非法院之司法（或警察）機關逮捕拘禁之權，要在使其對犯罪行為人得為適當之偵查與訴追，是此所謂之二十四小時當係指其客觀上確得為此項目的之進行而言。因是本院釋字第一三○號解釋固仍有其適用，且依憲法第八條第二項前段規定，人民因犯罪嫌疑被逮捕拘禁時，其逮捕拘禁機關應至遲於二十四小時內移送該管法院審問。若該管法院於犯罪嫌疑人被逮捕拘禁時起二十四小時內，

經本人或他人聲請，向逮捕之機關提審，於審問調查後認為逮捕機關逮捕拘禁犯罪嫌疑人並無不合法之情形，即應將犯罪嫌疑人移還原逮捕機關繼續偵查。提審期間不應計入逮捕機關之二十四小時拘禁期間，乃屬當然，提審法有關規定，應併配合修正。其他若有符合憲法規定意旨之法定障礙事由者，自亦不應予以計入，併此指明。

　　至謂民國二十年公布之中華民國訓政時期約法第八條規定「人民因犯罪嫌疑被逮捕拘禁者，其執行或拘禁之機關，至遲於二十四小時內移送審判機關審問，本人或他人並得依法請求於二十四小時內提審。」而於民國二十五年之五五憲草及三十六年公布之現行憲法均未援用約法所曾用之「審判機關」，而改以「法院」乙節，此當係清末變法，改革司法，於光緒三十年（一九○六年）所擬定之「大理院審判編制法」以及宣統元年（一九○九年）所頒行之法院編制法，其於職司審判之機關除終審之大理院外，均以審判廳稱之（如高等審判廳、地方審判廳）。迨民國肇建，此一編制法原則上暫准援用，時間既久，或不免於沿用而出以「審判機關」之語，非可以此即謂其後使用「法院」乙語係有意排除狹義法院之審判機關，而採取所謂廣義之法院——包括檢察官在內；何況即令「法院」，其涵義仍亦應自功能性之為何予以觀察、判斷，此已述之如前，憲法即已明言「審問」，自僅指狹義之法院而不及於其他；抑且檢察官署既係配置於法院，則其本非實質法院之所屬，否則，何庸「配置」之舉，更遑論兩者職權之歧異，自不能僅因配置之乙端即謂制憲者當時係將檢察機關包括於憲法第八條第二項前段所規定之「法院」內；而況就立憲之沿革言，民國二年之中華民國憲法草案（天壇憲草）第五條就此係規定為「法庭」，十二年公布之「曹錕憲法」第六條亦規定為「法院」，迨十九年之「太原約法草案」第二十九條仍規定為「法院」，二十年之中華民國訓政時期約法第八條雖規定為「審判機關」；但二十五年之中華民國憲法草案（五五憲草）第九條及三十六年公布施行之中華民國憲法均規定為「法院」，似此先後或稱「法庭」、「法院」、「審判機關」以迄於「法院」，雖用語不一，但就內涵言，實則均係指職司審判之機關，即狹義之法院；固然憲法之解釋有其多種方法，惟單就本解

釋案所涉及之客觀說與主觀說而論，前者係以憲法之客觀規範意旨為解釋之依據，後者則須忠實反映制憲者之原意；然其雖係如此，仍亦應以制憲者已明確表明之憲法文字為依據，唯有在憲法文義不明，方應併將制憲當時之史料或背景加以佐証；蓋制憲原意之探求並非易事，其涉及起草者與制定者（批准者）之關係與各種史料紀錄之差異，若無一定之標準或依據，極易流於獨斷與恣意；況且所謂制憲當時存在之事實，本即屬憲法規範之對象，又何能再執該項事實以解釋憲法？茲憲法第八條之文義至為明白，其所稱之「法院」，倘遵循該條文字具體所顯示之整體意涵為客觀之解釋，實應僅指職司審判而具有審問、處罰之法官所構成之法院，此種解釋結果，不特符合憲法保障人身自由之精神，抑亦與先進民主憲政國家保障人身自由制度相契合，畢竟通常法律用語之「法院」，本即指行使審判權之機關。

　　憲法第九條已明定「人民除現役軍人外，不受軍事審判。」自不得謂同法第八條第一項所規定之「司法機關」旨在排除軍事機關之審問、處罰；且所謂「審問」原非必限於案件起訴之後，憲法第八條第二項所規定之「審問」意在審查其繼續「拘禁」、即羈押之必要與否，並非對案件之實體為審理，如德國現行刑事訴訟法第一百十七條之「羈押審查」(Haftprufung)，第一百十八條之羈押「言詞審理」(muendliche Verhandlung) 即均係起訴前決定羈押與否之規定，另日本刑事訴訟法第八十三條、第八十四條、第八十五條等關於羈押理由之告知，亦係在法庭為之。其主張前開憲法規定之「審問」係指檢察官偵查之訊問並以此謂該條項規定之法院應包括檢察官云云，要非確論。

　　憲法第八條第四項規定「人民遭受任何機關非法逮捕、拘禁……追究，法院不得拒絕，並應於二十四小時內……追究，依法處理」既係明定為「追究」，而與第五十二條「總統……不受刑事上之『訴究』」不同，顯見此之所謂「追究」與檢察官之「追訴」有間。或謂此種情形人民原得自行向檢察官告訴、告發；公務員執行職務知有犯罪嫌疑者亦應為告發，何庸多此一舉？然憲法之所以為如此之規定者，無非在於強調人身自由之保障，故將此一「追究」及「依法處理」於憲法內為規定，俾直接之保護。因是更

規定「法院不得拒絕，並應於二十四小時內追究，依法處理」，亦即不許法院為「追究」與否之自由裁量，且限期法院必須於二十四小時內為之，不許其援引一般之法令為搪塞，此亦所以同條第三項除明定不得拒絕外，更明示不得先令查覆之原因。

憲法第九十七條第二項所規定之「法院」究何所指？應否與第八條所規定者作同一涵義之解釋，此乃另一事；而法院組織法原非必須為配置檢察官（署）之規定不可，此觀之日本立法例分別制定「裁判所法」、「檢察廳法」即可明瞭。是憲法第八十二條：「司法院及各級『法院』之組織，以法律定之」之所謂「法院」，當然亦非必須解之為包括檢察官在內始係符合憲法規定。又本院釋字第十三號解釋，旨在闡釋實任檢察官之保障，而不在於檢察機關之是否為法院；蓋其既已明示憲法第八十條之法官不包含檢察官在內，則檢察官之不應為狹義法院之一員，理至明顯。其執該號解釋以及諸多法律關於「法院」用語之歧異，主張憲法第八條第二項之法院應包括檢察官云云，要屬誤解。

另一九五三年生效之歐洲人權及基本自由保障公約（(European) Convention for the Protection of Human Rights and Fundamental Freedoms) 第五條第三項所規定之「依法執行司法權力之其他官吏」(other officer authorised by law to exercise judicial power) 暨一九七六年生效之公民及政治權利國際盟約第九條第三項與一九七八年生效之美洲人權公約第七條第五項類同之規定，是否應包括檢察官，亦即人民被逮捕拘禁後，其所應解送之處，是否僅限於「法官」？此雖各執一詞，然參以歐洲人權法院於一九八八年關於「包威爾斯」乙案之判決所稱，若法律將犯罪偵查與公訴提起之權授予同一官吏，縱其係獨立行使職權，其職務之中立性仍應受質疑，有違前開公約第五條第三項所指之「依法執行司法權力之其他官吏」之規定等語 (G.Pauwels Case, Judgement of 26 May 1988, COUNCIL OF EUROPE YEARBOOK OF THE EUROPEAN CONVENTION ON HUMAN RIGHTS, 148–150(1988))，即不得賦予羈押人民之權，而我國之檢察官既為偵查之主體，且有行使公訴之權，是即令依據前述相關之國際公約，顯亦不應有刑

事訴訟法上之羈押權；何況我國憲法第八條第二項既明定為「法院」如上，而此之所謂法院係指有獨立審判權之法官所構成之狹義法院，亦已述之如前，尤不宜執此「國際盟約」、「公約」之規定主張我國憲法第八條第二項前段所稱之法院亦應包括「依法執行司法權力之其他官吏」如檢察官在內。

憲法第八條關於行使逮捕、拘禁、審問、處罰權限之規定具有憲法保留 (Verfassungsvorbehalt) 之性質，同條第二項前段之「法院」究何涵義，既如上述，自無所謂倘已符合正當程序，檢察官亦得擁有刑事訴訟法之羈押權問題。至於檢察官之為公益代表，監督法院裁判為正當之法律適用，非以追求被告有罪判決為唯一目的之諸多職責暨其係屬廣義之司法機關等等，雖屬實在，仍亦非可因此即謂憲法已同時賦予其刑事訴訟法上羈押被告之權。德國刑事訴訟法第一百六十條第二項亦明定，檢察官不僅對於不利且對於有利之情況，亦應注意發見，但仍無礙其於基本法下不擁有決定羈押被告之權。且如前述，憲法對人身自由係為直接之保障，其既明定法院以外之司法或警察機關，雖得依法定程序逮捕、拘禁人民；但仍不許逾越二十四小時，則所謂刑事訴訟法上羈押權歸屬係立法裁量之範疇云者，固非有據；而此二十四小時究竟合乎現實之需要與否？應否如同其他部分之國家然，規定為四十八小時、甚或七十二小時，此則屬於修憲之問題。

如前所述，法官行使職權，對外不受任何其他國家機關之干涉。其審判案件對內每位法官都是獨立，僅依據法律以為裁判；此與檢察官之行使職權應受上級長官（檢察首長）指揮監督者，功能上固不能相提併論；而法官之審判係出於被動，即所謂不告不理原則，其與檢察官之主動偵查，提起公訴，性質上亦截然有別。憲法第八條制定之目的既在保障人身自由，則就其規定之整體予以觀察，當以由法官構成之法院決定羈押與否，較能達成此一目的，本不涉及何者客觀公正之問題，否則警察機關豈非亦可賦予羈押之權，蓋就國家而言，何能懷疑警察機關之客觀公正性？因此，殊不得以審判中法院（法官）之得依職權為羈押乙事相比擬。又檢察官雖具有外國（如現在之法國、一九七五年前之德國、戰前之日本）預審法官

（juge d'instruction；Untersuchungsrichter；豫審判事）之部分職權；但其究非等同於預審法官；況德國於一九七五年修改刑事訴訟法，廢除預審制度後，其檢察官本於基本法之規定，仍亦未完全替代預審法官以擁有羈押被告之權。是其以我國檢察官具有預審法官之性格，即謂應有刑事訴訟法上羈押被告權限之主張，仍難認為有據。

　　總之，憲法並非靜止之概念，其乃孕育於一持續更新之國家成長過程中，依據抽象憲法條文對於現所存在之狀況而為法的抉擇，當不能排除時代演進而隨之有所變遷之適用上問題。從歷史上探知憲法規範性的意義固有其必要；但憲法規定本身之作用及其所負之使命，則不能不從整體法秩序中為價值之判斷，並藉此為一符合此項價值秩序之決定。人權保障乃我國現在文化體系中之最高準則，並亦為當今先進文明社會共同之準繩。作為憲法此一規範主體之國民，其在現實生活中所表現之意念，究欲憲法達成何種之任務，於解釋適用時，殊不得不就其所顯示之價值秩序為必要之考量。茲人身自由為一切自由之所本，倘人身自由未能獲得嚴謹之保護，則其他自由何有實現之可能！憲法第八條之規定既應予遵守，則為求貫徹此一規定之理念，本院認其應以前開解釋之適用，始有實現其所規定之目的之可能。爰予解釋如「解釋文」所示。

八、附錄：其他聲請人之聲請書

許信良聲請書

主　旨：

　　為臺灣高等法院七十八年度提字第三號刑事確定終局裁定及其所適用之提審法第一條、刑事訴訟法第一〇一條、第七十六條第四款等是否牴觸憲法呈請解釋事。

說　明：

壹、解決爭議必須釋憲之理由

一、憲法第八條第二項規定「人民因犯罪嫌疑被逮捕拘禁時，其逮捕拘禁之機關應將逮捕拘禁原因，以書面告知本人及其本人指定之親友，並至遲於二十四小時內移送該管法院審問。本人或他人亦得聲請該管法院於二十四小時內向逮捕拘禁之機關提審。」據此，人民於因犯罪嫌疑遭逮捕拘禁時，有權依法聲請管轄法院迅予提審，該管轄法院並受二十四小時之嚴格期間限制。

二、憲法第八條第三項更規定「法院對於前項聲請，不得拒絕並不得先令逮捕拘禁之機關查覆。逮捕拘禁之機關，對於法院之提審，不得拒絕或遲延。」人民因此對管轄法院擁有絕對之提審聲請權利，而該管轄法院有為提審之義務。

三、詎臺灣高等法院七十八年度提字第三號確定裁定，竟依違反前開憲法第八條規定之提審法第一條、刑事訴訟法第一○一條、第七十六條第四款，裁定駁回聲請人之提審聲請。臺灣高等法院駁回提審聲請裁定所適用之法律，顯已剝奪人民之絕對提審權利，而牴觸憲法第八條保障人民人身自由之規定。為此懇請　鈞院為違憲審查，迅為解釋，以確保人民之基本權利不受侵害。

貳、事實經過

聲請人於七十八年九月二十七日因涉嫌偷渡入境及所謂叛亂通緝遭臺灣省高雄港警察所逕行逮捕，並移送高檢處，經檢察官依刑事訴訟法第一○一條、第七十六條第四款諭令拘禁羈押。旋聲請人即於七十八年十月七日向該管臺灣高等法院具狀聲請提審，以解除拘禁，回復人身自由。惟該管法院竟依牴觸憲法第八條規定之提審法第一條、刑事訴訟法第一○一條、第七十六條第四款駁回提審聲請，不得抗告而告確定。

參、對本案之立場及見解

一、人身自由乃人民最基本之自由，此所以英美國家特設人身保護狀制度，而我國憲法第八條亦師民主先進國家特別保障人身自由之美意，制定多達二百七十三字之具體內容，不厭其詳地保障我國人民之人身自由不受任何機關之非法侵害。揆之憲法第八條第二項有關提審制度之條文內容，其文義明確具體，直陳人民之聲請提審權，只要符合「因犯罪嫌疑被逮捕拘禁時」之客觀要件，便即成立，未設其他任何限制。惟提審法第一條卻規定「人民被法院以外之任何機關非法逮捕拘禁時，其本人或他人得向逮捕拘禁地之地方法院或其隸屬之高等法院聲請提審。」其所追加之「非法逮捕拘禁」要件顯係違憲，因其：

1.明顯與憲法第八條第二項明文出入不符，不當限制人民之提審權。

2.認定所謂「非法」與否，乃審判機關之實體審理事項，亦係其特有職權（參照憲法第七十七條），不僅審判機關以外之一般人民、機關無從認定，不能認定，即使審判機關本身亦必須於程序上受理該提審聲請案後，才得以認定其逮捕拘禁是否合法。是此一要件無異幾盡剝奪人民之提審權、架空憲法保障人身自由之崇高內涵，並使憲法提審制度形同虛設，此觀諸本案竟係年度內第三件聲請案，亦資佐證提審制度功效之不彰。

3.依憲法第八條第三項規定，法院對於依同條前項之提審聲請無權拒絕，既無權拒絕，又何以能審酌是否係非法之逮捕拘禁從而拒卻人民之合憲聲請，益加證明該限制要件之違憲不當。

二、憲法第八條所謂之法院係專指為審判機關之狹義法院，不包括檢察機關在內，為學者之共識，亦為　鈞院大法官會議釋字第十三號意旨所肯認，迨自六十九年審檢分隸以來，檢察機關更因從屬行政院而卸褪審判機關色彩。檢察機關依刑事訴訟法第一○一條、第七十六條規定，不經法院許可，逕命羈押以長期拘禁人民者，顯然牴觸憲法第八條第二項、第三項之規定，嚴重侵害人民之人身自由至鉅。依憲法第八條之立法意旨，惟審判機關有權決定人民之人身自由是否因涉嫌犯罪而受限制或剝奪，此亦

為三權分立或五權分立民主國家之立國基本原則。

肆、聲請解釋之目的

據上論結，應依司法院大法官會議法第四條第一項第二款及第六條提出聲請違憲之審查。並試擬解釋文如下：「提審法第一條對人民提審權之限制及刑事訴訟法第一○一條、第七十六條，由檢察機關對人民人身自由之限制，既足以導致不當剝奪人民人身自由之結果，核與憲法第八條相牴觸，應屬無效。」

伍、附件

敬附聲請人聲請提審狀影本及高等法院七十八年度提字第三號裁定影本各乙份。

　　謹　呈

司法院　公鑒

聲請人：許信良

男、四十八歲、桃園人、前桃園縣長

聲　請
代理人：陳水扁律師

中華民國七十八年十月十三日

張俊雄等人聲請書

釋憲聲請狀

聲請人：張俊雄等五十二名

職：立法委員

通訊處：立法院

為刑事訴訟法第一百零二條第三項及同法第七十一條第四款規定，賦

予檢察官羈押被告權限，有牴觸憲法第八條之疑義，應請大法官會議解釋，並宣告該條文無效：

一、依據憲法之規定，法官才有羈押刑事被告之權限。

㈠現行憲法第八條第一項、第二項規定：

「人民身體之自由應予保障，除現行犯之逮捕由法律另定外，非經司法或警察機關依法定程序，不得逮捕拘禁。非由法院依法定程序，不得審問處罰。非依法定程序之逮捕、拘禁、審問、處罰，得拒絕之。

人民因犯罪嫌疑被逮捕拘禁時，其逮捕拘禁機關應將逮捕拘禁之原因，以書面告知本人及其本人指定之親友，並至遲於二十四小時內移送該管法院審問。本人或他人亦得聲請該管法院，於二十四小時內向逮捕之機關提審。」

提審法第八條規定：

「法院訊問被逮捕拘禁人，認為不應逮捕拘禁者，應即釋放，認為有犯罪嫌疑者，應移付檢察官偵查。」

㈡依據前引憲法第八條之規定，法院以外的機關逮捕拘禁人民時，至遲於二十四小時移送該管「法院」審問。本人或他人亦得聲請該管「法院」，於二十四小時內向逮捕之機關提審。茲所應審究者，厥為「憲法上所稱之法院，指的是那一個機關，是否包括檢察官在內」是已。

㈢查憲法上所稱的「法院」，專指有「審問處罰」權之法院而言，此觀前引憲法第八條第一項明定：「非由法院依法定程序，不得審問處罰。」即可自明。而所謂有「審問處罰」權的機關，參照憲法第七十七條規定，專指有審判權之各級法院而言。檢察官係代表國家行使刑事追訴權，必須受檢察長之指揮監督。檢察官並未擁有「審判處罰」之權限，自非憲法上所稱的「法院」。因此之故，羈押刑事被告之權限應專屬「法官」。

㈣依照提審法的規定，人民被法院以外的任何機關非法逮捕拘禁時，得向逮捕拘禁的地方法院聲請提審。法院實施提審，訊問後認有犯罪嫌疑者，始移送檢察官偵查，足證憲法所稱的「法院」，並不包括檢察官在內。

二、保障人身自由，防止行政機關濫施逮捕，檢察官不應擁有羈押刑事被告之權限。我國憲法第八條之規定，旨在保障人民身體之自由、防止

行政機關濫施逮捕。檢察官原代表國家行使刑事追訴權，必須受檢察長指揮監督（檢察一體原則），是行政權一環。依照法院組織法的規定，檢察官雖然配屬於法院，然審檢分隸，並不能據此而改變其為行政權的本質。若將羈押權交給檢察官（行政權的一環），何能防止行政機關的濫施逮捕？唯獨交給一個獨立的行政機關以外的「法官」，依據法律獨立審判，不受任何干涉，才能達到保障人身自由，防止濫施逮捕的目的。觀諸現代民主法治國家，如美國、英國、德國、日本、意大利、奧地利、韓國等國家，均將刑事訴訟程序中的強制處分權交給「法官」，檢察官並無此項權限，益臻明確。

三、就刑事訴訟程序中的正當程序，兩造公平原則而言，不應賦予檢察官羈押權。刑事訴訟程序中，檢察官處在「原告」的地位，本屬當事人的一方，但檢察官係代表國家行使刑事追訴權，掌有公權力，本來即立於極其優勢的地位。若再賦予檢察官羈押權，則刑事訴訟程序中的正常程序，基本公平將難以維持。被告的基本權益，亦難獲保障，當事人公平原則遭到扭曲，訴訟中更不易發現真實。

四、法務部反對羈押權歸屬法官，係本位主義的爭權行為，絕非憲法之本義。

法務部堅決反對羈押權歸屬法官，認為憲法第八條所稱的法院，包括檢察官在內。若改由法官行使羈押權，不僅無法及時有效追訴犯罪，恐亦難妥適行使強制處分權。

惟查憲法第八條所稱的法院，專指具有審判處罰權之機關。檢察官係代表國家行使刑事追訴權，處在「原告」的地位，並非審判處罰的機關，檢察官自非憲法第八條所稱之法院。且檢察官受制於「檢察一體」，接受檢察長指揮監督，屬行政權的一環，若賦予檢察官羈押權，何能防止行政機關濫施逮捕，絕非憲法第八條保障人身自由之本義。此次立法院二讀通過有關羈押權的修正條文，將羈押權改由檢察長行使，法務部即研擬「檢察長簽發押票職務代理人實施要點」以資因應。並未聞法務部有：「檢察長不實際負責犯罪之偵查，改由檢察長行使，無法及時有效追訴犯罪，恐亦難

妥適行使強制處分權」之說，何以依據憲法之規定，將羈押權改由法官行使，法務部即有如此之說法，顯係法務部本位主義的爭權行為，殊難有說服力。

五、綜上所陳，刑事訴訟法第一百零二條第三項及同法第七十一條第四項的規定，賦予檢察官羈押權，顯有牴觸憲法第八條，應請大法官會議解釋，並宣告該條文無效。

　　謹　狀
司法院　公鑒

聲請人：立法委員　張俊雄等五十二名
中華民國八十四年七月十八日

　聲請人：張俊雄
　即立法委員

葉菊蘭	劉文慶	黃信介	廖永來	陳昭南	張旭成	陳定南	黃爾璇
林濁水	江鵬堅	黃昭輝	謝聰敏	陳光復	許國泰	姚嘉文	彭百顯
蔡同榮	黃煌雄	李進勇	呂秀蓮	翁金珠	顏錦福	蘇煥智	廖大林
沈富雄	盧修一	周伯倫	許添財	施明德	魏耀乾	葉耀鵬	洪奇昌
陳婉真	趙琇娃	林光華	柯建銘	余玲雅	邱連輝	尤　宏	林瑞卿
蔡式淵	戴振耀	方來進	李慶雄	朱星羽	蘇嘉全	邱垂貞	謝長廷
葉憲修	朱高正	陳癸淼					

李慶雄等人聲請書

案　由：

　　本案委員李慶雄等十七人臨時提案，為憲法第八條第一項前段所稱之「司法機關」，是否包括檢察機關乙節，產生疑義。鑑於逮捕拘禁之處分行為主體歸屬，攸關人身自由之保障方式，茲事體大，值此本院審查刑事訴訟法修正案之際，特依本院議事規則第十一條，提案聲請大法官會議予以解釋。是否有當，敬請公決。

說　明:

　　一、憲法第八條乃人身自由保障條款,規定內容極為詳盡,足見憲法對人身自由保障置意之深切。該條第一項前段規定:「人民身體之自由應予保障,除現行犯之逮捕由法律另定外,非經司法或警察機關依法定程序,不得逮捕拘禁。可見,其除對限制人身自由一事採「程序法定主義」外,更進而以憲法之位階明白限定行為主體為「司法」與「警察」機關。其中,「警察機關」並未包括「檢察機關」,固無疑義,惟「司法機關」是否包括「檢察機關」乙節,於本院近來審查刑事訴訟法修正案有關羈押之規定時,迭生爭議,由於攸關人身自由之保障方式,爰此提案聲請大法官會議解釋前開憲法疑義。

　　二、希冀本院儘速決議,並以最速件送請司法院解釋。

　　三、謹附聲請大法官會議解釋總說明一份。

　　四、以上提案,敬請大會公決。

　　　　　提案人:　李慶雄　葉菊蘭　陳水扁　許國泰　邱連輝　陳定南
　　　　　　　　　　盧修一　彭百顯　戴振耀　魏耀乾　黃天生　洪奇昌
　　　　　　　　　　鄭余鎮　謝長廷　田再庭　余政憲　張俊雄

聲請解釋總說明:

壹、目　的

　　憲法第八條第一項前段規定:「人民身體之自由應予保障,除現行犯之逮捕由法律另定外,非經司法或警察機關依法定程序,不得逮捕拘禁。」明白將逮捕拘禁之行為主體限於「司法」與「警察」機關。惟依現依現行刑事訴訟法第七十七條第三項準用第七十一條第四項前段、第八十五條第三項前段及第一百零二條第三項準用第七十一條第四項前段,刑事案件在偵查階段上,其拘票、通緝書與押票等拘束被告人身自由令狀之簽發,卻均

屬於檢察官（機關）之權限。諸此規定是否合憲，關鍵在於前述憲法第八條第一項前段所稱之「司法機關」是否包括檢察機關。若否，則立法上即應將上述令狀之簽發權限（即對人之強制處分權）悉數歸由法院掌握，以求合憲而保人權。值此本院審查刑事訴訟法修正案之際，為能澄清前開憲法疑義，爰依司法院大法官會議法第三條第一項第一、二款及第四條第一項第一款之規定聲請解釋，用資依循。

貳、對本案所持之見解及理由

一、見　解

吾人對前開憲法疑問採否定說，亦即以為，憲法第八條第一項前段所稱之「司法機關」，應不包括檢察機關在內，而逮捕拘禁之處分權限應專屬於組成審判庭之狹義法院。

二、理　由

㈠從憲法文義暨體系解釋的觀點

站在文義及體系解釋的觀點作解，憲法第八條第一項前段所稱之「司法機關」，除非別有另作他解的有力論據，否則應同於憲法第七章「司法」第七十七條所稱之「司法機關」。果然，則所謂司法機關，自憲法第七十七條理解，應專指「掌理民事、刑事、行政訴訟之審判及公務員之懲戒，而其行政監督系統上係以司法院為最高機關之機關」而言，既此，檢察機關並非司法機關之一種，已不待言。

㈡從權力分立原理下，「行政」與「司法」異其結構功能的觀點

1. 權力分立原理下「行政」與「司法」至少可有如下之結構功能差異：

⑴行政乃以追求公益為目的之形成作用，司法則是純以發現並宣示「法秩序」之所在（應然）為目的之確認作用。依是，由於公益之追求必須積極主導，故行政機關每適於介入而自居於事件當事人之地位；而法秩序之發現與維持則重視程序上之冷靜客觀，故司法機關於行使司法權時，恆居

於事件第三人（局外人）之立場，其所扮演乃嫻熟事理、老成持重、被動之仲裁人角色，非此不足以發揮人類理性之極限，而求取訟爭個案中程序暨實質正義之最高度確保。

　　⑵行政講求溝通配合，層級分工而上下節制。司法則應一本良知及法律而獨立運作（審判）。

　　綜上所言，「行政」於結構功能上之特性有：公益性、主動性、當事人性及團隊性，而「司法」有：正義性、被動性、第三人性及獨立性。顯見兩者行政高權之性格互成鮮明對比，而為使民主政治免遭「絕對權力、絕對腐化」的人性宿命缺陷所害，乃生分立權力、相為制衡之必要，以使政府之高權運作能在人權有保障之前提下積極於公益之形成。微觀而言，行政與司法雖均有針對具體個案作成之「處分」（即「行政處分」及「司法裁判」），惟巨觀可知，無數行政處分累積以形成公益，各個司法裁判則累積以保障人權。兩權各有其固有之功能，不容混淆。

　　2.檢察機關之屬性分析：

　　⑴檢察機關由檢察官組成（法院組織法第五十九條第一項），檢察官之職權有：實施偵查、提起公訴、實行公訴、協助自訴、指揮刑事裁判之執行及其他法令所定職務之執行（同法第六十條）。又，檢察權之行使乃採上級指揮監督下級之運作模式，即「檢察一體」制（同法第六十三條、六十四條）。足見，其公益性、主動性、當事人性及團隊性等樣樣不缺，具有極其濃烈的「行政」性格，毋怪乎其於行政監督系統上乃以行政院法務部部長為首長（同法第一百十一條），而一般恆以檢察官為「公益代表人」矣。以故，檢察機關應屬憲法上之「行政機關」而非「司法機關」。

　　⑵或謂：我國現行法制屬大陸法系，於刑事訴訟法上以職權主義為指導思想，檢察權因屬「準司法權」，檢察官（機關）業已「司法官（機關）化」，故應將憲法第八條第一項前段之「司法機關」解為包括檢察機關。從而，刑事訴訟法於偵查中使檢察官擁有幾乎同於法院之強制處分權，有如簽發拘票、押票以命拘提、羈押等拘束人身自由之處分權限等規定，並未違憲。

　　惟查憲法八條第一項前段所稱逮捕、拘禁，程序上均可二分為「處分」與「執行」兩階段；而該條文將此高權行為主體明白限定於「司法機關」與「警察機關」二者，其意在使前者擁有處分權限而後者則有執行權限，諒無疑也。職是，該所稱「司法機關」究竟包不包括檢察機關之問題，實即檢察機關可否依法擁有逮捕拘禁處分權限之問題。反向言之，亦即現行刑事訴訟法上使檢察官亦有權簽發拘票、押票之相關規定是否違憲之問。

　　姑置強制處分權不論，一般以為我國檢察官帶有司法官性質之最主要論點在於：檢察官所為不起訴處分具有類如確定無罪判決之效力（刑事訴訟法第二百六十條）。實則，「檢察官得（應）為不起訴處分」，乃檢察官擁有偵查職權之必然結果；而「不起訴處分有類似確定無罪判決之效力」乙節，則係著眼於保障人權所為利於被告之設計。足見，上述「檢察官不起訴處分確定效力」之制度，功能方向上不但異於甚且反於「檢察官擁有同於法院之強制處分權」之制度。故前者之合憲絕難取為後者亦不違憲之理由；亦即，本於前者而使檢察權司法權化，並無行政權違憲侵害被告人權之虞，而後者卻顯然有之。因而凡謂「檢察官既因不起訴處分確定效力而司法官化，則檢察官擁有類如法官之強制處分權即為合理」之說法，推論上似是而非。徵諸大陸法系職權主義之國家如德、法者，亦不見使檢察官片面擁有強制處分權之制度，即值吾人玩味再三，進而重估我國刑事訴訟現制之合憲性。

　　復按逮捕拘禁，乃對人自由之極端限制形態，其於執行前之處分（決定）上自當經過極其慎重之審查程序，方能使該處分之可接受性及正確蓋然臻於極致。而從上文對「行政」與「司法」所作之結構功能分析可知，「司法」始足提供「於公正第三人面前充分辯論」之程序保障，「行政」卻有主導公益而犧牲個人人權之先天傾向。既此，答案已頗清，亦即：使本質上屬於行政官（機關）之檢察官（機關）擁有逮捕拘禁之處分權限，乃屬悖反權力分立原理之違憲立法。憲法第八條第一項前段之「司法機關」並不包括檢察機關。

　　(3)或謂：檢察官於考用資格與職前訓練上均無異於法官，故使檢察官

亦擁有同於法官之強制處分權，並無不妥云。姑不論上開考用訓練合一制度之良窳，此制實亦不能據為檢察官角色功能類比於法官之正當理由。猶如內閣制度國家中，閣員來自國會議員之設計，並不影響其行政權與立法權分立制衡之運作一般。其實，檢察官負擔偵查、訴追之成敗責任，基於毋枉毋縱之偵查理想,其角色及功能雖不致與保障被告人權一事絕對衝突，但拘提與羈押之制度，確實是從保全被告或證據以利偵查為著眼，自然不難成為檢察官樂用之利器，吾人殊不應對檢察官自絆偵查腳步存有過分樂觀之期待。單就應否拘提或羈押被告之處分決定而論，保障被告人權之要求確實與檢察官偵查權之行使相對，從而，在權力分立原則下，乃有將強制處分權專屬於法院之必要。檢察機關雖無處分權，仍有聲請權，而於應否處分之審查程序上，由檢察官與被告（及其辯護人）就此在法院面前為充分之論辯攻防，如此始能確保處分之客觀與公正。（註：法院決定應否拘提之時，因被告不在場，乃由檢察官自行就「有拘提之必要」而為主張、舉證及說服法院之工作。）

(4)末按：現行法院組織法除定有各級法院之組織職掌外，尚將檢察機關之組織規定納入其中。本此乃有見解以為：檢察機關既配置各級法院（該法第五十八條），即可謂屬法院組織之一環，故將之列屬憲法第八條第一項前段所稱之「司法機關」，亦無不妥，似此捨機關職權功能之實質不由，純從組織形式立論之說，顯然失諸浮面表象，甚至有混淆視聽之虞。若此說可憑，豈不連同各級法院所設之公設辯護人室、觀護人室、公證處、提存所等均有可能列屬前開「司法機關」矣！又，倘檢察機關果真因「配置」於各級法院而屬「司法機關」或「法院」組織之一環，是否意味，即便立法使檢察機關進一步擁有定罪科刑之審判權，仍為合憲？

高思大釋憲聲請書

壹、聲請釋憲之目的

本院審理八十四年度提字第三號聲請提審案件，認檢察官依刑事訴訟

法第一百零二條第三項準用同法第七十一條第四項規定，於偵查中羈押刑事被告之權限，恐有牴觸憲法第八條之疑義，而構成提審法第一條所謂之「非法拘禁」，爰依大法官會議釋字第三七一號解釋，聲請　大院大法官會議解釋憲法第八條所謂之「法院」為狹義之審判法院，不包含檢察官在內，並宣告該刑事訴訟法第一百零二條第三項、第一百二十一條第一項關於檢察官得羈押被告之條文無效。

貳、疑義或爭議之性質與經過及涉及之憲法條文

一、疑義之經過

㈠犯罪嫌疑人黃東棋因臺灣臺中地方法院檢察署八十四年度偵字第一〇四七號妨害自由案件，經檢察官羈押；其選任辯護人洪錫欽律師於民國八十四年七月十五日，以檢察官非憲法第八條所稱之「法院」，不得羈押被告為由，具狀向本院聲請提審被告黃東棋。

㈡本院以憲法第八條所稱之「法院」並不包含檢察官在內，則刑事訴訟法第一百零二條第三項準用同法第七十一條第四項規定，賦予檢察官得以羈押刑事被告，有無牴觸憲法第八條規定，而構成提審法第一條所謂之「非法拘禁」，為本院得否依聲請而為提審之前提。爰請求大法官會議解釋刑事訴訟法第一百零二條第三項、第一百二十一條第一項關於羈押被告之條文是否牴觸憲法第八條，俾本院得以決定本案中被聲請提審之被告於偵查中遭檢察官羈押是否為「非法拘禁」，而予以提審。

二、疑義之性質

本件聲請案，係刑事訴訟法有關檢察官得羈押被告之問題，故屬於司法院大法官審理案件法第四條第一項第二款所謂之「關於法律有無牴觸憲法之事項」。

三、涉及之憲法條文

憲法第八條「人民身體之自由應予保障，除現行犯之逮捕由法律另定外，非經司法或警察機關依法定程序，不得逮捕拘禁。非由法院依法定程序，不得審問處罰。非依法定程序之逮捕、拘禁、審問、處罰，得拒絕之。人民因犯罪嫌疑被逮捕拘禁時，其逮捕拘禁機關應將逮捕拘禁原因，以書面告知本人及其本人指定之親友，並至遲於二十四小時內移送該管法院。本人或他人亦得聲請該管法院，於二十四小時內向逮捕拘禁之機關提審。法院對於前項聲請，不得拒絕，並不得先令逮捕拘禁之機關查覆。逮捕拘禁之機關，對於法院之提審，不得拒絕或遲延。人民遭受任何機關非法逮捕拘禁時，其本人或他人得向法院聲請追究，法院不得拒絕，並應於二十四小時內向逮捕拘禁之機關追究，依法處理。」

參、聲請解釋憲法之理由及聲請人對本案所持立場與見解

一、檢察官無羈押權，為現行憲法下當然解釋

(一)依憲法第八條規定，法院以外之機關，不得拘禁人民二十四小時以上

「人民身體之自由應予保障，除現行犯之逮捕由法律另定外，非經司法或警察機關依法定程序，不得逮捕拘禁。……人民因犯罪嫌疑被逮捕拘禁時，其逮捕拘禁機關應將逮捕拘禁原因，以書面告知本人及其本人指定之親友，並至遲於二十四小時內移送該管法院。本人或他人亦得聲請該管法院，於二十四小時內向逮捕拘禁之機關提審。法院對於前項聲請，不得拒絕，並不得先令逮捕拘禁之機關查覆。逮捕拘禁之機關，對於法院之提審，不得拒絕或遲延。」憲法第八條第一項、第二項、第三項定有明文。由憲法上開條文規定可知，法院以外之機關不得拘禁人民二十四小時以上。

(二)憲法第八條所稱之法院，僅專指審判之法院，不包含檢察官在內

1.依憲法第八條之文義解釋，憲法第八條第一項中以司法機關與法院並稱，賦與司法機關逮捕拘禁之權，賦與法院審問處罰之權；則該條第一

項所稱之司法機關，應與一般所謂廣義之法院同其意義，包括審判部門之法院及追訴部門之檢察官；故同條所稱之法院，自係專指司審判之法院而言，不包括檢察官在內（參林紀東著，《中華民國憲法逐條釋義（第一冊）》、七十一年二月修訂初版，三民書局出版，第一二一頁）。

　　2.又憲法上所稱之法院，依第七章關於司法之規定，係指行使國家「審判權」之機關（憲法第七十七條參照）。而行使此審判權之機關，依同法第八十二條規定，為司法院及各級法院，其組織另以法律規定。而依法院組織法第一條、第五十八條規定，係指地方法院、高等法院及最高法院三者，至於檢察署僅為「配置」於法院之機關。同法第六十一條亦規定，檢察官對於法院，獨立行使職權。法院組織法既將檢察官配置於法院，復對於法院獨立行使職權，自係將檢察官獨立於法院外之另一機關。

　　3.依提審法第一條規定，人民被法院以外之任何機關非法逮捕拘禁時，其本人或他人得向逮捕拘禁地之地方法院或其所隸屬之高等法院聲請提審。又依同法第八條規定，法院訊問被逮捕拘禁人後，認為不應逮捕拘禁者，應即釋放，認為有犯罪嫌疑，應移付檢察官偵查。提審法係直接依據憲法保障人身自由權之要求所為之規定，係貫徹憲法保障人身自由之重要手段，故該法所稱之法院，其含義如何，自係解釋憲法不可或缺之依據。而由該法第八條規定可知，法院於接受人民之提審聲請，並實施提審訊問後，認有犯罪嫌疑者，始移付檢察官，係將法院與檢察官視為不同機關，是以有所謂「法院」移付「檢察官」之規定。從而，檢察官亦顯非提審法所稱之法院，而為提審法第一條所定之「法院以外之機關」甚明。

㈢憲法第八條之審問與提審同屬負責審判之法院，不含檢察官

　　憲法第八條第二項後段所稱之法院，既僅指有提審權、負責審判之狹義法院，不包括檢察官，則列於同條項前段之「法院」，自應與之為同一解釋。亦即同條第二項前段之「法院」亦僅指負責審判之法院，既僅指有提審權、負責審判之狹義法院，不包括檢察官，則列於同條項前段之「法院」，自應與之為同一解釋。亦即同條第二項前段之「法院」亦僅指負責審判之法院，不含檢察官在內。理由如下：

1.就法條之文義解釋言：按同一法條內之同一文字應為同一解釋，此為法律之文義解釋最基本之原則，故憲法第八條所稱之法院，應為同一解釋。

就憲法第八條第二項前後段比較言，後段之法院，指具有審判權之法院者，已如前述，則同項前段之法院，自應為相同解釋，亦指具有審判權之法院。

就憲法第八條第一項與第二項之比較言，第一項中段將有關人身自由之「審問、處罰」權同列為「法院」之權限，與第一項前段之「司法機關」有別，顯示立憲者有意區別法院與司法機關之不同，參照世界民主先進國家及現行我國司法制度，均將有關人身自由之處罰權專屬於負責審判之狹義法院，檢察官僅為執處罰效果之基本原則，可知第八條第一項得為審問之法院，即得為處罰之法院，為負責審判之狹義法院。因此，憲法第八條第一項與第二項所規定得為「審問」、「提審」之法院，均同指負責審判之法院。

要之，憲法第八條所稱之法院，均不包含檢察官，已無疑義。

2.就訴訟法理言，憲法第八條第一項中段、後段及第二項前段所稱之「審問」，係指審判訊問，第二項後段所稱「提審」，亦是提取受拘禁人民而審問之義。審問是法院被動接受逮捕機關之移送而審判訊問，提審則是由法院主動提取受拘禁者予以審判訊問，在發動之過程固略有其差異，但審判訊問之本質則無任何不同。再者，所謂審判乃「審查」判斷之義，基於司法權之發動採不告不理原則，必先有案件繫屬於法院，始有「審查」可言，檢察官係主動偵查犯罪，代表國家發動訴訟程序，無所謂審查案件，亦無審判之觀念，更無提「審」之問題。

㈣就我國憲法第八條之立法沿革言，歷次憲法或草案均將提審之權力，專屬於負責審判之狹義法院

1.於民國（下同）二年十月三十一日完成之「中華民國憲法草案」（又稱天壇憲法草案，為我國第一部憲法草案）第六條規定：「中華民國人民，非依法律不受逮捕、監禁、審問或處罰。人民被羈押時，得依法以保護狀

請求法院提至法庭審查其理由。」

2.其後於十二年十月十日公布之「曹錕憲法」，亦於第六條規定：「中華民國人民非依法律，不受逮捕、監禁、審問或處罰。人民被羈押時，以保護狀請求法院提至法庭審查其理由。」

3.於十九年十二月二十日通過之「中華民國約法草案」（又稱太原草案），於第二十九條規定：「人民被逮捕拘禁時，其所逮捕拘留之機關，至遲應於二十四小時內，提交法院審問，本人或他人，並得依法律請求法院於二十四小時以內提至法院審問。凡逮捕拘留人民之命令，除現行犯外，限於法院。」

4.於二十年六月一日國民政府公布的中華民國訓政時期約法第八條更進一步規定：「人民非依法律不得逮捕、拘禁、審問、處罰。人民因犯罪嫌疑被逮捕拘禁者，其執行逮捕或拘禁之機關，至遲應於二十四小時內移送審判機關審問，本人或他人並得依法請求於二十四小時內提審。」上開約法既曰「依法」請求，則必需有法可依，乃於二十四年六月二十日公布提審法，以為訓政期約法第八條之補充法律，惟以該法規定其施行日期以命令定之，嗣即因抗戰而未實行。

5.於二十五年五月五日公布之五五憲草第九條亦規定：「人民有身體之自由，非依法律不得逮捕拘禁審問處罰。人民因犯罪嫌疑被逮捕拘禁者，其執行機關，應即將逮捕拘禁原因，告之本人及其親屬，並至遲於二十四小時內移送該管法院審問，本人或他人亦得申請該管法院於二十四小時內向執行機關提審。」

6.抗戰勝後，憲政及人權保障之呼聲明高，乃於三十五年三月十五日由國民政府命令實施提審法，復將訓政時期約法為更周詳之規定，並於三十六年元旦公布為現行憲法第八條。

依我國憲法學者之通說，現行第八條前身之天壇憲法草案第六條、曹錕憲法第六條、太原草案第二十九條及訓政時期約法第八條、五五憲草以及提審法之規定，均係仿英美法上之人身保護令狀 (writ of habeas corpus) 制度而來（參照，羅志淵著，〈人身保護狀制〉，收錄於氏著《憲法論叢》，

第七一二頁以下；楊幼炯著，《近代中國立法史》，增訂本，第一四四頁以下；謝瀛洲著，《中華民國憲法論》，第四三頁以下；洪應灶著，《中華民國憲法新論》，第四一頁以下；涂懷瑩著，《中華民國憲法與人權保障》，第一〇〇頁以下；陳坤地撰，〈我國憲法與法律對人身自由保障之研究〉，收錄於法務部印，《七十六年度法務研究選輯》，第一頁以下）。由上述各草案及立憲沿革之法條文字，得提審之機關或稱「法庭」、或稱「審判機關」等，以及在英美法上之人身保護令狀制度下，唯有負責審判之法院始有提審之權，可知依我國現行憲法第八條第二項後段規定，能提審者，亦僅限於負責審判之法院，檢察官並無提審之權。

㈤檢察機關與法院如何配屬，與檢察官有無審問權無關

誠然，就我國司法史觀察，檢察官之歸屬於行政院或司法院，確曾有多次變動，但憲法所以將人民之人身自由，委由負責審判之法院直接保護者，在於此之法院，具有獨立審判之功能，足以抑制他人尤其行政機關侵害人權之故。而在我國歷次之變革，不問檢察官歸屬行政院或司法院，對於檢察官具有行政官性質採主動追訴之地位，毫無改變，自難據檢察機關在形式上歸屬，作為檢察官得羈押人民二十四小時以上而不必移送法院審問之理由。此觀諸外國法例，如西德法院組織法於第十章第一百四十一條雖亦規定：「每一法院配置一檢察機關。」但亦不妨害其檢察官無審問權，亦無長期拘束被告人身之羈押權之設計，更可為明證。

依上述可知，憲法第八條第一項及第二項之審問權既專屬於負責審判之狹義法院，從而，即使檢察官以人民有犯罪嫌疑而逮捕拘禁者，依憲法第八條第二項規定，亦必須於二十四小時之內，將被逮捕拘禁之人民移送負責審判之法院審問之，檢察官未移送者，被逮捕拘禁者本人或他人亦得依提審法請求法院提審。法院接受提審之聲請後，即應依提審法之規定提取被拘禁人，予以審問。並依提審法第八條之規定：「法院訊問被逮捕拘禁人後，認為不應逮捕拘禁者，應即釋放，認為有犯罪嫌疑者，應移付檢察官偵查」，於法院認為有犯罪嫌疑而有羈押必要者，自得羈押之，並移付檢察官偵查，若認為不應逮捕拘禁者，不問有無犯罪嫌疑，均應即釋放。是

現行刑事訴訟法賦予檢察官得拘禁人民之人身自由達二月以上而不移送法院訊問，顯有違憲之疑義。

二、檢察官無羈押權為世界民主先進國家普採之原則

人身自由之基本人權，係所有基本人權保障之基礎，必須人身自由獲得嚴密之保護，而後始可享受其他之人權及自由。而依近代民主國家之憲法，莫不以法院作為人身自由保障之決定機關（如英國大憲章第三十九條及權利請願書第三條、美國憲法第一條第九項之人身保護令狀制度、前西德基本法第一百零四條第二項、日本憲法第三十四條、意大利憲法第十三條第二項、大韓民國憲法第十一條第二項），並於刑事訴訟法上貫徹此項保障之要求（如西德刑事訴訟法第一一四條第一項、奧地利刑事訴訟法第一七六條第一項、義大利刑事訴訟法第二五一條第一項、大韓民國刑事訴訟法第二〇一條第一項、日本刑事訴訟法第六十條，此外如法國、西班牙及多數瑞士之邦亦屬之，參照林山田著，《刑事法論叢（一）》第二八八頁）。

三、就刑事訴訟之實務運作言，不宜使檢察官有羈押權

㈠檢察官應受行政權指揮，不宜賦予長期拘束人民身體之權

檢察官之職權主要在於實施犯罪偵查、提起公訴、實行公訴、協助自訴、擔當自訴及指揮刑事裁判之執行（法院組織法第六十條），亦即檢察官代表國家行使刑事追訴權；此不同於以審判民事、刑事及其他法律規定訴訟案件為職權之法院法官。且憲法第八十條規定，法官依據法律獨立審判，不受任何干涉，與檢察官行使職權時，須受所屬檢察署檢察長以及最高法院檢察署檢察總長之指揮監督（法院組織法第六十三條），亦屬殊異。如果使具有行政官性質之檢察官亦有羈押權，將違反憲法第八條之精神。

㈡檢察官為刑事訴訟之當事人，使其對於同為當事人之被告有羈押權，有違武器平等之訴訟基本要求

檢察官為刑事訴訟法中之原告，與具有犯罪嫌疑之被告，同屬訴訟程序中之當事人（刑事訴訟法第三條），且其地位與被告相對峙。基於我國刑

事訴訟法採當事人平等主義則早於偵查階段已遭扭曲，對於真實發現所生之不利影響，縱於法院審判階段堅持原、被告當事人公平之地位，亦可能徒然淪為形式而已。

肆、結　論

綜上所述，無論自憲法第八條保障人身自由之意旨，歷次立憲沿革、提審法之相關規定、檢察官所屬組織之性質、法院組織法關於檢察官職權之規定、刑事訴訟當事人平等主義之原則或先進民主國家之潮流觀之，檢察官顯非憲法第八條所指之法院，而是憲法、提審法及法院組織法等所謂法院等所謂法院以外之機關。故其於逮捕被告後，本應於二十四小時內移送該管法院審問，法院亦得基於被拘禁人或他人之聲請，於二十四小時內向逮捕被拘禁人之檢察官提審被拘禁人。現行刑事訴訟法第一百零二條第三項準用同法第七十一條第四項、第一百二十一條第一項之規定，賦與檢察官得於偵查中簽名押票羈押刑事被告之權，且得將之羈押長達二月（刑事訴訟法第一百零八條第一項），該規定顯有牴觸憲法第八條之疑義，而構成提審法第一條規定所稱之「非法拘禁」。爰依大法官會議解釋釋字第三七一號聲請解釋，並宣告刑事訴訟法該等條文無效，以維護人民身體自由之基本人權。

伍、關係文件之名稱及件數

一、附件一：本提審案聲請人洪錫欽律師聲請狀影本。

二、附件二：楊幼炯著，《近代中國立法史》，增訂本，第一三○、一三一、一三二、一三三、一四四、一四五、四二八、四二九、四三○、四三一、四三二、四三四頁影本。（註：因限於篇幅，本附件從略，以下亦同）

三、附件三：司法院印行，德意志聯邦共和國法院組織法，七十一年十一月版，第一、六○頁影本。（略）

四、附件四：《法務部七十六年度研究選輯》，第一至二九頁。（略）

聲請人　臺灣臺中地方法院刑事第一庭

法官　高思大

中華民國八十四年八月二十五日

釋字第四九〇號解釋

一、本案事實與背景

　　本案聲請人吳宗賢、李文忠、陳志宏、許謙、黃嘉明、葉鍇瑋、邱啟豪、邱啟傑等人，為「耶和華見證人」基督徒，相信聖經是上帝的話語，生活言行概以聖經為唯一標準及原則，凡與聖經牴觸者，聲請人皆本於良心督責而不為。由於聖經多處經節均教導對於地上列國之戰爭應嚴守中立之立場，例如以賽亞書二章二節至四節：「末後的日子……他必在列國中施行審判，為許多國民斷定是非。他要將刀打成犁頭，把槍打成鐮刀。這國不舉刀攻擊那國，他們也不再學習戰事」；路加福音六章二十七節及二十八節：「只是我（基督耶穌）告訴你們這聽到的人，你們的仇敵，要愛他！恨你們的，要待他好！詛咒你們的，要為他祝福！凌辱你們的，要為他禱告」，因此聲請人等基於其真誠之信仰，在良心上始終拒絕參與任何與軍事有關的活動。

　　職是之故，聲請人於應徵召入伍服役後，均因拒絕參與軍事訓練，遭軍事審判機關依抗命罪定罪科刑。尤有甚者，由於聲請人等刑滿出獄之後，不符合兵役法施行法第五十九條第二項禁役之標準，仍然必須回役，以至於再度因拒絕軍事訓練入獄，而陷於無止境之「入獄—服刑—回役—入獄」惡性循環中。

二、聲請書及補充理由書

吳宗賢聲請書

受文者：司法院

聲請人：吳宗賢

聲請解釋憲法之目的：

　　請求解釋陸軍步兵第二五七師司令部七十六年審字第○二九號判決、國防部八十三年覆普勸勛字第○○二號維持前判之覆判判決及臺灣新竹地方法院八十四年度訴字第八一五號刑事判決中於聲請人之案件適用之兵役法第一條規定牴觸憲法，另國防部八十三年覆普勸勛字第○○二號維持前判之覆判判決及臺灣新竹地方法院八十四年度訴字第八一五號刑事判決中於聲請人之案件適用之兵役法施行法第五十九條第二項規定，牴觸憲法。

疑義之性質與經過及涉及之憲法條文：

　　聲請人自幼為「耶和華見證人」基督徒，相信全能的上帝耶和華，創造天地萬物的造物主，且相信聖經是上帝的話語，不僅一切信仰基於聖經，生活言行概以聖經為唯一標準及原則，凡與聖經牴觸者，聲請人皆本於良心督責而不為。由於聖經多處經節教導，例如以賽亞書二章二節至四節：「末後的日子，耶和華殿的山必堅立，超乎諸山。……他必在列國中施行審判，為許多國民斷定是非。他們要將刀打成犁頭，把槍打成鎌刀。這國不舉刀攻擊那國，他們也不再學習戰事。」哥林多後書十章三節及四節：「我們雖然在血氣中行事，卻不憑著血氣爭戰。我們爭戰的兵器本不是屬血氣的，乃是在上帝面前有能力，可以攻破堅固的營壘。」路加福音六章二十七節及二十八節：「只是我（基督耶穌）告訴你們這聽道的人，你們的仇敵，要愛他！恨你們的，要待他好！咒詛你們的，要為他祝福！凌辱你們的，

要為他禱告！」凡真實「耶和華見證人」基督徒，對於地上列國戰爭均嚴守中立之立場，並不干涉他人行動，故聲請人自幼在良心上即拒絕參與任何與軍事有關之活動，於七十六年六月十九日應徵入營報到時，亦表示在良心上無法接受軍事訓練，致遭依陸海空軍刑法以抗命罪判處有期徒刑八年（附件一），嗣經七十七年及八十年先後二次減刑（附件二及附件三），於八十年一月一日服刑期滿，實際執行徒刑三年九月二十日（附件四）。臺北市團管區司令部又於八十一年十二月十六日通知聲請人應於八十二年元月十二日報到，參加召集，聲請人本於在良心上拒絕接受軍事訓練之相同宗教信仰理由未前往報到，致再度被軍管區司令部依妨害兵役治罪條例第六條第五款規定判處有期徒刑三月（附件五），實際執行徒刑三月（附件六）。詎新竹團管區司令部復發布指定應於八十四年二月十六日報到第〇二八號臨時召集令召集聲請人回役，致聲請人遭臺灣新竹地方法院以聲請人自原設戶籍地新竹市建功一路七十巷十四號五樓遷至臺北市環山路三段十六巷一弄一號二樓，未依規定申報，致該召集令無法送達，判處有期徒刑六月，緩刑三年（附件七）。新竹團管區司令部復以八十五年四月十二日第〇一五號臨時召集令召集聲請人回役，聲請人一本相同信仰理由及良心上決定，再度未應召回役，故受臺北師管區司令部傳訊，勢將第四度受處刑責。上述各判決中於聲請人之案件所適用法律，明顯違反侵害聲請人受憲法第十三條保障之信仰宗教自由及第二十二條保障之基本人權，且與憲法第七條之平等原則牴觸，爰依法聲請大法官解釋兵役法第一條及兵役法施行法第五十九條第二項，及上述判決依據兵役法第一條及兵役法施行法第五十九條第二項適用於聲請人，牴觸憲法。

聲請人之立場與見解：

壹、兵役法施行法第五十九條第二項牴觸憲法第二十條

憲法第二十條規定：「人民有依法律服兵役之義務。」故服兵役係憲法課予人民的基本義務。義務乃相對於權利，指人們負有遵守一定要求（作

為或不作為）的責任，而服兵役即是人民應入伍擔負保衛國家的責任。服兵役既係憲法所定義務，自非榮譽或權利。蓋依兵役法第一條規定「中華民國男子依法皆有服兵役之義務。」有服兵役之義務者僅以男子為限，而事實上，有意願且具能力服兵役之女子不乏其人，兵役法第一條完全未考慮此等女子，即係以服兵役為一項義務，否則如服兵役涉及任何榮譽或權利，兵役法第一條即不得逕自剝奪佔二分之一人口之女子獲得或行使服兵役之「榮譽」或「權利」。

　　憲法第二十條固規定人民有依法律服兵役之義務，惟其並非空白授權，任何法律規範人民服兵役之義務，例如兵役之徵召、免除、延緩等，仍須在憲法之範圍內為之，如增設不合理、不必要之限制規定，將逾越憲法保留的範圍而有違憲法第二十條之本旨。

　　聲請人因受陸軍步兵第二五七師司令部七十六年審字第○二九號判決，處有期徒刑八年，依兵役法第五條規定：「凡曾判處七年以上有期徒刑者禁服兵役，稱為禁役。」而具禁役身分，嗣後實際執行徒刑三年九月二十天，未滿四年，致國防部八十三年覆普勸勛字第○○二號判決依據兵役法施行法第五十九條第二項規定：「其禁役者，如實際執行徒刑期間不滿四年時，免除禁役」，認聲請人應免除禁役，回復服兵役之義務。惟如前所述，憲法第二十條規定人民有服兵役之義務，即揭示服兵役在本質上並非權利亦非榮譽，僅純屬義務。依兵役法第五條規定，被判處七年以上有期徒刑者被禁止擔負此項憲法上義務，而兵役法施行法第五十九條第二項復規定依兵役法第五條應禁役者，經依法赦免、減刑、緩刑、假釋後，如實際執行徒刑期間不滿四年時，免除禁役。按赦免與減刑均係對於有罪者之恩賜而非糾正違法判決之救濟措施，緩刑是為救濟自由刑之弊而設之非機構性處遇制度，至於假釋則是一種附條件釋放之行刑措施。以上各種事由之本質與目的不盡相同，惟無論如何，均無從成為是否課予人民服兵役義務之標準；另兵役法施行法第五十九條第二項以實際執行徒刑期間之長短決定人民是否須負服兵役之義務，亦係將二者混為一談，顯係對於服兵役之義務設定不合理、不必要之限制，已違反憲法第二十條之本旨。

貳、兵役法第一條牴觸憲法第十三條及第七條

陸軍步兵第二五七師司令部七十六年審字第○二九號判決、國防部八十三年覆普勸勔字第○○二號判決及臺灣新竹地方法院八十四年度訴字第八一五號刑事判決雖分別以陸海空軍刑法第六十四條第二款，妨害兵役治罪條例第六條，及第十一條第三項、第一項第三款等為治罪法條，而未述及兵役法第一條：「中華民國男子依法皆有服兵役之義務」之規定。惟查陸海空軍刑法第一條第一項規定：「本法於陸海空軍軍人之犯罪者，適用之」，而同法第五條規定又謂：「陸海空軍現役人員、召集中之在鄉軍人，及非依召集而在部隊服軍人勤務或履行服役義務之在鄉軍人，均為陸海空軍軍人」，職此之故，若非聲請人因兵役法第一條之規定而有服兵役之義務，斷無成為陸海空軍現役人員而符合陸海空軍刑法第一條第一項之規範對象進而有觸犯同法第六十四條第二款之罪之可能；同理，妨害兵役治罪條例第六條之召集對象，亦以有服兵役義務者為限，可見，若非聲請人因兵役法第一條之規定而有服兵役之義務，亦斷無觸犯妨害兵役治罪條例第六條及第十一條之罪之理。綜上述，上開三判決雖未直接述及兵役法第一條之規定，但實係以聲請人係兵役法第一條之規範之對象作為陸海空軍刑法第六十四條第二款及妨害兵役治罪條例第六條及第十一條第三項、第一項第三款之適用前提，因而，兵役法第一條亦為上開三判決所當然適用之法律，而得為本件違憲審查之標的；否則法院永不明文表示係在適用兵役法第一條，則該條規定即永無受審查之機會，豈合理乎？

1.兵役法第一條侵害憲法第十三條所保障之信仰宗教自由

憲法第十三條所謂「人民有信仰宗教之自由」，其涵義應包括國家不得強制人民接受或放棄宗教信仰，更不得因人民信仰或不信仰宗教而予以處罰。按聲請人信仰基督，依據聖經教訓（包括「不再學習戰事」）為人處事，故聲請人對於聖經之絕對遵從信守（例如在良心上拒絕參與軍事活動，包括拒絕接受軍事訓練）應屬憲法所保障之信仰宗教自由。

美國軍事義務兵役法（Military Selective Service Act, 50 U.S.C. App. §

456（j），附件八）規定，基於宗教上訓練與信念，在良心上反對參與任何形式之戰爭（conscientiously oppposed to participation in war in any form），且其反對係真摯（sincere）者，免服兵役。茲略述其實務見解如下：

其反對乃基於宗教訓練與信念：

所持之宗教訓練與信仰，並不限於某特定之宗教派別，而包括所有誠摯的宗教信仰，亦即該宗教不須限於正統或狹義的宗教；且該反對乃是基於其宗教上的訓練與信念所致，而非主要基於政治上、心理上、或哲學上的觀點所致，亦非僅基於其個人的道德標準所致，蓋此等因素與宗教無涉。

其反對係指拒絕參與任何形式的戰爭：

所反對參與之戰爭，係指任何形式的戰爭，而非選擇性拒絕特定戰爭。

該反對須係真摯：

所持之反對信念，亦須是真實的堅持（truly held）。換言之，須視其主觀上是否真摯地堅持其反對信念。

聲請人係「耶和華見證人」基督徒，而該團體之基督徒，在美國已被認為屬於前述基於宗教上訓練與信念真摯地反對任何軍事活動而應免服兵役者。反觀國內，依兵役法第一條之規定，聲請人因係中華民國男子，即有服兵役之義務，其基於宗教訓練及信念，在良心上反對參與任何形式的戰爭之真摯確信，將因此無法確保。

按憲法第十三條保障人民有信仰宗教之自由，而該自由之內容，不僅指人民有權利於其內心信仰、崇拜其宗教上之神，亦應包括有權利於不侵害整體社會之和平與道德之前提下，依其宗教教義而作為或不作為。在良心上拒絕參與任何形式的戰爭及軍事訓練既屬聲請人之宗教信仰內容，自受憲法第十三條之保障。遑論聲請人因其宗教信念，致心理上無法接受殺敵衛國之舉，已不可能指望其在真實戰爭發生時往赴戰場扮演稱職之軍人，則強徵召其入伍，亦難達兵役制度之目的。是以兵役法第一條不問中華民國男子有無任何誠摯的不參與任何形式之戰爭或軍事訓練的宗教信仰，而一律規定其有服兵役之義務，顯與憲法第十三條保障人民宗教信仰自由之規定有違。

或有謂憲法第二十條規定:「人民有依法律服兵役之義務。」,但如前述,此規範人民服兵役之法律尚須受其他憲法上之限制,例如憲法第十三條對於宗教信仰自由之保障,即不得受此等法律僭越。

2.兵役法第一條侵害憲法第七條之性別上平等權

憲法第七條規定:「中華民國人民,無分男女、宗教、種族、階級、黨派,在法律上一律平等。」係揭櫫吾國憲法對平等權之保障,其中包括性別上平等權。任何法律規定基於性別而為不同待遇,正如同基於宗教、種族、階級、黨派而為不同待遇一般,皆可被初步認係違憲 (prima facie unconstitutional),除非基於性別而為之不同待遇,是為了增進國家重大利益或目標,且該不同待遇與此等利益或目標之達成有合理、自然、且實質的關聯,否則,該法律規定應認係違反憲法第七條規定。

按兵役法第一條係規定中華民國「男子」依法皆有服兵役之義務,其依性別而有不同待遇,是否違反憲法第七條關於性別上平等權之規定,可自兵役法第一條之立法目的,以及該立法目的之達成是否與男女性別差異有合理關聯觀之。按兵役法第一條之立法目的應係藉徵兵役制度維持國防實力,以保障國家安全暨維護世界和平(憲法第一三七條參照),則究竟何人有服兵役義務,又何人無服兵役義務,端賴其身體上及心理上是否能有效達成兵役法第一條之上開立法目的,換言之,兵役義務人應同時在生理上及心理上均適於服役,而此生理上及心理上特質之差異,與男女性別之差異,卻係二事,不得相混,蓋有雖為男子,但因身體上因素(如兵役法第四條規定:「凡身體畸形、殘廢、或有痼疾不堪服役者,免服兵役,稱為免役。」)或心理上因素(如因宗教信仰良心督責之緣故),不適合服兵役者,亦有雖為女子,但身體及心理上皆適合服兵役者(此即兵役法第五十條規定:「合於本法第三條年齡之女子,平時得依其志願施以相當之軍事輔助勤務教育,戰時得徵集,服任軍事輔助勤務,其徵集及服務,另以法律定之。」之立法前提)。然而,兵役法第一條卻不顧人民之身體上及心理上狀況,而強將人民依性別一分為二,認男子原則上於身體上及心理上皆可服兵役,而女子原則上於身體上及心理上均無法服兵役,顯係對就特定之國家重大

利益或目標之達成，係處在相同或類似地位情況之人民，強依其性別之不同而為差別待遇，將服兵役之義務加諸不適於服兵役之男子，有意願亦有能力服兵役之女子，反須另循複雜管道方能服兵役，顯失平等。

3.兵役法第一條侵害憲法第七條之宗教上平等權

憲法第七條所保障者亦包括宗教上平等權。為達成人民宗教上之平等，國家須對任何宗教理論、教義、及實踐，在價值判斷上抱持不偏不倚之中立態度，既不得對特定之宗教或其信仰加以打壓或抱持敵意，亦不得對特定之宗教或其信仰賦予權力、尊榮、加以提倡、助長，或給與財力資助。再者，憲法第七條所禁止之宗教上歧視待遇，除包括公然而明顯的歧視待遇外，亦包括形式上、表面上雖係公平，但實際運作上仍係歧視之待遇。

按兵役法第一條關於男子皆有服兵役義務之規定，並未考量個別男子所持之宗教信仰是否包括真摯地不參與任何形式之戰爭,而一律令其服役，則表面上，不同宗教之所獲待遇雖係相同，蓋其宗教成員之男子皆須服役，但實際運作上，係對具真摯的不參與任何形式之戰爭之信念的宗教加以打壓或抱持敵意，而使持該類宗教信仰之男子，與持其他種類宗教信仰之男子，獲不平等之法律上待遇，後者之男子仍得在服兵役時保有或實踐其宗教信仰，而前者之男子卻須於服役時背棄其宗教信仰，或因堅持其宗教信仰而被處以刑罰，顯係依宗教之不同而遭不同之待遇。故兵役法第一條之規定尚牴觸憲法第七條對宗教上平等權保障之規定。

參、判決依兵役法第一條及兵役法施行法第五十九條第二項規定適用於聲請人違反憲法第十三條及第八條

查前述各項判決依據陸海空軍刑法或妨害兵役治罪條例判處聲請人有期徒刑，其前提無非係因適用兵役法第一條「中華民國男子依法皆有服兵役之義務。」之規定，而認為聲請人有服兵役之義務。惟服兵役與聲請人之信仰（其中包括拒絕參與軍事活動）相牴觸，如適用兵役法第一條規定即係強行要求聲請人入營服役，否則科處刑罰，其效果無異於強制聲請人放棄宗教信仰，否則將使聲請人因所信仰宗教遭受處罰，此顯然已侵害聲請

人受憲法第十三條所保障之信仰宗教自由。

憲法第八條第一項規定：「人民身體之自由應予保障，除現行犯之逮捕由法律另定外，非經司法或警察機關依法定程序，不得逮捕拘禁。非由法院依法定程序，不得審問處罰。非依法定程序之逮捕、拘禁、審問、處罰，得拒絕之。」其所稱「依法定程序」，依司法院釋字第三八四號解釋，兼指實體法及程序法規定之內容；就程序法而言，包括同一行為不得重覆處罰之原則。各種法律規定，倘與此原則悖離，即應認為有違憲法上實質正當之法律程序。所謂違憲之法律規定，應不僅指其文字違憲，尚包括其適用於特定案件時違憲之情形，司法院釋字第二四二號及三六二號解釋同此意旨。查聲請人第一次受陸軍步兵第二五七師司令部七十六年審字第〇二九號判決，因其宣告刑為八年有期徒刑，依兵役法第五條規定「凡曾判處七年以上有期徒刑者禁服兵役」，是以暫且不論聲請人憲法上宗教信仰自由因兵役法第一條規定適用結果致遭侵害而無法獲得救濟，聲請人當時曾退而求其次，企盼藉由服刑七年以上（逾一般兵役期間二點五倍以上），依前述兵役法第五條規定換取禁役身分，以求能忠實持守聲請人所信仰之聖經教訓。詎七十七年及八十年二度減刑，致聲請人實際執行徒刑期間為三年九月二十日，致聲請人因而第二度受國防部八十三年覆普勸勖字第〇〇二號判決，被處有期徒刑三月，該判決援引兵役法施行法第五十九條第二項「其禁役者，如實際執行徒刑期間不滿四年時，免除禁役」之規定，以聲請人因第一次判決實際執行徒刑期間不滿四年，而認聲請人應免除禁役，恢復後備軍人管理，自具後備軍人身分。惟查聲請人對第一次被徵召而拒絕接受軍事訓練之行為與其後一再拒絕應召回役之行為，係基於單一之宗教信仰而繼續存在之良心決定，自刑法理論觀之，當聲請人表示永遠拒絕接受軍事訓練時起，「犯罪狀態」即已存在，其後之不應召回役係屬原犯罪違法狀態之繼續，並非基於一新犯意而為另一犯罪行為，故不應另外成立獨立之犯罪。因此聲請人接受陸軍步兵第二五七師司令部七十六年審字第〇二九號判決處罰後，復拒絕接受召集令，詎因國防部八十三年覆普勸勖字第〇〇二號判決適用兵役法施行法第五十九條第二項規定於聲請人，致聲請

人同一行為重覆處罰，顯與憲法第八條所揭櫫之正當程序原則相牴觸。

　　綜上論陳，凡因宗教信仰拒絕參與軍事活動之人民，如「耶和華見證人」基督徒，於中華民國現行之兵役法第一條及兵役法施行法第五十九條第二項之規定下，將被迫放棄其宗教信仰，否則將因忠實持守其信仰拒絕接受軍事訓練而受刑罰，縱令其已因拒絕接受軍事訓練之行為受到七年以上之宣告刑，倘其實際執行徒刑期間少於四年，則必須再接受召集回役，則拒絕接受軍事訓練、受罰、召集回役將形成一惡性循環，周而復始，使正值青年時期即所謂役齡男子因其信仰不斷身陷囹圄，直至其青年時期耗盡，脫離役齡範圍為止。其嚴重侵害人民宗教信仰自由及憲法上基本人權，莫此為甚。爰請大法官為此依聲請事項作成解釋為禱。

　　關係文件之名稱及件數：

附件一：陸軍步兵第二五七師司令部七十六年審字第○二九號判決影本

附件二：陸軍第八軍團司令部七十七年減裁字第○三五八號裁定影本

附件三：陸軍第八軍團司令部八十年減裁字第○二四號裁定影本

附件四：臺北師管區司令部八十六年七月三日華信字第○八二九○號函影本

附件五：國防部八十三年覆普勸勛字第○○二號判決影本

附件六：國防部新店監獄八十三年七月九日執行刑期屆滿開釋證明書影本

附件七：臺灣新竹地方法院八十四年度訴字第八一五號刑事判決影本

附件八：50 U.S.A. App. § 456 (j)

　　此　致

司法院

　　　　　　　　　　　　　　　　　　　　聲請人：吳宗賢

　　　　　　　　　　　　　　　　中華民國八十六年八月十六日

吳宗賢 補充理由書（一）

受文者：司法院

聲請人：吳宗賢

代理人：理律法律事務所

　　　　陳長文　律師

　　　　李念祖　律師

　　　　楊皓清　律師

　　聲請人前於中華民國八十六年八月十六日請求　鈞院解釋陸軍步兵第二五七師司令部七十六年審字第○二九號判決、國防部八十三年覆普勸勛字第○○二號維持前判之覆判判決及臺灣新竹地方法院八十四年度訴字第八一五號刑事判決中於聲請人之案件適用之兵役法第一條規定牴觸憲法，另國防部八十三年覆普勸勛字第○○二號維持前判之覆判判決及臺灣新竹地方法院八十四年度訴字第八一五號刑事判決中於聲請人之案件適用之兵役法施行法第五十九條第二項規定牴觸憲法。鑑於本案具有憲政原理與人權保障之重要指標意義，特補呈聲請理由書如后：

壹、國防部八十三年覆普勸勛字第○○二號維持前判之覆判判決所適用之行政命令違反憲法第九條

　　查軍管區司令部八十二年答判字第○五七號判決認定聲請人意圖避免臨時召集，無故逾入營期限二日，判處有期徒刑三月，此一判決復經國防部八十三年覆普勸勛字第○○二號之覆判維持前判（前聲請書附件五）。按「人民除現役軍人外，不受軍事審判」，我國憲法第九條定有明文；「非現役軍人，不受軍事審判」，國家安全法第八條第一項復申其旨。職是之故，軍法機關如針對非現役軍人進行犯罪訴追進而為有罪判決，即有判決顯然違法之處，此為刑事訴訟法第三百七十九條、軍事審判法第二百三十九條所列「當然違背法令之事由」。次按「非軍人不受軍事審判。又所謂現役軍

人係指陸海空軍軍官、士官、士兵現職在營服役者而言。此觀軍事審判法第一條第二項前段、第二條之規定自明。查本件被告李進忠於民國八十二年十二月十一日收到教育召集令起應召期間，依法雖視同現役軍人，惟其無故逾應召期間二日未入營服役，乃不作為犯，於逾期未報到時，即成立妨害兵役治罪條例第七條第一項第四款之罪，且被告因未報到在營服役，即非現役軍人，依前開說明，自不受軍法審判。非常上訴意旨，認本件應由軍法機關追訴審判，並執此指摘原確定判決違法，尚難認有理由，應予駁回」，最高法院八十四年度臺非字第三九六號判決明載其旨（附件九）。申言之，應召服役之後備軍人如未實際入營報到，最高法院認其係不作為犯，並不具現役軍人身份，亦不受軍法審判。

「各機關依其職掌就有關法規為釋示之行政命令，法官於審判案件時，固可予以引用，但仍得依據法律，表示適當之不同見解，並不受其拘束」，鈞院釋字第二一六號解釋詳有明文。緣國防部八十三年覆普勸勛字第〇〇二號維持前判之覆判判決，雖以軍事審判法第三條第八款所定「應召期間之後備軍人視同現役軍人」作為判斷基礎，但由其所持法律見解，可資判斷此項判決係從前審判決（即軍管區司令部八十二年答判字第〇五七號判決）以及國防部五十一年律從字第一〇一七號令作為判決基礎，認定聲請人雖未實際入營報到，仍屬現役軍人而應由軍事機關加以追訴云云。「按行政機關依其執掌就有關法規為釋示之行政命令，法官於審判案件時，固可予以引用，但得依據法律，表示適當之不同見解，並不受拘束，本院釋字第一三七號即係本此意旨；主管機關依其職掌就有關法規所為釋示，固可供法官於審判案件時參考，但不受其拘束。惟如經法院引用為裁判之基礎者，參照本院釋字第二一六號解釋，得為違憲審查之對象」，鈞院釋字第三九九號解釋之解釋理由書明申其旨。根據前揭最高法院對於軍事審判法第三條第八款所定之「應召期間」之見解，應召服役之後備軍人如未實際入營報到，係屬不作為犯，自不具有現役軍人之身分，亦不應接受軍事機關之審判。職是之故，前揭判決所援用之國防部行政命令違背憲法第九條至為明顯。根據司法院大法官審理案件法第五條第一項第二款，此一發

生牴觸憲法疑義之行政命令自可成為違憲審查之對象（釋字三九九號解釋理由書參照）。

貳、兵役法第一條、兵役法施行法第五十九條第二項違反憲法保障之「人性尊嚴」

我國憲法雖未若德國基本法明定人性尊嚴之憲法地位，但此非謂其不受憲政秩序之保障，蓋人性尊嚴之維護早已成為當代民主憲政國家顛仆不破之基本原理。按「人性尊嚴」一詞，已從傳統倫理道德、宗教或哲學用語，逐漸演化成為法律用語，甚至成為憲法價值 (Verfassungswert) 之一部分，或憲法秩序之基礎 (Fundament der Verfassungsordnung)、「憲法作為最高實定法規範，自有其價值體系，就這層意義而言，人性尊嚴屬憲法價值秩序中之根本原則，甚至，不可侵犯的人性尊嚴，已成為價值體系之基礎 (Grundlage eines Wertsystems)」（附件十）。揆諸「維護人格尊嚴與確保人身安全，為我國憲法保障人民自由權利之基本理念」（釋字第三七二號解釋文參照）；在個人生活領域中，人性尊嚴是個人「生存形相之核心部分」，屬於維繫個人生命及自由發展人格不可或缺之權利，因此是一種國家法律須「絕對保障之基本人權」（釋字第三七二號解釋蘇俊雄大法官之協同（含部分不同）意見書參照），「人性尊嚴」之憲法價值亦向為　鈞院所是認。申言之，「人性尊嚴」除係基本人權之一外，並為其他列舉之基本權利保障人性尊嚴部分之概括保護條款，而應構成憲法第二十二條之精髓所在。此種概括條款除具有承接規範之功能，基於輔助原則亦具有補充結構規範遺漏之功能。職故，憲法保障之人性尊嚴有賴例示基本權利加以具體化，而一般例示基本權利之功能，則由透過人性尊嚴之條款確保之。

就本案之具體情形而論，兵役法第一條未提供其他替代選擇，強迫全國男子皆需服役之規定，顯已罔顧聲請人憲法所保障之宗教信仰自由，迫令其從事完全違背自己信仰之戰鬥任務，絲毫不顧及聲請人之人性尊嚴；至於兵役法施行法第五十九條第二項規定實際執行未達四年者，必須回役

續服役期之作法，更令聲請人週而復始輾轉於服刑、釋放、判刑之循環，其對人性尊嚴之壓迫與戕害，莫此為甚！

參、憲法第二十條「人民有依法律服兵役之義務」，為「法律保留原則」之體現，非憲法層次之義務規範

按憲法係人民之「權利保障書」，基本人權保障原係憲法規範之唯一目的與功能，其餘條款僅係輔助運行之用，不得用以對抗人民之基本權利。綜觀當代民主憲政國家之憲法，針對人民「義務」之規範顯非常態，即使有明文規定，亦由憲法委託立法者加以具體化，方得課予人民義務。質言之，憲法用以保障人民之基本權利方是「憲政原則」，所謂「義務」規定往往僅具抽象之宣示功能，不應凌駕基本人權之保障。

綜觀我國憲法第二章「人民之權利義務」，明文指出「義務」二字者，有第十九條「人民有依法律納稅之義務」、第二十條「人民有依法律服兵役之義務」、以及第二十一條「人民有受國民教育之權利與義務」等。其中除「受國民教育」未明言「依法律……」外，關於納稅與服兵役等義務事項均要求必須「依法律」加以規定。申言之，除開「受教育」可勉強稱上係「憲法」層次之義務外，納稅與服兵役應僅係「法律」層次之義務，實為憲法上「法律保留原則」(Prinzip des Gesetzesvorbehalt) 之展現，亦即非有立法者制定法律詳加規範，不得課予人民義務，否則立法者若採取募兵制以取代徵兵制，將發生「是否違反憲法課予人民服兵役義務」之荒謬問題。若從憲法第二十三條以觀，此種依據法律方得課予人民之「義務」，或僅係對於人民權利之「限制」，實不應概以「憲法義務」視之，更不應藉此架空憲法保障之基本人權。

揆諸　鈞院釋字第四四三號之解釋理由書，「又憲法第二十條規定，人民有依法律服兵役之義務，係指有關人民服兵役之重要事項均應以法律或法律明確授權之命令予以規定」。申言之，人民應召服役之「義務」，非經法律或法律明確授權之命令不得予以強制履行。職是之故，當「法律」層

次之「義務」與「憲法」層次之「權利」產生衝突時，對於此類義務規範
之違憲審查自應採取更為嚴格審慎之標準，以防基本人權遭到架空與稀釋。

　　「宗教信仰自由」事涉人民內心之真誠確信與生命價值，其重要性堪
稱「憲法保留 (Verfassungsvorbehalt)」（釋字第三九二號、四四三號解釋理
由書參照），保障範圍本不應授權立法強加規範。即令各國政經環境有所差
異，需作相當程度之規制，立法者亦應謹慎行事，不應動輒以「維持社會
秩序」、「增進公共利益」等概念抽象之事由相繩。即令制定法律加以規範，
其內容仍須合於實質正當，更需考量憲法基本權利間之內在一致性。申言
之，國家對於宗教之規範，應抱持「和平與容忍之義務」，除非舉證具有「明
顯及重大公益」，否則不應介入干涉；「對於拘束人民宗教自由之立法考慮，
應以明顯與重大公共利益為出發點，方具有說服力……惟特別應注意比例
原則的規定」（附件十一）。申言之，服兵役之法律上「義務」不應侵犯人
民宗教信仰之「權利」與「自由」，即令迫於國家情勢，亦應提供其他替代
方案，否則宗教信仰自由之核心保障領域，即無由維持。按兵役法第一條
未慮及人民宗教信仰之差異，強迫全國男子皆需應召服役，除未提供替代
兵役制度外，更造成宗教信仰不同者因拒服戰鬥兵役，而需承擔嚴苛刑責。
此猶如「憲法保障思想自由，但立法者得規定『凡以言論表達人民不應承
擔服兵役之思想者，應予處罰』」之命題一樣荒誕無稽。

肆、兵役法第一條違反憲法第七條之宗教平等權與性別平等權

　　聲請人於前呈　鈞院之釋憲聲請書中曾論及兵役法第一條違反憲法第
七條所保障之宗教平等權與性別平等權，特補充理由如下：

　　「中華民國人民，無分男女、宗教、種族、階級、黨派，在法律上一
律平等」，我國憲法第七條定有明文。其中關於「男女、宗教、種族、階級、
黨派」僅係憲法上之例示規定，非謂其它區別標準即不受憲法平等權之保
障，此向為我國學界及實務所肯認。然此處明文指出的五大要項「男女、

宗教、種族、階級、黨派」，顯然係制憲者認為其最易成為國家作為違反平等權之「區別標準」，故可視為制憲者對於平等權之「加重保障」（附件十二）。申言之，立法如涉及以「男女、種族、階級」作為差別待遇之標準，由於此三種特徵係人民客觀上無法改變，且純以外觀作為區別之標準，應屬「違憲可疑之分類」(suspect classification)；至若以「宗教、黨派」作為區別標準，由於宗教信仰自由與集會結社自由係憲法第十三、十四條明文保障之基本權利 (fundamental rights)，可視為憲法層次平等原則之「特別強化保障」，任何立法涉及以此種標準進行差別待遇，均應先作違憲推定，若政府無法舉證重大急迫之公益以及手段之必要性等合憲事由，則應認定為違憲之「不合理差別待遇」。職故，如果法律涉及此五種區別標準之一，釋憲者自應採取更為嚴謹之審查標準 (strict scrutiny)，避免憲法之平等保障成為空談。

「憲法第七條所定之平等權，係為保障人民在法律上地位之實質平等，並不限制法律授權主管機關，斟酌具體案件事實上之差異及立法之目的，而為合理之不同處置」，鈞院大法官釋字第二一一號解釋詳言此旨。又「關於平等原則之違反，恆以『一方地位較他方為有利』之『結果』存在為前提。不論立法者使一方受益係有意『積極排除他方受益』，或僅單純『未予規範』，祇要規範上出現差別待遇的結果，而無合理之理由予以支持時，即構成憲法平等原則之違反」，鈞院釋字四五五號解釋翁岳生大法官之協同意見書詳申其旨。據此，兵役法第一條以「性別」作為差別待遇之唯一標準，非但忽視有意願與能力之女子，復未慮及不適合服役男子之意願而「未予規範」，顯已構成以性別作為分類標準之不合理差別待遇，違反憲法第七條之性別平等權。其次，系爭法律強迫不同宗教信仰男子必須放棄內心堅信之教義，一律參與戰鬥兵役之任務，此種未針對宗教信仰「不同者」予以差別對待，則又違反憲法第七條保障之宗教平等權。

伍、兵役法第一條、兵役法施行法第五十九條第二項違反憲法第二十三條之「比例原則」

1.兵役法第一條違反憲法第二十三條之「比例原則」

「以上各條所列舉之自由權利，除為防止妨礙他人自由、避免緊急危難、維持社會秩序或增進公共利益所必要者外，不得以法律限制之」，我國憲法第二十三條定有明文。按學理上對於第二十三條即是「比例原則」(Verhaeltnismaessigkeitsprinzip) 之展現向無爭議，此業經　鈞院大法官釋字第四二八號解釋之解釋理由書、第四三六號解釋之解釋文、以及釋字第四五六號解釋理由書所明白是認。換言之，任何企圖限制人民自由權利之法律，除須符合前開四種事由外，尚需通過「比例原則」之檢證，否則即難謂合憲。「人民有依法律服兵役之義務」憲法第二十條雖有明文，然服役主體（免役、禁役範圍）、年限、以及其他權利義務，均有賴立法者加以具體化。兵役法第一條排除本國女子服役是否妥適暫且不論，然其他權利義務之立法規範並非漫無限制、隨心所欲，仍需受到其它憲法原理原則之規制。職是之故，平等權（第七條）、宗教自由（第十三條）、比例原則（第二十三條）等原則均應有其適用。

按「比例原則」係現代法治國原則下最重要之違憲審查標準，其內涵包括適合性原則（合目的性）、必要性原則（最小侵害原則）、以及狹義比例原則(比例性衡量)。值得特別重視的是，先於手段能否達成設定目的（即適合性原則）之目的實質內涵以及「目的正當性」，向來為人所忽略，惟其重要性往往不下於其他層次之檢證。職故，若立法目的根本違背憲法或者誤認目的，則根本無庸進入其他層次之違憲審查。兵役制度是否以公平服役作為真正目的容有疑義，但「尋求適合保護國家安全之人入伍服役」則係無庸置疑之目標設定，否則國防安全將無由達成。據此，兵役法第一條只論性別不論宗教信仰強迫全國男子應召服役的僵硬作法，由於召集若干根本「不適合」（或無能力）男子服役，根本無法達成前開目的。退萬步言，

縱使是項立法能夠達成公平徵集兵員之「次要目的」，其能否通過最小侵害手段之檢證復有疑問。

我國憲法雖然規定人民依法律有服兵役之義務，卻未必表示剝奪立法者採取相對於現行「徵兵制」之「募兵制」。換言之，「徵兵制」並無憲法上必然之當為要求，立法者自可運用立法裁量權彈性考量應服兵役之主體與免役範圍，此觀兵役法第一條排除「全國女子」為應召服役之對象可證（暫且不論此種立法裁量是否合憲）。尤其現代講究高度科技的戰爭，服役役期較長之募兵制，顯然較能勝任操作精細、複雜的先進武器系統，徵兵制是否符合時代需求容有論辯餘地。蓋所謂「兵役」義務並非全指戰鬥性訓練與任務，其他非戰鬥性工作（諸如食勤、衛勤、駕駛、文書等）亦在廣義的兵役範圍內。換言之，基於「等者等之，不等者恆不等之」之法則，立法者自應本於合理之差別待遇基準，針對不同特質之服役者給予相應之選擇機會。

本案聲請人自幼為「耶和華見證人」基督徒，凡真實「耶和華見證人」基督徒，對於地上列國戰爭均嚴守中立之立場，並不干涉他人行動，故聲請人自幼在良心上即拒絕參與任何與軍事有關之活動。然而此種真誠之宗教信仰，卻在兵役法未加考量下強迫其服役，進而造成聲請人身陷囹圄，且纏訟多年。類此基督徒，即使被迫從事戰鬥任務，由於內心堅定之宗教信仰，非但無法遂行上級所交付之命令，更可能於面對緊急狀況之際，因猶疑徬徨於己身信仰堅持與戰鬥任務之間，造成自己與同僚之生命危險。換言之，此種徵兵「手段」顯然無法達成捍衛國家安全之「目的」，與「適合性原則」顯有牴觸。此外，隨著軍事科技一日千里，所謂「戰鬥性任務」並非全然指稱運用物理體能、持武器殺敵之職位，許多先進的軍武操控任務往往係「運籌於帷幄之中，決勝於千里之外」之「按鈕」工作。此種戰爭形態之變遷轉移，非但使得兵役法第一條全面排除女子服役之正當性備受質疑，捨「有意願服役女子」不用而強迫類此基督徒擔任戰鬥任務，亦未見其合理之處。申言之，兵役法未針對不同宗教信仰者作出差別待遇，強令其擔任戰鬥任務之舉，恐無法經過「比例原則」最小侵害之要求。

2.替代兵役制度（社會役）作為最小侵害手段

經查替代兵役制度之提供，除美國的軍事兵役替代役法（前聲請書附件八）、目前歐洲各國設立社會役制度國家計有：德國、奧地利、荷蘭、法國、比利時、芬蘭、義大利、葡萄牙、西班牙、捷克、斯洛伐克、匈牙利、瑞士等國，以德國為例，每年約有三分之一的役男轉服社會役，足見此已成為世界各民主先進國家共同的潮流（附件十三）。

誠如前述，我國憲法第二十條雖然規定人民依法律服兵役之義務，但此並非憲法層次之「全民義務」，僅係憲法賦予法律要求人民服兵役之可能規範基礎。換言之，憲法第二十條之規定並非剝奪立法者賦予其他替代兵役制度供人民自由選擇之空間，且基於平等原則與比例原則之憲法層次要求，此種替代兵役制度已非自由形成之立法裁量問題，而是裁量權萎縮至零之積極憲法義務，釋憲者自應對於此種缺乏選擇空間之兵役法第一條為違憲之宣告。

此外，過去基於國家安全之兵源充足問題，隨著國防部配合二代軍力換裝同步實施之國軍「精實方案」，每年義務役之兵源將多出兩萬餘人。根據內政部役政司預估，一旦國內實施社會役制度，一年至少有四萬人可投入社會服務工作，每年將為國家節省上百億元之經費。此外，學者歸納分析歐洲實施有年之社會役制度，認為「這些國家重視保障人民的宗教權及尊重役男『不執武器殺人』的宗教和良知抉擇，將人民服兵役的義務改為服其他可促進公共利益、或達成國家任務的制度」；「實施社會役可落實保障人民宗教信仰的基本權利，增加國家對公共事務的服務能力，也可發揮役男的才能和專業素養，並促進軍隊戰力的提升」（附件十四）。申言之，替代兵役制度之提供，非但無損於國防安全之兵源，更可有效利用多餘人力從事促進公益之社會服務工作，堪為最小侵害、最大利益之選擇手段。至於如何規劃促使義務兵役與替代兵役兩者之間「質量相等」（例如：服役地點選擇、役期長短、服役內容等），則可由立法者視社會需求而作不同調整，與服役公平原則並無違背。

申言之，兵役法第一條先以「性別」作為差別待遇之基準，繼之不分

生理、心理、以及宗教信仰之不同差異，要求男子一律執行戰鬥勤務，致使聲請人之宗教信仰自由遭受鉅大壓迫，顯然牴觸憲法第二十三條之「比例原則」。

3.兵役法施行法第五十九條第二項違反憲法第二十三條「比例原則」

今國家屢以各種兵役法令相繩，使聲請人輾轉於「拒絕服役」與「入監服刑」之間，若非希望藉由刑罰教化聲請人「改變宗教信仰」，即是純粹報復功能之「應報」科罰。然就刑罰之本質以觀，由於一般自由刑缺乏矯正與教育之功能，根本無法達到系爭刑罰欲矯治犯罪行為之目的，此顯然無法通過比例原則中強調目的能否達成之「適合性原則」之檢驗；如果肯認此種刑罰純屬「以牙還牙、以眼還眼」之應報處罰，則聲請人既然已為自己拒服兵役乙事付出代價，其所服刑期甚至倍於法定義務兵役年限，則於開釋出獄後，自無「持續」為先前之同一拒服兵役行為負責之理。至於憲法是否寬容國家採取教育刑罰企圖改變人民依憲法所保障經過正當宗教教育所形成之宗教信仰，則更屬難以想像，根本不是合憲的手段，遑論進行實質審查。申言之，此種針對正當方式形成之宗教信仰科處刑罰之舉措根本缺乏合憲性之基礎。

此外，系爭法條未慮及甘以服刑替代戰鬥兵役者之選擇自由，徒以刑罰反覆相繩，致令聲請人陷入「拒絕應召→判刑→釋放→再召集→再拒絕→再判刑」之惡性循環。聲請人僅因內心對於宗教信仰之堅持，青春歲月幾遭剝奪殆盡，若此惡法不改，豈非至聲請人白髮蒼蒼不休！憲法對於人民之宗教平等權與宗教信仰自由之保障，徒使人民身陷囹圄，豈合事理?!

陸、兵役法施行法第五十九條第二項違反憲法「一事不二罰」原則

「一事不二罰 (ne bis in idem) 原則」、「禁止雙重處罰原則 (der prinzip des Doppelbestrafungsverbot)」係民主國家彰顯人權保障之展現，其本意在禁止國家對於人民之同一行為，以相同或類似之措施多次處罰。我國憲法就此雖

未明文規定，但此顯係當代民主憲政國家之基本原理，　鈞院釋字第三八四號解釋之解釋理由書亦明白是認，前聲請書對此論述甚詳，此不贅言。至於憲法原則「一事不二罰」之具體表現，刑事訴訟法第二百五十二條（絕對不起訴）、三百零二條（免訴判決）、三百零三條（不受理判決）所表彰之「一事不再理」可資參照，惟渠等標準皆係立法者自行設定，並非憲法上不可挑戰之先驗價值，否則豈非形成另一種立法恣意或專斷。

　　據此，「一事不二罰」不能純就單一法律之犯罪構成要件是否二度合致作為判斷基礎，法律體系之總體觀察、犯罪意圖是否持續、前後行為之本質等，皆應作為此一原則之審查標準。聲請人基於宗教信仰良知拒絕擔任戰鬥兵役之舉措，雖從立法者設定之二罰標準（即妨害兵役治罪條例）係「二事二罰」，惟從兵役法施行法第五十九條以「實際服刑超過四年」作為是否回役之標準，進而造成「拒服戰鬥兵役意圖始終未曾間斷」之聲請人一再被迫召集回役，自法律整體之體系正義以觀，此顯係違憲之二罰規定。此外，有鑒於內心長期堅信之宗教信仰，聲請人甘以服刑替代戰鬥兵役，入獄服刑期間（總計已超過四年）更甚於一般義務役期二年。聲請人如係虛言假意，欲藉宗教信仰為名規避兵役，諒不必捨既有薪餉又有定期休假之兩年役期而就四年以上之監獄刑期，此顯然與經驗法則未合；又此種前後一貫之信仰與堅持，既已論罪科刑，該罪刑本質即已確立，豈有連續處罰「同質行為」之理？退萬步言，即使聲請人拒服兵役之行為真係「犯罪」，此一犯行應於聲請人執行刑罰完畢即告完結，「持續」科罰顯屬無據。

柒、刑事回役臨召並無法律授權，違反憲法第二十三條之「法律保留原則」與「授權明確性原則」

　　退萬步言，即便　鈞院肯認系爭法條之合憲性，本案涉及之「刑事回役臨時召集」亦有違憲之嫌。按涉及人民之權利、義務等事項，必須以法律定之，此中央法規標準法第五條第二款定有明文。即使必須委由行政命令加以管制，除需法律授權外，授權之目的、範圍、以及內容皆必須具體

明確，方符憲法第一七二條、第二十三條「法律保留原則」，此　鈞院大法官釋字第三一三、三九〇、三九四、四〇二、四四三、四四五號解釋均本此意旨。

　　經查聲請人分別於八十一年十二月、八十五年四月前後接受臺北市團管區司令部與新竹團管區司令部下達臨時召集令，無非根據兵役法施行法第五十九條第二項免除原核定禁役，次按行政院依兵役法施行法第五十七條訂頒「召集規則」之第十九條第一項第四款、第五款所謂「停役原因消滅，回復現役之臨時召集」及「補服義務役期之臨時召集」等事由，依「後備軍人管理規則」第四十六條辦理回役臨召。

　　然查兵役法第三十八條針對「臨時召集」係指「『平時為現役補缺』，『戰時為人員補充』或在『軍事警備上有需要時』實施之」，詎行政院訂定之「召集規則」第十九條第一項除規定上列三項召集事由外，竟創設母法即兵役法所未列舉之臨召事由，即第四款「停役原因消滅，回復現役之臨時召集」以及第五款「補服義務役期之臨時召集」兩種額外事由，逾越母法授權範圍，增加人民自由權利之限制至為明顯。申言之，此種缺乏法律授權之行政命令顯然牴觸前開憲法意旨，應屬違憲無效；至於依據此種違憲命令對聲請人下達臨時召集令之行政處分亦因具有重大明顯之瑕疵當屬無效。據此，聲請人收受此等違憲（法）無效之召集令，自不應遭論罪科刑，臺灣花蓮地方法院八十四年度訴字第五三一號刑事判決亦同此見解（附件十五）。

　　或謂「耶和華見證人」難以界定，將破壞兵役制度之公平，形成逃避兵役之溫床，進而侵蝕現有之兵源基礎云云。惟查，宗教信仰自由係憲法保障之基本人權，釋憲者自有捍衛維護之義務，如何避免前開問題之具體制度標準係立法者之裁量職責，此「權力分立」之憲法原則應為各該機關共同遵守，釋憲者自不應自我設限。

　　末查「大法官解釋案件，應參考制憲、修憲及立法資料，並得依請求或逕行通知聲請人、關係人及有關機關說明，或為調查。必要時，得行言詞辯論」，司法院大法官審理案件法第十三條第一項定有明文。本案除涉及

聲請人內心堅信之宗教信仰與價值觀，對於聲請人信仰之教義亦有深入調查、瞭解之必要；除此之外，歷來　鈞院大法官對於我國憲法上宗教自由之意涵、範圍與界限似均無可供依循之解釋文，就此本案實具有「原則上之重要性」，凡此均應惠予聲請人到場說明之機會。據此，爰聲請　鈞院大法官惠賜聲請人說明之機會，實感法便。

關係文件之名稱與件數：

附件九：最高法院八十四年度臺非字第三九六號判決

附件十：李震山，〈人性尊嚴之憲法意義〉，《律師通訊》第一五〇期，
　　　　第三四至三五頁

附件十一：陳新民，《中華民國憲法釋論》，一九九五年版，第二六八
　　　　　至二七〇頁

附件十二：陳新民，〈平等權的憲法意義〉，收錄於氏著《憲法基本權
　　　　　利之基本理論（上）》，一九九二年版，第四九六頁

附件十三：陳新民，〈兵役替代役社會役制度的比較研究〉，收錄於氏
　　　　　著《軍事憲法論》，一九九四年版，第三五九頁以下，第四
　　　　　三五頁附表

附件十四：〈社會役，推動臺灣邁向福利國〉，《中國時報》四版，八
　　　　　十七年六月五日

附件十五：臺灣花蓮地方法院八十四年度訴字第五三一號刑事判決

以上文件均影本

此　致

司法院

聲請人：吳宗賢

代理人：理律法律事務所

陳長文　律師

李念祖　律師

楊皓清　律師

吳宗賢 補充理由書 （二）

受文者：司法院

聲請人：吳宗賢

代理人：理律法律事務所

　　　　陳長文　律師

　　　　李念祖　律師

　　　　楊皓清　律師

　　　　聲請人前於中華民國八十六年八月十六日請求　鈞院解釋陸軍步兵第二五七師司令部七十六年審字第〇二九號判決、國防部八十三年覆普勸勛字第〇〇二號維持前判之覆判判決及臺灣新竹地方法院八十四年度訴字第八一五號刑事判決中於聲請人之案件適用之兵役法第一條規定牴觸憲法，另國防部八十三年覆普勸勛字第〇〇二號維持前判之覆判判決及臺灣新竹地方法院八十四年度訴字第八一五號刑事判決中於聲請人之案件適用之兵役法施行法第五十九條第二項規定牴觸憲法。鑑於本案具有憲政原理與人權保障之重要指標意義，業於八十七年六月二十六日補呈釋憲補充理由書，茲依法續提聲請釋憲補充理由書如后：

壹、「耶和華見證人」之信念與堅持

　　　　鑑於長久以來之不實傳述與誤解，茲特提出相關資料及說明，期使鈞院對於「耶和華見證人」此一提倡世界和平之宗教團體有更深層之認識。

　　　　根據統計，「耶和華見證人」佈道傳教範圍遍及全世界共二百三十二個以上之國家或地區，其所印製發行之聖經刊物計有一百一十種語言以上之版本，每月發行量更高達三千多萬份，除足證其除係一歷史悠久、運行良好之宗教團體，其所堅持之信仰與理念更為世界各國政府所認同。根據初步統計，截至一九九三年，目前世界上公開從事傳道之耶和華見證人之人數高達數百萬之譜，各國所設分社亦高達九十六處，除可證明其係一「已

知宗教 (known religion)」外，從其日常工作之推廣，更可瞭解此一宗教團體對於世界和平之執著與奉獻（附件十六號）。

此外，在一九三〇及四〇年代，耶和華見證人因從事傳道工作多次被捕，為維護言論及信仰自由，耶和華見證人不斷透過法院訴訟方式尋求救濟。根據統計，至少有四十三宗相關案件於美國聯邦最高法院獲得勝訴，至於其他國家也有為數不少類似之例證。以希臘為例，由於早期要求人民執行軍事戰鬥兵役，導致長期總共有約三百名耶和華見證人因拒絕參與軍事訓練而身限囹圄。其後，在各國耶和華見證人之聲援，以及國際特赦組織積極奔走施壓下，希臘政府於一九八八年通過豁免軍事服務法（附件十七號）。

另本案代理人茲並提出「守望台聖經書社 (Watch Tower Bible and Tract Society)」針對「耶和華見證人」基督徒本於良心與信仰拒服兵役乙事，仿效美國法庭之友制度出具之說明報告，其中除具體說明如何認定「耶和華見證人」基督徒之資格與標準，避免浮濫不公之弊端外，對於美國、德國、希臘等國處理相同爭端之最新概況以及歐洲人權法院 (European Court of Human Rights) 之相關判決亦有詳細引介。以德國為例，聯邦憲法法院即認為重複對於耶和華見證人以及其拒絕履行兵役義務判刑是不適當的，甚至進一步認為良心自由是「憲法上的至高權利」。報告中除可看出各國釋憲者對於此一議題之態度所具之決定性關鍵地位外，針對如何運用替代兵役制度調和傳統兵役、國家寬容良心犯等議題皆有清楚論述，凡此對於若干質疑如何落實兵役制度公平性、如何認定「耶和華見證人」、以及司法權應否積極介入矯正等疑慮，或有澄清之效（附件十八號）。

貳、兵役法第一條、兵役法施行法第五十九條第二項之規定違反憲法第十三條宗教與信仰自由之保障

按「宗教信仰自由，乃屬於人類天賦的權利，出自上帝的創造，不應以人世間的刑罰、壓迫、或法律的限制去影響它」，此係一七八六年美國維吉尼亞宗教自由法案開宗明義所揭櫫之精神。有鑑於多數戰爭起源於宗教

信仰之差異，當代民主憲政國家莫不於憲法上明白規定政教分離或宗教信仰自由之權利保障條款，避免國家對於「異教徒」進行宗教迫害，引發更多的戰爭與衝突。此外，由於宗教係一種人們內心之精神活動，並非現代科學技術所能論證，為避免國家假借對於宗教教義內容進行審查之名，行排除、迫害異己之實，有關宗教之認定，應交由人民自我審查，亦即國家不能認人民某些信仰並非宗教，而必須嚴守「價值中立」之態度（附件十九）。誠如前呈補充理由書㈠第八頁所述，國家對於宗教之規範，應抱持「和平與容忍之義務」，除非舉證具有「明顯及重大公益」，否則不應介入干涉，此即是現代民主憲政國家宗教信仰自由保障之真諦。

1.國家應對宗教信仰秉持中立與寬容之態度

按近代民主政治與立憲主義之哲學基礎在於價值相對主義，法國哲儒賴特布魯（Gustav Radbruch）曾言：「民主主義基於相對主義哲學，對相異之政治觀，採取『寬容』的立場。相對主義認為無法以科學方法，就政治或社會上不同的信念或信仰，精確判定何者才是真理；因此倡言各種不同信念，必須原則上賦予同等地位，平等尊重其價值」（附件二十）。正因為將各種不同信念視為平等價值對待，除非有唯一的政治、社會之真理存在，而這些真理獲得知識與道德之承認，否則任何人皆不應因其身分、階級、種族、乃至於宗教信仰，而有遭受不平等對待之情事。職故，作為民主政治基石之「寬容哲學」，立法者所制訂之法律並非真理之作用，毋寧只是權威與意志之運用，「價值相對主義雖賦予國家以立法權能，但是仍有些限制，要求國家負有義務，尊重在其統治下之成員有下列自由之權利，亦即思想自由、學術自由、信仰自由及出版自由等」（附件二十；第二〇二頁）。

換言之，價值相對主義與寬容哲學旨在排除定於一尊之絕對價值主義，建立寬容彼此不同之思想及信仰之自由市場。畢竟，一個社會之文化發展與成熟度，可從其如何對待自己的公民窺出，如何致力排除偏見、容忍異己，與國際趨勢配合，往往是他國評價一國之人權指標。

宗教信仰是對於某種神聖超自然的存在之終極關懷與實踐體系，在經過聖俗分離世俗化過程具有中立性的近代國家中，任何的宗教都應被視為

一種特定的價值。故所謂「寬容」並非要求贊成所容忍之信念，也不是採取模稜兩可之態度，而是在認為別人的某些信念有問題或錯誤時，以透過對話之方式溝通，並且不會企圖剝奪別人合法（憲）表達自己信念可能性之一種態度（附件二十一）。申言之，在價值中立與寬容之態度下，憲法保障宗教信仰自由之目的在於促成各種宗教立於同等基礎自由競爭，且不得任意干涉人民基於宗教信仰自由而生之外在表現，按「宗教信仰與言論思想相同，皆是人們發自內心之想法，向外而有一定之表現行為。若缺少外部表現之行為，單純內心之想法既不能引起他人共鳴，也無法與他人交換，這對社會而言，等於沒有任何貢獻」（附件二十二）。

　　申言之，國家保障宗教信仰自由之出發點係在實踐「寬容」精神，對於不同宗教之不同信仰，應採取完全尊重與等量齊觀之對待。強迫所有人接受同一種宗教信仰或價值，無異於強迫人民全盤否定自己的良心與信仰，此絕對不是民主寬容之展現。按「耶和華見證人」基督徒拒絕服事戰鬥兵役，係其基於良心自我認知之堅定信仰，其對於其他非「耶和華見證人」是否服事戰鬥勤務，向來抱持不予干涉之「寬容」態度，故針對「耶和華見證人」拒服戰鬥兵役乙事，國家如迫令人民採取「不寬容」之態度，自非憲法所允許（註：退萬步言，縱令主張「耶和華見證人」拒絕服事戰鬥兵役乙事係「不寬容」之表現，若其行為（或國家提供其他方式供其選擇）並不致造成他人自由的重大威脅，則並不當然表示其無法要求國家給予「寬容」，蓋若強迫所謂「不寬容者」表現國家所認定之「寬容」行為，無異是另一種的「不寬容」）。

2. 憲法上之多元價值與認同

　　「國家肯定多元文化」，我國憲法增修條文第十條第八項定有明文。換言之，「多元」亦係我國憲法內在之價值體系與亟欲追求之目標。按社會結構之多元制度，係寬容政治必備之結構要素，為維持多元社會之民主主義體制，應確認對各種思想予以平等地寬容。此外，由於人類理解事物與文字表達之能力有限，任何法律制度皆不應存有絕對、不可推翻之價值，誠如德儒 Hans Kelsen 認為，由於人類的認識能力無法認知到絕對之價值或

真理，故縱使意見不同，也要善意理解其他宗教、政治或知識上的意見，此即是多元政治之寬容展現。

根據比較憲政經驗，當代憲政發展之重點在於兼顧人民對於憲法之認同 (identity) 與其多樣性 (diversity) 之保存。以服兵役而言，「是否」建立戰鬥兵力、採取徵集或募集方式，既非憲法上之必然要求，自無關憲法認同；尤有甚者，在義務徵兵制度下，亦應容許某些本質不同之人民選擇其他方式履行義務，方能維持社會多元結構。

3.我國憲法對於宗教信仰自由之保障

我國憲法對於宗教信仰自由之保障表現於第七條「宗教平等權」及第十三條「宗教信仰自由權」，非有重大公益之事由，不可任意干預。「憲法第十三條規定：『人民有信仰宗教之自由』，係指人民有信仰與不信仰任何宗教之自由，以及參與或不參與宗教活動之自由；國家亦不得對特定宗教加以獎助或禁止，或基於人民之特定信仰為理由予以優待或不利益」，鈞院釋字第四六〇號解釋理由書著有明文（附件二十三）。申言之，所謂宗教信仰自由即是人民「有權選擇 (right to choose)」信仰之自由，若因選擇不同之宗教信仰遭受不合理之差別待遇，不僅有違憲法第七條「宗教平等權」，亦與第十三條之宗教信仰自由保障顯有牴觸。

聲請人自幼為「耶和華見證人」基督徒，相信全能的上帝耶和華，創造天地萬物的造物主，且相信聖經是上帝的話語，不僅一切信仰基於聖經，生活言行概以聖經為唯一標準及原則，凡與聖經牴觸者，聲請人皆本於良心督責而不為。由於聖經多處經節教導，例如以賽亞書二章二節至四節：「末後的日子，耶和華殿的山必堅立，超乎諸山。……他必在列國中施行審判，為許多國民斷定是非。他們要將刀打成犁頭，把槍打成鐮刀。這國不舉刀攻擊那國，他們也不再學習戰事」；哥林多後書十章三節及四節：「我們雖然在血氣中行事，卻不憑著血氣爭戰。我們爭戰的兵器本不是屬血氣的，乃是在上帝面前有能力，可以攻破堅固的營壘」；路加福音六章二十七節及二十八節：「只是我（基督耶穌）告訴你們這聽道的人，你們的仇敵，

要愛他! 恨你們的，要待他好! 咒詛你們的，要為他祝福! 凌辱你們的，要為他禱告!」。質言之，凡真實「耶和華見證人」基督徒，基於崇尚世界和平之真誠信仰，對於地上列國戰爭均嚴守中立之立場，並不干涉他人行動，故聲請人自幼在良心上即拒絕參與任何與軍事有關之活動。

　　按此種崇尚世界和平之堅定信仰，非但符合前揭宗教信仰之範疇，而應受到保障，其與我國憲法之整體價值體系亦無任何扞格之處。查「中華民國之國防，以保衛國家安全，維護世界和平為目的」、「中華民國之外交，應本獨立自主之精神，平等互惠之原則，敦睦邦交，尊重條約及聯合國憲章，以保護僑民權益，促進國際合作，提倡國際正義，確保世界和平」，憲法第一百三十七，一百四十一條宜有明文。申言之，「維護世界和平」非但是我國國防與外交之最高宗旨，更是憲法明定之基本國策與價值，凡我中華民國國民自有遵守並積極捍衛之責，聲請人據此信仰迭遭論罪科罰，系爭法律顯與憲法設定之價值相牴觸，應屬無效。退萬步言，縱令否認此種倡議世界和平係人民之積極權能，根據合憲價值行事者亦不應作為科罰之對象，要無疑義。

參、要求耶和華見證人服事戰鬥兵役，並無任何重大保護法益，且嚴重侵害人身自由

　　「國民主權」(popular sovereignty) 係現代民主憲政國家之基本原理與最高指導原則，國會僅是代理人民表現意志，不得超越人民意志行事，否則將與專制獨裁無異。按人民「身體活動自由」之權利，係不受國家非法干涉與強制之基本人權，且「人民身體自由享有充分保障，乃行使其憲法上所保障其他自由權利之前提，為重要之基本人權。……凡限制人民身體自由之處置，在一定限度內為憲法保留之範圍，不問是否屬於刑事被告身分，均受上開規定之保障。除現行犯之逮捕，由法律另定外，其他事項所定之程序，亦須以法律定之，且立法機關於制定法律時，其內容更須合於實質正當，並應符合憲法第二十三條所定之條件，此乃屬人身自由之制度

性保障。舉凡憲法施行以來已存在之保障人身自由之各種建制及現代法治國家對於人身自由所普遍賦予之權利與保護，均包括在內，否則人身自由之保障，勢將徒託空言」，鈞院大法官釋字第三八四號解釋之解釋理由書著有明文（附件二十四）。換言之，人身自由可謂是最重要之基本權利，在符合實質正當之法律程序與憲法第二十三條比例原則下，共同形成憲法上之制度性保障。

1.人身自由、宗教信仰自由與忠誠義務並無對價關係

按人權係先於國家而存在，國家若以犧牲人身自由與宗教信仰作為人民「忠誠」之象徵或對價，非但嚴重違背當代民主思潮，更係本末倒置之錯誤作法。申言之，「國家」係為「人民」而存在，要求人民犧牲人身與良心自由以展現其對國家之「忠誠度」，猶如「人民」因「國家」而存在，荒誕無稽，可見一斑。

2.強迫耶和華見證人服戰鬥兵役，缺乏重大公益事由，亦有危及私益之虞

所謂「正當法律程序」，係指法律不應是不合理 (unreasonable)、專擅 (arbitrary)、或恣意 (capricious)，同時所用之手段與尋求之目的間必須具有合理 (reasonable)、或實質 (substantial) 的關係。（附件二十五）。按「兵役義務已涉及人身自由及生命權之侵犯可能性，而從我國憲法第八條人身自由二十四小時限制之憲法保留精神之觀點出發，人民基於『志願』服兵役，才是符合憲法人權保障之要求，若係『義務』服兵役，則仍將受到憲法第八條等之檢驗」（附件二十六）。換言之，任何違背自由意願之兵役勤務，皆應通過憲法人身自由及比例原則之檢證，否則即屬違憲。

按「尋求適合保護國家安全之人入伍服役」係兵役制度無庸置疑之預設目標，若要求「不適任」之人從事戰鬥任務，非但捍衛國家之「公益」無由達成，甚且危及其他人民之「私益」。簡言之，系爭耶和華見證人基督徒，即使被迫從事戰鬥任務，由於內心堅定之宗教信仰，非但無法遂行上級所交付之命令，更可能於面對緊急狀況之際，因猶疑徬徨於己身信仰堅持與戰鬥任務之間，造成自己與同僚之生命危險。質言之，系爭法律非但

缺乏目的與手段之合理關連，甚至可能損及更大之公益，實不知罔顧人身自由、強迫不願服兵役之人去保護、甚至「危及」國家安全或第三人之法理基礎何在？

肆、兵役法第一條要求全國男子服戰鬥兵役，未提供替代選擇制度，違背憲法比例原則與「合憲立法裁量」

根據　鈞院大法官釋字第四五九號解釋文：「兵役體位之判定，係徵兵機關就役男應否服兵役及應服何種兵役所為之決定而對外直接發生法律效果之單方行政行為，此種決定行為，對役男在憲法上之權益有重大影響，應為訴願法及行政訴訟法上之行政處分」（附件二十七），役男應否服兵役及應服何種兵役攸關其憲法上之重大權益，要無疑義。誠如「補充理由書㈠」所述，憲法第二十條「人民有依法律服兵役之義務」，僅是制憲者賦予立法者如要採行「徵兵制」之憲法層次之依據，充其量僅係人民法律層次之義務，並非當然得以導出立法者有採行義務徵兵制之「憲法義務」。至若立法者對於國防兵役究竟要採取何種制度，固有時空因素之考量，惟此絕非漫無界限之立法裁量，立法者必須本持「合憲義務裁量」選擇侵害人民權益最小之手段。

另揆諸　鈞院大法官釋字第四四三號之解釋理由書，「憲法第二十條規定，人民有依法律服兵役之義務，係指有關人民服兵役之重要事項均應以法律或法律明確授權之命令予以規定」（附件二十八）。申言之，戰鬥義務兵役絕對不是我國憲法上之必然要求，立法者於建置兵役制度時，除須考量人民之自由意願外，人民服兵役之相關法律義務，非經法律或法律明確授權之命令不得予以強制履行，且透過法律之調整或重訂，替代兵役制度（例如社會役）或是募兵制顯然亦在憲法容許之範疇。例如我國憲法學者涂懷瑩氏即主張對於因宗教信仰而服兵役者，可為特別規定，例如：佛教子弟可不任戰鬥兵，但仍須擔任非戰鬥勤務（附件二十九）。

1.替代兵役制度係民主國家之趨勢，亦為其憲法所明文建置

當前世界各民主先進國家有關替代兵役制度之提供，除美國的軍事兵

役替代役法（前聲請書附件八），目前歐洲各國設立社會役制度國家計有：德國、奧地利、荷蘭、法國、比利時、芬蘭、義大利、葡萄牙、西班牙、捷克、斯洛伐克、匈牙利、瑞士等國。

以德國為例，「信仰與良心之自由及宗教與世界觀表達之自由不可侵犯」、「任何人不得被迫違背其良心，武裝服事戰爭勤務，其細則由聯邦法律定之」，德國基本法第四條第一、三項定有明文。據此憲法要求，前西德政府於一九五六年制訂通過「兵役法」(Universal Military Service Act)，該法明文規定基於良心拒絕服軍事戰鬥勤務者，得改服替代民事勤務。迄至一九六八年，更於基本法中直接增列第十二條之一第二項：「任何人基於良心理由而拒絕武裝之戰爭勤務者，得服代替勤務。其期限不得逾兵役期限，其細則以法律定之，該法律不得有礙良心判斷之自由，並應規定與軍隊及聯邦邊境防衛隊無關之代替勤務之機會」、第三項：「應服兵役而未受徵服第一、二項所稱之任何一項勤務者，得於防衛情況時依法服事以防衛為目的之民事勤務，包括保護平民」等（附件三十），替代兵役制度至此顯已成為憲法層次之立法義務。其後，西德於一九八三年二月二十八日制訂公布「拒服兵役法」共二十三條，其中針對役男如何申請拒服兵役之程序與相關審核事宜均有明文規定。

除德國基本法外，憲法明定良心拒絕服役者尚有：西班牙憲法（一九七八年）第三十條第二項：「法律規定西班牙人民之兵役義務，並以適當保護手段，規定良知譴責（良心上反對戰爭）及其他免除義務兵役之理由，在適當情況下得以社會服務代替之」、葡萄牙共和國憲法（一九八九年）第四十一條第一項：「良知、宗教信念及宗教儀式之自由不得侵犯」；第六項：「基於良知原因而拒服兵役之權利，應依法予以保障」、奧地利憲法（一九九五年）第九條之一第三項：「奧地利男性公民有服兵役之義務；以良心理由拒絕服兵役之義務並因之而免除者，需服替代勞務，其詳細辦法由法律定之」（附件三十一）。申言之，人民基於良心或宗教信仰得拒絕服事戰鬥兵役，改服其他勤務，實已成為世界憲政之思潮。

2.替代兵役制度在我國之推行

　　根據德國基本法第十二條之一第一項之規定「男性自年滿十八歲起，有在軍隊、聯邦邊境防衛隊或民防組織服事勤務之義務」，此足以顯見男性服役係憲法層次之義務，故如欲提供其他替代兵役制度，自須憲法另行規定，即第十二條第二項以下之規定。反觀我國憲法，兵役既非男性之憲法義務，僅係立法者之法律規定，則在不更動憲法本文下，另行立法提供替代兵役自無不可。

　　我國長期面對海峽對岸中共政權之武力威脅，固有維持相當國防軍事武力之必要，然隨著動員戡亂時期之宣告終止，相關兵役制度自有相應調整之必要。資料顯示，由於推動國軍精實方案，兵源釋出約二萬餘人，為有效運用人力，我國自民國八十九年起將全面實施社會役，除取消國民兵外，丙等體位役男一律改服社會役，至於甲、乙等體位役男則可申請服社會役。根據內政部之規劃，未來實施之社會役類別將概分為：警察、消防、科技、社會服務、偏遠地區環保、醫療、教育及海外合作等（附件三十二）。此外，中央研究院院長李遠哲博士亦曾表示，年輕人對國家服務的方式很多，包括國防役與社會役，雖然服兵役是年輕人為國家服務最重要的方式，但並不是唯一的管道。此外，大多數中研院院士均認為，為促進高科技研究，透過科技替代兵役將可有效解決國內高科技發展之人才荒（附件三十三）。申言之，建構一替代傳統戰鬥兵役之制度，顯已成為我國未來兵役制度之必然走向。

3. 系爭法律因未提供替代兵役制度，應屬違憲

　　以憲法第十九條「人民有依法律納稅之義務」為例，固然此處之「稅」有其固有法理意涵，然制憲者並未強制立法課徵何種名目之「稅」，更未限制立法者免除某一種名目之「稅」。易言之，憲法第十九條僅係提供國家「如果」要進行課稅之憲法依據，非謂國家單憑此一條文即得恣意行使其課稅權限，租稅之種類、範圍、課徵方式等皆須出於法律定之，此即「租稅法律原則」之所由生。職故，如果國家其他財政來源足敷因應相關支出，立法者若要免除某一種（甚至全數）稅目，並非憲法所不許。

　　誠如補充理由書㈠所述，我國憲法第二十條雖然規定人民依法律服兵

役之義務，但此並非憲法層次之「全民義務」，僅係憲法賦予立法者若決定要求人民服兵役之規範基礎。換言之，立法者並無立法要求人民服兵役之憲法義務，且憲法第二十條之規定並非剝奪立法者賦予其他替代兵役制度供人民自由選擇之空間。基於平等原則與比例原則之憲法層次要求，此種替代兵役制度已非自由形成之立法裁量問題，而是裁量權萎縮至零之積極憲法義務，釋憲者自應對於此種缺乏選擇空間之兵役法第一條為違憲之宣告。

此外，何謂「比例原則」中之「最小侵害手段」必須檢視客觀時空環境之變遷而定，過去該當於最小侵害手段之立法，今日可能過度損及人民權益。以我國而言，兵役制度顯係出於國防目的，職故，如有眾多同樣得以達成「保衛國家安全，維護世界和平」國防目的（憲法第一百四十條參照）之手段，立法者自應隨時視時空環境之轉變而有所調整，方不負此一「憲法委託」。按「『憲法委託』是一個在時間上，有繼續性的特徵，其貫徹之內容，亦不應只局限於立憲者的『原來標準』，而是必須依照立法時代社會的演變，主、客觀需要的增長，而作『充實』。因此，『立法者』在『憲法委託』內扮演著一個不僅是『執行憲法』，又是『充實憲法』的角色」（附件三十四）。基於維護人民憲法第十三條信仰宗教自由之基本權利與保障人民良心決定之自由，現行兵役制度應提供人民適當之選擇類型，以達到憲法所要求確實衡量個別差異之實質公平（附件二十六；第七十三至七十四頁）。

伍、系爭判決適用兵役法施行法第五十九條第二項之規定，違反「一事不二罰」，應屬違憲

從刑罰之功能以觀，根據民主政治與價值相對主義，刑罰之理論不論是採報應主義或教育主義，其成立之前提，必須是行使刑罰權之國家具有高尚的道德權威，同時受處罰的犯人具有低劣的價值觀點（附件二十）。懷抱與國家（立法）所採信念相反觀點之人，例如政治犯以及本案申請人，

並非其具有低劣價值觀，而只是抱持不同之思想而已。職故，對於此種思想犯不應加以報復或教育刑罰，縱令強加刑罰，亦無法收效。

根據前揭　鈞院大法官釋字第三八四號解釋，一事不二罰係我國憲法正當法律程序之一環。另按任何人不得為同一罪行，而接受兩次生命或身體上之危害，美國憲法增補條文第五條則定有明文，此處所謂「一事不二罰」包括同一罪行在判決有罪或無罪後不得再行起訴，以及對於同一罪行不得多次處罰。此外，在基本法第十二條之一尚未增訂之前，德國憲法法院亦認為，針對耶和華見證人一再拒絕服役之追訴，因係針對「相同行為(the same act)」之重複科罰，違反基本法第一百零三條第三項「一事不二罰」之規定，顯係違憲之舉（附件三十五）。以本案申請人而言，其基於堅定之信仰之「相同行為」，卻迭遭判罪論刑，非但無助於前開刑罰功能之達成，亦顯已違背「一事不二罰」之憲法原則。

按申請人甫出獄未幾，新竹團管區司令部即於八十五年五月下達臨時召集令，要求申請人回役報到並續服兵役。惟申請人一本長久以來堅定之基督徒信仰，未向其指定地點報到，案經臺北師管區司令部軍事檢察官偵查起訴，並以八十六年師審字第七五一號判決，認申請人意圖避免臨時召集，無故逾入營期限二日，判處有期徒刑三月（附件三十六）。申請人對於自己堅持良心信仰之同一行為屢遭論罪科罰，實感無奈，遂於法定期限聲請覆判（附件三十七）。至此，申請人因堅持良心與信仰之自由，總計四度遭受法院有罪判決，茲製作下表以供　鈞院卓參：

判　　決	判決刑度	實際服刑	備　　註
陸軍步兵第二五七師司令部七十六年審字第〇二九號判決	有期徒刑八年	三年九月二十日	
國防部八十三年覆普勸勛字第〇〇二號判決	有期徒刑三月	三月	

| 臺灣新竹地法院八十四年度訴字第八一五號刑事判決 | 有期徒刑六月，緩刑三年 | | 八十四年八月判決確定 |
| 臺北師管區司令部八十六年師審字第七五一號判決 | 有期徒刑三月 | | 聲請覆判中 |

　　根據上表說明，如果軍管區司令部維持初審判決並駁回覆判，則申請人非但須再度入獄服刑三月，前次新竹地方法院八十四年度訴字第八一五號刑事判決由於係於八十四年八月確定，申請人於八十五年五月緩刑期間內犯有期徒刑以上刑之宣告，將遭撤銷緩刑宣告，併同前次有期徒刑六月，則將再度入獄服刑九個月！申請人因堅持良心及信仰之「同一行為」，竟於短短十年間獲致四個有罪判決，總計將近五年之有期徒刑，實不知人權保障與刑事正義之平衡點何在？縱令此次入獄服刑，亦將因不符合兵役法施行法第五十九條第二項之禁役規定，一旦出獄後，勢將再陷「拒絕應召→判刑→釋放→再召集→再拒絕→再判刑」之循環，殊不知憲法對人民之信仰自由保障何在？亦不知耗費大量資源科罰不具任何惡性之耶和華見證人之正當性何在？

　　二千年前，耶穌將生命奉獻給其自己所創立之宗教，二千年後，臺灣卻有一群人，必須犧牲自由與寶貴青春，寧願身陷囹圄，只求不違背自己的良心與信仰。根據初步估計，類似本件申請人之耶和華見證人基督徒，其因良心信仰遭致牢獄之災，總是維持在五十人上下，其中甚至有兄弟二人，同因良心拒服戰鬥兵役而在監服刑，他們所日夜企求者，不是一般受刑人殷切盼望的減刑、假釋等政府德政，而是憂心提早出獄將無法取得禁役資格，這是何等的無奈、何等的悲涼，對近年來以民主改革著稱之我國，又是何等的諷刺！

　　當人民必須犧牲人身自由，以入監服刑換得免持武器殺人之自由；當人民必須苦苦央求審判機關判予重刑，以超高刑度換取禁役資格；當人民

必須抗告政府減刑「德政」，求以人身「不自由」換取良心「自由」；當人民為了己身良心與宗教信仰，必須週而復始、輾轉反覆於牢獄之間，則究竟是人民違背其對憲法之忠誠義務，抑或是國家違背其對人民應諾之保障義務？

值此「釋憲五十年」之憲法時刻，社會各界對於　鈞院大法官歷來透過違憲審查權對於民主政治與人權保障之貢獻，均表高度肯定。深祈　鈞院正視此一嚴重戕害人性尊嚴、良心自由、以及宗教自由之違憲實際，並依本件聲請事項作成解釋，無任感禱。

關係文件之名稱與件數：

附件十六：「耶和華見證人：這名字背後的組織 (Jehovah's Witnesses–The Organization Behind the Name)」中、德文版錄影帶各乙卷。

附件十七：〈歐洲人權法院伸張正義〉，《儆醒》，第十九頁，一九九八年一月。

附件十八：守望台聖經書社 (Watch Tower Bible and Tract Society) 針對「耶和華見證人」認定標準暨資格說明報告（中、英文對照譯本各乙份）。

附件十九：陳新民，《中華民國憲法釋論》，一九九五年版，第二六四頁。

附件二十：李鴻禧，〈淺談價值相對主義與政治的寬容——民主主義思想之原點〉，收錄於氏著《憲法與人權》，一九九五年版，第二〇一至二〇五頁。

附件二十一：馬緯中，《法與宗教之研究：論現代法治國下的宗教自由》，中興大學法研所碩士論文，一九九七年，第九十八至九十九頁。

附件二十二：陳銘祥，〈宗教立法與宗教自由〉，《月旦法學》，第二十四期，一九九七年五月，第三十頁。

附件二十三： 大法官釋字第四六〇號解釋。

附件二十四： 大法官釋字第三八四號解釋。

附件二十五： 法治斌，董保城，《中華民國憲法》，一九九七年修訂版，第一五〇至五一頁。

附件二十六： 黃俊杰，〈抗命罪與兵役制度〉，收錄於氏著《弱勢人權保障》，一九九八年版，第六十三至八十頁。

附件二十七： 大法官釋字第四五九號解釋。

附件二十八： 大法官釋字第四四三號解釋。

附件二十九： 涂懷瑩，《中華民國憲法與人權保障》，一九八二年版，第一六七至六八頁。

附件三十： 德國基本法第四、十二條（中、德文版本各乙份）。

附件三十一： 西班牙、葡萄牙、奧地利憲法條文節錄。

附件三十二： 相關社會役剪報四則。

附件三十三： 〈科技役代兵役，可紓解人才荒〉，《中國時報》，一九九八年七月八日第十一版。

附件三十四： 陳新民，〈論『憲法委託』之理論〉，收錄於氏著《憲法基本權利之基本理論（上冊）》，一九九九年版，第八九至九〇頁。

附件三十五： DONALD P. KOMMERS, THE CONSTITUTIONAL JURISPRUDENCE OF THE FEDERAL REPUBLIC OF GERMANY, 463–64, 574 (1989).

附件三十六： 臺北師管區司令部八十六年師審字第七五一號判決。

附件三十七： 覆判聲請書。

此　致

司法院

聲請人：吳宗賢

代理人：理律法律事務所

陳長文　律師

李念祖　律師

楊皓清　律師

中華民國八十七年十月十三日

李文忠 聲請書

　　茲依司法院大法官審理案件法第五條第一項第二款及第八條第一項之規定，聲請解釋憲法，並將有關事項敘明如左。

聲請解釋憲法之目的：

　　請求解釋憲兵司令部八十四年法正字第〇一九號判決、陸軍總司令部八十五年覆判字第一三八號判決、以及陸軍總司令部八十七年覆判字〇六六號等判決適用陸海空軍刑法第六十四條第三款、兵役法第一條、以及兵役法施行法第五十九條第二項等規定牴觸憲法（裁判內文詳見附件一號）。

疑義或爭議之性質與經過及涉及之憲法條文：

　　緣聲請人為「耶和華見證人」基督徒，相信全能的上帝耶和華，創造天地萬物的造物主，且相信聖經是上帝的話語，不僅一切信仰基於聖經，生活言行概以聖經為唯一標準及原則，凡與聖經牴觸者，聲請人皆本於良心督責而不為。由於聖經多處經節教導，例如以賽亞書二章二節至四節：「末後的日子，耶和華殿的山必堅立，超乎諸山。……他必在列國中施行審判，為許多國民斷定是非。他們要將刀打成犁頭，把槍打成鐮刀。這國不舉刀攻擊那國，他們也不再學習戰事」；哥林多後書十章三節及四節：「我們雖然在血氣中行事，卻不憑著血氣爭戰。我們爭戰的兵器本不是屬血氣的，乃是在上帝面前有能力，可以攻破堅固的營壘」；路加福音六章二十七節及二十八節：「只是我（基督耶穌）告訴你們這聽道的人，你們的仇敵，要愛他！恨你們的，要待他好！咒詛你們的，要為他祝福！凌辱你們的，

要為他禱告！」質言之，凡如聲請人之「耶和華見證人」基督徒，基於崇尚世界和平之真誠信仰，在良心上始終拒絕參與任何與軍事有關之活動，對於地上列國戰爭均嚴守中立之立場，並不干涉他人行動，合先陳明。茲簡述本件牴觸憲法之疑義與經過如後：

　　聲請人李文忠於民國八十四年二月十七日入伍服役，因良心與信仰理由，拒絕接受戰鬥訓練，遭憲兵司令部以反抗長官命令為由，判處有期徒刑一年二月而入監服刑。嗣於八十五年四月三十日刑滿出監，旋即回役陸軍明德訓練班，惟仍因良心與宗教信仰拒絕接受戰鬥訓練，復遭陸軍步兵第一五一師司令部判決有期徒刑一年六月，並為陸軍總部以八十五年覆判字第一三八號判決覆判維持，聲請人遂再次入獄服刑；聲請人於八十六年八月二十八日假釋出獄，並再度回役陸軍明德班，仍因相同事由再遭陸軍步兵第一五一師司令部判處有期徒刑二年，並為陸軍總部以八十七年覆判字第〇六六號判決覆判維持。為此，聲請人三度入獄，迄今仍在監服刑。

　　聲請人係「耶和華見證人」基督徒，因宗教信仰與良心自由拒絕接受軍事戰鬥訓練，而遭軍事審判機關根據陸海空軍刑法第六十四條之抗命罪判處罪刑。此外，系爭判決均以聲請人依法有服兵役之義務及回役後仍應續服役期，當可認定其引用兵役法第一條、兵役法施行法第五十九條第二項為判決基礎。鑑於系爭判決所適用之陸海空軍刑法及兵役法相關條文顯有重大違憲疑義，明顯牴觸憲法第七條平等原則、第八條人身自由、第十三條宗教自由、第二十三條比例原則等憲法條文，爰聲請　鈞院解釋，以符法制。

聲請解釋憲法之理由及聲請人對本案所持之立場與見解：

壹、憲法第二十條「人民有依法律服兵役之義務」，為「法律保留原則」之體現，非憲法層次之義務規範

　　按憲法係人民之「權利保障書」，基本人權保障原係憲法規範之唯一目的與功能，其餘條款僅係輔助運行之用，不得用以對抗人民之基本權利。

綜觀當代民主憲政國家之憲法，針對人民「義務」之規範顯非常態，即使有明文規定，亦由憲法委託立法者加以具體化，方得課予人民義務。質言之，憲法用以保障人民之基本權利方是「憲政原則」，所謂「義務」規定往往僅具抽象之宣示功能，不應凌駕基本人權之保障。

綜觀我國憲法第二章「人民之權利義務」，明文指出「義務」二字者，有第十九條「人民有依法律納稅之義務」、第二十條「人民有依法律服兵役之義務」、以及第二十一條「人民有受國民教育之權利與義務」等。其中除「受國民教育」未明言「依法律……」外，關於納稅與服兵役等義務事項均要求必須「依法律」加以規定。申言之，除開「受教育」可勉強稱上係「憲法」層次之義務外，納稅與服兵役應僅係「法律」層次之義務，實為憲法上「法律保留原則」(Prinzip des Gesetzesvorbehalt) 之展現，亦即非有立法者制定法律詳加規範，不得課予人民義務，否則立法者若採取募兵制以取代徵兵制，將發生「是否違反憲法課予人民服兵役義務」之荒謬問題。若從憲法第二十三條以觀，此種依據法律方得課予人民之「義務」，或僅係對於人民權利之「限制」，實不應概以「憲法義務」視之，更不應藉此架空憲法保障之基本人權。

揆諸　鈞院釋字第四四三號解釋理由書，「憲法第二十條規定，人民有依法律服兵役之義務，係指有關人民服兵役之重要事項均應以法律或法律明確授權之命令予以規定」(附件二號)、釋字第四五九號解釋文：「兵役體位之判定，係徵兵機關就役男應否服兵役及應服何種兵役所為之決定而對外直接發生法律效果之單方行政行為，此種決定行為，對役男在憲法上之權益有重大影響，應為訴願法及行政訴訟法上之行政處分」(附件三號)。申言之，人民應召服役之「義務」，非經法律或法律明確授權之命令不得予以強制履行，且役男應否服兵役及應服何種兵役攸關其憲法上之重大權益。職是之故，當「法律」層次之「義務」與「憲法」層次之「權利」產生衝突時，對於此類義務規範之違憲審查自應採取更為嚴格審慎之標準，以防基本人權遭到架空與稀釋。

貳、陸海空軍刑法第六十四條違反法律明確性原則,並牴觸憲法第十三條宗教自由之保障

「反抗長官命令或不聽指揮者,依左列各款處斷: 一、敵前,死刑; 二、軍中或戒嚴地域,無期徒刑或十年以上有期徒刑; 三、其餘,五年以下有期徒刑」,陸海空軍刑法第六十四條定有明文,此亦係系爭判決據以論科聲請人有罪之依據。惟查:

1.系爭條文違反法律明確性原則,應屬違憲

「法律明確性之要求,非僅指法律文義具體詳盡之體例而言,立法者於立法定制時,仍得衡酌法律所規範生活事實之複雜性及適用於個案之妥當性,從立法上適當運用不確定法律概念或概括條款而為相應之規定」,鈞院釋字第四三二號解釋著有明文(附件四號)。另按「國家刑罰權之行使須嚴格遵守罪刑法定主義,而就犯罪之構成要件與處罰範圍皆須予以明定」,鈞院釋字第四三三號解釋復有明文(附件五號)。申言之,法律所定之罪與刑要件必須明確且相當,如使用無法透過解釋加以具體化之不確定法律概念或概括條款,除將危害法律秩序之安定性外,更因牴觸前揭鈞院揭示之法律明確性原則與罪刑法定主義而屬無效。

按陸海空軍刑法第六十四條第三款之「其餘」,係以於「敵前」、「軍中或戒嚴地域」以外之其他地點反抗長官命令或不聽指揮為構成要件。惟查,「所謂『其餘』之概念,係本條所使用之不確定法律概念中,根本無法透過法學解釋方法加以具體化之不確定法律概念,此種用語與構成要件明確性之法治國原則牴觸,而不能達到罪刑法定主義最低限度之要求,會危害法律秩序之安定性且動搖人民對法律之信賴與迫害法律之尊嚴」(附件六號)。質言之,系爭條文以無法特定之抽象、不特定概念,作為論罪科刑之構成要件,明顯牴觸法律明確性原則與罪刑法定主義,自屬違憲無效之規定。

2.系爭條文適用於良心拒絕服役者,明顯牴觸憲法宗教自由之保障

按所謂違憲之法律規定，不僅指其條文文字違憲，當然包括適用於特定情形之違憲，　鈞院釋字第二四二、三六二號解釋即本此意旨進行違憲審查（附件七號）。職故，縱認系爭條文於一般情況下並無違憲情事，惟其適用於類如聲請人因宗教信仰與良心堅持拒絕接受戰鬥訓練之個案，因明顯牴觸憲法宗教信仰自由而顯屬違憲。

按「人民有信仰宗教之自由」，憲法第十三條定有明文。系爭判決無非認聲請人拒絕接受軍事戰鬥勤務與訓練，因「反抗長官命令」論以抗命罪云云，實屬無據。按聲請人係主張其個人宗教信仰與良心自由，拒絕接受軍事戰鬥訓練，縱使客觀上構成陸海空軍刑法第六十四條之抗命行為，但其主觀上自始缺乏抗命罪之犯意，甚至只是希望藉由長時間服刑達到禁役標準，完全不同於一般故意違抗長官命令之案件，自不應一視同仁逕以抗命罪責相繩。若謂陸海空軍刑法之抗命罪得適用於良心拒絕服役者，無異認為我國法制要求類如聲請人之「耶和華見證人」基督徒必須「故意」違抗軍令，並藉由入獄服刑始能獲得憲法保障之宗教信仰自由，其間適用法律之謬誤，可見一般。換言之，系爭判決罔顧人民宗教自由，率以陸海空軍刑法第六十四條為據判處聲請人罪刑，顯有適用法規牴觸憲法之重大違憲情事。

參、兵役法第一條牴觸憲法第十三條與第七條

系爭違憲疑義判決固以陸海空軍刑法第六十四條為判刑依據，而未論及兵役法第一條：「中華民國男子皆有服兵役之義務」之規定。惟查，陸海空軍刑法第一條第一項規定：「本法於陸海空軍軍人之犯罪者，適用之」，而同法第五條則規定：「陸海空軍現役人員、召集中之在鄉軍人，及非依召集而在部隊服軍人勤務或履行服役義務之在鄉軍人，均為陸海空軍軍人」。職故，若非聲請人因兵役法第一條之規定而有服兵役之義務，斷無成為陸海空軍現役人員而符合陸海空軍刑法第一條第一項之規範對象而有觸犯同法第六十四條之罪之可能。申言之，系爭判決雖未論及兵役法第一條，但以其為適用陸海空軍刑法之前提，要無疑義。

「人民有依法律服兵役之義務」憲法第二十條雖有明文，然服役主體（免役、禁役範圍）、年限、以及其他權利義務，均有賴立法者加以具體化。兵役法第一條排除本國女子服役是否妥適暫且不論，然其他權利義務之立法規範並非漫無限制、隨心所欲，仍需受到其它憲法原理原則之規制。職是之故，平等權（第七條）、宗教自由（第十三條）、比例原則（第二十三條）等原則均應有其適用。

1.兵役法第一條違反憲法人性尊嚴之保障

我國憲法雖未若德國基本法明定人性尊嚴之憲法地位，但此非謂其不受憲政秩序之保障，蓋人性尊嚴之維護早已成為當代民主憲政國家顛仆不破之基本原理。按「人性尊嚴」一詞，已從傳統倫理道德、宗教或哲學用語，逐漸演化成為法律用語，甚至成為憲法價值 (Verfassungswert) 之一部分，或憲法秩序之基礎 (Fundament der Verfassungsordnung)」、「憲法作為最高實定法規範，自有其價值體系，就這層意義而言，人性尊嚴屬憲法價值秩序中之根本原則，甚至，不可侵犯的人性尊嚴，已成為價值體系之基礎 (Grundlage eines Wertsystems)」（附件八號）。揆諸「維護人格尊嚴與確保人身安全，為我國憲法保障人民自由權利之基本理念」（釋字三七二號解釋文參照）；在個人生活領域中，人性尊嚴是個人「生存形相之核心部分」，屬於維繫個人生命及自由發展人格不可或缺之權利，因此是一種國家法律須「絕對保障之基本人權」（釋字第三七二號解釋蘇俊雄大法官之協同（含部分不同）意見書參照），「人性尊嚴」之憲法價值亦向為 鈞院所是認（附件九號）。申言之，「人性尊嚴」除係基本人權之一外，並為其他列舉之基本權利保障人性尊嚴部分之概括保護條款，而應構成憲法第二十二條之精髓所在。此種概括條款除具有承接規範之功能，基於輔助原則亦具有補充結構規範遺漏之功能。職故，憲法保障之人性尊嚴有賴例示基本權利加以具體化，而一般例示基本權利之功能，則由透過人性尊嚴之條款確保之。

就聲請人之具體情形而論，兵役法第一條未提供其他替代選擇，強迫全國男子皆需服役之規定，顯已罔顧聲請人憲法所保障之宗教信仰自由，迫令其從事完全違背自己信仰之戰鬥任務,絲毫不顧及聲請人之人性尊嚴，

自屬違憲無效之法令。

2.兵役法第一條違反憲法第十三條宗教自由之保障

按「宗教信仰自由，乃屬於人類天賦的權利，出自上帝的創造，不應以人世間的刑罰、壓迫、或法律的限制去影響它」，此係一七八六年美國維吉尼亞宗教自由法案開宗明義所揭櫫之精神。有鑑於多數戰爭起源於宗教信仰之差異，當代民主憲政國家莫不於憲法上明白規定政教分離或宗教信仰自由之權利保障條款，避免國家對於「異教徒」進行宗教迫害，引發更多的戰爭與衝突。此外，由於宗教係一種人們內心之精神活動，並非現代科學技術所能論證，為避免國家假借對於宗教教義內容進行審查之名，行排除、迫害異己之實，有關宗教之認定，應交由人民自我審查，亦即國家不能認人民某些信仰並非宗教，而必須嚴守「價值中立」之態度（附件十號）。此外，國家對於宗教之規範，應抱持「和平與容忍之義務」，除非舉證具有「明顯及重大公益」，否則不應介入干涉，此即是現代民主憲政國家宗教信仰自由保障之真諦。

⑴國家應對宗教信仰秉持中立與寬容之態度

按近代民主政治與立憲主義之哲學基礎在於價值相對主義，法國哲儒賴特布魯 (Gustav Radbruch) 曾言：「民主主義基於相對主義哲學，對相異之政治觀，採取『寬容』的立場。相對主義認為無法以科學方法，就政治或社會上不同的信念或信仰，精確判定何者才是真理；因此倡言各種不同信念，必須原則上賦予同等地位，平等尊重其價值」（附件十一號）。正因為將各種不同信念視為平等價值對待，除非有唯一的政治、社會之真理存在，而這些真理獲得知識與道德之承認，否則任何人皆不應因其身分、階級、種族、乃至於宗教信仰，而有遭受不平等對待之情事。職故，作為民主政治基石之「寬容哲學」，立法者所制訂之法律並非真理之作用，毋寧只是權威與意志之運用，「價值相對主義雖賦予國家以立法權能，但是仍有些限制，要求國家負有義務，尊重在其統治下之成員有下列自由之權利，亦即思想自由、學術自由、信仰自由及出版自由等」（同前附件，第二〇二頁）。

換言之，價值相對主義與寬容哲學旨在排除定於一尊之絕對價值主義，

建立寬容彼此不同之思想及信仰之自由市場。畢竟，一個社會之文化發展與成熟度，可從其如何對待自己的公民窺出，如何致力排除偏見、容忍異己，與國際趨勢配合，往往是他國評價一國之人權指標。

宗教信仰是對於某種神聖超自然的存在之終極關懷與實踐體系，在經過聖俗分離世俗化過程具有中立性的近代國家中，任何的宗教都應被視為一種特定的價值。故所謂「寬容」並非要求贊成所容忍之信念，也不是採取模稜兩可之態度，而是在認為別人的某些信念有問題或錯誤時，以透過對話之方式溝通，並且不會企圖剝奪別人合法（憲）表達自己信念可能性之一種態度（附件十二號）。申言之，在價值中立與寬容之態度下，憲法保障宗教信仰自由之目的在於促成各種宗教立於同等基礎自由競爭，且不得任意干涉人民基於宗教信仰自由而生之外在表現，按「宗教信仰與言論思想相同，皆是人們發自內心之想法，向外而有一定之表現行為。若缺少外部表現之行為，單純內心之想法既不能引起他人共鳴，也無法與他人交換，這對社會而言，等於沒有任何貢獻」（附件十三號）。

申言之，國家保障宗教信仰自由之出發點係在實踐「寬容」精神，對於不同宗教之不同信仰，應採取完全尊重與等量齊觀之對待。強迫所有人接受同一種宗教信仰或價值，無異於強迫人民全盤否定自己的良心與信仰，此絕對不是民主寬容之展現。按「耶和華見證人」基督徒拒絕服事戰鬥兵役，係其基於良心自我認知之堅定信仰，其對於其他非「耶和華見證人」是否服事戰鬥勤務，向來抱持不予干涉之「寬容」態度，故針對「耶和華見證人」拒服戰鬥兵役乙事，國家如迫令人民採取「不寬容」之態度，自非憲法所允許（註：退萬步言，縱令主張「耶和華見證人」拒絕服事戰鬥兵役乙事係「不寬容」之表現，若其行為（或國家提供其他方式供其選擇）並不致造成他人自由的重大威脅，則並不當然表示其無法要求國家給予「寬容」，蓋若強迫所謂「不寬容者」表現國家所認定之「寬容」行為，無異是另一種的「不寬容」）。

(2)憲法上之多元價值與認同

「國家肯定多元文化」，我國憲法增修條文第十條第八項定有明文。換

言之，「多元」亦係我國憲法內在之價值體系與亟欲追求之目標。按社會結構之多元制度，係寬容政治必備之結構要素，為維持多元社會之民主主義體制，應確認對各種思想予以平等地寬容。此外，由於人類理解事物與文字表達之能力有限，任何法律制度皆不應存有絕對、不可推翻之價值，誠如德儒 Hans Kelsen 認為，由於人類的認識能力無法認知到絕對之價值或真理，故縱使意見不同，也要善意理解其他宗教、政治或知識上的意見，此即是多元政治之寬容展現。

根據比較憲政經驗，當代憲政發展之重點在於兼顧人民對於憲法之認同 (identity) 與其多樣性 (diversity) 之保存。以服兵役而言，「是否」建立戰鬥兵力、採取徵集或募集方式，既非憲法上之必然要求，自無關憲法認同；尤有甚者，在義務徵兵制度下，亦應容許某些本質不同之人民選擇其他方式履行義務，方能維持社會多元結構。

(3)我國憲法對於宗教信仰自由之保障

我國憲法對於宗教信仰自由之保障表現於第七條「宗教平等權」及第十三條「宗教信仰自由權」，非有重大公益之事由，不可任意干預。「憲法第十三條規定：『人民有信仰宗教之自由』，係指人民有信仰與不信仰任何宗教之自由，以及參與或不參與宗教活動之自由；國家亦不得對特定宗教加以獎助或禁止，或基於人民之特定信仰為理由予以優待或不利益」，　鈞院釋字第四六〇號解釋理由書著有明文（附件十四號）。申言之，所謂宗教信仰自由即是人民「有權選擇 (right to choose)」信仰之自由，若因選擇不同之宗教信仰遭受不合理之差別待遇，不僅有違憲法第七條「宗教平等權」，亦與第十三條之宗教信仰自由保障顯有牴觸。

按此種崇尚世界和平之堅定信仰，非但符合前揭宗教信仰之範疇，而應受到保障，其與我國憲法之整體價值體系亦無任何扞格之處。查「中華民國之國防，以保衛國家安全，維護世界和平為目的」、「中華民國之外交，應本獨立自主之精神，平等互惠之原則，敦睦邦交，尊重條約及聯合國憲章，以保護僑民權益，促進國際合作，提倡國際正義，確保世界和平」，憲法第一百三十七、一百四十一條定有明文。申言之，「維護世界和平」非但

是我國國防與外交之最高宗旨，更是憲法明定之基本國策與價值，凡我中華民國國民自有遵守並積極捍衛之責，聲請人據此信仰迭遭論罪科罰，系爭法律顯與憲法設定之價值相牴觸，應屬無效。退萬步言，縱令否認此種倡議世界和平係人民之積極權能，根據合憲價值行事者亦不應作為科罰之對象，要無疑義。

　　「宗教信仰自由」事涉人民內心之真誠確信與生命價值，其重要性堪稱「憲法保留 (Verfassungsvorbehalt)」（釋字第三九二號、四四三號解釋理由書參照），保障範圍本不應授權立法強加規範。即令各國政經環境有所差異，需作相當程度之規制，立法者亦應謹慎行事，不應動輒以「維持社會秩序」、「增進公共利益」等概念抽象之事由相繩。即令制定法律加以規範，其內容仍須合於實質正當，更需考量憲法基本權利間之內在一致性。申言之，國家對於宗教之規範，應抱持「和平與容忍之義務」，除非舉證具有「明顯及重大公益」，否則不應介入干涉；「對於拘束人民宗教自由之立法考慮，應以明顯與重大公共利益為出發點，方具有說服力……惟特別應注意比例原則的規定」（前揭附件十號，第二六八至二七〇頁）。申言之，服兵役之法律上「義務」不應侵犯人民宗教信仰之「權利」與「自由」，即令迫於國家情勢，亦應提供其他替代方案，否則宗教信仰自由之核心保障領域，即無由維持。按兵役法第一條未慮及人民宗教信仰之差異，強迫全國男子皆需應召服役，除未提供替代兵役制度外，更造成宗教信仰不同者因拒服戰鬥兵役，而需承擔嚴苛刑責。此猶如「憲法保障思想自由，但立法者得規定『凡以言論表達人民不應承擔服兵役之思想者，應予處罰』」之命題一樣荒誕無稽。

3.兵役法第一條違反憲法第七條之宗教平等權與性別平等權

　　「中華民國人民，無分男女、宗教、種族、階級、黨派，在法律上一律平等」，我國憲法第七條定有明文。其中關於「男女、宗教、種族、階級、黨派」僅係憲法上之例示規定，非謂其它區別標準即不受憲法平等權之保障，此向為我國學界及實務所肯認。然此處明文指出的五大要項「男女、宗教、種族、階級、黨派」，顯然係制憲者認為其最易成為國家作為違反平

等權之「區別標準」，故可視為制憲者對於平等權之「加重保障」（附件十五號）。申言之，立法如涉及以「男女、種族、階級」作為差別待遇之標準，由於此三種特徵係人民客觀上無法改變，且純以外觀作為區別之標準，應屬「違憲可疑之分類」(suspect classification)；至若以「宗教、黨派」作為區別標準，由於宗教信仰自由與集會結社自由係憲法第十三、十四條明文保障之基本權利 (fundamental rights)，可視為憲法層次平等原則之「特別強化保障」，任何立法涉及以此種標準進行差別待遇，均應先作違憲推定，若政府無法舉證重大急迫之公益以及手段之必要性等合憲事由，則應認定為違憲之「不合理差別待遇」。職故，如果法律涉及此五種區別標準之一，釋憲者自應採取更為嚴謹之審查標準 (strict scrutiny)，避免憲法之平等保障成為空談。

「憲法第七條所定之平等權，係為保障人民在法律上地位之實質平等，並不限制法律授權主管機關，斟酌具體案件事實上之差異及立法之目的，而為合理之不同處置」，鈞院大法官釋字第二一一號解釋詳言此旨（附件十六號）。又「關於平等原則之違反，恆以『一方地位較他方為有利』之『結果』存在為前提。不論立法者使一方受益係有意『積極排除他方受益』，或僅單純『未予規範』，祇要規範上出現差別待遇的結果，而無合理之理由予以支持時，即構成憲法平等原則之違反」，鈞院釋字四五五號解釋翁岳生大法官之協同意見書詳申其旨（附件十七號）。據此，兵役法第一條以「性別」作為差別待遇之唯一標準，非但忽視有意願與能力之女子，復未慮及不適合服役男子之意願而「未予規範」，顯已構成以性別作為分類標準之不合理差別待遇，違反憲法第七條之性別平等權。其次，系爭法律強迫不同宗教信仰男子必須放棄內心堅信之教義，一律參與戰鬥兵役之任務，此種未針對宗教信仰「不同者」予以差別對待，則又違反憲法第七條保障之宗教平等權。

肆、兵役法第一條違反憲法第二十三條之「比例原則」

「以上各條所列舉之自由權利，除為防止妨礙他人自由、避免緊急危

難、維持社會秩序或增進公共利益所必要者外，不得以法律限制之」，我國憲法第二十三條定有明文。按學理上對於第二十三條即是「比例原則」(Verhaeltnismaessigkeitsprinzip) 之展現向無爭議，此業經 鈞院大法官釋字第四二八號解釋之解釋理由書、第四三六號解釋之解釋文、以及釋字第四五六號解釋理由書所明白是認。換言之，任何企圖限制人民自由權利之法律，除須符合前開四種事由外，尚需通過「比例原則」之檢證，否則即難謂合憲。

1.兵役法第一條強迫全國男子服兵役之規定違背比例原則

按「比例原則」係現代法治國原則下最重要之違憲審查標準，其內涵包括適合性原則（合目的性）、必要性原則（最小侵害原則）、以及狹義比例原則（比例性衡量）。值得特別重視的是，先於手段能否達成設定目的（即適合性原則）之目的實質內涵以及「目的正當性」，向來為人所忽略，惟其重要性往往不下於其他層次之檢證。職故，若立法目的根本違背憲法或者誤認目的，則根本無庸進入其他層次之違憲審查。兵役制度是否以公平服役作為真正目的容有疑義，但「尋求適合保護國家安全之人入伍服役」則係無庸置疑之目標設定，否則國防安全將無由達成。據此，兵役法第一條只論性別不論宗教信仰強迫全國男子應召服役的僵硬作法，由於召集若干根本「不適合」（或無能力）男子服役，根本無法達成前開目的。退萬步言，縱使是項立法能夠達成公平徵集兵員之「次要目的」，其能否通過最小侵害手段之檢證復有疑問。

我國憲法雖然規定人民依法律有服兵役之義務，卻未必表示剝奪立法者採取相對於現行「徵兵制」之「募兵制」。換言之，「徵兵制」並無憲法上必然之當為要求，立法者自可運用立法裁量權彈性考量應服兵役之主體與免役範圍，此觀兵役法第一條排除「全國女子」為應召服役之對象可證（暫且不論此種立法裁量是否合憲）。尤其現代講究高度科技的戰爭，服役役期較長之募兵制，顯然較能勝任操作精細、複雜的先進武器系統，徵兵制是否符合時代需求容有論辯餘地。蓋所謂「兵役」義務並非全指戰鬥性訓練與任務，其他非戰鬥性工作（諸如食勤、衛勤、駕駛、文書等）亦在

廣義的兵役範圍內。換言之，基於「等者等之，不等者恆不等之」之法則，立法者自應本於合理之差別待遇基準，針對不同特質之服役者給予相應之選擇機會。

本案聲請人為「耶和華見證人」基督徒，凡真實「耶和華見證人」基督徒，對於地上列國戰爭均嚴守中立之立場，並不干涉他人行動，故聲請人在良心上拒絕參與任何與軍事有關之活動。然而此種真誠之宗教信仰，卻在兵役法未加考量下強迫其服役，進而造成聲請人身陷囹圄。類此基督徒，即使被迫從事戰鬥任務，由於內心堅定之宗教信仰，非但無法遂行上級所交付之命令，更可能於面對緊急狀況之際，因猶疑徬徨於己身信仰堅持與戰鬥任務之間，造成自己與同僚之生命危險。換言之，此種徵兵「手段」顯然無法達成捍衛國家安全之「目的」，與「適合性原則」顯有牴觸。此外，隨著軍事科技一日千里，所謂「戰鬥性任務」並非全然指稱運用物理體能、持武器殺敵之職位，許多先進的軍武操控任務往往係「運籌於帷幄之中，決勝於千里之外」之「按鈕」工作。此種戰爭形態之變遷轉移，非但使得兵役法第一條全面排除女子服役之正當性備受質疑，捨「有意願服役女子」不用而強迫類此基督徒擔任戰鬥任務，亦未見其合理之處。申言之，兵役法未針對不同宗教信仰者作出差別待遇，強令其擔任戰鬥任務之舉，恐無法通過「比例原則」最小侵害之要求。

2.替代兵役制度（社會役）作為最小侵害手段

憲法第二十條「人民有依法律服兵役之義務」，僅是制憲者賦予立法者如要採行「徵兵制」之憲法層次之依據，充其量僅係人民法律層次之義務，並非當然得以導出立法者有採行義務徵兵制之「憲法義務」。至若立法者對於國防兵役究竟要採取何種制度，固有時空因素之考量，惟此絕非漫無界限之立法裁量，立法者必須本持「合憲義務裁量」選擇侵害人民權益最小之手段。另揆諸　鈞院釋字第四四三號之解釋理由書，「憲法第二十條規定，人民有依法律服兵役之義務，係指有關人民服兵役之重要事項均應以法律或法律明確授權之命令予以規定」。申言之，戰鬥義務兵役絕對不是我國憲法上之必然要求，立法者於建置兵役制度時，除須考量人民之自由意願外，

人民服兵役之相關法律義務，非經法律或法律明確授權之命令不得予以強制履行，且透過法律之調整或重訂，替代兵役制度（例如社會役）或是募兵制顯然亦在憲法容許之範疇。例如我國憲法學者涂懷瑩氏即主張對於因宗教信仰而服兵役者，可為特別規定，例如：佛教子弟可不任戰鬥兵，但仍須擔任非戰鬥勤務（附件十八號）。

⑴替代兵役制度係民主國家之趨勢，亦為其憲法所明文建置

當前世界各民主先進國家有關替代兵役制度之提供，除美國的軍事兵役替代役法外，目前歐洲各國設立社會役制度國家計有：德國、奧地利、荷蘭、法國、比利時、芬蘭、義大利、葡萄牙、西班牙、捷克、斯洛伐克、匈牙利、瑞士等國。以德國為例，每年約有三分之一的役男轉服社會役，足見此已成為世界各民主先進國家共同的潮流（附件十九號）。論者指出，戰後歐洲各國紛紛實施社會役之制度理念，主要源自尊重人民宗教信仰之自由，且其施行成果亦得到各國之肯定，其優點包括：落實保障人民宗教信仰之基本權利、增加國家對公共福利事務之服務能力、增加役男關愛社會鄉土及道德理念、促進軍隊戰力提昇及領導統御合理化、發揮役男才能及專業素養等（附件二十號）。

以德國為例，「信仰與良心之自由及宗教與世界觀表達之自由不可侵犯」、「任何人不得被迫違背其良心，武裝服事戰爭勤務，其細則由聯邦法律定之」，德國基本法第四條第一、三項定有明文。據此憲法要求，前西德政府於一九五六年制訂通過「兵役法」(Universal Military Service Act)，該法明文規定基於良心拒絕服軍事戰鬥勤務者，得改服替代民事勤務。迄至一九六八年，更於基本法中直接增列第十二條之一第二項：「任何人基於良心理由而拒絕武裝之戰爭勤務者，得服代替勤務。其期限不得逾兵役期限，其細則以法律定之，該法律不得有礙良心判斷之自由，並應規定與軍隊及聯邦邊境防衛隊無關之代替勤務之機會」、第三項：「應服兵役而未受徵服第一、二項所稱之任何一項勤務者，得於防衛情況時依法服事以防衛為目的之民事勤務，包括保護平民」等（附件二十一號），替代兵役制度至此顯已成為憲法層次之立法義務。其後，西德於一九八三年二月二十八日制訂

公布「拒服兵役法」共二十三條，其中針對役男如何申請拒服兵役之程序與相關審核事宜均有明文規定。

　　除德國基本法外，憲法明定良心拒絕服役者尚有：西班牙憲法（一九七八年）第三十條第二項：「法律規定西班牙人民之兵役義務，並以適當保護手段，規定良知譴責（良心上反對戰爭）及其他免除義務兵役之理由，在適當情況下得以社會服務代替之」、葡萄牙共和國憲法（一九八九年）第四十一條第一項：「良知、宗教信念及宗教儀式之自由不得侵犯」；第六項：「基於良知原因而拒服兵役之權利，應依法予以保障」、奧地利憲法（一九九五年）第九條之一第三項：「奧地利男性公民有服兵役之義務；以良心理由拒絕服兵役之義務並因之而免除者，需服替代勞務，其詳細辦法由法律定之」（附件二十二號）。申言之，人民基於良心或宗教信仰得拒絕服事戰鬥兵役，改服其他勤務，實已成為世界憲政之思潮。

　⑵替代兵役制度在我國之推行

　　根據德國基本法第十二條之一第一項之規定「男性自年滿十八歲起，有在軍隊、聯邦邊境防衛隊或民防組織服事勤務之義務」，此足以顯見男性服役係憲法層次之義務，故如欲提供其他替代兵役制度，自須憲法另行規定，即第十二條第二項以下之規定。反觀我國憲法，兵役既非男性之憲法義務，僅係立法者之法律規定，則在不更動憲法本文下，另行立法提供替代兵役自無不可。

　　我國長期面對海峽對岸中共政權之武力威脅，固有維持相當國防軍事武力之必要，然隨著動員戡亂時期之宣告終止，相關兵役制度自有相應調整之必要。過去基於國家安全之兵源充足問題，隨著國防部配合二代軍力換裝同步實施之國軍「精實方案」，每年義務役之兵源將多出兩萬餘人。根據內政部役政司預估，一旦國內實施社會役制度，一年至少有四萬人可投入社會服務工作，每年將為國家節省上百億元之經費。此外，學者歸納分析歐洲實施有年之社會役制度，認為「這些國家重視保障人民的宗教權及尊重役男『不執武器殺人』的宗教和良知抉擇，將人民服兵役的義務改為服其他可促進公共利益、或達成國家任務的制度」；「實施社會役可落實保

障人民宗教信仰的基本權利，增加國家對公共事務的服務能力，也可發揮役男的才能和專業素養，並促進軍隊戰力的提升」（附件二十三號）。申言之，替代兵役制度之提供，非但無損於國防安全之兵源，更可有效利用多餘人力從事促進公益之社會服務工作，堪為最小侵害、最大利益之選擇手段。至於如何規劃促使義務兵役與替代兵役兩者之間「質量相等」（例如：服役地點選擇、役期長短、服役內容等），則可由立法者視社會需求而作不同調整，與服役公平原則並無違背。資料顯示，由於推動國軍精實方案，兵源釋出約二萬餘人，為有效運用人力，我國自民國八十九年起將全面實施社會役，除取消國民兵外，丙等體位役男一律改服社會役，至於甲、乙等體位役男則可申請服社會役。根據內政部之規劃，未來實施之社會役類別將概分為：警察、消防、科技、社會服務、偏遠地區環保、醫療、教育及海外合作等。申言之，建構一替代傳統戰鬥兵役之制度，顯已成為我國未來兵役制度之必然走向。

⑶系爭法律因未提供替代兵役制度，應屬違憲

我國憲法第二十條雖然規定人民依法律服兵役之義務，但此並非憲法層次之「全民義務」，僅係憲法賦予立法者若決定要求人民服兵役之規範基礎。換言之，立法者並無立法要求人民服兵役之憲法義務，且憲法第二十條之規定並非剝奪立法者賦予其他替代兵役制度供人民自由選擇之空間。基於平等原則與比例原則之憲法層次要求，此種替代兵役制度已非自由形成之立法裁量問題，而是裁量權萎縮至零之積極憲法義務，釋憲者自應對於此種缺乏選擇空間之兵役法第一條為違憲之宣告。

此外，何謂「比例原則」中之「最小侵害手段」必須檢視客觀時空環境之變遷而定，過去該當於最小侵害手段之立法，今日可能過度損及人民權益。以我國而言，兵役制度顯係出於國防目的，職故，如有眾多同樣得以達成「保衛國家安全，維護世界和平」國防目的（憲法第一百四十條參照）之手段，立法者自應隨時視時空環境之轉變而有所調整，方不負此一「憲法委託」。按「『憲法委託』是一個在時間上，有繼續性的特徵，其貫徹之內容，亦不應只局限於立憲者的『原來標準』，而是必須依照立法時代

社會的演變，主、客觀需要的增長，而作『充實』。因此，『立法者』在『憲法委託』內扮演著一個不僅是『執行憲法』，又是『充實憲法』的角色」（附件二十四號）。基於維護人民憲法第十三條信仰宗教自由之基本權利與保障人民良心決定之自由，現行兵役制度應提供人民適當之選擇類型，以達到憲法所要求確實衡量個別差異之實質公平。

誠如前述，我國憲法第二十條雖然規定人民依法律服兵役之義務，但此並非憲法層次之「全民義務」，僅係憲法賦予法律要求人民服兵役之可能規範基礎。換言之，憲法第二十條之規定並非剝奪立法者賦予其他替代兵役制度供人民自由選擇之空間，且基於平等原則與比例原則之憲法層次要求，此種替代兵役制度已非自由形成之立法裁量問題，而昇裁量權萎縮至零之積極憲法義務，釋憲者自應對於此種缺乏選擇空間之兵役法第一條為違憲之宣告。必須特別提出說明的是，雖然內政部官員曾表示未來將把良心拒絕服役者納入目前研擬中之兵役替代役制度範疇，期能解決此一侵害人權且困擾役政及軍事單位多時之爭議（附件二十五號）。惟查，在兵役替代役制度正式施行之前，除聲請人仍必須因系爭違憲判決繼續服刑外，即將入伍之耶和華見證人基督徒勢將「重蹈覆轍」而判刑入獄，此等重大違憲情事，實非　鈞院宣告系爭法規違憲無法竟其功。

伍、兵役法施行法第五十九條第二項違反憲法第十三條宗教自由以及第二十三條之「比例原則」

經查聲請人前已均遭相同事由判處罪刑，於其假釋出獄後令其回役，致其復因相同原因遭到論罪科罰，反覆於「應召、判刑、刑滿、回役、再判刑」之惡性循環。究其緣由，系爭判決無非以兵役法施行法第二項為據，認聲請人實際服刑未滿四年未符禁役標準，仍須續服役期，故嗣後拒絕接受戰鬥訓練自應受罰。惟查，國家屢以各種兵役法令相繩，使聲請人輾轉於「拒絕服役」與「入監服刑」之間，若非希望藉由刑罰教化聲請人「改變宗教信仰」，即是純粹報復功能之「應報」科罰。然就刑罰之本質以觀，由於一般自由刑缺乏矯正與教育之功能，根本

無法達到系爭刑罰欲矯治犯罪行為之目的,此顯然無法通過比例原則中強調目的能否達成之「適合性原則」之檢驗;如果肯認此種刑罰純屬「以牙還牙、以眼還眼」之應報處罰,則聲請人既然已為自己拒服兵役乙事付出代價,則於開釋出獄後,自無「持續」為先前之同一拒服兵役行為負責之理。至於憲法是否寬容國家採取教育刑罰企圖改變人民依憲法所保障經過正當宗教教育所形成之宗教信仰,則更屬難以想像,根本不是合憲的手段,遑論進行實質審查。申言之,此種針對正當方式形成之宗教信仰科處刑罰之舉措根本缺乏合憲性之基礎。

　　此外,系爭法條未慮及甘以服刑替代戰鬥兵役者之選擇自由,徒以刑罰反覆相繩,致令聲請人陷入「拒絕應召→判刑→釋放→再召集→再拒絕→再判刑」之惡性循環。聲請人僅因內心對於宗教信仰之堅持,青春歲月幾遭剝奪殆盡,若此惡法不改,豈非至聲請人白髮蒼蒼不休!憲法對於人民之宗教平等權與宗教信仰自由之保障,徒使人民身陷囹圄,豈合事理?!

陸、「耶和華見證人」基督徒之信念與堅持

　　鑑於長久以來之不實傳述與誤解,茲特提出相關資料及說明,期使鈞院對於「耶和華見證人」此一提倡世界和平之宗教團體有更深層之認識。

　　根據統計,「耶和華見證人」佈道傳教範圍遍及全世界共二百三十二個以上之國家或地區,其所印製發行之聖經刊物計有一百一十種語言以上之版本,每月發行量更高達三千多萬份,除足證其除係一歷史悠久、運行良好之宗教團體,其所堅持之信仰與理念更為世界各國政府所認同。根據初步統計,截至一九九三年,世界上公開從事傳道之耶和華見證人之人數高達數百萬之譜,各國所設分社亦高達九十六處,除可證明其係一「已知宗教 (known religion)」外,從其日常工作之推廣,更可瞭解此一宗教團體對於世界和平之執著與奉獻。

　　此外,在一九三〇及四〇年代,耶和華見證人因從事傳道工作多次被捕,為維護言論及信仰自由,耶和華見證人即不斷透過法院訴訟方式尋求救濟。根據統計,至少有四十三宗相關案件於美國聯邦最高法院獲得勝訴,至於其他國家也有為數不少之類似例證。以希臘為例,由於早期要求人民

執行軍事戰鬥兵役，導致長期有約三百名耶和華見證人因拒絕參與軍事訓練而身陷囹圄。其後，在各國耶和華見證人之聲援，以及國際特赦組織積極奔走施壓下，希臘政府於一九八八年通過豁免軍事服務法（附件二十六號）。

另本案代理人茲並提出「守望台聖經書社 (Watch Tower Bible and Tract Society)」針對「耶和華見證人」基督徒本於良心與信仰拒服兵役乙事，仿效美國法庭之友制度出具之說明報告，其中除具體說明如何認定「耶和華見證人」基督徒之資格與標準，避免浮濫不公之弊端外，對於美國、德國、希臘等國處理相同爭端之最新概況以及歐洲人權法院 (European Court of Human Rights) 之相關判決亦有詳細引介。以德國為例，聯邦憲法法院即認為重複對耶和華見證人以及其拒絕履行兵役義務判刑是不適當的，甚至進一步認為良心自由是「憲法上的至高權利」。報告中除可看出各國釋憲者對於此一議題之態度所具之決定性關鍵地位外，針對如何運用替代兵役制度調和傳統兵役、國家寬容良心犯等議題皆有清楚論述，凡此對於若干質疑如何落實兵役制度公平性、如何認定「耶和華見證人」、以及司法權應否積極介入矯正等疑慮，或有澄清之效（附件二十七號）。

二千年前，耶穌將生命奉獻給其自己所創立之宗教，二千年後，臺灣卻有一群人，必須犧牲自由與寶貴青春，寧願身陷囹圄，只求不違背自己的良心與信仰。根據初步估計，類似本件聲請人之耶和華見證人基督徒，其因良心信仰遭致牢獄之災，總是維持在五十人上下。他們所日夜企求者，不是一般受刑人殷切盼望的減刑、假釋等政府德政，而是憂心提早出獄將無法取得禁役資格，這是何等的無奈、何等的悲涼，對近年來以民主改革著稱之我國，又是何等的諷刺！

當人民必須犧牲人身自由，以入監服刑換得免持武器殺人之自由；當人民必須苦苦央求審判機關判予重刑，以超高刑度換取禁役資格；當人民必須抗告政府減刑「德政」，求以人身「不自由」換取良心「自由」；當人民為了己身良心與宗教信仰，必須週而復始、輾轉反覆於牢獄之間，則究竟是人民違背其對憲法之忠誠義務，抑或是國家違背其對人民應諾之保障

義務？

　　值此「釋憲五十年」之憲法時刻，社會各界對於　鈞院大法官歷來透過違憲審查權對於民主政治與人權保障之貢獻，均表高度肯定。深祈　鈞院正視此一嚴重戕害人性尊嚴、良心自由、以及宗教自由之違憲實際，並依本件聲請事項作成解釋。另查，「大法官解釋案件，應參考制憲、修憲及立法資料，並得依請求或逕行通知聲請人、關係人及有關機關說明，或為調查。必要時，得行言詞辯論」，司法院大法官審理案件法第十三條第一項定有明文。本案除涉及聲請人內心堅信之宗教信仰與價值觀，對於聲請人之信仰亦有深入調查、瞭解之必要；綜上，本案實具有「原則上之重要性」，爰聲請　鈞院大法官惠賜聲請人說明之機會。末查，本件並非首件因良心與宗教信仰拒絕服役者聲請　鈞院釋憲之案例，為避免見解歧異，實有併入前案審查之必要，特此誌明。

　　　關係文件之名稱與件數：
　　　附件：委任書原本一份
　　　附件一號：裁判影本共五則
　　　附件二號：釋字第四四三號解釋理由書
　　　附件三號：釋字第四五九號解釋文
　　　附件四號：釋字第四三二號解釋文
　　　附件五號：釋字第四三三號解釋文
　　　附件六號：黃俊杰，〈抗命罪與兵役制度〉，收錄於氏著《弱勢人權保
　　　　　　　　障》，一九九八年版，第六十七頁。
　　　附件七號：釋字第二四二、三六二號解釋文。
　　　附件八號：李震山，〈人性尊嚴之憲法意義〉，《律師通訊》第一五○期，
　　　　　　　　第三四至三五頁。
　　　附件九號：釋字第三七二號解釋文
　　　附件十號：陳新民，《中華民國憲法釋論》，一九九五年版，第二六四
　　　　　　　　頁。

附件十一號：　李鴻禧，〈淺談價值相對主義與政治的寬容——民主主義思想之原點〉，收錄於氏著《憲法與人權》，一九九五年版，第二〇一至二〇五頁。

附件十二號：　馬緯中，《法與宗教之研究：論現代法治國下的宗教自由》，中興大學法研所碩士論文，一九九七年，第九十八至九十九頁

附件十三號：　陳銘祥，〈宗教立法與宗教自由〉，《月旦法學》，第二十四期，一九九七年五月，第三十頁。

附件十四號：　釋字第四六〇號解釋文

附件十五號：　陳新民，〈平等權的憲法意義〉，收錄於氏著《憲法基本權利之基本理論（上冊）》，一九九二年版，第四九六頁。

附件十六號：　釋字第二一一號解釋文

附件十七號：　釋字四五五號解釋翁岳生大法官之協同意見書

附件十八號：　涂懷瑩，《中華民國憲法與人權保障》，一九八二年版，第一六七至六八頁。

附件十九號：　陳新民，〈兵役替代役社會役制度的比較研究〉，收錄於氏著《軍事憲法論》，一九九四年版，第三五九頁以下，第四三五頁附表。

附件二十號：　陳新民，《「兵役替代役」社會役之研究》，行政院青年輔導委員會委託研究，八十二年八月，第七三至七五頁。

附件二十一號：　德國基本法第四、十二條（中、德文版本各乙份）。

附件二十二號：　西班牙、葡萄牙、奧地利憲法條文節錄。

附件二十三號：　〈社會役，推動臺灣邁向福利國〉，《中國時報》，四版，八十七年六月五日。

附件二十四號：　陳新民，〈論『憲法委託』之理論〉，收錄於氏著《憲法基本權利之基本理論（上冊）》，一九九二年版，第八九至九〇頁。

附件二十五號：　〈因信仰拒役者，研擬改服替代役〉，《聯合報》，八十

　　　　　　　　　　七年十一月十六日。

　　附件二十六號：〈歐洲人權法院伸張正義〉，《儆醒》，第十九頁，一九
　　　　　　　　　　九八年一月。

　　附件二十七號：守望台聖經書社 (Watch Tower Bible and Tract Socie-
　　　　　　　　　　ty) 針對「耶和華見證人」認定標準暨資格說明報告
　　　　　　　　　　（中、英文對照譯本各乙份）。

陳志宏等人聲請書

受文者：司法院

聲請人：陳志宏、許　謙、黃嘉明
　　　　葉鍇瑋、邱啟傑、邱啟豪

代理人：理律法律事務所
　　　　陳長文　律師
　　　　李念祖　律師

聲請解釋憲法之目的：

　　　請求解釋表列十一則裁判適用陸海空軍刑法第六十四條第三款、兵役
法第一條、以及兵役法施行法第五十九條第二項等規定牴觸憲法（裁判內
文詳見附件一號）：

姓　名	確定裁判
陳志宏	陸軍步兵第一五一師司令部錦判字第〇四八號判決 陸軍步兵第一五一師司令部錦裁字第〇一五號裁定 花東防衛司令部八十七年判字第〇四八號判決
許　謙	陸軍步兵第一〇四師司令部八十六年判字第〇〇一號判決 花東防衛司令部八十七年判字第〇二一號判決 陸軍總司令部八十七年覆判字第一二三號判決

黃嘉明	陸軍步兵第一五一師司令部八十六年錦判字第〇〇四號判決
葉鍇瑋	陸軍步兵第一五一師司令部錦判字第〇五二號判決 陸軍步兵第一五一師司令部錦裁字第〇一六號裁定
邱啟傑	空軍後勤司令部慎判字第〇六七號判決
邱啟豪	陸軍步兵第二〇三師司令部八十四年判字第一四號判決 陸軍總司令部八十四年覆判字第一一〇號判決

疑義之性質與經過及涉及之憲法條文：

　　緣聲請人陳志宏等六人為「耶和華見證人」基督徒，相信全能的上帝耶和華，創造天地萬物的造物主，且相信聖經是上帝的話語，不僅一切信仰基於聖經，生活言行概以聖經為唯一標準及原則，凡與聖經牴觸者，聲請人皆本於良心督責而不為。由於聖經多處經節教導，例如以賽亞書二章二節至四節：「末後的日子，耶和華殿的山必堅立，超乎諸山。……他必在列國中施行審判，為許多國民斷定是非。他們要將刀打成犁頭，把槍打成鐮刀。這國不舉刀攻擊那國，他們也不再學習戰事」；哥林多後書十章三節及四節：「我們雖然在血氣中行事，卻不憑著血氣爭戰。我們爭戰的兵器本不是屬血氣的，乃是在上帝面前有能力，可以攻破堅固的營壘」；路加福音六章二十七節及二十八節：「只是我（基督耶穌）告訴你們這聽道的人，你們的仇敵，要愛他！恨你們的，要待他好！咒詛你們的，要為他祝福！凌辱你們的，要為他禱告！」。質言之，凡如聲請人之「耶和華見證人」基督徒，基於崇尚世界和平之真誠信仰，在良心上始終拒絕參與任何與軍事有關之活動，對於地上列國戰爭均嚴守中立之立場，並不干涉他人行動，合先陳明。茲簡述本件牴觸憲法之疑義與經過如後：

陳志宏

　　陳志宏係於八十六年五月五日向花東防衛司令部太平營區六二九旅步六營第三連報到入伍之新兵，其於報到當天晚上向其直屬長官表示，其因宗教信仰，無法從事戰鬥訓練。緣於同年五月八日因拒絕接

受關於軍事戰鬥之課程，致遭陸軍步兵第一五一師司令部以錦判字第
○四八號判決依抗命罪判處有期徒刑十月，並以錦裁字第○一五號裁
定駁回覆判聲請（以上裁判詳見附件一號）。嗣於八十七年四月十六日
服刑期滿，惟陸軍總司令部竟於刑滿當日以信務字○五八三三號回役
人員回役分配令，要求其向陸軍明德班報到回役，致其後再因良心信
仰拒絕接受戰鬥訓練，遭花東防衛司令部以八十七年判字第○四八號
判決判處一年六月（附件二號），目前仍在監執行中。

許　謙

　　許謙於八十五年十一月應召入伍，因良心信仰拒絕接受戰鬥訓練，
致遭陸軍步兵第一○四師以八十六年判字○○一號判決判處有期徒刑
一年六月入獄服刑，嗣於八十六年十二月二十三日經核准假釋出獄，
陸軍總部旋即命其向宜蘭礁溪陸軍明德班報到。許謙於回役報到後，
雖立即向部隊長官表明基於良心拒絕接受軍事訓練，仍遭花東防衛司
令部以八十七年判字第○二一號判決判處有期徒刑一年二月，聲請覆
判則遭陸軍總司令部以八十七年覆判字第一二三號判決駁回，迄今仍
在監執行（以上判決詳見附件一號）。

黃嘉明

　　黃嘉明於八十五年十二月應召入伍，因良心信仰拒絕接受戰鬥訓
練，致遭陸軍步兵第一○四師以陸軍步兵第一五一師八十六年錦判字
第○○四號判決判處有期徒刑一年（以上判決詳見附件一號），於八十
六年十二月十一日經核准假釋出獄，陸軍總司令部命其至宜蘭礁溪陸
軍明德班報到，惟因仍拒絕接受戰鬥訓練，復遭判決入監服刑至今。

葉鐦瑋

　　葉鐦瑋於八十五年四月二十二日應召入伍，因良心及宗教信仰拒
服戰鬥兵役，遭陸軍步兵第二○六師以八十五年判字第○一三號判決
判處一年六月並入監服刑。嗣於八十六年七月三十日至陸軍明德班回
役報到，因仍持良心信仰為由，拒絕接受戰鬥訓練，遭陸軍步兵第一
五一師司令部以錦判字第○五二號判決判處一年六月，並以錦裁字第

〇一六號裁定駁回覆判聲請（抗告亦遭陸軍總司令部駁回），迄今仍在監服刑（以上裁判詳見附件一號）。

邱啟傑

　　邱啟傑於八十六年九月三日應召入伍服役，因良心與宗教信仰理由，拒絕接受戰鬥訓練，遭空軍後勤司令部以慎判字第〇六七號判決判處有期徒刑七年，迄今仍在監執行（以上裁判詳見附件一號）。

邱啟豪

　　邱啟豪於八十四年三月二日應召入伍，因良心與信仰理由，拒絕接受戰鬥訓練，遭陸軍步兵第二〇三師司令部以八十四年判字第一四號判決判處有期徒刑七年，並為陸軍總司令部八十四年覆判字第一一〇號判決駁回覆判聲請，迄今仍在監執行（以上裁判詳見附件一號）。

小　結

　　按以上六位聲請人均係「耶和華見證人」基督徒，因宗教信仰與良心自由拒絕接受軍事戰鬥訓練，而遭軍事審判機關根據陸海空軍刑法第六十四條之抗命罪判處罪刑。鑑於系爭判決所適用之陸海空軍刑法及兵役法相關條文顯有重大違憲疑義，明顯牴觸憲法第七條平等原則、第八條人身自由、第十三條宗教自由、第二十三條比例原則等憲法條文，爰聲請　鈞院解釋，以符法制。

聲請解釋憲法之理由及聲請人對本案所持之立場與見解：

　　（同李文忠聲請書，下略）

　關係文件之名稱與件數：

　附件一號：裁判影本共十一則

　附件二號：花東防衛司令部八十七年判字第〇四八號判決

　　（同李文忠聲請書附件二號至二十七號，下略）

　此　致

司法院

聲請人：陳志宏、許　謙、黃嘉明
　　　　葉鐥瑋、邱啟傑、邱啟豪
代理人：理律法律事務所
　　　　陳長文　律師
　　　　李念祖　律師
中華民國八十七年十一月十九日

吳宗賢、李文忠及陳志宏等人 補充理由書

聲請人吳宗賢（聲請日期：八十六年八月十六日）、陳志宏、許謙、黃嘉明、葉鐥瑋、邱啟傑、邱啟豪（以上六人聲請日期：八十七年十一月十九日）、李文忠（聲請日期：八十八年二月八日）等人，因本於良心自由及宗教信仰拒服戰鬥兵役而分遭判決有罪確定，前曾依法聲請　鈞院大法官解釋系爭判決適用之法令牴觸憲法。鑑於本案具有憲政原理與人權保障之重大意義，茲特併呈補充理由書如後：

兵役法第一條及兵役法施行法第五十九條第二項之規定，違反憲法「一事不二罰」原則

根據　鈞院大法官釋字第三八四號解釋，一事不二罰係我國憲法正當法律程序之一部。另按任何人不得為同一罪行，而接受兩次生命或身體上之危害，美國憲法增補條文第五條以及德國基本法第一百零三條均著有明文。此處所謂「一事不二罰」包括同一罪行在判決有罪或無罪後不得再行起訴，以及對於同一罪行不得多次處罰。以德國為例，未應社會役召集之耶和華見證人（下稱「行為人」）於遭法院判刑確定並執行完畢後，竟遭聯邦勞工部再次徵召，因行為人再次拒絕應召服役，復遭法院以逃役罪判刑。行為人不服，向聯邦憲法法院提起憲法訴願，憲法法院依據基本法第一百零三條第三項之「一事不二罰」之規定，認定行為人一再拒絕社會役之應召，係基於「單一之良心決定 (eine einheitliche Gewissensentscheidung)」而永遠拒絕服役，此種良心決定所及範圍係原則性 (prinzipiell)，而非個別性 (punktuell)。此外，國家第一次及後續要求行為人徵召服役之行為，實質上

為內容相同之同一行為，故行為人對國家服役命令之反抗，只能視為同一行為 (dieselbe Tat)，而非新的行為，自不得對之重覆處罰。準此，聯邦憲法法院認為耶和華見證人一再拒絕服役之行為僅係基於良心決定之同一行為，重覆判決有罪自與基本法相牴觸，故將原判決撤銷發回（附件一）。

　　本件聲請人等均係自始基於良心及宗教信仰永遠拒絕服役，此一拒絕服役之良心決定行為並未因第一次遭判刑而中斷，亦無法割裂成數個行為，自應視為同一行為而不得重覆處罰，否則即與憲法上之正當法律程序有違。系爭判決援引兵役法第一條及兵役法施行法第五十九條第二項之規定，要求聲請人等於第一次服刑完畢後再度入伍服役，致使聲請人等因拒絕服事戰鬥兵役而遭二度、甚至三度判刑，顯有違背憲法「一事不二罰」之原則。

　　綜上，懇請　鈞院大法官正視聲請人等長期因良心及宗教信仰而遭受違憲待遇之耶和華見證人基督徒，並依聲請意旨作成憲法解釋為禱。

三、釋字第四九〇號解釋摘要（13：2 通過）

　　關於本件解釋之多數意見，可分為以下三部分加以瞭解：

1.人民服兵役義務之強調與「信仰宗教自由」意義之闡發

　　本件解釋多數意見首先開宗明義的指出人民依法律服兵役之義務，乃憲法所明定，強調此一義務之憲法基礎。其次多數意見則針對憲法第十三條：「人民有信仰宗教之自由」之規定加以闡發，認為此一自由權利乃係指人民有信仰與不信仰任何宗教之自由，以及參與或不參與宗教活動之自由；國家不得對特定之宗教加以獎勵或禁制，或對人民特定信仰畀予優待或不利益。除此之外，多數意見更進一步區別所謂「內在信仰自由」與「宗教行為、宗教結社自由」的概念，提出前者應受絕對之保障，而後者因可能涉及他人之自由與權利，甚至可能影響公共秩序、善良風俗、社會道德與社會責任，僅能受相對保障之理論。

2.服兵役之義務與信仰宗教自由衝突之解決

　　多數意見基於之前所建立之理論，認為若出現如同本案聲請人遭遇之

國民服兵役之義務與宗教信仰自由相互衝突時，因宗教之信仰者，亦係國家之人民，其所應負對國家之基本義務與責任，即不得僅因宗教信仰之關係而免除，況人民服兵役之義務，並無違反人性尊嚴亦未動搖憲法價值體系之基礎，且為大多數國家之法律所明定，更為保護人民，防衛國家之安全所必需，與憲法第七條平等原則及第十三條宗教信仰自由之保障，並無牴觸。

3.關於一再入獄、服刑、回役、入獄違反「一事兩罰」之問題

多數意見認為兵役法施行法第五十九條第二項規定，免除禁役者，倘仍在適役年齡，其服兵役之義務，並不因此而免除，若另有違反兵役法之規定而符合處罰之要件者，仍應依妨害兵役治罪條例之規定處斷，並不構成一行為重複處罰問題，亦與憲法第十三條宗教信仰自由之保障及第二十三條比例原則之規定，不相牴觸。

關於本件解釋大法官王和雄及劉鐵錚分別提出不同意見。

王大法官認為虔誠之宗教信仰者，其外在之行為，雖可能因涉及他人之權利與公序良俗，不能不同受法律之規範，然本於教義而為之宗教行為，如涉及宗教核心之理念者，其信仰與行為即具有表裡一致之關係，該項行為即不能全然以法規範之構成要件之行為視之，而毋寧已涉及內在宗教信仰之層次。在此種情形下，宗教行為如與國家法令相牴觸時，法令之規範或處罰，即應特別審慎或嚴謹，俾免侵害或剝奪憲法所保障宗教信仰自由之本旨。更進而言之，當國民憲法上義務之履行與其憲法上所保障之宗教信仰自由相衝突時，該義務之履行將對其宗教信仰造成限制或影響，則對宗教行為之規範或限制，即應以嚴格審查標準盡到最大審慎之考量，非僅為達成國家目的所必要，且應選擇損害最小之方法而為之，尤應注意是否有替代方案之可能性，始符憲法基本權利限制之本旨。除此之外，在此等人員於將來法律准許改服替代役之前，其實際執行徒刑時間，應累計計算，始符憲法上比例原則及保障宗教信仰自由之本旨。

劉大法官則認為行為人透過基於其良心所下之決定而表現出來的持續反抗兵役行為，可謂係對國家要求其服兵役之一種反抗，故國家以第一次

及其後續之徵召令要求服役之行為，始終為同一行為，因此對於聲請人反覆之處罰即違反憲法禁止「一事兩罰」之原則。其次，聲請人等因宗教信仰因素，自其第一次應徵入營服役之日起（約十八歲）至其四十五歲止，均將因抗命而陷入審判—入獄—回役—審判—入獄之循環中，有違「禁止嚴苛、異常制裁之原則」。劉大法官最後提出從憲法人權保障之角度，乃至國家社會整體利益，甚至是戰鬥任務本身而言，使因良心或宗教因素拒絕服兵役之人轉服替代役，始為合乎憲法之作為。兵役法第五條及兵役法施行法第五十九條第二項對基於良心因素拒絕服兵役者言，其宣告刑及執行刑，皆應作分別累積之計算，唯有如此相關條文牴觸憲法之疑義方能化解。

四、評　釋

關於本案可分程序及實體兩方面討論。

就程序方面言，在本案眾多聲請人中，大法官僅僅受理吳宗賢等兩人之聲請案；至於其他聲請人，大法官則以其在軍事審判覆判程序係為「不利於己（請求重判）」而上訴，「未用盡審級救濟」，不符大法官審理案件法之規定，拒絕受理（參見司法院（八八）院臺大二字二七一三八號函）。

多數大法官此一程序上之決定，實失諸冷峻，且易引起違反法律、侵害聲請人憲法保障之訴訟權之質疑，亦與其本身所作成之釋字第三七一號解釋原則並不一致。

首先，大法官審理案件法第五條明文規定人民對於「確定終局裁判」所適用之法令認有牴觸憲法之疑義者，得聲請釋憲。所謂確定終局裁判，乃謂終結該審級，且已不得循普通之途徑救濟之判決而言，並不限於所謂「『終審』確定終局判決」。今黃嘉明等人，聲請覆判經軍事法院覆判庭裁定駁回，則其所受之一審終局判決即告確定，聲請人等對該判決所適用之法令聲請解釋憲法，乃完全符合大法官審理案件法聲請釋憲之要件。大法官在本案中卻仍拒絕受理該等聲請案，明顯的違背了審理案件法之規定。

其次，依照大法官釋字第三七一號解釋，法律違憲之審查權乃專屬於

司法院大法官所掌理，普通法院、軍事法院之法官至多僅能停止審判，聲請大法官解釋。從而若果依照多數意見大法官在本案中對於聲請解釋憲法所增設之限制，則凡欲聲請釋憲之人均需一再的作「早已預知無益」之上訴（因為在法律未被宣告違憲無效之情形下，上訴審根本不可能變更下級審之判決），徒然增加欲聲請解釋之聲請人訴訟費用之負擔，更耽誤救濟之寶貴時效；若謂聲請人苟提起上訴，上訴法院認相關法律有違憲之疑義時，自會停止審判聲請大法官解釋，聲請人不需放棄上訴救濟之機會，然由上訴審法官聲請釋憲與聲請人放棄上訴自行聲請又有何差異？就本件解釋所涉及之個案而言，多數意見大法官所增加之程序限制，其不合理之處則更為明顯。蓋軍事法院覆判庭對於聲請人等主張相關規定違憲並求為無罪之上訴，已有多次不予理會之前例。在此情形下，大法官仍強求聲請人等上訴，用盡救濟之途徑，實有違背憲法保障人民訴訟權（「迅速」救濟、「有效」之救濟）之意旨（司法院大法官釋字第四四六號解釋理由書參照）。

退一步言，本案聲請人等其實均有聲請覆判之意，僅其所為之覆判請求在「形式上」係不利於己（請求覆判庭判決較一審更重之刑），以致不為覆判庭所接受而已。實則，聲請人等會採取此一行動，確有不得已之苦衷，蓋其無非係希望藉由上級軍事法院之從重量刑，以一次符合兵役法及兵役法施行法「禁役」之要件，從而能夠脫離一再入獄、回役、入獄之循環。就此而言，聲請人等在實質上非不能謂係為自己之利益上訴，更非蓄意未用盡審級救濟。多數大法官專注於挑剔此種程序「瑕疵」，態度極其嚴峻。

綜上，多數意見大法官在本案中對聲請釋憲所增設之程序要件，實值得日後欲聲請大法官解釋之聲請人加以注意。惟該等限制，誠如劉鐵錚大法官在其不同意見書之批評：「（大法官）僅係遲延其保障人權之重責大任，而將其寄託於不切實際之想像中（想像上級審法院在上訴程序中，可能會變更適用有違憲疑義之法條，致釋憲案根本不發生）而已」。

就本案所涉及之實體問題而言，多數意見大法官所持之見解亦值商榷。首先，多數意見的理論核心在於強調內心信仰自由應給予「絕對保障」，但外在宗教行為與宗教結社自由則必須受到一定之限制。然此種二分之方式

在邏輯上或許可能，但在實際上似乎缺乏實踐實益。蓋任何宗教行為，均與其內心的宗教信仰密不可分，外在宗教行為恆受內心信仰的支配，除非內心信仰改變，外在的宗教行為並不可能有所變動（此亦即王和雄大法官在其不同意見中所言之「本於教義而為之宗教行為，如涉及宗教核心之理念者，其信仰與行為即具有表裡一致之關係」）。因此當國家藉由刑罰的手段反覆的處罰行為人外在「宗教行為」（例如：本案聲請人不接受軍事訓練的行為）的同時，難道不是在「設法」改變、影響一個人內心的宗教決定嗎？準此，如何與大法官強調內心信仰應給予「絕對保障」的理想相配合？

其次，自宗教平等的角度觀察，本號解釋亦有可議之處。大法官在本號解釋中雖一再強調不能對特定之宗教加以獎勵或「禁止」；不能對人民特定之信仰畀予優待或「不利益」。然，大法官在討論兵役制度目的與宗教自由的同時，為何僅從不能獎勵、不能優待的角度出發，而忽略了兵役制度結合刑罰制裁對特定宗教的禁止效果與對特定人民的不利益？

第三，大法官對於聲請人所提出之良心自由與良心犯特質的主張未加以重視，無疑的是本號解釋另一遺憾。良心自由的保障不但早為世界人權文件肯認，有關良心犯與兵役制度的討論亦屢見不鮮。甚至德國聯邦憲法法院，在審理類似案件中亦曾明確表示「……行為人一再拒絕兵役、社會役之徵召行為，係基於其所宣稱之永遠繼續存在之良心決定，則該行為仍應屬基本法第一百零三條第三項所稱之『同一行為』……再者，行為人透過基於其良心所下之決定而表現出來的持續反抗兵役行為，可謂係對國家要求其服兵役之一種反抗，故國家以第一次及其後續之徵召令要求其服兵役之行為，始終為一行為……」。大法官未體察良心決定具「原則性」、「整體性」的特質，僅以「另有」違反兵役法行為仍應加以處罰，一語帶過，令人失望。

最後，從本件聲請案之發展觀察，不論係內政部在替代役制度實施前即發函要求暫緩徵召宗教因素拒服兵役之役男入伍，或立法院通過替代役條例，乃至總統特赦尚在監服刑之聲請人，在在體現出行政、立法部門對於人權之重視；反觀大法官不但未能把握本件解釋之機會，對當時之兵役

制度從人民基本權利保障之觀點提出檢討，又未能適時的表達建立兵役替代役的憲法要求，化解替代役立法之阻礙，恐怕最值得吾人惋惜。

五、本案之後續發展

1.國防部函令

　　鍊銷字第八九〇〇〇〇五四八六號函

2.兵役法及兵役法施行法之修正與增定（民國八十九年二月二日修正）

⑴兵役法

第5條　有下列情形之一者，禁服兵役，稱為禁役：

　　　一、曾判處五年以上有期徒刑者。

　　　二、執行有期徒刑在監合計滿三年者。

　　　經裁定感訓處分者，其感訓處分期間應計入前項第二款期間。

（原條文）凡曾判處七年以上有期徒刑者，禁服兵役，稱為禁役。

第26條　替代役實施有關事項，另以法律定之。

⑵兵役法施行法

第59條　前項判處徒刑人員，經依法赦免、減刑、緩刑、假釋後，視為緩徵、緩召原因消滅，均由各該管轄司法機關通知其所屬直轄市、縣（市）政府處理之。（第二項）

（原條文）前項判處徒刑人員，經依法赦免、減刑、緩刑、假釋後，其禁役者，**如實際執行徒刑時間不滿四年時，免除禁役；**其緩徵、緩召者，如實際不在監獄執行時，視為緩徵、緩召原因消滅，均由各該管轄司法機關通知其所屬縣（市）政府處理之。

3.替代役條例及役男申請服替代役辦法

⑴替代役實施條例（節錄）

民國八十九年二月二日公布

第 5 條　中華民國男子年滿十八歲之翌年一月一日起，於徵兵檢查為常備役體位者，得依志願申請服替代役；替代役體位者，應服替代役。

前項申請服替代役役男，具國家考試及格取得合於前條第一項類別專長證照者，得優先甄試。

申請服替代役人數，逾核定數額時，以抽籤決定之。但因家庭、宗教因素申請服替代役者，得免參加抽籤。

申請服替代役之資格、申請程序、期限、條件及其他應遵行事項之辦法，由主管機關定之。

第一項替代役體位徵服替代役之實施日期，由行政院定之。

第 6 條　服替代役期間之役齡男子（以下簡稱替代役役男），於完成訓練後，依其所服替代役類別之法令規定，執行勤務。

第 7 條　常備役體位服替代役之役期較服常備兵役役期長四至六個月；替代役體位服替代役役期與服常備兵役役期相同。

因宗教因素申請服替代役者，其役期應較服常備兵役役期延長二分之一。

替代役役男服役期滿者，由主管機關製發證明書。

⑵役男申請服替代役辦法（節錄）

民國八十九年四月二十六日公布

第 15 條　役男因信仰宗教達二年以上，且其心理狀態已不適服常備兵役者，得申請服替代役。

前項役男信仰之宗教，其所屬宗教團體，須經政府登記立案。

第 16 條　依前條規定申請服替代役者，應檢具下列文件：

一、自傳。

二、理由書。

三、切結書。

四、政府登記立案之宗教團體出具之證明文件。

第 17 條　鄉（鎮、市、區）公所受理宗教信仰因素申請服替代役案件，

應於五日內將證明文件及初審有關資料陳報直轄市、縣(市)政府複審。

第 18 條　直轄市、縣（市）政府收到前條案件時，應於十日內完成複審，並將證明文件及複審有關資料陳報主管機關核定。

第 19 條　主管機關收到前條案件時，應依下列規定辦理：

一、應於三個月內召開審議委員會完成審議。

二、審議時，為了解役男之信仰、動機、心理等理由是否真實，得實施面談，並得邀請該宗教負責人或證人出席。

三、對審議案件認有疑義，不能決定准或駁時，得核定一定時間暫不徵集之觀察期，觀察期間最長不得逾一年。

前項第三款觀察期間，直轄市、縣（市）政府應會同鄉（鎮、市、區）公所實施調查並作成紀錄，於觀察期屆滿後十五日內，由直轄市、縣（市）政府將役男各項資料陳報主管機關審核。

第 20 條　主管機關對前條之審議結果，應於十五日內函知直轄市、縣（市）政府及役男本人；核定一定時間之觀察期或不合格者，應述明理由。

第 21 條　役男因家庭、宗教因素服替代役，屬家庭因素者，以於戶籍地服役及返家住宿為原則；屬宗教因素者，以服社會服務類替代役為原則。

4.總統特赦

中華民國八十九年十二月十日總統令：

一、茲依憲法第四十條及赦免法第三條前段之規定，特赦黃嘉明、張文明、謝凱祥、陳建化、葉鍇瑋、高駿諺、邱盛富、楊路加、賴忠豪、林忠義、巴志昌、劉寒森、邱啟傑、黃嘉淳、駱文義、吳春木、趙正文、趙正華、邱啟豪等十九人，免除其刑之執行。

二、茲依憲法第四十條及赦免法第三條前段之規定，特赦曾茂興，免除其刑之執行。

三、茲依憲法第四十條及赦免法第三條後段之規定，特赦蘇炳坤，其
　　罪刑之宣告為無效。

特赦案（總統府新聞稿）

中華民國八十九年十二月十日

總統府秘書長游錫堃今天表示，陳總統水扁先生在八十九年十二月八日上午九時，於總統府依赦免法第三條規定：「受罪刑宣告之人經特赦者，免除其刑之執行；其情節特殊者，得以其罪刑之宣告為無效。」親批拒服兵役之宗教良心犯、曾茂興案、蘇炳坤案等二十一人的特赦令，並於今天國際人權日實施。

游秘書長進一步表示，總統是參據行政院、法務部及國防部的研議結果，也為符合人權保障的世界潮流，落實新政府重視人權的理念，並回應立法委員及社會的建議，所以在十二月八日上午批示了特赦令。

游秘書長說明特赦案的背景：

一、拒服兵役宗教良心犯

黃嘉明等十九人均為「耶和華見證人」信徒，基於信仰教義要求放棄學習戰事，服役後拒穿軍服，也拒絕接受軍事訓練，以致觸犯陸海空軍刑法抗命罪，分別判刑確定，入監執行。而我國業於八十九年二月二日公布替代役實施條例，對於因宗教信仰因素而拒服兵役者，已許可申請服替代役，所以如果仍將少部分在監服刑或假釋中的宗教良心犯繼續囚禁或保護管束，實欠公平；何況其等寧可選擇於獄中長期服刑，也不願服行較短的役期，顯見非畏苦怕難，逃避兵役。所以，總統對於現行在監執行及假釋中的黃嘉明等十九名宗教良心犯，依赦免法第三條前段規定，免除其刑之執行。

（中略）

游秘書長強調，總統對於人權一向極為重視，在其五二〇總統就職演說中也提到，願意承諾對於國際人權的維護做出更積極的貢獻，中華民國

不能也不會自外於世界人權的潮流，將遵守包括「世界人權宣言」、「公民與政治權利國際公約」以及維也納世界人權會議的宣言和行動綱領將中華民國重新納入國際人權體系；也期待「國際人權法典」能夠國內法化，成為正式的「臺灣人權法典」，更希望實現聯合國長期所推動的主張，在臺灣設立獨立運作的國家人權委員會，並且邀請國際法律人委員會和國際特赦組織這兩個卓越的非政府人權組織，協助我們落實各項人權保護的措施，讓中華民國成為二十一世紀人權的新指標；總統也堅信，不管在任何一個時代、在地球的任何一個角落，自由、民主、人權的意義和價值都不能被漠視或改變。

註：特赦名單
　　黃嘉明、張文明、謝凱祥、陳建化、葉錯瑋、高駿諺、邱盛富、楊路加、賴忠豪、林忠義、巴志昌、劉寒森、邱啟傑、黃嘉淳、駱文義、吳春木、趙正文、趙正華、邱啟豪（以上十九人為拒服兵役之宗教良心犯）及曾茂興、蘇炳坤。

六、本案參考資料（依發表、出版先後編排）

1. 劉定基，〈宗教自由、良心自由與替代役──從釋字第四百九十號解釋談起〉，《律師雜誌》，第二四二期，頁八六至九〇，民國八十八年十一月。

2. 李惠宗，〈論宗教自由及國家保護義務──評司法院大法官釋字第四九〇號解釋〉，《臺灣本土法學雜誌》，第五期，頁三九至六〇，民國八十八年十二月。

3. 黃昭元，〈信上帝者下監獄？──從司法院釋字第四九〇號解釋論宗教自由與兵役義務的衝突〉，《臺灣本土法學雜誌》，第八期，頁三〇至四五，民國八十九年三月。

4. 社論，〈宣示人權理念不如就近具體實踐〉，《中國時報》二版，民國八

十九年九月十九日。

七、釋字第四九〇號解釋文及解釋理由書

解釋日期：民國八十八年十月一日

解釋文

　　人民有依法律服兵役之義務，為憲法第二十條所明定。惟人民如何履行兵役義務，憲法本身並無明文規定，有關人民服兵役之重要事項，應由立法者斟酌國家安全、社會發展之需要，以法律定之。憲法第十三條規定：「人民有信仰宗教之自由。」係指人民有信仰與不信仰任何宗教之自由，以及參與或不參與宗教活動之自由；國家不得對特定之宗教加以獎勵或禁制，或對人民特定信仰畀予優待或不利益。立法者鑒於男女生理上之差異及因此種差異所生之社會生活功能角色之不同，於兵役法第一條規定：中華民國男子依法皆有服兵役之義務，係為實踐國家目的及憲法上人民之基本義務而為之規定，原屬立法政策之考量，非為助長、促進或限制宗教而設，且無助長、促進或限制宗教之效果。復次，服兵役之義務，並無違反人性尊嚴亦未動搖憲法價值體系之基礎，且為大多數國家之法律所明定，更為保護人民，防衛國家之安全所必需，與憲法第七條平等原則及第十三條宗教信仰自由之保障，並無牴觸。又兵役法施行法第五十九條第二項規定：同條第一項判處徒刑人員，經依法赦免、減刑、緩刑、假釋後，其禁役者，如實際執行徒刑時間不滿四年時，免除禁役。故免除禁役者，倘仍在適役年齡，其服兵役之義務，並不因此而免除，兵役法施行法第五十九條第二項因而規定，由各該管轄司法機關通知其所屬縣（市）政府處理。若另有違反兵役法之規定而符合處罰之要件者，仍應依妨害兵役治罪條例之規定處斷，並不構成一行為重複處罰問題，亦與憲法第十三條宗教信仰自由之保障及第二十三條比例原則之規定，不相牴觸。

理　由　書

　　現代法治國家，宗教信仰之自由，乃人民之基本權利，應受憲法之保障。所謂宗教信仰之自由，係指人民有信仰與不信仰任何宗教之自由，以及參與或不參與宗教活動之自由；國家不得對特定之宗教加以獎勵或禁制，或對人民特定信仰畀予優待或不利益，其保障範圍包含內在信仰之自由、宗教行為之自由與宗教結社之自由。內在信仰之自由，涉及思想、言論、信念及精神之層次，應受絕對之保障；其由之而派生之宗教行為之自由與宗教結社之自由，則可能涉及他人之自由與權利，甚至可能影響公共秩序、善良風俗、社會道德與社會責任，因此，僅能受相對之保障。宗教信仰之自由與其他之基本權利，雖同受憲法之保障，亦同受憲法之規範，除內在信仰之自由應受絕對保障，不得加以侵犯或剝奪外，宗教行為之自由與宗教結社之自由，在必要之最小限度內，仍應受國家相關法律之約束，非可以宗教信仰為由而否定國家及法律之存在。因此，宗教之信仰者，既亦係國家之人民，其所應負對國家之基本義務與責任，並不得僅因宗教信仰之關係而免除。

　　保護人民生命和財產等基本權利乃國家重要之功能與目的，而此功能與目的之達成，有賴於人民對國家盡其應盡之基本義務，始克實現。為防衛國家之安全，在實施徵兵制之國家，恆規定人民有服兵役之義務，我國憲法第二十條規定：人民有依法律服兵役之義務，即係屬於此一類型之立法。惟人民如何履行兵役義務，憲法本身並無明文規定，有關人民服兵役之重要事項，應由立法者斟酌國家安全、社會發展之需要，以法律定之。立法者鑒於男女生理上之差異及因此種差異所生之社會生活功能角色之不同，於兵役法第一條規定：中華民國男子依法皆有服兵役之義務；第三條第一項規定：男子年滿十八歲之翌年一月一日起役，至屆滿四十五歲之年十二月三十一日除役；第四條規定：凡身體畸形、殘廢或有痼疾不堪服役者，免服兵役，稱為免役；第五條規定：凡曾判處七年以上有期徒刑者禁服兵役，稱為禁役。上開條文，係為實踐國家目的及憲法上人民之基本義

務而為之規定，原屬立法政策之考量，非為助長、促進或限制宗教而設，且無助長、促進或限制宗教之效果。復次，男子服兵役之義務，並無違反人性尊嚴亦未動搖憲法價值體系之基礎，且為大多數國家之法律所明定，更為保護人民，防衛國家之安全所必需，與憲法第七條平等原則及第十三條宗教信仰自由之保障，並無牴觸。

　　兵役法施行法第五十九條第二項規定：同條第一項判處徒刑人員，經依法赦免、減刑、緩刑、假釋後，其禁役者，如實際執行徒刑時間不滿四年時，免除禁役。故被免除禁役者，倘仍在適役年齡，其服兵役之義務，並不因此而被免除，兵役法施行法第五十九條第二項因而規定，由各該管轄司法機關通知其所屬縣（市）政府處理。若另有違反兵役法之規定而符合處罰之要件者，仍應依妨害兵役治罪條例之規定處斷，並不構成一行為重複處罰問題，亦與憲法第十三條宗教信仰自由之保障及第二十三條比例原則之規定，不相牴觸。又犯罪判處徒刑在執行中者，停服現役，稱為停役。停役原因消滅時，回復現役，稱為回役。兵役法第二十條第一項第二款後段及同條第二項定有明文。至於回役之程序如何，兵役法第二十五條第一項第一款、第二款祇分別規定常備軍官、常備士官、常備兵、補充兵在現役期間停役者，為後備軍人，應受後備管理而已，初無關於回役之技術性之程序規定。惟回役核其實質，仍不失為後備軍人平時為現役補缺之性質，依兵役法第三十八條第一項第二款規定，自得對之臨時召集。行政院訂定發布之召集規則第十九條第一項第四款乃規定，停役原因消滅，回復現役，得對之臨時召集，並未逾越兵役法第三十八條第一項第二款規定之範圍，亦未增加人民之負擔，核與憲法法律保留之原則，並無不符。本於同一理由，同規則第十九條第一項第五款，補服義務役期之臨時召集之規定，亦與憲法保障人民權利之意旨無違，併此指明。

部分不同意見書

大法官　王和雄

　　本解釋認人民有依法服兵役之義務，為憲法第二十條所明定。惟人民如何履行兵役義務，憲法本身並無明文規定，有關人民服兵役之重要事項，

應由立法者斟酌國家安全、社會發展之需要，以法律定之，立法者鑒於男女生理上之差異及因此種差異所生之社會功能角色之不同，於兵役法第一條規定：中華民國男子依法皆有服兵役之義務，係為實踐國家目的及憲法所規定人民之基本義務而為之規定，原屬立法之考量，非為助長、促進或限制宗教而設，且無助長、促進或限制宗教之效果，與憲法第七條平等原則及第十三條宗教信仰自由之保障並無牴觸。又宗教信仰之自由與其他之基本權利，雖同受憲法之保障，亦同受憲法之規範，除內在信仰之自由應受絕對保障，不得加以侵犯或剝奪外，宗教行為之自由與宗教結社之自由，在必要之最小限度內，仍應受國家相關法律之約束，非可以宗教信仰為由而否定國家及法律之存在。因此，宗教之信仰者，既亦係國家之人民，其所應負對國家之基本義務與責任，並不得僅因宗教信仰之關係而免除，符合憲法保障宗教信仰自由之意旨，自應贊同。惟宗教之信仰者，基於教義及戒律之關係，並因虔誠之宗教訓練及信念上等原因而在良心上反對殺害生命及反對任何戰爭行為者，在兵役法是否可使其免服戰鬥性或使用武器之兵役義務，本解釋置而不論，似認兵役法既已規定中華民國男子依法皆有服兵役之義務，宗教之信仰者，既亦係國家之人民，其所應負對國家之基本義務與責任，不得僅因宗教信仰而免除，如准許宗教之信仰者可免服戰鬥性或使用武器之兵役義務，反將造成因宗教之信仰而得到國家法律之優待或寬免，有違憲法保障宗教信仰自由之意義，亦違反憲法上之平等原則；再者，本解釋認兵役法施行法第五十九條第二項規定：同條第一項判處徒刑人員，經依法赦免、減刑、緩刑、假釋後，其禁役者，如實際執行徒刑時間不滿四年時，免除禁役。故免除禁役者，倘仍在適役年齡，其服兵役之義務，並不因此而免除，苟另有違反兵役法之規定而符合處罰之要件者，仍應依妨害兵役治罪條例之規定處斷，並不構成一行為重複處罰問題。惟此種情形，若再因上開宗教之原因犯妨害兵役治罪條例等之罪，而每次均非判處七年以上有期徒刑或判處七年以上有期徒刑，經依法赦免、減刑、緩刑、假釋後，實際執行徒刑時間均不滿四年時，在實務上，依國防部四十六年九月十三日準諮字第〇一三二號令解釋，雖累計計算實際執

行徒刑時間已過四年，仍不得禁役，而須於服刑後繼續再補服兵役，且若再有妨害兵役等之罪行，均須以刑罰反覆相繩，直至役齡屆滿之日為止。果爾，顯屬違反憲法上之比例原則，不符保障宗教信仰自由之意旨，爰提出不同意見，並敘述理由如下：

　　當宗教之信仰由政教合一走入聖俗分離之時代以後，靈魂之拯救與生命之本然，乃世俗之國家權限所不可及之事務，信仰更是人內心之精神活動，尤非國家所得依法律而逕行限制或取締者。在民主憲政國家中，將宗教信仰之自由，載入憲法中，並規定為人民之基本權利，其最原始、最傳統與最典型之作用，乃是對國家之防禦權。宗教開示人之生命涵義不應僅以世俗之境界或肉體之生命為終極目的，更應遵循教義，如法奉行，而證悟生命之本然，從而了脫生死輪迴，證入涅槃或進入天國，惟冀以達成此一終極目的所必不可缺之方法，乃是戒律之遵守與教義之奉行。因此，虔誠之宗教信仰者，其外在之行為，雖可能因涉及他人之權利與公序良俗，不能不同受法律之規範，第本於教義而為之宗教行為，如涉及宗教核心之理念者，其信仰與行為即具有表裡一致之關係，該項行為即不能全然以法規範之構成要件之行為視之，而毋寧已涉及內在宗教信仰之層次。在此種情形下，該行為雖與一般社會上具有支配性之倫理觀念及以之為基礎之法律義務相衝突，如遽行科罰，將使虔誠之宗教信仰者，因基於人性尊嚴所為生命之選擇，陷於心靈上根本之衝突，蓋該行為如基於法教義學之解釋，雖係該當於刑罰法律之構成要件，但該行為者之行為，卻係處在一般法秩序與其個人內在深層信仰相衝突之邊界情境下，選擇遵守對他而言具有更高位階之信仰誡命，因此，宗教行為如與國家法令相牴觸時，法令之規範或處罰，即應特別審慎或嚴謹，俾免侵害或剝奪憲法所保障宗教信仰自由之本旨。更進而言之，當國民憲法上義務之履行與其憲法上所保障之宗教信仰自由相衝突時，該義務之履行將對其宗教信仰造成限制或影響，則對宗教行為之規範或限制，即應以嚴格審查標準盡到最大審慎之考量，非僅為達成國家目的所必要，且應選擇損害最小之方法而為之，尤應注意是否有替代方案之可能性，始符憲法基本權利限制之本旨。此乃德國基本法一

九五六年第七次修正第十二條規定，於修正後之第十二條第二項第二句規定：任何人基於良心自由，拒絕使用武器之兵役義務時，得使負擔補充役之義務（一九九四年八月修訂版為第十二條之一第二款：任何人基於良心理由而拒絕武裝之戰爭勤務者，得服替代勤務），及美國一九六七年 Military Selective Service Act, 50 USCA, § 456（ｊ）規定：基於宗教之訓練與信仰而良心上反對各種戰爭之人，得免除其戰鬥性之兵役；乃至於奧地利憲法第九條之一第三款規定：奧地利男性公民有服兵役之義務，以良心理由拒絕服兵役之義務並因之而免除者，需服替代勞務，其詳細辦法由法律定之等各國憲法與法律之所由設也，而其所以然者，乃深切體會本於宗教核心理念之教義而為之行為，除非明顯妨害公序良俗、社會價值等情形且屬重大者外，亦屬宗教信仰自由宜予保障之範圍。本此原則而論，則宗教之信仰者，基於教義及戒律之關係，並因虔誠之宗教訓練及信念上等原因而在良心上反對任何戰爭者（例如專職之神職人員）至少應在兵役法上規定，避免使其服戰鬥性或使用武器之兵役義務，而以替代役為之，俾免宗教信仰之核心理念與國家法令相牴觸而影響宗教信仰自由之保障，庶幾憲法之目的與原則暨宗教信仰自由之保障，均能予以兼顧。或以國情不同，社會狀況有異，法律之規定不宜貿然套用外國之制度，尤以我國並無宗教登記（非核准）制度之設，專職神職人員之認定標準不一，且本於前開原則，所應保障（即使服替代役）範圍之認定難免有所爭議等原因而不宜以法律定之。雖然，在兵役法修正時，若有替代役制度之設，亦宜使此等人員於符合該當要件時，改服替代役，始不失憲法規定人民於依法律盡其服兵役義務之同時，也能保障因信守教義與戒律，並因虔誠之宗教訓練及信念等原因而在良心上反對殺害生命及反對任何戰爭行為者之宗教信仰之自由。

其次，本人雖贊同本解釋關於兵役法施行法第五十九條第二項之規定並不構成一行為重複處罰之問題，惟上開情形，因宗教信仰之原因而在良心上反對殺害生命及反對任何戰爭行為者，若有違反兵役法第五條之罪及因兵役法施行法第五十九條第二項規定免除禁役，再以同一原因（因宗教上之原因而在良心上反對殺害生命及反對任何戰爭行為者）再犯妨害兵役

法等有關規定而符合處罰之要件，在此等人員於將來法律准許改服替代役之前，其實際執行徒刑時間，應累計計算，始符憲法上比例原則及保障宗教信仰自由之本旨，蓋此種情形，如前所述，並非單純之抗命或逃避兵役，若必以刑罰反覆相繩，直至役齡屆滿之日為止，勢將造成因虔誠之宗教信仰而與牢獄相伴而生之後果，既不符合適當性、必要性及合理性之憲法上之比例原則，亦如前述，不符憲法保障宗教自由之精神，爰提不同意見書如上。

不同意見書　　　　　　　　　　　　大法官　劉鐵錚

　　本案聲請人等基於崇尚和平之真誠信仰，在良心上始終拒服戰鬥訓練，致一再陷入審判－入獄－回役－審判－入獄之循環中，因而對兵役制度若干規定，提出牴觸憲法疑義之聲請。本席對多數大法官通過之解釋，在程序及實體上皆有不同之意見，茲分述如下：

一、程序上

　　多數大法官對基於同一事由之諸多聲請本件解釋案，僅對「已用盡審級救濟程序」之確定終局裁判，予以受理解釋；對於未用盡審級救濟程序之確定終局裁判，則不予受理。本席難予同意，因此一區分具有先例之作用，有普遍適用性，在程序上有重要意義，爰表示不同意見如後：

　　司法院大法官審理案件法第五條第一項第二款係對人民聲請解釋憲法程序要件之規定，其中之一即為須經「確定終局裁判」，從文義上解釋，凡有終結一個審級效果之裁判，且不得再以上訴方式請求救濟者，即為確定終局裁判，並無僅指終審確定終局裁判之意涵，此不僅在文理上理應如此解釋，在法理上實更有堅強之理由。

　　1.憲法之解釋或法令有無牴觸憲法之解釋，在我國係專屬於大法官，普通法院或行政法院法官僅有釋憲聲請權而無釋憲權。故當事人縱用盡審級救濟程序，其結果也不外由上級法院聲請大法官解釋，或者於終審法院判決確定後，再由當事人聲請，其時間必定是一、二年之後，則此種要求

究竟有何實益？但其註定浪費二造當事人之時間、精力與金錢，卻為不爭之事實；而其增加上級審法院法官無謂之審判負荷，虛擲寶貴司法資源，也屬難以避免之事項。即對大法官本身言，對確定會提出之聲請釋憲案，縱可拖延於一時，豈可拖延於永久。故此種要件之添加，實不合乎訴訟經濟原則。

2.上述人民聲請釋憲案，與當事人爭執法院認事用法錯誤致不同審判機關見解有異者之案件，不可相提並論。後者，上級審法院可以糾正下級審法院之錯誤，故在人民請求大法官為統一解釋時，當然應該用盡審級救濟程序，此觀司法院大法官審理案件法第七條第一項第二款，有關人民聲請統一解釋之要件，於「確定終局裁判……」外，另有「但得依法定程序聲明不服者……不在此限」之限制，二相比較，二條文用語雖同，法理有別，涵義有差，實不辯而自明。

3.司法院大法官審理案件法第五條第二項原僅明文規定:「最高法院或行政法院就其受理之案件，對所適用之法律或命令，確信有牴觸憲法之疑義時，得以裁定停止訴訟程序，聲請大法官解釋。」惟本屆大法官於民國八十四年所作之釋字第三七一號解釋，卻擴大為「各級法院得以之為先決問題，裁定停止訴訟程序，並提出客觀上形成確信法律為違憲之具體理由，聲請本院大法官解釋」。此號解釋值得贊同。細究大法官所以把法律明文規定之最高法院及行政法院始享有之釋憲聲請權，擴大且提前得由下級法院聲請，蓋不欲浪費國家資源，作無權解釋憲法之審級審理也。而今大法官對人民聲請釋憲案，卻反其道而行，限縮法律之規定，添加法律所無之限制，其根據之法理如何一貫，實令人費解。若謂用盡審級救濟程序，有時上級審法院可變更適用有違憲疑義之法條，致釋憲案根本不會發生，此一理由如果可以成立,豈不同樣適用於第三七一號解釋中下級審法院之聲請？當事人所爭執者非法律適用之錯誤，而係對法院正確適用之法律認定為違憲，職司釋憲之大法官，豈可遲延保障人權之重責大任，而將其寄託於不切實際之想像中。

二、實體上

本席認為本案所涉及之若干法律，應為如下之解釋：

㈠兵役法施行法第五十九條第二項違反憲法「禁止雙重處罰原則」，應為無效。兵役法施行法第五十九條第二項規定：「同條第一項判處徒刑人員，經依法赦免、減刑、緩刑、假釋後，其禁役者，如實際執行徒刑時間不滿四年時，免除禁役」。故免除禁役者，倘仍在適役年齡，將不斷因良心因素持續拒絕服役，而遭受重複之處罰。按「一事不二罰原則」、「禁止雙重處罰原則」係民主國家彰顯人權保障之展現，其本意在禁止國家對於人民之同一行為，以相同或類似之措施多次處罰。美國聯邦憲法早於西元一七九一年增訂之人權典章第五條即有明文 (nor shall any person be subject for the same offense to be twice put in jeopardy of life or limb)。我國憲法第二十二條係關於人民基本權利保障之補充規定，即除同法第七條至第十八條及第二十一條所為例示外，另設本條規定，概括保障人民一切應受保障之自由權利。禁止雙重處罰原則，既為現代文明法治國家人民應享有之權利，且不妨害社會秩序與公共利益，自亦在該條保障之列。就所謂良心犯罪與一事不二罰原則而言，德國聯邦憲法法院之見解可資參考，「若行為人一再拒絕兵役、社會役之徵召行為，係基於其所宣稱之永遠繼續存在之良心決定，則該行為仍應屬基本法第一百零三條第三項所稱之同一行為。蓋該等決定係基於單一之良心決定而永遠的拒服兵役，此種良心決定之範圍係原則性的而非個別性的。再者，行為人透過基於其良心所下之決定而表現出來的持續反抗兵役行為，可謂係對國家要求其服兵役之一種反抗，故國家以第一次及其後續之徵召令要求服役之行為，始終為同一行為……。行為人之良心決定具有嚴肅性及繼續性亦屬顯而易見。行為人於其第一次處罰之後以及接獲第二次徵召令後，不過再次堅持以前所為永遠拒服兵役之良心決定，此種過去所為而持續至將來之良心決定，確定了行為人整體外部行為，從而行為人於接獲第二次徵召時，遵循此一決定進而拒服兵役，自屬基本法第一百零三條第三項所稱之同一行為。」(BverfGE 23,191) 就本件聲請案

當事人而言,聲請人基於單一之良心因素拒絕服役而遭重複處罰至為明顯。此一由過去持續至將來之良心決定,確定了聲請人外部之行為,從而不論聲請人日後將再受多少次之徵召,其仍將一本初衷,持續拒絕服役。參考前揭德國聯邦憲法法院所表示之見解,原判決及其所適用之兵役法施行法第五十九條第二項規定,顯然未能掌握本件事實之內涵及其特殊性,同時亦使我國憲法所保障之宗教信仰、良心自由受到漠視,違反一事不二罰之憲法原則。

㈡兵役法第五條及兵役法施行法第五十九條第二項之規定有違「禁止嚴苛、異常制裁之原則」,應為無效。人民有免受嚴苛、異常制裁之自由權利,此在憲政先進國家為其憲法所明文保障,例如前述之美國聯邦憲法人權典章第八條,即明文規定不得對人民處以嚴苛、異常之制裁 (nor cruel and unusual punishments inflicted)。我國憲法因有第二十二條之概括規定,自亦應為同一之解釋。按兵役法第五條規定,凡曾判處七年以上有期徒刑者禁服兵役,稱為禁役。故凡因良心或宗教因素而拒服兵役之人,若未判刑七年,或曾判處七年,但執行刑未滿四年時(見兵役法施行法第五十九條第二項),則自其第一次應徵入營服役之日起(約十八歲)至其四十五歲止,均將因抗命而陷入審判—入獄—回役—審判—入獄之循環中。期間最多可達二十七年之久,遠遠超過刑法法定有期徒刑至多二十年之長度,若與強盜、殺人等惡性重大之犯罪相較,聲請人等所面臨之處境,益發悲涼!蓋殺人者,若僥倖僅受無期徒刑之判決,少則十五年多至二十年即可假釋出獄,重新做人。反觀本件聲請人等,本性純良,僅因堅持宗教信仰,追求良心之自由,前已因同一持續之行為遭到多次之處罰,後又以未合於兵役法第五條及其施行法第五十九第二項之要件,而需將其寶貴之青春歲月虛擲於囹圄之中,該二法條所致之殘酷結果,莫此為甚,吾人豈可視而不見。

㈢從憲法人權保障之角度,乃至國家社會整體利益,甚至是戰鬥任務本身而言,使因良心或宗教因素拒絕服兵役之人轉服替代役,始為合乎憲法之作為。首先,就兵役公平之角度言,試問有多少人願意堅持其個人之信仰而入獄服刑,況其所面臨者係數十年之刑期,若非基於虔誠信仰何能

做出此一犧牲。就戰鬥任務本身言，若強令良心上有障礙之人從事戰鬥任務，對所有袍澤之安全、任務之達成，又將造成多少負面之影響與傷害。自國家社會整體利益言，監禁一青年數十年之久，不僅使社會失去一極富愛心與服務熱誠之人，更需花費國家大筆公帑供養其數十年之生活，又有何意義可言！此類虔誠宗教信仰者與徒托空言，假借信仰自由，意圖逃避兵役者，自應嚴加區別，後者不僅不能享受憲法上宗教自由之保障，更應受到法律嚴格之制裁。至如何鑑別二者之真偽，則屬技術層面而非憲法之問題（事實上有關單位草擬之家庭及宗教因素申請兵役替代役辦法草案中對此已有初步之規劃）。又憲法第二十條雖規定，人民有依法律服兵役之義務，但此並非憲法層次之全民義務，實係憲法賦與立法者於決定要求人民服兵役時之規範基礎。立法者基於實質平等及比例原則之憲法規定，實應認真考慮提供實施替代役之可能；而憲法第十三條之規定，人民有信仰宗教之自由，更是確認信仰自由事涉人民內心之真誠與生命價值之選擇，即令制定法律規範宗教行為，其內容仍須符合實質正當，更需考量憲法基本權利間內在之一致性。換言之，國家對於宗教行為之規範，應抱持和平與容忍之態度，除非舉證證明有明顯立即之危險或關係重大公共利益，否則不應介入干涉，對於拘束人民宗教自由之立法考慮，亦然。從而，宗教之信仰者，基於教義及戒律之關係，並因虔誠之宗教訓練及信念上等原因，而在良心上反對任何戰爭者，在兵役法上自應避免使其服戰鬥性或使用武器之兵役義務，俾免宗教信仰之核心理念與國家法令相牴觸而影響宗教信仰自由之保障，庶幾憲法之目的與原則暨宗教信仰自由之保障，均能予以兼顧，因此之故，在制度上給予因宗教或良心因素不願服兵役之人轉服替代役之方法，始真正符合憲法保障人權之意旨。

　　㈣兵役法第五條及兵役法施行法第五十九條第二項對基於良心因素拒絕服兵役者言，其宣告刑及執行刑，皆應作分別累積之計算。退一步言，吾人縱使基於事實之困難及現狀之考慮而認宗教信仰自由、良心自由仍不足以作為聲請人等免服戰鬥兵役之理由，也不認為基於良心因素拒絕服兵役之行為係持續之單一行為，從而並無一事不二罰原則之適用，但考量兵

役法第五條及其施行法第五十九條第二項所帶給聲請人等之苛酷效果及對社會國家所造成之負面影響，吾人也應宣告該二條文就因良心因素拒服兵役者而言，對其宣告刑及實際執行之刑期，基於憲法第十三條及第二十二條之考量，應採取「分別累積計算」方為合憲之解釋。應累積計算之合憲解釋，不僅對兵役制度之公平有所維護（因實際再經執行需累積滿四年之刑期始可禁役，對於欲假借宗教、良心因素逃避兵役義務者，應可收之嚇阻之效），亦可免除一優秀青年僅因虔誠信仰而葬送其大半青春歲月於牢獄之中，致不能對國家社會做出積極之貢獻；同時，國家以二倍於役期之時間處罰拒絕履行兵役義務之人已可維持法律之尊嚴，其後亦可節省數十年之監禁花費，可說一舉數得，而相關條文牴觸憲法之疑慮，也可化解於無形。

綜上所述，本席對本件聲請案件所持見解，與多數大法官所通過之解釋不同，爰依法提出不同意見書如上。

釋字第四九五號解釋

一、本案事實與背景

本案聲請人「台灣愛愛股份有限公司」於民國八十三年間向美商 Brands Avenue Inc. 公司進口特價電器用品一批，惟因運送人所製作之艙單及轉運文件，僅依商業習慣記載其裝載貨物之總稱及貨品大致內容，以致於財政部高雄關稅局查驗時，認定部分貨物（計有影碟機一千餘臺及液晶攝錄影機一百臺等總價約新臺幣兩千五百萬元）與運送人製作之艙單所載貨名不符，依海關緝私條例第三十一條之一：「船舶、航空器、車輛或其他運輸工具所載進口貨物或轉運本國其他港口之轉運貨物，經海關查明與艙口單、載貨清單、轉運艙單或運送契約文件所載不符者，沒入其貨物」之規定，將上述不符記載之貨物「沒入」。

聲請人對於高雄關稅局之處分不服，經提起訴願、再訴願及行政訴訟均維持原處分，因而對前揭海關緝私條例之規定，聲請司法院大法官釋憲。

二、聲請書

聲請書

受文者：司法院

聲請人：台灣愛愛股份有限公司

法　定
代理人：張健陽

代理人：李念祖　律師

　　　　王　仲　律師

　　　　翁祖立　律師

聲請事項：

　　為聲請人受行政法院八十四年度判字第二四○七號確定判決，其適用之法律，即海關緝私條例第三十一條之一，違反憲法第七條、第十五條、第十九條、第二十二條、第二十三條及第一百四十五條第三項規定，侵害人民受憲法保障之平等權、財產權、享受正當法律程序之權利，以及其他權利。茲依司法院大法官審理案件法第四條第一項第二款聲請　大院大法官會議解釋海關緝私條例第三十一條之一牴觸憲法。

　　為貫徹有效保障基本人權之原則，允許聲請人就本原因案件得據以提起再審之訴以為救濟，俾使財政部高雄關稅局得據以變更違憲之原處分。

　　因本件案情繁複，誠有進行言詞辯論之必要，爰依司法院大法官審理案件法第十三條及第二十二條請求進行言詞辯論，並准許聲請人委任訴訟代理人到庭陳述意見。

　　倘　大院大法官會議認為應通知有關機關進行說明，為期公平，請准許聲請人亦得到庭說明。

說　明：

壹、聲請釋憲之理由及所引用之憲法條文

　　緣行政法院八十四年度判字第二四○七號確定判決（附件一），揭示海關緝私條例第三十一條之一所訂之行政罰係在處分「貨物之違法性」，認定本案以艙單所列載收貨人為受處分人，而為沒入貨物之處分，並無不合，故維持財政部高雄關稅局將與轉運申請書不符部分貨物沒入之處分（附件二）在案。

　　按人民之財產權，為憲法第十五條所保障，而憲法第二十三條復規定：

「以上各條列舉之自由權利，除為防止妨礙他人自由，避免緊急危難，維持社會秩序或增進公共利益所必要者外，不得以法律限制之。」足見憲法所保障之各項權利，非有憲法第二十三條所列舉之各項事由，不得限制之；縱有該條所列舉事由，其限制不僅應以法律為之，且其限制應在「必要」之範圍內，亦即所採限制之手段，應與其所預計達成之目的符合比例原則。按海關緝私條例第三十一條之一針對進口貨物或轉運本國其他港口之轉運貨物與艙口單、載貨清單、轉運艙單或其他運送契約文件所載不符者即予沒入之行政罰，構成對人民財產權之限制，其限制非惟應具有憲法第二十三條所列舉之事由，更應在必要範圍之限度內，且其實施更應符合正當法律程序及其他憲法上之要求，始得謂係合憲之限制。詎查，海關緝私條例第三十一條之一竟以所謂「貨物之違法性」取代違法與責任要件，非但不問違法程度之高低，一律將與運送報關文件不符部分貨物全部沒入；尤其完全忽略受處分人是否有可歸責之原因，強將因第三人（如運送人）故意過失甚至無故意過失製作運送報關文件記載不符所生之法律效果，一概加諸於受處分人之貨主，該條文之處罰非惟未具有任何憲法第二十三條之事由，並逾越必要之程度，且其實施復與正當法律程序有違，違反平等原則，更使未違反法律上義務而不可歸責之人，遭受行政罰以致其基本權利受有侵害。為此，海關緝私條例第三十一條之一，與憲法第七條規定之平等原則、第十五條保障人民財產權、第十九條租稅法律主義、第二十二條內含正當法律程序精神之其他基本權利、第二十三條比例原則、第一百四十五條第三項保護對外貿易之要求，暨　大院大法官會議釋字第二七五號解釋均有牴觸，應受違憲之宣告，以符憲旨，以彰人權。

貳、疑義性質及經過

　　緣民國八十三年四月一日，美商 Brands Avenue Inc. 公司向聲請人要約願提供特價之電器用品，聲請人遂於次日電傳該公司表示同意訂購，並表列願進口之貨物品名，請其速辦裝船進口事宜。此經該公司來函確認，並稱將安排由 K. Line 船公司之 Seto Bridge V-9 船舶承運系爭貨品。

　　系爭貨品預定由美國經高雄港轉運至目的地基隆港後卸載，聲請人遂按正常程序準備進口報單等文件據實向基隆關投單報關，惟遲遲未見該批貨物抵達基隆之通知。經查證始知該批貨物於八十三年五月六日抵高雄港擬辦理轉運基隆時，原處分機關財政部高雄關稅局於同年五月九日審核轉運申請書（編號：BE/AN/83/8361/9006）時，認原申報貨名為洗衣機 (FRIDGIDAIRE WASHER)、空白錄影帶 (SONY VIDEO TAPE) 及錄放影機 (MITSUBISHI VCR) 等三種，共計九三五箱，經查驗結果，該等貨品除部分與該轉運申請書原申報貨名相符外，另有碟影機 (PIONEER CLD-S201, CLD-D503) 一二二一臺及液晶攝錄影機 (SHARP VL-E30U) 一○○臺等貨物，合計價值約新臺幣二千五百萬元，原處分機關遂認上述貨品核與運送人等所製作之艙單及運送契約文件所載貨名不符，竟依海關緝私條例第三十一條之一規定，於八十三年五月二十七日將屬於聲請人所有之未符合部分貨物沒入。聲請人不服，提起訴願（附件三）、再訴願（附件四）遞遭駁回，提起行政訴訟，亦經行政法院以八十四年度判字第二四○七號判決駁回。

　　綜觀原處分、訴願、再訴願決定及行政法院上述判決所持見解，不外以：「本案來貨件數既為九三五箱，核與艙單所載件數相符，非屬未列入艙單案件，而係部分貨物與艙單及運送契約文件所載貨名不符之情形，依據海關緝私條例第三十一條之一規定，係處分貨物之違法性，本案以艙單所列載收貨人為受處分人，難謂不合」云云為理由，拒絕對聲請人之救濟。為此，聲請人以本案適用法規顯有錯誤，有行政訴訟法第二十八條第一項第一款再審原因提起再審之訴，主張原判決於適用行政罰之法規時，忽視行為人之主觀意圖及可否歸責，而誤採違反公法法理，為達行政目的卻枉顧人民權利之所謂「貨物違法性」理論，實屬違誤。惟行政法院對於上述再審事由，仍謂：「按依海關緝私條例第三十一條之一規定，船舶、航空器、車輛或其他運輸工具所載進口貨物或轉運本國其他港口之轉運貨物，應與艙口單、載貨清單、轉運艙單或運送契約文件所載相符，否則，除經證明確實誤裝外，沒入其不符之貨物，至沒入之貨物所有權誰屬，則非所問，

……」又謂：「被告據以依上開海關緝私條例規定予以沒入系爭貨物並無違誤，原判決關於事實之認定所持理由，雖稍欠週延，但與其所應適用之法規及解釋、判例無違背或牴觸，亦毋違採證之經驗法則。至再審原告對原判決關於適用上開海關緝私條例之爭執，乃屬法律上見解之歧異問題。」而作成八十五年度判字第五一號判決（附件五），遽予駁回聲請人再審之訴。

參、聲請人之立場與見解

本件聲請釋憲，足以認定系爭法規違憲之理由至少有五：

1. 海關緝私條例第三十一條之一規定：「船舶、航空器、車輛或其他運輸工具，所載進口貨物或轉運本國其他港口之轉運貨物，經海關查明與艙口單、載貨清單、轉運艙單或運送契約文件所載不符者，沒入其貨物。但經證明確屬誤裝者，不在此限。」本條對於貨物之沒入處分，不以受處分人可歸責為要件，不要求受行政罰處分者須具備故意、過失，違背大院大法官會議釋字第二七五號解釋，並與憲法第十五條保障人民財產權之條文相牴觸：

按海關緝私條例第三十一條之一係行政罰性質之條文，由於艙口單、載貨清單、轉運艙單或運送契約文件等，均屬運送報關文件，係由運送人具名簽署申報，即申報不符之行為人係運送人，而非貨主，本條之處罰，竟係沒入貨主所有之貨物，導致行為人之行為與法律效果之歸屬主體不同，完全違反過失責任主義之精神，其以沒入貨物為行政罰手段適用之結果，實無法達成該條文義所示之使貨物與運送報關文件完全相符之目的。蓋運送報關文件之簽發者，並未受處罰之嚇阻；反之，貨主則會因他人非自己所能控制之行為致使財產權遭受侵害。甚者，該條文所創設「物之違法性」理論，已為行政機關與行政法院於適用本條沿用成習，取代受處分人之責任要件，行政罰之責任理論顯因本條文而遭到嚴重挑戰（註一）。

退萬步言，即便暫置「物之違法性」之模糊內涵及責任要件不論，審查「物」本身是否具有違法性，亦應僅以違禁物始具有違法性之可言。按

我國法令准以對物單科沒入或沒收者，僅以違禁物為限（刑法第四十條，關稅法第四十五條、第五十四條參照）；甚至在違禁物之列，如該物屬第三人所有而非犯人所有，則其是否違禁，即應視對該第三人有無違禁為斷，而非得一律沒入。蓋違禁物之沒收或沒入，有其維持社會秩序或增進公共利益所必要之目的，非違禁物則根本欠缺該等目的，故不可濫用「物之違法性」，以避免濫行沒入致戕害國際貿易與人民之財產權。尤其刑事不法之違法程度尤重於行政不法，行政罰法規在構成要件上更應嚴謹。本件係肇因於運送人製發之運送報關文件循例簡略記載，非可歸責於聲請人，行政法院判決援引海關緝私條例第三十一條之一係處罰貨物之違法性，不問責任要件概予沒入，已然違反處罰性條文中受處罰者必須係可歸責之最基本原則。事實上，系爭貨物均屬一般人民日常生活經常使用之家電產品，並非違禁品，何來違法之有？該條文將運送人之疏失歸責於第三人之貨主，而沒入貨主所有之物，其違反憲法保障人民基本權利之精神，至為明顯。

　　從行政罰理論發展之趨勢而言，其所要求之責任條件愈趨嚴格，晚近各國之立法例已幾乎與刑事罰之責任條件相一致，例如一九二五年奧國行政罰法第五條第一項將行政罰之責任型態劃分為故意、過失，除過失部分有推定責任外，基本上與刑法上主觀要件相同；西德一九五二年違反秩序罰法第十條規定，違反秩序罰之行為以處罰故意為原則，過失則以法律有明文規定科處罰鍰者為限，始加以處罰。現代法治國家之行政機關實應遵循「無責任即無行政罰」，與「法無明文不處罰」等原則（註二）。　大院大法官會議釋字第二七五號解釋亦明示採取此符合時代潮流之見解，指出「人民違反法律上之義務而應受行政罰之行為，法律無特別規定時，雖不以出於故意為必要，仍須以過失為責任條件」。解釋理由中特別指出：「……對人民之制裁，原則上行為人應有可歸責之原因，……」可見受制裁之人民必須為可歸責，亦唯有人民之行為可歸責者，始能對之進行處罰，此乃當然之解釋。按「沒入」為行政罰之一種，釋字第二七五號解釋對海關緝私條例第三十一條之一自有適用。惟立法者制定海關緝私條例第三十一條之一之構成要件，省略行政罰對歸責性之要求，只要客觀上有違法情節即

可沒入，導致受該行政罰侵害財產權之人民，並非可歸責者，此顯已牴觸釋字第二七五號解釋。

復按海關緝私條例第三十一條係關於船舶、航空器、車輛或其他運輸工具所載貨物，經海關查明有「未列入」艙口單或載貨清單者之處罰規定；而同條例第三十一條之一則針對該等運輸工具所載進口或轉運貨物，雖「已列入」艙口單或載貨清單中，惟經海關查明實際貨物內容與艙口單、載貨清單、轉運艙單或運送契約文件所載之貨物內容不符者之處罰規定。二者規範雖有其分際，但由條文編排之體系及立法理由可知，後者係為彌補前者規範之不足所制定；兩者構成要件之行為雖不相同，然二條文之結構應係相同。按海關緝私條例第三十一條條文，參照行政法院四十七年判字第六五號、四十八年判字第二九號及五十一年判字第三三二號判例可知，海關緝私條例第三十一條處罰之對象須係可歸責之船長、管領人或貨主，倘此等人對犯行並不知情，則無適用本條對其施以處罰之理由。而同條例第三十一條之一之規定，既有相同法條結構，解釋上自應為相同之推論始屬合理，亦即實際貨物與運送報關文件所載不符時，須可歸責於貨主，始得對其貨物施以沒入之處罰。此外，由財政部七十三年七月五日臺財關第一九五三〇號函釋說明三對於海關緝私條例第三十一條之一為文義範圍以外之「擴張解釋」：「關於國際運輸工具所載進口貨物或轉運貨物，經查明與艙口單、載貨清單、轉運艙單或運送契約文件所載不符，如涉案實到貨物不涉及逃避管制或違反其他法令規定，且無漏稅情形者，擬認屬誤裝免依海關緝私條例第三十一條之一之規定處分沒入乙節，核屬可行，准照所擬辦理。」等語，亦顯見該法條規定失之過寬，致行政機關不得不就個案擴張解釋該條但書之規定。財政部此一函釋雖突顯本法條處罰範圍失之浮濫，惟此一個案之擴張解釋顯無法變更該條文違憲之事實，更無法彌補人民因行政機關依法行政執行該違憲條文致權益受侵害之危險與事實，而根本之救濟途徑，自須由　大院予以宣告違憲，始足濟行政機關認事用法之窮。按行政罰之受處分人應具備歸責事由，乃係適當限縮處罰範圍最基本之要件，立法機關竟於本條構成要件中將其省略，而行政法院判決適用該條之

結果亦確認此乃立法者有意省略者，竟此認同行政機關沒入之處分。該法條實已造成人民憲法上基本權利之不當侵害。

2.海關緝私條例第三十一條之一所規定之沒入要件，違反憲法上對於正當法律程序原則之要求：

　　大院大法官會議釋字第三八四號解釋已明確指出憲法第八條揭櫫實質正當法律程序原則，對於人身自由倘以法律限制時，不得悖離實質正當之法律程序。惟人民基本權利之財產權，倘以法律加以限制時，亦應有正當法律程序原則之適用。按「正當法律程序」最早為美國憲法所明文規定，美國憲法修正第五條及修正第十四條皆規定，非經正當法律程序不得剝奪任何人之生命、自由或財產。民主憲政國家之憲法雖然無類似美國憲法之明文規定，但均經由司法實務或學說理論以解釋方式，將該原則納入其國憲法體系之中。例如日本經由其憲法第三十一條之解釋，引進正當法律程序之理念；德國藉由對基本法第十九條第四項、第一〇一條第一項、第一〇三條第一項及第一〇四條等規定之解釋，建構對基本人權程序性保障之理論；英國則在其體個案中，使用「自然正義」一詞，表達正當法律程序之理念，而自然正義即係正當法律程序之原始、核心的意義。簡言之，「正當法律程序」之功能目的，就在防止政府濫權，而以「正當」之「法律」程序對政府權力予以限制，以保障人民基本權利（註三）。　大院大法官釋字第三八四號解釋不僅確立正當法律程序原則在我國憲法上之地位，也同時對該原則之內容作出重要例示性之界定。其所界定之內容，雖偏重於憲法第八條所明文規定對於人身自由在刑事程序中之重要內容，但由其揭櫫之內涵，考證此原則之歷史意義，輔以前述民主憲政國家對於此原則之實踐，顯而易見，正當法律程序原則對於人民基本人權中之財產權受到政府以行政程序剝奪之時，亦應發揮其防止政府濫用權力之功能（註四）。蓋憲法第十五條保障人民財產權之規定，本身即蘊藏正當法律程序之要求，始足以實現保障人民財產權之精神。事實上，一切人民基本權利之保障，均不能悖離「自然正義」與「公平」之正當法律程序之要求，是以憲法第二

十二條受憲法保障之人民自由權利之範圍，自已涵蓋實質正當法律程序在內。例如政府對人民財產權以租稅手段加以限制時，租稅法律主義、量能課稅原則等，即屬實質正當法律程序之內涵。又政府倘以沒入之手段對人民之財產權有所侵害時，若該被沒入之財產非違禁品，因沒入與刑法上沒收均係剝奪人民對該物品財產權之處罰性處分，結果並無差異，是以沒入人民物品應踐行之程序，就保障人民權利之部分必須與沒收所應踐行之實體與程序上要求相當，否則即違反正當法律程序之內涵而違憲。海關緝私條例第三十一條之一容許海關對於貨主財產權予以剝奪，祇要進口或轉運貨物與運送報關文件所記載不符，無論可否歸責，受處分人有無故意過失，不考慮受處分人惡性之高低與危害之輕重，就連海關依法亦無任何裁量之餘地，須一概將其貨物沒入，顯見該條文違反憲法位階之實質正當法律程序之原則。

3.海關緝私條例第三十一條之一對於並無誤裝之過失，且進口或轉運之貨物並非違禁品之貨主，海關竟可沒入其貨物，違反憲法上平等原則：

按刑法對於物之沒收，僅限於違禁物、供犯罪所用或供犯罪預備之物、因犯罪所得之物，以及其他法律特別規定得予沒收者，惟此均屬與犯罪有相當關係，不予沒收恐將有害於社會之物，始將其沒收，並且沒收須由法院於裁判時宣告之，亦即在沒收之前，均須經嚴格之刑事訴訟程序。例如毒梟販毒，此種危害社會甚鉅之違禁物，尚須經法院踐行嚴格之刑事訴訟程序，以裁判宣告沒收後，始得將其沒收。今海關緝私條例第三十一條之一，無論與運送報關文件不符者是否為關稅法第四十五條之違禁品，或與犯罪有無關連，均一概予以沒入，尤其祇需於海關自行認定進口或轉運貨物與運送報關文件不符即可沒入，立刻加以處理，欠缺法律規定正當之沒入程序。刑事犯罪於法難容者，尚須經一套嚴格程序始能將違禁物或與犯罪有相當關連之物加以沒收，而海關緝私條例第三十一條之一規定與運送報關文件記載不符但與犯罪無關之貨物，卻不須經任何程序即可被沒入，

有違憲法平等原則。

又海關緝私條例第三十一條之一但書規定:「但經證明確屬誤裝者,不在此限。」亦即與運送報關文件不符之進口或轉運貨物倘經證明確實為貨主所誤裝者,該貨物可不予沒入。本條規定要求進口或轉運貨物與運送報關文件上之記載必須完全相符,貨主因誤裝而造成兩者不符,本屬有過失,有過失者該條文特別規定將舉證責任倒置,若經證明確屬誤裝者可不受沒入之處罰;反而沒有過失並非誤裝者,竟連舉證責任倒置之機會亦無,須就其他人之行為所造成貨物與運送報關文件之不符,受到被沒入之嚴重懲罰。有過失者不罰,無過失者受罰,其違背憲法上平等原則之謬誤,灼然可見。

4.海關緝私條例第三十一條之一侵害人民憲法所保護之財產權,違反憲法第二十三條比例原則:

按違法行為之處罰,原係限制人民基本權利之公法上行為,依憲法第二十三條之規定,惟有在為防止妨礙他人自由、避免緊急危難、維持社會秩序、與增進公共利益之情況下,始得以法律根據比例原則之原理加以限制。此一比例原則,係屬憲法位階之原理,不僅拘束司法與行政機關,立法機關亦應受其拘束。當法律之制定對所欲追求之目的不適當、不必要或不合比例時,該法律即違反比例原則而違憲(註五)。海關緝私條例第三十一條之一為剝奪人民財產權利之法律,該條文自應通過比例原則之審查,始得謂其合憲,然該條文顯然違反比例原則之要求而違憲。

立法欲以法律限制人民基本權利,必須遵守憲法位階之比例原則,已如前述。而審查一法律是否符合比例原則之要求,其前提要件係該限制人民基本權利所為達成之目的,必須本身即為合憲之目的。倘制定法律之目的本身即屬違憲,則該法律已屬違憲。按緝私法令制訂之目的不外徵稅及管制,業如海關緝私條例第三條所揭示。就「管制」目的以言,查海關緝私條例第三十一條之一係由同條例第三十一條衍生而出,此二條文所規範之貨物,均係指正常貨載而非私貨,該貨物並無安全上之顧慮,故本條文

非為安全之理由而為管制。實則海關緝私條例第三十一條之一之增訂，係為補充該條例第三十一條所謂：「未列入艙口單……」之規定，而將一切「記載不符」者皆予沒入之處分。該條文增訂之目的，乃民國七十二年間日製錄影機尚屬禁止或管制進口之高價位家電產品，且關稅較高，走私廠商有鉅額之不法利潤，為杜絕不肖進口廠商夾雜禁止或管制之日製錄影機被查獲時，以誤裝或溢裝為由而依海關緝私條例第三十一條請求更正或退運而逃避處罰所設。惟查上開家電管制用品，早於民國七十五年間開放，已無該條文原所欲達成禁止進口之管制目的。當時該等管制手段，其目的之合憲性，縱因其特殊之時代背景而暫置不論，惟原本管制之目的現既已不復存在，本條文早應廢止；尤其近年來我國積極申請加入關稅暨貿易總協定與世界貿易組織，積極削除或減少貨物流通之進口限制或將其關稅化，以達貨物流通自由化與國際化之本旨，海關緝私條例第三十一條之一顯與此有違。是以為管制特定家電用品之目的而制定之該條文，從今日之眼光審視，根本與憲法第一百四十五條第三項對外貿易應受國家之獎勵、指導及保護（非為關稅壁壘之保護主義）之規定大相逕庭（註六）。蓋與大韓民國憲法第八十七條：「對外貿易，依法由國家統制。」相較，可知吾國憲法係以保護對外貿易為宗旨，出發點為自由貿易而非由國家加以統制；國家應為者，乃對於國民對外貿易予以獎勵、指導以及保護，不得擅加管制。海關緝私條例第三十一條之一之管制理由既不復存在，其禁止特定國家家電用品進口之立法目的，在今日顯不能找到合憲之基礎。為此，前述「管制」之目的應可排除在本條文所欲達成之目的以外。故本條文所欲達成者，應僅為「政府徵稅」之目的而已。

　　課徵關稅既為海關緝私條例第三十一條之一所欲達成之唯一目的，該條文所採取侵害人民基本權利之手段，須有助於其徵稅目的之達成，並符合比例原則中關於適當性之審查。按海關緝私條例第三十一條之一所採取之手段乃對於與艙口單、載貨清單、轉運艙單或運送契約文件所載有任何不符者，均一概予以沒入。由該條文義觀之，立法者期望藉由沒入貨物之嚴厲處分，促使所有之運送報關文件均能記載翔實，以達海關核實徵稅之

目的。惟查事實上，由於前述運送報關文件之記載主體與被沒入貨物之受處分者未必同一，因為處分之對象錯誤，縱使貨主之貨物被沒入，仍無法防止運送人對於運送報關文件仍依慣例予以簡略總名或摘要申報，根本無法達成懲罰運送人未將運送報關文件與所載貨物為完全相符記載之要求，遑論依此而能順利達成核實課徵關稅之目的。按吾國係仰賴國際貿易維持國民經濟，海關緝私條例第三十一條之一此種寧枉勿縱之嚴竣條文，使從事國際貿易之業者動輒得咎，鉅額貨物橫遭沒入，甚至影響公司生存與貨主生計。而類似於聲請人貨物遭沒入之處分案例，實屢見不鮮，究其原因咸係第三十一條之一之硬性規定所致。鑑於該條文之目的與手段間之連繫欠缺適當性，非但無法以此達成徵稅之目的，更違反憲法第一百四十五條第三項保護對外貿易之要求，嚴重侵蝕憲法保障人民基本權利之精神。故本條文違反比例原則中「適當性」之要求，實屬顯然。

其次，比例原則中之「必要性原則」，係指若有多數同樣能達成目的之方法時，應選擇對人民權益損害最小者。對於海關緝私條例第三十一條之一進行違憲審查時，縱暫置「適當性」不論，如就「必要性」予以審查，亦可發現能達成懲罰貨物與運送報關文件不符之最小損害之方法，絕非將貨物沒入。按海關緝私條例第三十一條之一既係為補充同條例第三十一條所制定，兩條文之目的同為對於貨物與運送文件上記載不符所為之行政罰，二者構成要件所以不同，主要在於第三十一條係針對「未列入」運送文件，而第三十一條之一擴大範圍為「所載不符」。兩條文既皆為處罰使貨物與運送報關文件不符之手段，惟第三十一條顯較第三十一條之一符合受處分者可歸責之要求，且第三十一條採罰鍰之手段顯然係對人民權益損害較小之手段。蓋現代法治國家對人民之懲罰必有其原因，而其原因係國家所欲達成之特定目的被違反，若行為人可歸責，始可對該行為人施以「應得」之處罰。何謂「應得」之處罰，則須探究該懲罰性條文所欲達成之目的而論。蓋懲罰之手段不能脫離其目的，懲罰一旦與其合憲之目的相分離時，恐有流於恣意過當之虞，如此將給予國家過度侵害人民基本權利之機會，違反現代民主法治國家憲法保障人民基本人權之宗旨。

如上所陳，為課徵關稅之目的而規定之處罰性條文，無論係漏稅罰或行為罰，均不得與其徵稅之目的分離。為懲罰應繳關稅而不繳者，無論係漏未申報或記載不符，「行為人」「應得」之懲罰，其程度至多為課徵原本核實應繳納之關稅，復加以漏報稅額合理倍數之罰鍰，即可使受處分人得到警惕並付出代價，但受處分人不會於應得之處罰外，再受到難以填補之損害。易言之，絕非僅因運送報關文件上之記載與實際貨物有不符，即應將貨物一概予以沒入。國家可對人民課稅或科處罰鍰後發還其貨物，該貨物對貨主仍有市場價值，國家課稅目的同樣達成，卻不致於對人民權利造成過大且不必要之損害。

查海關緝私條例第三十一條之一所採沒入之處罰，非但造成人民財產權所受損害之多寡不明確，受處分人被沒入財產之價值可能高出第三十一條所定罰鍰之千百倍，違反處罰性條文明確性與比例原則之要求，更剝奪人民繳納罰鍰及應納關稅後，得自由運用該等被沒入貨物以創造較大經濟利益之機會。此種殺雞取卵之規定，祇因貨物與文件部分記載不符所付出之代價，竟為相差千百倍之沒入全部不符貨物之處分，顯違必要性之要求（註七）。探究其失衡之原因，乃本條置課徵關稅之目的於不顧，祇著眼於強取貨主之貨物以抵稅或課罰，卻不問可否歸責，亦不問是否太過。此種不顧目的而剝奪人民財產權之條文，無異以處罰為名而行公用徵收之實，惟此顯不符公用徵收要件之規定，且根本悖離「必要性原則」尊重人民基本權利之本旨。

再查，課徵關稅所依據之主要文件，乃在進口人所填載之進口報單（請參照關稅法第七條），如進口人填載進口報單有虛報或繳驗不實憑證時，海關得依海關緝私條例第三十七條及第四十一條，視情節輕重處以所漏稅額二至五倍之罰鍰或沒入或併沒入其貨物，易言之，如欲達課徵關稅之目的，經由海關緝私條例第三十七條之規定即可達該課稅目的（且本條乃以進口人就自己製作進口報單記載不實之可歸責行為，並視情節輕重而定處罰之高低），益見海關緝私條例第三十一條之一規定一概沒入貨物之處分，絕非達成課徵關稅目的之「必要」手段。

　　按法律為達成其目的所採取之方法造成人民基本權利之損害，不得與該法律所欲達成目的之利益顯失均衡，此乃比例原則中狹義比例性之要求。國家對於人民基本權利之限制，若能不使用行政罰，而以其他手段亦能達到特定之行政目的時，必須放棄處罰之手段。縱不得已必須採取處罰之手段，亦應與其責任相當，輕重之間不可恣意撥彈，所施之處罰亦不得與應受處罰人之責任不成比例。海關緝私條例第三十一條之一主要目的非在處罰走私，亦非處罰違禁品，甚至非處罰未列入運送報關文件之貨物，僅在處罰一般貨物與運送報關文件「不完全相符」，而所採取之手段竟係沒入價值可能上千萬，甚或無價之貨物，其目的與手段間顯失均衡，已毋庸贅言。

　　由上述可知，以憲法第一百四十五條第三項為基準，審視海關緝私條例第三十一條之一於制定時所著重貿易管制之目的，在今日實已違憲。另從課徵關稅之角度而論，因行為人與受處分人不同一，該沒入之手段是否能達成其立法目的，即該條文是否符合比例原則中適當性之要求，頗值懷疑；再退而論，姑不論沒入之手段能否達成其立法目的，但採取沒入手段對於受處分人之侵害顯然較大，不合乎以損害最小之唯一手段之必要性原則；即便單純從狹義比例性之觀點進行審查，僅為處罰輕微之記載不符，竟沒入貨主全部貨物，該條文違反比例原則，更屬昭昭明甚。

5.海關緝私條例第三十一條之一違反憲法第十九條租稅法律主義之精神：

　　如前所述，貿易管制之作法違反世界潮流，係法制未備前之措施。蓋貨暢其流，為國民經濟發展要件之一，此係憲法第一百四十五條保護對外貿易所明文揭示，亦為憲法第一百四十八條所追求之真正精神。管制家電品進口之貿易障礙今日既已不復存在，緝私法規之解釋亦應揚棄貿易壁壘的觀點。特別在我國積極重返國際經濟舞臺關鍵之際，以管制為藉口沒入貨物之舉措，絕對不能在現代法治國家被認作合憲之緝私立法意旨。是以海關緝私條例第三十一條之一所具備之合憲之立法目的無他，其惟抽取關稅以充實國庫而已。

　　海關緝私條例第三十一條之一既係行政罰之條文，即應具備行政罰所特有之要件，如受處罰人主觀上之責任能力、責任條件、違法認識、阻卻原因及特別構成要件等（註八）。其處罰之輕重，應與行為人違反本條立法目的之嚴重性與其惡性之高低成比例，但該條欠缺前述要件，且法律效果祇有唯一沒入，依前述，該條違背憲法平等原則與比例原則，已然違憲。再者，海關緝私條例第三十一條之一係為保護關稅之徵收，又該條所規定之貨物，係指正常之貨載，並非私貨，尤非違禁品，其沒入之處分毫無法理基礎。蓋對於裝載不符之貨物最多應強制其繳稅或不讓其入關，豈可不分青紅皂白一概予以沒入？若跳脫行政罰要求違法有責之要件，純從徵收關稅之目的而論，　大院大法官會議釋字第二一七號解釋：「憲法第十九條規定人民有依法律納稅義務，係指人民僅依法律所定之納稅主體、稅目、稅率、納稅方法及納稅期間等項而負納稅之義務。」已明示租稅法律主義之內容。按「稅」在憲法上有其一定之意義，歸納言之，憲法所定「稅」之特徵應有：金錢給付義務（有別於勞務及實物給付義務），無對待給付，為國家或地方自治團體所課徵，基於公權力所強制課徵，支應國家財政需求（註九）。是以法律稅之態樣必須符合前述特徵，亦即立法者僅能將憲法稅之概念予以具體化，但不能創設逾越憲法意義的態樣。否則即與公用徵收無殊，「租稅」亦失卻其固有之憲法意義。申言之，憲法並未空白授權給立法者恣意以租稅之名目，以不具租稅性質之方法剝奪人民之財產權，此即憲法第十五條與憲法第十九條租稅法律主義對人民財產權之雙重屏障所在。國家為公共利益之必要，將人民納稅義務以法律將之具體化的過程，仍須恪遵實質正當法律程序中租稅法律主義與量能課稅等原則，以及由平等原則可得探求之平等犧牲，而非特別犧牲之要求。

　　海關緝私條例第三十一條之一其立法目的既在課徵關稅，倘因貨主記載不符未能核實課稅，對於違反行政法上義務者施以行政罰，其處罰應符合比例原則之要求。但本條並不符合比例性原則，已如前述，且如詳究本條之規範效果，可發現其形式上雖為沒入之行政罰，實質上則為變相脫離憲法上「稅」概念，由立法者恣意創設課徵以沒入貨物替代關稅的「新態

樣之稅」，此種立法實已逾越立法權之範疇，而侵犯憲法所設之「租稅」定義之限制，並牴觸前述依法課稅所應遵循之原則，強迫貨主遭受違背正當法律程序之特別犧牲。故本條立法實質上違反憲法第十九條租稅法律主義之精神。此種沒入之處分洵為一種變相之公用徵收，對於無責任之貨主加以經濟上之特別犧牲，惟因其根本欠缺公益之目的，並僅單方面剝奪人民之財產權，人民並不獲得任何補償，此與現代法治國家公用徵收之基本原理亦相齟齬，違反實質正當法律程序。易言之，系爭之「沒入」規定既不能為「關稅」概念所涵蓋，又為過重、過當之行政罰，即與違憲之公用徵收無異，當然不符租稅法律主義之要求。

綜上所陳，海關緝私條例第三十一條之一所為沒入之處分，為對人民財產權之違憲侵害。而海關緝私條例第三十一條之一長期適用的結果，對我國以貿易為主之經濟型態與廣大業者之基本權利，均構成重大戕害。為貫徹憲法第七條、第十五條、第十九條、第二十二條、第二十三條及第一百四十五條第三項所揭櫫保障人民基本權利之精神與保護對外貿易以維國民經濟之基本國策，敬請 大院宣告海關緝私條例第三十一條之一違憲，以維人民受憲法所保障之基本人權。

肆、有關機關處理本案之主要文件

1. 行政法院八十四年度判字第二四〇七號判決。
2. 財政部高雄關稅局八十三年六月二十四日處分書。
3. 財政部關稅總局臺關訴戊字第九二五號訴願決定書。
4. 財政部八十四年三月十一日臺財訴第八四一八二〇五一二號再訴願決定書。
5. 行政法院八十五年度判字第五一號判決。

此　致
司法院

附件一：行政法院八十四年度判字第二四〇七號判決影本乙份

附件二：財政部高雄關稅局八十三年六月二十四日處分書影本乙份

附件三：財政部關稅總局臺關訴戌字第九二五號訴願決定書影本乙份

附件四：財政部八十四年三月十一日臺財訴第八四一八二〇五一二號
　　　　再訴願決定書影本乙份

附件五：行政法院八十五年度判字第五一號判決影本乙份

另附委任書正本乙份

註一：參閱周誠南，《實用查緝走私法規》，頁三二〇至三二二，民國七十五年；洪
　　　啟清，《緝私法規與緝案處理》，頁一七七至一八二，民國七十三年增訂版。

註二：參閱吳庚，《行政法之理論與實用》，頁三八八至三九五，民國八十四年三月
　　　增訂二版。

註三：參閱張俊雄、林子儀、許宗力，〈賦予檢察官羈押決定權違反憲法保障人身
　　　自由之規定——立委張俊雄釋憲聲請案補充理由狀〉，《律師通訊》，第一九
　　　六期，頁四十八、四十九，民國八十五年一月。

註四：參閱法治斌，〈憲法保障人民財產權與其他權利之標準〉，政大法學叢書，《憲
　　　法專論》，頁二二七至二七一，民國七十四年。

註五：參閱陳新民，《憲法基本權利之基本理論（上冊）》，頁二三九至二五五，二
　　　六六至二七三，民國八十一年一月三版。

註六：參閱羅昌發，《GATT/WTO 與我國貿易》，頁九、十，民國八十五年四月。

註七：參閱楊建華，〈司法院大法官議決釋字第三三〇號解釋一部不同意見書〉，《司
　　　法院公報》，第三十六卷第二期，頁十六、十七，民國八十三年二月。

註八：參閱吳庚，前揭書，頁三九七。

註九：參閱葛克昌，〈人民有依法律納稅之義務（下）——以大法官會議解釋為中
　　　心〉，《臺大法學論叢》，第十九卷第二期，頁一三九至一四七；黃俊杰，〈憲
　　　法稅概念初探——憲法稅概念與法律稅概念同一性之價值取捨〉，《中原財經
　　　法學》，第一卷，頁四十三至五十七，民國八十四年六月。

聲　請　人：台灣愛愛股份有限公司

法定代理人：張健陽

代　理　人：李念祖　律師

王　仲　律師

翁祖立　律師

中華民國八十六年八月八日

三、釋字第四九五號解釋摘要（17：0通過）

在本件解釋中，大法官一致的認為系爭海關緝私條例第三十一條之一之規定，並無違憲的問題。其所持之理由主要有二：首先，大法官認為系爭規定已針對能舉證證明貨物與艙單記載不符係出於誤裝者，設有免罰（沒入）之規定，故其並未牴觸司法院釋字第二七五號解釋：「應受行政罰之行為，僅需違反禁止規定或作為義務，而不以發生損害或危險為要件者，推定為有過失，於行為人不能舉證證明自己無過失時，即應受處罰」之意旨。其次大法官認為系爭條文乃為增進公共利益所必要，故亦不違反憲法第二十三條之比例原則。

四、評　釋

關於本件解釋，無論從「個人責任」原則或「正當法律程序」原則，均有再予檢討之必要。

首先，個人僅對其自身所為之行為負責，即所謂「個人責任原則」，乃根植於現代法律中之基本思想。此一原則不論在民事、刑事乃至行政責任，均有其適用，而為正當法律程序之重要內涵。詳言之，個人僅因其行為侵害他人之權利，違反行政義務或刑法禁止、誡命規定，且具有可歸責之原因時，方就其行為負擔損害賠償責任或接受行政、刑事之制裁；反之，若

法律規定使個人負擔超出其行為以外之賠償或行政、刑事責任或使個人在不具任何歸責之原因下，即需負擔法律責任，該法律即有違反正當法律程序、個人責任原則之瑕疵。

在本案中，聲請人（進口商）不但未涉及貨物之裝運、艙單及轉運文件之記載，甚且對於實際為裝運或記載之人亦無選任或監督之可能（蓋在本案中運送人係出口商所選任）；換言之，聲請人對於所裝運之貨物與艙單及轉運文件記載不符一點，實無任何可歸責之原因存在，然財政部高雄關稅局卻仍將聲請人之貨物予以沒入，實已明顯違反前揭個人責任之原則，亦與同條例第三十一條後段之規定相互矛盾（蓋依第三十一條後段之規定，僅在責任歸屬貨主之情形，方對貨主加以處罰）。就此一違反個人責任之規定而言，更不因海關緝私條例第三十一條之一但書之規定而有任何例外，蓋貨物是否確為誤裝，亦與本案之聲請人無涉，聲請人亦無從證明；更有甚者，在貨物確係依照買賣契約裝運，僅運送人因其他因素（例如：依運送習慣僅記載總名稱或大致內容）未為確實之記載時，依該條之規定根本無其他反證免責之可能。是故，海關緝私條例前揭規定與大法官釋字第二七五號解釋之意旨似未盡相符；從正當法律程序乃至個人責任之原則觀之，釋字第四九五號解釋之結論恐仍有商榷之餘地。

其次，前揭海關緝私條例之規定，是否果能收促使進口商要求相關出口或運送人確實記載，進而避免廠商逃漏稅捐，達到嚴懲走私之效果，實值得懷疑。如前所述，貨物之裝運、艙單之填寫絕非進口商所能完全掌控，因此縱將相關罰則加諸於進口商，恐怕無法達到要求確實記載之效果，蓋進口商至多僅能促使出口商轉知運送人注意而已；反之，相關法律若能直接加重為不實記載運送人之罰責，即可確實達到所希望之據實記載效果（例如提高同條例第三十一條對船長、管領人罰鍰之數額，甚至規定依照查獲不符物品之價值處罰），是海關緝私條例此一手段之選擇，恐有侵害進口商權益過劇之違反比例原則情事。就此，大法官雖已對相關法律之立法目的有所關注，然未就實際之情況檢視法律規定與立法目的間之關連，未對立法裁量之結果善盡把關之責，不免有未盡全功之憾。

　　最後需附帶一言者，乃有關海關沒入貨品之處理程序問題。依現行之處理規定，海關在沒入相關貨品之前，並未給予貨主任何正當程序之保障，即直接採取沒入之行動。然此種對於貨主財產權利嚴重侵害之行為，實應踐行基本之正當程序，以保障貨主之基本權利。詳言之，至少應給予當事人（貨主）陳述意見及提出相關證據之機會；甚至為求相關決定之周延起見，進行正式之行政聽證程序，亦屬可以想像之合理過程。尤其自民國九十年一月一日起，行政程序法將正式開始施行，其中有關作成限制或剝奪人民權利行政處分前，應給予人民陳述意見之機會（行政程序法第一百零二條參照），已成為法律要求之基本程序。海關緝私條例相關規定在人民程序權利保障上之不足之處，即有檢討修正之必要。

五、釋字第四九五號解釋文及解釋理由書

解釋日期：民國八十八年十一月十八日
資料來源：《總統府公報》第六三二五號，頁六至二八

解　釋　文

　　凡規避檢查、偷漏關稅或逃避管制，未經向海關申報而運輸貨物進、出國境者，海關應予查緝，海關緝私條例第一條及第三條定有明文。同條例第三十一條之一規定：「船舶、航空器、車輛或其他運輸工具所載進口貨物或轉運本國其他港口之轉運貨物，經海關查明與艙口單、載貨清單、轉運艙單或運送契約文件所載不符者，沒入其貨物。但經證明確屬誤裝者，不在此限」，係課進、出口人遵循國際貿易及航運常規程序，就貨物與艙口單、載貨清單、轉運艙單或運送契約文件，誠實記載及申報之義務，並對於能舉證證明確屬誤裝者，免受沒入貨物之處分，其責任條件未排除本院釋字第二七五號解釋之適用，為增進公共利益所必要，與憲法第二十三條尚無牴觸。

理　由　書

　　私運貨物進出口之查緝由海關為之，而所謂私運貨物進口、出口者，係指規避檢查、偷漏關稅或逃避管制，未經向海關申報而運輸貨物進、出國境者而言，海關緝私條例第一條及第三條定有明文。海關究應如何執行各項檢查及採行何種措施以達成防堵私運貨物之目的，應由立法者參酌國際貿易慣例、海關作業實務與執行技術而為決定，屬立法裁量之事項。人民違反法律上義務而應受行政罰之行為，法律上無特別規定時，雖不以出於故意為必要，仍須以過失為其責任條件。但應受行政罰之行為，僅需違反禁止規定或作為義務，而不以發生損害或危險為要件者，推定為有過失，於行為人不能舉證證明自己無過失時，即應受處罰，業經本院釋字第二七五號解釋在案。海關緝私條例第三十一條之一規定：「船舶、航空器、車輛或其他運輸工具所載進口貨物或轉運本國其他港口之轉運貨物，經海關查明與艙口單、載貨清單、轉運艙單或運送契約文件所載不符者，沒入其貨物。但經證明確屬誤裝者，不在此限」，係因在正常國際貨物買賣情況下，出口人有義務交付正確文件供運送人據以填載，而進口人也應要求託運人裝運依契約文件所買賣之貨物，以避免進口貨物與運送契約文件不符，致違反進口國法令。從而本條係課進、出口人遵循國際貿易及航運常規程序，就貨物與艙口單、載貨清單、轉運艙單或運送契約文件，誠實記載及申報之義務，並對於能舉證證明確屬誤裝者，免受沒入貨物之處分，其責任條件未排除本院釋字第二七五號解釋之適用，為增進公共利益所必要，與憲法第二十三條尚無牴觸。

◎ 案例憲法 II ── 人權保障的程序　李念祖／編著

　　與其他法律學門相比，憲法學更殷切地需要尋找落實人權保障抽象規範的有效方法，憲法解釋則是驗證憲法實用價值的最佳紀錄與佐證。本書透過憲法案例，拼集出司法殿堂中由真人真事交織而成的憲法圖像，對於憲法的生命力從事有系統的巡禮，也檢驗出「人」對憲法的需要，以及憲法對「人」的價值。

◎ 超國界法律彙編　陳長文、李永芬／主編

　　凡是非百分之百內國法的案件，均屬超國界法的問題。在今日，純內國法案件與日俱減，超國界法案件則是相對增加。本書為國內第一部專用於此一領域的專門法典，除了帶給使用者如同一般法典的便利使用功能之外，更帶領讀者認識到建立超國界法律思維的重要，進而促成相關領域法律問題的研究與探討。

◎ 美國憲法與政府權力　史慶璞／著

　　美國憲法蘊涵各種憲政理念及權利基礎，惟政府本於憲法行使權力，仍難免影響人民之自由權利，而法院所扮演的正是居中折衝、協調國家與個人利益的仲裁者角色。本書即以美國聯邦最高法院歷年來對政府權力與基本人權具有代表性之闡釋為基礎，綜合評析美國憲法所關懷的人性尊嚴與社會主流價值，並深入探討政府權力與人民權利之間的張力與分際。

◎ 行政法　張永明／著

　　本書為配合我國近年來行政法法制化之發展，除闡述行政法之一般原理原則外，亦依序介紹行政組織、行政立法、行政作用、行政制裁、行政救濟與國家責任等篇章。內容方面則依據最新公布實施之行政法律規定，且為求完整，對於目前仍處草案階段的行政罰法，亦有完整的介紹。